实用健身方法大全

主　　编：周范林

参编人员：周　浩　邓　妍　袁晓春
张勇华　童　琦　童　芹
袁　婷　汤丽英　童　沁

东南大学出版社
·南京·

内容提要

现在大家的健身意识都非常强，越来越多的人开始爱上健身活动，尤其是中老年人以及上班一族的人员。他们有的是工作辛苦了一辈子，退休后感觉到现在最要紧的是要有一个健康的身体，延缓衰老，提高生活质量；上班一族中年人也意识到，整天坐在电脑前或伏案工作，忙于应酬，身体健康状况欠佳，应该忙里偷闲抽出一点时间进行健身运动。科学选择健身方法非常重要。一个人选择适合自己的健身方法，对于改善体质，防老抗衰，塑造理想的身材，保持旺盛的精力，做好工作，是非常有益的。因为人的生命仅有一次，而生命的长短则由自己抉择，具备平和的心态，保持经常性、有规律性的健身运动，则是健康的良药。

本书向广大读者较为详细地介绍了实用的健身方法，读者可根据自己的实际情况加以取舍修正，摸索出一套适合自己的效果良好的健身方法。本书由日常健身篇、休闲健身篇、器械健身篇、操练健身篇、按摩健身篇和综合健身篇六部分组成。

图书在版编目(CIP)数据

实用健身方法大全/周范林主编. — 南京：东南大学出版社，2017.1

ISBN 978-7-5641-7009-7

Ⅰ.①实… Ⅱ.①周… Ⅲ.①健身运动 Ⅳ.①G883

中国版本图书馆 CIP 数据核字(2017)第 010432 号

实用健身方法大全

出版发行：东南大学出版社
社　　址：南京市四牌楼 2 号　邮编：210096
出 版 人：江建中
责任编辑：史建农　戴坚敏
网　　址：http://www.seupress.com
电子邮箱：press@seupress.com
经　　销：全国各地新华书店
印　　刷：南京京新印刷厂
开　　本：787mm×1092mm　1/16
印　　张：13.75
字　　数：355 千字
版　　次：2017 年 1 月第 1 版
印　　次：2017 年 1 月第 1 次印刷
书　　号：ISBN 978-7-5641-7009-7
定　　价：36.00 元

(本社图书若有印装质量问题，请直接与营销部联系。电话：025－83791830)

目录

日常健身篇

轻松散步健身法

散步是中老年人最简便的健身运动，也是一种比较轻缓的健身方法。许多政治家、学者、科学家常用散步来锻炼身体，调剂精神。经常散步，有益于强健身心，对于常在室内坐着工作的脑力劳动者和中老年人来说尤其重要。人们可以在清晨、黄昏、临睡前或饭前、饭后进行这项活动。

散步可使全身关节筋骨得到适度运动，气血流通、经络畅达，“利关节而养筋骨，畅神智而益五脏”，持之以恒能强身健体、益寿延年。美国心脏专家柏杜西曾说：“相信我的话吧，轻松的散步比慢跑有益处，而且哪一个阶层的人都能做得到。”心电图显示走路时对内脏有间接按摩作用，能防止老年人心功能减弱，提高思维能力，所以对脑力劳动者帮助更大。

科学研究和实践证明：散步能强健腿、足，镇静神经系统，尤其在心情郁闷时，可收到开朗胸怀的作用。散步还可调节心脏及整个血液循环系统的功能，防治心脏病、高血压、肥胖等症。散步时大部分骨骼、肌肉、韧带、血液都参加活动，因而可使肌肉得到锻炼，加强新陈代谢和消化功能。散步不受时间、地点、条件的限制，任何时候都可进行。早晨散步，可使精力充沛，有益于一天工作；工间散步，可增强消化能力；睡前散步，有利于安眠。

散步的作用很多。首先，能增强心血管的机能。经常散步可以调节整个血液循环系统和呼吸系统的功能，防止肌肉萎缩，保持关节的灵活性。人在散步时下肢要支持体重，使小腿、大腿和臀部肌肉及骨骼都能得到锻炼，同时身体向前位移，需参加活动的下肢肌肉群和身体其他部位的协调配合，心脏则必然要加强收缩，加大心脏的血液输出量，从而对心脏是一个很好的锻炼。例如，以每分钟 80 米的速度散步，一般每分钟心率可达 100 次。其次，能提高肌体代谢率。中老年人以每分钟 50 米的速度散步，代谢率增高 48%，如果每天步行 1 小时，走 4 000～5 000 米，要消耗大约 300 千卡的热量。再次，有助于消除疲劳。轻快的步行可以缓和神经肌肉的紧张，是治疗情绪紧张的一副理想的“解毒剂”。歌德曾说：“我最宝贵的思维及其最好的表达方式，都是我散步时出现的。”由于散步时全身血液循环加快，使脑血流量增加，神经细胞的营养得到改善，可以帮助精神和心理紧张的人放松，对消除疲劳、保养身体以及提高学习和工作效率都是有帮助的。散步的方法应当是自由自在，无目的地漫步，但应注意量力而行，每次几十步、几百步都可，以不疲劳为宜，最好每天能步行数千步。

1. 散步健身法。一边散步时一边鼓掌若干次，常做可防治手麻木等。

散步时，用右手掐左手“合谷”，然后用左手掐右手“合谷”。常做可清热散风，发表祛邪，疏经活络，止痛安神。

散步时，双手伸向背垂直，先左腿弯曲脚后碰左手，然后右腿做同样动作。常做可滑利关节，增腿脚力。

散步是所有减肥运动中，最轻松又最重要的。每天步行 30 分钟，可以选在早饭后或者晚饭后。如果工作时间是朝九晚五，那么就可以起得稍微早一些，给自己留一点散步的时间。或者午饭过后，去公园散散步。周末的时候尽量散步 1 个小时，还可以一边听音乐一边散步。

2. 普通散步健身法。要求每分钟 60～90 步，每次走 30～60 分钟。开始锻炼时，可以这样来安排：头两周，隔天一次，每次 15 分钟；第三、四周，也是隔天一次，但时间延长至 30 分钟；第五周以后，每周行走 4 天，每次 45～60 分钟。此种散步方法适合于各种人，尤其适合于患冠心病、高血压、脑溢血后遗症或患有呼吸系统疾病、中重型关节炎的老年人等。

3. 快速散步健身法。要求每分钟 90～120 步，每次 30～60 分钟。开始时，可在 30 分钟内步行 2 400 米；锻炼 1 周后，增加 400 米，再练一周。此种散步方法适合于中老年人增强心脏功能和减轻体重以及中青年慢性关节炎、胃肠道和高血压病的恢复期等患者。

4. 摩腹散步健身法。这是一种传统的散步方法，用于防治消化不良和胃肠道慢性疾病。具体做法是，散步时以两手旋转按摩腹部，每分钟行走 30～60 步，每走一步按摩腹部一周。正转和反转交替进行，每次 3～5 分钟。轻松的散步加上柔和的腹部按摩，可促进胃液的分泌和胃的排空，可增强肠胃道功能，对于消化不良和胃肠道慢性病患者有利。

5. 定量散步健身法。此种散步法不同于一般散步，它必须达到一定的运动负荷。这种方法包括在平地上和坡地上交替步行。例如：在斜坡路上走 100 米，再在平地上走2 000 米。这类定量散步适用于有心血管系统慢性病和肥胖症的患者。

6. 反臂背向散步健身法。要求行走时两手背放在腰部肾俞穴处，缓步背向行走（倒退走）50 步后，再向前行走 100 步，这样一退一进反复行步 5～10 次。此种散步法有利于健康，适合于健康的老年人，也适合患有老年轻微痴呆症、神经方面有疾病的人。

7. 摆臂散步健身法。要求散步时两臂前后做较大幅度的摆动，这样可增进肩关节、肘关节、胸廓等部位的活动，每分钟行走 60～90 步。此种散步法适宜于肩周炎、上下肢关节炎、慢性气管炎、肺气肿以及患有呼吸系统慢性病的人。

8. 雨中散步健身法。比起晴天步行，在雨中散步有着特殊的健身功效。国外有愈来愈多的人喜欢在绵绵细雨下，在室外散步，享受大自然健康的洗礼。雨中散步是现代欧美人的一种时髦，他们认为，绵绵细雨可洗涤尘埃，净化空气，增加空气中的负氧离子，让人倍感心旷神怡，有助于调节神经，调整血压，消除郁闷，有益于人的肺与大脑的保健。而且，霏霏细雨对面部、肌肤的轻柔按摩，可以增强肌体对外界环境的应变力，能有效地预防感冒。

西方出现了在细雨中散步的热潮。美国物理学家乔治·弗拉叶尔教授探明了细雨散步有利健康的见解。他指出，大气层中充满着多种辐射性的污染物依附在悬浮的雨滴上。倘若雨滴不降落到地面，继续以乌云的形式停滞在半空中，辐射的特征就会继续存在。如果在 20～30 分钟的时间内从空中降落到地面，雨滴受辐射污染的痕迹就会消失，而且不带任何化学污染物。现代医疗气象研究认为，雨中散步有许多晴日散步所不及的特殊健身作用。这是因为，降雨可洗涤尘埃、净化空气，使空气更清新。同时，雨前残阳照射及细雨初降时所产生的享有“空气维生素”之美称的大量阴离子，更令人心安神怡，且可调节神经，消除抑郁，活跃精神，降低血压。霏霏细雨对人的颜面、肌肤起到一种轻柔而自然按摩的作用，进而能促进新陈代谢，提高人体的耐寒力和免疫力，杀灭体内细菌和病毒，增强肌体对外界环境变化的适应能力。但要注意不宜在雾雨中行走，以免吸入过多的废气；也要避免着凉感冒后进行，以免加重病情。

9. 雨后散步健身法。水是生命的源泉，雨水又无声地滋润着万物。当一场纷飞细雨飘洒后，在阳光的照射下，空气中的阴离子大幅度增加，由于它的增加会使人倍感清新。经过雨水的滋润，花草树木更为艳丽青翠，如果你在公园漫步，处在绿色满眼、芬芳扑鼻的“天然氧吧”环境中，皮肤的温度可降低1～2℃，脉搏每分钟亦可减少4～8次，此时你会感到呼吸匀称，心清气神，视觉、听觉和思维活动的灵敏性也大为增强。

10. 林中散步健身法。在林中散步，需要有一定的速度。中老年人要求每分钟至少走70～80步才能充分地摄入氧气，心脏强烈收缩，促进血液循环。其结果是使需氧量提高的体内的细胞犹如返老还童，心脏冠状血管、毛细血管得以扩张，从而大大有利于心脏的健康。

散步的基本要求主要有：(1)要端正姿势。头正平视，收腹缩臀；双脚平行，脚尖朝前；步幅均匀，步态稳健；手臂适度摆动，或用力前后摆动，以增进肩和胸廓的活动，这对有呼吸系统慢性病者尤为适用；患有消化不良者可一边行走一边按摩腹部，以促进胃液分泌和胃的排空。(2)要掌握呼吸。呼吸应采用吸气鼓腹、呼气收腹的方法，呼气应均匀缓慢，比吸气时间长。老年人和心血管病患者开始时不宜走得过快，如心跳过快，呼吸困难，应放慢速度，过一段时间再逐渐加快步伐。(3)要选择步频。普通散步为每分钟60～90步，快速散步每分钟100步以上。普通散步适用于一般的自我保健；快速散步一般以7天为一个阶段，应根据自我感觉和脉搏来决定是否转入下一阶段，不要操之过急。(4)选择散步时间。应尽量避开每天空气污染高峰，即太阳升与落的前后1小时左右。注意不要在污染严重的工业区散步。(5)穿着要舒适。散步时应穿得轻便一些，衣裤不宜绷得过紧，不要穿高跟鞋。(6)要持之以恒。散步锻炼，贵在坚持，每周最少5次，每次最少45分钟。养成锻炼的习惯后，可适当延长散步的距离和时间，以稍出一点汗为好。

多姿跑步健身法

最简便易行的健身锻炼就是跑步。近年来，长跑运动在国内外颇为盛行。长跑对增强人的心肺功能特别有好处。在美国，甚至有人主张以“强迫跑动”来治疗心脏疾患。长跑可使人获得大量的氧，因此也可以治愈轻微的神经衰弱症。有的人把跑步比作欣赏音乐，因为两者都可以使神经系统兴奋，给人带来乐趣。坚持长跑还是防止身体超重和治疗肥胖症的有效方法之一。

跑步的作用很多：(1)跑步可以保护心脏。跑步锻炼可使冠状动脉保持良好的血液循环。长期练习跑步的人，冠状动脉不会因年龄增长而缩窄，保证有足够的血液供给心肌，从而可以预防各种心脏病。(2)跑步能加速血液循环，调整全身血液分布，消除淤血现象，提高呼吸系统机能。跑步是一项全身性的健身运动，能有力地驱使静脉血液回流，减少下肢静脉和盆腔淤血，预防静脉内血栓形成。另外，跑步时加强了呼吸力量，加大呼吸深度，有效地增加肺的通气量，对呼吸系统有良好的影响。(3)跑步能增强神经系统的功能，消除脑力劳动者的疲劳，预防神经衰弱。跑步可以调整大脑皮质的兴奋与抑制，对调整人体内部平衡、调剂情绪、振作精神也有一定的作用。(4)跑步能促进人体新陈代谢,控制体重,预防肥胖症。跑步要消耗能量,促进肌体新陈代谢,是中老年(特别是中年)减肥的极好方法。同时,跑步也能改善脂质代谢,预防血内脂质过高,可以防治高脂血症。

长跑健身须有目标、有计划,循序渐进,方能有效。开始长跑时,可试试以下几种方法,选择其中一种或几种对自己比较适合的方法。

1. 慢速放松跑健身法。慢速放松跑适合于老年及体质较差的人。此种跑步步伐轻快,全身肌肉放松,双臂自然摆动,姿势自然。呼吸的节奏可为两步一呼、两步一吸,或三步一呼、三步一吸。呼吸时,要尽量用腹或深呼吸,吸气时鼓腹,呼气时尽量吐尽。快慢程度可根据本人的体质来定,老年人和体弱者一般比走步稍快些。最大负荷强度不应使心率超过180减去其年龄,如60岁的老年人不能超过180～60＝120(次/分)。运动量以每天20～30分钟为宜,刚开始锻炼时距离可跑得短一些。每周可练5～6次,也可隔天跑1次。重要的是要坚持下去。

2. 变速跑健身法。这是慢跑与中速跑相交替进行的一种跑法。通常是把慢跑放在两次短距离的快跑之间,做到弛张有节,以提高健身效果。中速较慢跑的速度快,因此上体前倾幅度比慢跑要大,摆臂的幅度和频率也大,运动强度当然也大。变速跑时,可根据自己的情况随时改变速度,并不断增加中速跑的距离。

3. 原地跑健身法。这是一种不受场地、气候、设备等条件限制,可以在自己的房间里、阳台上跑步的锻炼方法。初学者以慢跑姿势进行为好。开始时,一般跑50～100复步,锻炼4～6个月后,可增加到500～800复步。老年人一般要练习10分钟以上,相当于跑了800米的慢跑运动量。在原地跑时,可以用加大动作难度的方法来控制运动量,如高抬腿跑,就可以加大运动强度,以达到较好的健身效果。

原地跑简单易行,只要室内有一块1平方米左右的空地就行。美国著名卫生学家库柏非常推崇原地跑,他给原地跑定了一个较科学的计分法来判断锻炼效果:跑5分钟,如果速度为每分钟60～70步记1分;70～80步为1.5分;80～90步为2分;90～100步为2.5分;100～110步为3分。如果跑10分钟,相应的分数加1倍;跑15分钟,再加1倍。每步以左脚触地计算。库柏认为,每周男子达30分,女子达24分,就能达到健康目的。跑的时候,脉搏最好控制在110～120次/分,此时肌体功能最佳。

4. 定时跑健身法。定时跑有两种:一是限定时间而不限定速度和距离;二是既限定时间,也限定距离,如,必须在6分钟内跑完800米,以后随着水平的提高不断缩短时间,从而加快速度。这种跑步方法对提高锻炼者,尤其是中老年人的耐力和体力大有好处。定时跑适合于初炼者,运动量可自行控制。

5. 定跑抖腕健身法。定跑抖腕就是一边在原地跑一边抖动手腕的一项简单易行、老幼皆宜的大众化健身运动,是居家保健的有效方法之一,特别适宜于中老年人及脑力劳动者。定跑抖腕健身可促进全身血液循环,使脏腑功能得到改善、组织器官供血充足、血氧浓度增加,对消化不良、手足麻木等症效果尤佳。心脏病及高血压患者在此活动时的频率宜慢,以舒适为宜,时间也不宜太久。

早晨起床洗漱之后,在阳台或庭院内活动一下,然后放松全身肌肉,将前臂提至腰际,舒展手指,掌心向下,呈握物状,足部尽量放松,在轻松的状态下,定步跑100～360次,在跑的同时随着身体的抖动带动手腕上下抖动100～360次(活动量因人而定)。在活动过程中,要排除一切杂念，意念中气血随着运动量的增加而运行加快，清除了血脉中的一切沉积物，心中默记次数。活动完毕，全身放松，闭目涵神，舌舔上腭，深呼吸36次，然后将口中津液分3次咽下，意至丹田（脐下3寸处）。搓手揉腿浴面后结束。

在伏案工作的间隙，屈肘，轻握双拳，左右臂前后交替摆动（如跑步状）25次。可逐渐加快摆动频率。

6. 缓慢跑健身法。每天，无论是什么天气，成千上万的人都在缓跑。为什么缓跑变得如此流行呢？因为缓跑能够强健心脏，更能起到减肥健美的作用。如果你想缓跑的话，得先去征求医生的意见。并不是每个人都适合缓跑的，或许它对你来说是多余的锻炼。那么在缓跑中，应该用多快的速度呢？如果你觉得跑得很累，抬脚都困难的话，也就意味着你的速度过快了。你应该跑多少距离才适中呢？反正要记住千万别跑得太远、太快。实际上，开始的一会儿，你就相当于在散步，并不在跑，然后再慢慢加速，做个小短跑。这一切都要在自己适应的情况下进行。争取每两星期逐渐增加250～500米，也许在几年以后，你那潇洒的身影就会出现在马拉松比赛中。

7. 旋身慢步跑健身法。先在原地练习顺时针和逆时针的身体旋转，不求快速只求匀速。一般能习惯于顺、逆时针各转3圈，即可在跑步过程中不时旋转，并逐步增加旋转的频率、速度及圈数。旋转慢跑会产生一种离心力，可明显改善全身血液循环。

8. 上下坡跑健身法。上坡跑是针对下肢力量锻炼的一种有效方法，运动时比较累，运动量较大。下坡跑是着重于下肢肌肉耐力的一种锻炼，对下肢废用性肌萎缩最具治疗作用，运动后疲劳明显。

9. 踮脚退步跑健身法。先测量来回的步数，然后背向目标，目视前方，头正身直，双手握虚拳置于腰间，踮起双脚，小跑步向后退去，同时摆动双臂，默数步数。此法对腰肌劳损，腰椎病，腰、腿、脚骨质增生等患者，尤有益处。

10. 折返跑健身法。折返跑时要求方向不断地改变，在慢跑的基础上掌握。这种跑有助于身体协调性的培养。

11. 沙上跑健身法。沙上跑是英国十分流行的一种锻炼方式。在英国，很多人喜欢在海滩上跑步，边跑边呼吸新鲜空气，享受细沙按摩脚底的感觉。但由于到海边跑步受到时间、地点、天气等诸多因素的限制，人们便想到将沙滩搬进室内，于是在伦敦就出现了专门用于跑步锻炼的沙屋。家里不妨取一些细沙子（必须去除可能硌伤脚部的石子）放入废弃不用的澡盆内，这样就可以在家里随时享受沙上跑的健身乐趣。

沙上跑对身体的好处很多。一是在沙上跑步时，为了保持身体的平衡，腿部肌肉要比平时跑步用力更大，这能增强对肌肉的锻炼效果；二是踝、膝、髋、腰等部位关节要相互配合，这能提高关节灵活性，增强心肺活动机能；三是细沙能按摩脚底，增进末梢血液循环，提高抵抗力和耐寒能力；四是医学家在研究中还发现，沙上跑能刺激足底，在粒粒细沙上慢跑能刺激肾上腺组织，促进激素分泌，使肌肤变得白皙而富有光泽；另外，沙子还是孩子的好伙伴，让他们愿意和大人们一起锻炼。

跑步动作要自然放松，呼吸要有节奏而深长，不要憋气；跑步的距离和速度要量力而行，循序渐进，不要突然快速跑或冲刺，以每次晨跑有舒服感为宜；在清晨跑步时，要十分小心，跑的速度要慢些，注意安全；如果跑步后感到身体不适或反应较大，应立即停止锻炼，并进行相应的医疗检查；长跑锻炼是一种健身的好方法，但亦要注意安全，特别是老年人、心脏病患者更需注意，不可勉强，不可求之过急。初练者可能遇到这样一种情况：每当开始跑一段距离后，会感到气憋、无力，甚至恶心、头晕，但是只要坚持跑下去，这种反应就会很快消失。这种现象在长跑中称“极点”，是由于跑动后肌肉、关节等运动器官的神经兴奋与心脏、肺等内脏器官的神经兴奋不相适应，血液的输送、氧气的供应跟不上身体的需要所致。出现这种现象时身体无疾病者不必惊慌，只要有意识地加深呼吸，减慢一些速度，坚持跑下去，反应很快会消失，这时身体会感到异常舒服、轻松。

多姿行走健身法

不同形式的行走能调动全身肌肉、促进血液循环、刺激血管，从而达到健身的效果。人的双脚足底囊括了五脏六腑、五官、头、颈、背、肩、脊柱、中枢神经、甲状腺、生殖腺的反应区。如果在平时的行走过程中有意地尝试多姿或加重这些反应区的刺激，就能取得正常散步所不能达到的保健、祛病、养生、减肥的效果。

1. 脚尖行走健身法。双脚分开站立，与肩同宽，踮起脚尖，重心保持在两脚之间，像跳芭蕾舞一样走小碎步。同时，双手向上举，弯曲，向身体两侧伸展。仅用两个脚尖着地向前走，收腹挺胸，两手自然摆动。用脚尖行走可使双足尖上的各反应区都如按摩似的受到压，而且在行进中全身的重量都落在足尖上，能收到自由式散步时所达不到的效果。提起足跟用脚尖走路，能有效锻炼臀部、腹部、腓肠肌（俗称小腿肚）等部位，可促使足心与小腿后侧的屈肌群紧张度增强，有利于三阴经的疏通，以及调整心、肺、肝、脾、肾等重要脏器的功能。

2. 脚跟行走健身法。做向前跨步状，右脚向前，脚跟落地，脚尖离地。同时，伸展双手臂做摇摆姿势。运动1分钟，步伐要短且快。行走时仅用两个足跟着地，五指并拢，手掌心朝后做前后摆动。可使双足跟上的各反应区成为承重点，受到如按摩似的踩压。跷起脚尖用脚跟走路，两臂有节奏地前后摆动，以调节全身平衡。这样行走能有效地锻炼手臂、腹部等部位，可加强锻炼小腿前侧的伸肌群，疏通三阳经，调整胃、小肠、膀胱、胆等脏器的功能。用脚跟走路很适合老年人，可健身延寿。但不可运动量过大，更要注意安全。

3. 扭着行走健身法。行走过程中，可以适当地增加一些躯体动作，如扭着身体走，会活动内脏，相当于对胃肠进行了良性按摩，有利于增强排便功能，防治便秘，特别是对于减少直肠癌的高发会起到一定的作用。专家解释说，人的内脏器官在胸腔、腹腔内由极细的网膜悬挂着，当人们坐或躺着的时候，内脏是极其拥挤地“堆”在一起的，当身体抖动起来时，身体的内脏就会因获得活动的空间而倍感“舒适”。经常扭动身体，会有效刺激内脏的搅动，相当于按摩人体的心、肝、胃、肠等内脏器官，可以有效地预防很多疾病的发生。

4. 抬腿行走健身法。就像走正步一样，可以防治疝气。专家解释说，在脊椎骨两侧有两条肌肉叫卡腰肌，卡腰肌对人的作用非常重要，如果长期得不到锻炼，这种功能性退化就容易引起疝气，尤其是老年人越瘦越容易得。但是如果每天坚持定时定量的正步走，就可以减少老年疝气的发生。

5. 直腿行走健身法。两腿、两臂、双足、双手都呈僵直状态不打弯，手指并拢。行走时双脚距离尽量拉宽，大甩臂，手掌心朝后呈直线前后摆动。两脚尽量高抬，最好不低于20厘米，双脚呈平行线，在直平的状态下平起平落朝前走。头、上身与抬起的那条“直腿”成一条直线，左右摇摆，状如鸭行。直腿走时双脚内侧先落地，使双脚内侧的各反应区都成为承重点，得到如按摩似的踩压。这种走法能把颈部、腰部、双臂和双腿上的骨骼、肌肉、筋和韧带全都拉紧，是其他锻炼方法所不能达到的。手掌的前后摆动，还能强化心脏活动的机能，有显著的保健作用。

6. 大步走健身法。大步走有利于全身血液循环，走时后腿用力蹬，前腿往前抬，两腿肌肉用力增大，步幅自然加大许多。如能在变形走的间隙中将双手十指叉开，对拍 2 000 下，锻炼效果将更为理想。

7. 十点十分走健身法。十点十分走就是两臂向上伸直，尽量向后拉动，形成钟表十点十分的样子，收腹挺胸大步走，早晚各 20 分钟，可从三五分钟开始，练一会儿，休息一会儿，逐渐加大量。颈椎病是由心血管淤阻造成的颈部供血不足，或是背椎受损在先，进而影响颈椎供血，常练十点十分大步走能活血化瘀，增强供血，可以有效地锻炼颈部肌肉，缓解颈椎病的疼痛。

8. 呼吸锻炼走健身法。给走步增加一些难度，可以有效地调动神经系统的参与量，提高神经系统的指挥控制能力。在走步时心里数着四个数，一二三慢吸，第四步快呼，这样可以使体内氧气和二氧化碳交换的几率加大，有利于使全身充氧。

9. 弹着走健身法。两脚朝前，每走一步 10 个脚趾头都要用力，特别是大脚趾头要用力，几乎要把人弹起来。弹着走对脚部疾病，如脚趾痛、脚弓塌陷和踝关节问题，都可以得到有效的改善。

10. 别步行走健身法。行走时挺胸抬头，左右脚交替地迈向另一只脚的外侧，交叉深度愈大愈好；行走时双手与腰齐，环围腰部做 180 度弧度的大摆动。由于别步行走是脚的外侧先落地，使双脚外侧的各反应区成为承重点，起到了近似于按摩的作用。而且大腿、小腿、大臂、小臂、肘、手腕都比自然式散步用力得多，双胯、腰和肩也随之摆动，能拉动胸部、腹部、胯部、臀部肌肉，使之得到充分锻炼。

11. 别步跳秧歌健身法。跳秧歌对于手与脚的要求与别步行走一样，保健机理亦相同，但由于需要跳起来，节奏又快，对足内侧的各反应区刺激力度加重，保健效果更好。而且体力消耗大，特别有助于消化、减肥。因为能出汗，也能达到“排毒”的作用。

12. 弹力行走健身法。专家认为，很多人长脚垫，与缺乏脚部锻炼有一定的关系。如果不锻炼脚部，就容易使脚底的肌肉退化。其实，脚底肌肉不单单起着支撑脚弓的作用，脚部的血管必须依靠脚底健康的肌肉保持良好的状态。而现在很多人走路都是甩着大脚片，脚不用力，这也是脚容易骨折的原因之一。如果学会弹力走，并且每天这样走，那么每走一步就会使脚下几十块对生命非常重要的肌肉保持健康的活力。

13. 倒立行走健身法。这是历代僧侣的健身养心之法，难度比较大。倒立对人体来说是一种逆反姿态。倒立时全身各关节、器官所承受的压力减弱或消除，某些部位肌肉松弛，同时血液加快涌向头部。可对因站立引起的各种病痛起到预防作用，并且改善血液循环，增强内脏功能，起到松弛肌体的健身效果。

14. 猫步行走健身法。双手叉腰，向前跨步，左脚向右、右脚向左迈步，像猫一样走“一字步”，身体随脚迈出的方向扭转，跨左脚时身体扭转向右，跨右脚时向左扭转，练习 1 分钟。能有效锻炼腹部、斜三角肌、大腿内侧等部位。

15. 跨大步行走健身法。左脚向前跨一大步，身体向下沉，换右脚向前大跨步。持续 1 分钟，保持双手臂摇摆姿势，手肘弯曲。能有效锻炼臀部、大腿等部位。

16. 抖膝行走健身法。每迈出一步，都要伸直、抖动一下膝关节。可以充分地锻炼一向被人们忽视的膝关节上的骨膜和韧带。抖动膝关节时可使脚掌落地更实、更重，使脚心周围的各反应区得到如按摩似的踩压。

17. 绕圈走健身法。有些中老年人由于缺乏锻炼，以致多种疾病缠身，如头晕失眠、血脂升高、腰酸腿疼、体重超标等，从而加速了衰老。我国古代流传下来的八卦掌，其行走方法粗看似走圆圈，若以此法每天锻炼 20～30 分钟，有疏通经络、调和气血、保持人体阴阳平衡之功，可防治低血压、偏头痛、失眠、闪腰、腰腿疼、肥胖症等常见疾病。此法简便易学，老少皆宜，行之有效。初练时，可在地上画一个直径约 1 米的圆圈，人站立于圈外边缘，脊椎伸直，腰部自然下沉，如向右(左)，先跨出左(右)脚，在距右(左)脚尖前 10～20 厘米处落脚，接着跨出右(左)脚。行走时双手可垂于身体两侧或背向身后，不可低头弯腰，双膝可自然屈曲，速度不宜过快，以双脚交叉或八字形朝向外侧。如此行走数分钟或一定圈数后换方向。初练习惯后，即可正式绕圈。设想地面有一个直径为 1 米左右的圆圈，绕圈时双臂向两侧自然伸直。待向左、右方向各走完 10～20 圈后，换“八卦掌”之法，即抬起双臂，一掌在上，竖向不超过头顶，横向可超出面部，一掌小臂位于上腹部，双手掌心皆向外(即身体的左右侧)。走 10～20 圈后，同时换手换方向。当“平伸”和“八卦掌”手姿感到累后，可采用自然下垂或背向身后的方法。

18. 内八字行走健身法。平常情况下，人们走路时的双脚多呈外八字或直线，如有意识地进行内八字行走锻炼，可起到消除疲劳的作用。

19. 倒退行走健身法。倒着走可以强化腰腿肌肉，缓解腰腿疼痛，增强平衡能力，比正面行走要耗氧更多。倒退行走时全身放松，选择平地，膝关节不屈，两臂前后自由摆动。倒退行走可刺激不常活动的肌肉，促进血液循环。我们习惯于向前走，但这使肌肉分为经常活动和不经常活动的两部分，影响了整体的平衡。倒走与向前走使用的肌群不同，可以弥补后者的不足，给不常活动的肌肉以刺激。现代医学研究证实，倒退行走可以锻炼腰脊肌、股四头肌和踝膝关节周围的肌肉、韧带等，从而调整脊柱、肢体的运动功能，有利于静脉血由末梢向近心方向回流，促进血液循环。长期坚持倒走对腰腿酸痛、抽筋、肌肉萎缩、关节炎等有良好的辅助治疗效果。更重要的是，由于倒走属于不自然活动方式，改变了脑神经支配运动的定式，可以锻炼小脑对方向的判断和对人体的协调功能，强化了脑的功能活动，长期坚持倒退行走对松弛腰背部肌肉作用明显，对防治腰腿疼痛和预防脑萎缩有较好的效果。对青少年来说，倒走时为了保持平衡，背部脊椎必须伸展，还有预防驼背的功效。每天早上坚持倒退走 600 米以上，其间不服任何治疗药物，注意少吃肥肉，对防治脂肪肝性肥胖症，较之常规的朝前跑的效果高出数倍。

20. 倒跨步健身法。倒跨步健身法是一种强身健体的好方法。就是在平坦的道路上，左右脚有规律地交替向后跨步，步速一般控制在每分钟 70 步左右，步幅保持在 80 厘米左右。倒跨步时，胸部要保持稍向前倾的姿势，腰部以下随着腿脚的后跨也迅速向后移动。后跨左步时，身体重心落在左脚上，后跨右步时，身体重心落在右脚上。倒跨步时，两眼要平视前方，精力集中。倒跨步法之所以能强身健体，是因为在倒跨步时胸、腹、全身关节、肌肉产生相应运动，促进了体内血液循环，增强了人体内脏器官的生理功能。同时，腰、腿、膝、踝部关节也因此得到充分活动，增强了腿部力量，达到健身的目的。用倒跨步法锻炼前要做一些简单的腰、腿部准备活动，以防扭伤；锻炼时落脚要稳，以防跌倒，此法适于中老年人。

21. 侧步行走健身法。先向右侧移动50步，再向左侧移动50步。侧向横行过程中身体随时伴着交叉足移换重心，两手按步伐自如地扭摆，注意保持节律感。侧步行走有益于锻炼腰三角肌和臀部肌群肌力，加强髋、踝关节灵活性，提高人体平衡能力。

22. 交叉步侧向移动法。需要肩、胸、腰、髋关节的协调参与，重在锻炼腰部和髋关节。手臂张开，于身侧自然伸展，保持身体平衡，侧向移动时速度不要过快，正常走路速度即可，确保每一个动作完整、到位。手臂平举，可以锻炼肩部三角肌，使之更加紧实、稳定，保护肩部关节。交叉步侧向移动能重点锻炼髋关节，促进盆骨血液循环。

23. 快速行走健身法。快速行走可以改善心血管、消化系统的功能，提高基础代谢率，特别是对盆腔和下肢肌肉的锻炼效果更为明显。快速行走的步幅应比正常行走时稍大，一般以1米左右为宜，步速在每分钟90～120步，持续时间为20～30分钟，每天练习1次。不要在吃饭前后进行，饭前应间隔1小时，饭后应间隔2小时。快速行走适宜身体健康的老年人和慢性关节炎、肠道疾病、高血压病恢复期的人。

24. 快慢行走相结合法。先在放松状态下走5分钟，再快速走3分钟，重复3遍。能有效锻炼臀部、胫骨等部位。

25. 进退行走相结合法。行走时身体要自然直立，头要端正，下巴内收，双目平视，上体稍为前倾，臀部微翘，两脚成夹角90度外展，两脚脚尖翘起，直膝，依次左右脚向前迈进，或依次左右脚向后倒走，两臂自由摆动，呼吸要自然。也可在行走时进三退二，向前走3步，后退2步，也可左右走，或前后左右走，在室内、室外均可进行。

26. 脚跟走与一般行走相结合法。行走时，可以有意识地脚跟走和脚尖走交替进行。这样既能调节情趣，增加趣味，又能提高锻炼效果。

27. 行走冥想健身法。行走冥想，并不是海阔天空地瞎想一气，而是尽量使自己全神贯注于某一事物。如可以在行走的时候进行腹式呼吸，思想集中于吸气、吐气、再吸气、再吐气的过程中，以增加心肺功能；或者可以边行走边思考问题，同时注意行走时双脚的动作规律；还可以在行走的时候抬头注视远方，以放松身心。

28. 行走左顾右盼法。行走时有意识地缓慢向左右顾望，好像有人在后面呼唤自己的名字一样，稍停几秒钟后即复位。这对防治颈椎病有良效，但动作一定要慢。

29. 行走弯腰拾物法。行走时，好像看到路上有失落的东西一样，弯腰拾起来。具体做法是先左脚上前，再随着弯腰，右手手指伸向左脚尖前着地，再缓慢直起腰来复位。这样可使四肢关节、腰椎都得到锻炼。

30. 行走仰天长啸法。行走时，有意识地尽力深吸气，然后张口发出“啊、嘻、哦、嘘、呼、哈”等声音，缓缓地将气吐出去，对慢性呼吸系统疾病可起到防治作用。

31. 负重行走健身法。日本医学博士横山正义建议走路健身不妨从增加身体“重量”开始，这样热量消耗会加倍。建议大家握着哑铃行走，0.5～1千克的哑铃男女都适宜。起先速度可以稍微放慢些，但姿势要保持正确，以不使肩膀感到有负担为准。

多姿行走健身法可使足底所有的反应区都受到如按摩似的刺激，只要坚持数年，必然受益匪浅。开始练习每种可行数十步，单项练习也可，交换进行，效果更佳。需要提醒的是，运动时，一定要注意不能憋气，应该跟着运动进行有节律的呼吸。比如快速运动时，呼吸的节奏也应加快。

赤脚走路健身法

根据生物全息理论，足底是很多内脏器官的反射区，被称为人的“第二心脏”。赤脚走路时，地面和物体对足底的刺激有类似按摩、推拿的作用，能增强神经末梢的敏感度，把信号迅速传入内脏器官和大脑皮层，调节植物神经系统和内分泌系统。另外，经常使双脚裸露在新鲜空气和阳光中，还有利于足部汗液的分泌和蒸发，增进末梢血液循环，提高抵抗力和耐寒能力，预防感冒或腹泻等症。赤足走的另一种功效是释放人体积存过多的静电。对于幼儿来说，足底皮肤与地面的摩擦还可增强足底肌肉和韧带的力量，有利于足弓的形成，避免扁平足的发生。

古代对赤脚走路的体育疗法早有记载，今日还有所谓“足底反射”学说。人体大部分经络皆通足底，脚底被称为人体的第二心脏，赤脚走路可起到按摩、推拿健身作用，达到疏通经络血脉、畅通气血的目的。日本裸足教育研究会会长玉川大助教授和教育生理学家野田雄二认为，脚趾运动的健脑作用可以和手指的健脑作用相媲美。他们分析了长寿者的足，发现其足趾健壮，脚板发达，认为如果每天赤脚走路半小时，对强身健脑大有好处。目前，日本的一些学校已正式把“赤脚教育”列入课程。

经常赤脚走路，不仅可锻炼腿脚，增强心脏功能，还可使头脑变得清醒。在英国老年人中最新潮的健身活动首推赤足跑。英国老年人的这种健身方式也得到了医学界的肯定，这是因为赤脚走路不但能加快常见病的康复，还可减轻抑郁、狂躁等病症。

医学资料显示，足部以及下肢的一些疾病，如足筋膜炎、跟骨刺、退行性关节炎、椎间盘突出等疾患，均与长年穿鞋行走，缺乏赤脚活动有关。由于脚底有着与内脏器官相联系的感区，光着脚走路能使足底肌肉筋膜、韧带、穴位及神经末梢尽量与地面的沙土、草地以及不平整的卵石面接触，这样敏感区受到刺激，将信号传入相对应的内脏器官及相关的大脑皮层，之后传到效应器官，从而调节人体全身各部分的组织器官功能，发挥人体内的协调作用，从而达到健身的目的。最终达到强身保健、疏肝健脾、行气利胆、温肾固表、肾气充足、精力充沛、防老抗衰、延年益寿、身材更加苗条、康复防病以及辅助治疗的奇效。

根据中医经络学说的观点，五脏六腑在脚趾上都有相应的循行路线。养成每天用30分钟的时间在公园或庭院里（最好在有小圆石的土路上）赤脚散步的良好习惯，可疏肝健脾、增进食欲，治疗肝脾肿大，行气利胆，防治便秘；温肾固表，能预防感冒。长期坚持赤脚散步，可使肾气充足，精力充沛，耳聪目明，预防早衰。

需要提醒的是，赤脚走路时注意不要踩到尖锐物，结束后最好用热水好好洗个足浴。此外，对于一些有腰椎失稳和膝关节功能差的人来说，赤脚在凹凸不平的地面上行走是不合适的。

慢走塑体健身法

美国科罗拉多大学的研究人员发现，慢走或散步1千米比快走1千米有助于肥胖成年人消耗掉更多的热量，而且慢走比快走更安全，得关节炎或使关节受伤的危险小。雷·布朗宁和他的同事研究了20名体重正常的男女和20名肥胖的男子，让他们在一定的距离内用不同的速度走路，结果发现，肥胖者用慢速走比快速走消耗的热量更多。这项研究也许会改变人们传统的建议，那就是每周进行5次快走，每次30分钟。

无论快走还是慢步，都有益健康。但试过的人都知道，尽管这项运动强度不大，坚持起来却不太容易。如何让慢走不再单调？下面推荐几个有趣的方法。

1. 观察路两侧的房子。在慢走时欣赏周围风格不同的房子，甚至一个屋檐、一块牌匾，都能发现这座城市独具匠心的地方，可为步行增加兴趣。

2. 预设一个目的地。朋友的家，最喜欢的商店，或某个水果摊都行，它会督促自己完成剩下的行程。

3. 听音乐或唱歌。挑些优雅舒缓的曲子，可从慢走的街道带到遥远的山林，带给你不一样的感受。唱唱歌，也能使思维呈现轻度兴奋状态。

4. 带上心率检测器或计步器。很多人都喜欢看数字的变化，大量徒步旅行的实践证明，看到数字提高会很有乐趣，这也是继续行走的强大动力。

5. 变化一下路线。都说熟悉的地方没有风景，那么，定期变化一下你的慢走路线吧。可以依区域而定，也可以依时令而定，如大热天里可以走清凉路线，寒冷的天气里则走阳光路线。

6. 间隔训练。尝试走加跑的混合训练，走一会儿，跑一会儿，或是快跑3分钟然后回到原来的速度。这不但打破了单调乏味，还锻炼了力量和耐力。

常练健身走步法

人的健康状况与腿脚的关系是相当密切的。腿脚是距心脏最远的部分，年轻力壮时，心脏功能强盛，养料能源源不断地输送到人体的各部分，所以，人体充满活力。当人的身体不好，心脏功能衰弱时，首先是腿脚部分得不到足够的养料而使腿脚的活动受到限制。

1. 健身走法。健身走的姿势是，双臂左右侧伸、沉肩曲肘；掌心上托，高不过头，低不下肩；头正身直，目视圈里之手。绕圈子走，圈子直径2米以内。走时要屈膝，迈步要轻，落步要稳，不快不慢。每日早晚均可，每次10～30分钟。走时要以轻松舒适，默数圈数，左右一样，量力而走。要求全身放松，呼吸自然，舌抵上腭，气沉丹田。初步要慢，稳步前进，久练功深，走快而不喘。

久练此法就会感到腿轻脚稳，步履坚实，精神饱满，食欲旺盛，大小便通畅，新陈代谢旺盛；冬天手足不冷，红光满面，夏天耐热，不易中暑。每天坚持1～2次，能使身轻体健，祛病延年，是一种有效的防老抗病的锻炼方法。

2. 健身步法。健身步能增强人的呼吸及提高身体的代谢机能，从而达到健身的目的。一般的散步属于“保守性活动”，而长跑虽能提高呼吸功能，但跑步时膝关节需承受3倍体重的压力，不宜于年老体弱者，同时上半身也得不到锻炼。健身步介于散步与跑步之间，既没有长跑那样紧张，也不是消极的“溜达”。它讲究姿势和节奏，使人在日常生活中养成良好的健身习惯。

健身步锻炼时，步行时步幅尽量加大，速度快而有节奏，挺胸摆臂，迈步时脚跟蹬地，用力甩腿。随着这种步法的养成，可逐渐提高行走的速度。当适应了快速行走后，可走上坡路锻炼，或在腰部、手腕、脚腕等处缚扎沙袋，沙袋的重量应由轻到重，但不得超过体重的

20%,还可以手持哑铃边走边进行上半身的锻炼。

健身步行的基本要求是:每次健身步行后即时的脉搏应增至100~120次/分,一般相当于每分钟走100~130步的速度。也可按160减去年龄的公式来确定健身步行每分钟的步数;每次步行时间不应少于15分钟,一天可步行几次;一天步行总数应在6 000~10 000步以上或一天步行时间总和达到或超过1小时(包括平时一般步行);每周健身步行不少于3~4天,持之以恒不要中断,也不要把一周的步行量集中到一天走;步行姿势应自然放松,并注意自然呼吸,既不憋气,也不过快呼吸,呼吸要有节奏;健身步行一定要根据自己的年龄、健康水平、体力进行自我调节与控制。一般人可从平时习惯的步幅、步行速度与时间开始,循序渐进,逐渐增加步幅、速度与时间。当达到上述健身步行速度、时间、频率的要求时,你就能感受到健身步行的效果了。如果能走得更快、更多一点,那么效果会更明显。

3. 步行健身法。步行时身体直立,双腿交叉向前迈,上肢前后摆动,牵动腹肌收缩和膈肌上下运动,使肺活量加大,呼吸加深,吸入氧气增多,促进了呼吸系统功能的增强;有节奏的步行,使心脏搏动加强,血液循环加快,促进了心血管系统的运动;步行腹肌运动,加强了胃肠蠕动,改善胃肠系统的血液循环,帮助了食物的消化和吸收;加强各内脏器官和肢体的协调活动,提高了人体的新陈代谢,胖人可减肥,瘦人可增食,体弱者可增强体质,体强者可再提高,不论哪种体型均能得益。医学研究结果显示,快步行走是最简单并有效的有氧健身运动。锻炼者一定要根据自己的健康情况、体力、年龄和习惯,自行掌握强度。步行速度一般应控制在每分钟100~130米,每次持续步行时间不少于20分钟。每天最好选择在晚饭前或进餐半小时以后,在空气清新、环境幽雅的场所步行。

4. 慢跑健身法。近年来,世界各地掀起了一股慢跑热,参加者的神经衰弱、饮食不振、失眠、便秘等多种疾病往往不治而愈。美国一位患有高血压、心脏病的老年妇女,平时只能步行100米,通过4年慢跑,健康状况大有改观,85岁时还参加了老年人奥林匹克运动会,并获得了800米赛跑金牌。国外对360名长跑者与一般人进行比较,发现70岁的锻炼者其循环机能相当于45~50岁人的水平,呼吸功能相当于40岁人的水平。慢跑是当今世界上最流行的有氧代谢运动方法。慢跑比步行运动量增大,人体各种机能的活动都比步行加快,对预防、延缓或减轻动脉粥样硬化,减少心绞痛的发作,心血管病患者的康复,防治神经衰弱、消化系统、呼吸系统疾病都有好处。慢跑的速度不宜太快,要保持匀速,以主观上不感觉难受、每分钟心率控制在180减去年龄数为宜。锻炼时间为20~30分钟,最好每天练习1次,间隔时间不要超过1天。进行慢跑锻炼须注意:用于慢跑的地面应避免过硬,并要注意由脚掌至脚跟的缓冲,防止损伤。要循序渐进,跑步距离宜先较短然后逐渐增加;跑步的速度以不影响正常说话为宜;跑步时身体略有微汗即可,一般10分钟左右;如感觉疲劳要减速或休息。

5. 快速步行健身法。"行如风"是形容走路速度比较快。研究发现,快速步行有利于人们的身心健康。人在行走时,肌肉系统就像一个转动的水泵,能把血液推送回心脏。快速步行可以加快肌肉的运动,能促进全身的血液循环,有利于提高氧气的消耗,还能增加心脏的起搏力度,对改善冬天特有的脚部供血不足、脚部冰冷很有好处,还能达到减肥、塑身的效果。研究报告指出,中老年女性每天快速步行30分钟,对于预防糖尿病、心脏病、骨质疏松症、中风以及某些癌症,都具有良好的效果。没有运动习惯的女性,只要从现在开始每天快速步行30分钟,也能达到强身健体的良好效果。而如果中老年女性每天快速步行45~60

分钟，那么患中风的概率可以进一步降低40％。

日本东京学艺大学保健体育学教授波多野认为，要想预防疾病，达到体态健美，必须做到每分钟消耗热量达14.63焦耳以上的运动。而以较快的速度走路，则是达到健身、健美的重要方法。日本学者在探索日本长寿村人长寿的奥秘时，发现他们都有长期快速步行的特点。

快速步行与平时的走路稍有不同，快速步行在速度、持续时间以及步频上都有一定的要求，速度一般以每分钟120步左右为宜。并不是要求每个人一开始就要有这样的速度，而是循序渐进、由慢到快，逐步增加速度，对于老年人、体弱的人来说，速度可以略为放慢。

快速步行时，要求身体略向前倾斜，双臂自然下垂，协调地前后摆动于身体两侧，全身重量着力于脚掌前部。步态要均匀、沉稳而有节律，着地重力要一致。要精神抖擞，且手臂尽量摆大，矫健轻松，充满青春活力。

在进行快速步行健身时，每人应根据自己的身体情况，做到量力而行。如体质较强的可在步行中结合慢跑进行，而年迈者则需循序渐进地由慢逐渐到快速，距离由短到长。

经常举臂快走，可以改善心肺供血功能，增强心肌供血能力，保持心脏活力。快走时将手臂伸直，举过头顶，两掌重叠，以此增加快走难度，为保持平衡，全面调动后背、腹部、手臂和腿部肌肉参与运动。不要小看了这简单的上举手臂动作，手臂上举，改变了身体惯常姿势，血液要到达指尖，需改变循环方式，需要强有力的心肌功能的支持。

6. 竞步健身法。徒步行走在国人看来早已习以为常，而时下流行的“竞步”则是一种新潮的健身减肥运动。健身专家认为，越野行走的健身效果与练习瑜伽不相上下，也是减肥的好方法。这种不同于一般走路的健身方式，叫做“竞步”。竞步是一项有效的有氧消脂运动，可以强化臀部肌肉，收紧腿部线条，令身段更为优美。如果心跳维持在最高心跳数的50％～60％，可以消耗更多热量，燃烧更多的脂肪。竞步的速度、强度与慢跑相当。

除了普通的竞步，还有一种由越野滑雪运动发展而来的“北欧竞步”也正成为流行欧美的健身新潮，并开始传入我国，这种竞步加入了两根滑雪杖演变而来的手杖，使乏味的普通行走变成了时尚的健身潮流。北欧竞步兴起的原因之一在于它比普通的行走和散步更有利于人体健康，不但可以锻炼运动者的耐力、力量和四肢的肌肉，还能缓解颈部和肩部肌肉的紧张，运动期间心率比普通行走时快出约13％，大大提高了心血管功能。

据了解，北欧竞步的动作能够充分调动身体的全部器官，比普通步行多消耗近一半的热量，而这些好处来自于北欧竞步时使用的两根简单手杖。利用手杖进行的北欧竞步，是比散步有效，比慢跑安全，比健步行走更科学、内容更丰富的健身方式。相对于普通行走，北欧竞步需要道具手杖，还需要更多的行走技巧，但这些技巧并不难学。在迈开左腿前行时，要求右手持手杖一同向前，左手则持手杖拄地减轻右腿的负担，同时用力把身体推向前方，使行走时的步伐更大，速度也更快。

这种竞步在手脚并用的交替往复中，主要肢体得到完全配合的锻炼，躯干则在左右摇摆，类似于游泳，不用走得很快，就可以提高心律，达到可以健身的有氧运动的运动强度。科学家经过测算认为，如果走得快，多消耗的热量可以达到46％，有效地消耗腰、腹、臀部的多余脂肪，达到减肥的目的，也是预防和治疗肩周炎的好办法。为了达到最佳的锻炼效果，一般每次行走时间应不低于30分钟。

在城市周边的乡村山野有很多适合竞步的地方，竞步对地形和装备的要求很低，一双舒适的慢跑鞋、一套亮丽的运动衣,喜欢北欧竞步的人还要带上两根手杖,运动者几乎可以在任何地方大步向前。有关专家认为,制定竞步计划时,路线的选择、步速的变化尤为重要,平坦与坡路并设,步急与步缓交替的方案更为合理。如果沿途有美景相伴,则更添走路乐趣,运动者锻炼健身的同时,可以一边呼吸新鲜空气,一边欣赏优美风景,投身到大自然的怀抱;还可以与家人或者朋友一边健步向前,一边闲聊神侃,既能锻炼身体,也能进行感情交流。

走路时,应收腹、提臀、挺胸、抬头、肩向后……要保持上体的正直,而以臀部的轻轻摆动来调节身体的平衡。不可以上身跟着摇摆或是弓着背,否则会增加膝关节的压力,使臀部肌肉下垂。

脚跟脚尖,二者交替着地最可全面锻炼腿部肌肉,有利于塑造一双玉腿。

上坡是对大腿肌肉最好的锻炼时机,应充分拉大步幅;下坡的时候,不妨加快步伐,让小腿肌肉更快速地收紧。

7. 竞走健身法。竞走的节奏使人能享受到节律的美感,轻松的乐趣,更加心旷神怡,精神饱满。

风靡世界的跑步运动,对呼吸系统和心血管系统的锻炼很有益处。现在不少国家又开始热衷于竞走。因跑步时连续不断的震动,对肾、骨盆及脊柱都有影响,而竞走只不过是加快步伐的走路,用力地摆动双臂就行了,所以最简便易行,又不易发生意外,故被称为"不受伤的运动"。

在竞走中,腿的前、后肌肉都会得到充分锻炼和加强。全身肌肉几乎都要进行活动,比长跑消耗的热量还要多,是理想的减肥运动。

竞走中因要有力地摆动双臂,使腹部、背部、胸部的肌肉得到锻炼,这项运动对中老年人和体弱的人来说是非常适宜的。比起其他运动,竞走是身体较能适应的项目,因为它可以从慢速开始,逐渐加速加量。

按规定,竞走时不得有跑式跳的动作,前脚踏稳,后脚才能离开地面,和平时走路一样,身体要直,两臂有力地摆动到水平位置,以保证身体平衡和向前的冲力。臀部两边也要有节奏地运动以加快速度。开始锻炼时每次可进行20~30分钟,动作要自然、协调,与呼吸配合,再逐步加速和加量。

8. 交替走健身法。交替走就是快步走结合慢步走,正着走结合倒着走。交替走运动强度不是太大,较低强度的运动更利于中老年人坚持,而不会加重心肺负担,也不用担心运动量的不足,只要适当地延长运动时间也可达到合理的运动总量。此外,交替走对关节、肌肉有适当的加压和放松,快步走一段之后进行慢走,降低了关节面的摩擦,减小对关节的损耗,降低骨骼的负担。而正着走结合倒着走,可以缓解长时间正向步态引起的肌肉、骨骼疲劳,减轻足跟的负担,对于一些跟腱炎的中老年人特别适合。

对患有骨关节疾病的中老年人来说,快步走不如交替走有效。快步走对膝关节有一定的冲击作用,如果3分钟快步走结合10分钟慢步走,对关节就有一个缓解和保护作用。快步走的速度一般以90~120步/分钟为宜,步幅保持正常即可。而慢步走则以散步的速度,一般为30~50步/分钟。3分钟快走结合10分钟慢走为一组练习,每次练习3~4组。倒着走则是因为"逆受伤机制",人们几十年来正着走积累的劳损,包括肌肉、关节、脊椎、髋关节、足底等部位,都是"正向损伤"。倒着走正好是一种反向康复性练习,可以缓解劳损。可在每组正向练习之后安排一次倒走练习，也可 2 组正向，2 组倒走。一般一天 1～2 次，每次 30～40 分钟为宜，尽量保持连续性。

交替走需要快慢交替或是前后交替，所以对于患有关节疾病的中老年人要特别注意保持身体平衡，避免在交替的过程中摔倒。如果站立平衡还不是很好的老年人可先进行站立和行走的平衡训练，例如站立位重心交替转移，或是行走不平路面等，待平衡能力提高了之后再进行交替走的健身训练。健身过程中要注意运动的环境，尤其倒走的时候看不到路面的情况，所以一定要选择没有障碍物、平坦的场地进行训练，地面最好是防滑的。

另外，跑走交替有两种方法：一种是先走后跑，即走 1 分钟后跑 1 分钟，交替进行。每隔 2 周可增加一次运动量，缩短走的时间，延长跑的时间。另一种是由走开始锻炼，渐渐过渡到由慢跑代替行走。运动时间可持续 20～30 分钟，每周不少于 4 次。

快慢交替健身法

随着人们生活水平的不断提高，许多人为自己日趋肥胖的身体而苦恼，特别是人到中年以后，身体更易发胖。防止肥胖，锻炼身体便成了一个紧迫的问题，而种类繁多的各种健身方法中，慢跑健身是人们所喜爱的方法之一，优点是简便易行，不需要特殊的场地和器材设备。在公园、湖边和广场等处均可进行，而且每次所需要的时间不长。通过慢跑健身，除了可有效防止身体肥胖外，还可以提高心血管系统和呼吸系统的功能，减少发生冠心病的危险，使人精力充沛，学习、工作效率提高。

怎样才能养成每天进行慢跑健身的习惯，并持之以恒，从而收到成效呢？这里向你介绍一个为期 10 周的训练计划，目的是使你养成每天慢跑 20 分钟的健身习惯。这个计划的原则是运动量缓和，循序渐进，难易交替。

这个计划中采用“数数”法。例如第一天跑步者先跑 10 个复步（每次右脚落地数 1 次，算是 1 个复步）。然后走 20 个复步。这样走与跑交替，坚持 20 分钟，每周二、四、六运动量稍大，一、三、五运动量稍小，体现难易交替原则。星期日应进行积极性休息，如散步、做操等。下面提供一个较细的计划。

1. 第一周

周一：跑 10 个复步，走 20 个复步，交替进行 20 分钟。

周三：跑 20 个复步，走 20 个复步，交替进行 20 分钟。

周五：跑 20 个复步，走 10 个复步，交替进行 20 分钟。

周二、四、六走 20 分钟。

2. 第二周

周一：跑 20 个复步，走 20 个复步，交替进行 20 分钟。

周三：跑 30 个复步，走 20 个复步，交替进行 20 分钟。

周五：跑 40 个复步，走 20 个复步，交替进行 20 分钟。

周二、四、六走 5 分钟，跑 50 个复步，走 50 个复步，交替进行 5 分钟，再重复以上练习一次，共 20 分钟。

3. 第三周

周一：跑 30 个复步，走 20 个复步，交替进行 20 分钟。

周三：跑 40 个复步，走 20 个复步，交替进行 20 分钟。

周五：跑 50 个复步，走 30 个复步，交替进行 20 分钟。

周二、四、六轻快地走 5 分钟，跑 50 个复步，走 40 个复步，交替进行 5 分钟，再重复以上练习一次，共 20 分钟。

4. 第四周

周一：跑 40 个复步，走 20 个复步，交替进行 20 分钟。

周三：跑 50 个复步，走 20 个复步，交替进行 20 分钟。

周五：跑 60 个复步，走 20 个复步，交替进行 20 分钟。

周二、四、六轻快地走 5 分钟，跑 50 个复步，走 30 个复步，交替进行 5 分钟，再重复以上练习一次，共 20 分钟。

5. 第五周

周一：跑 50 个复步，走 20 个复步，交替进行 20 分钟。

周三：跑 60 个复步，走 20 个复步，交替进行 20 分钟。

周五：跑 70 个复步，走 20 个复步，交替进行 20 分钟。

周二、四、六轻快地走 5 分钟，轻快地跑 5 分钟，再重复以上练习一次，共进行 20 分钟。

6. 第六周

周一：跑 70 个复步，走 20 个复步，交替进行 20 分钟。

周三：跑 80 个复步，走 20 个复步，交替进行 20 分钟。

周五：跑 90 个复步，走 20 个复步，交替进行 20 分钟。

周二、四、六轻快地走 5 分钟，以舒适的速度跑 5 分钟，再重复一次，共进行 20 分钟。

7. 第七周

周一：跑 90 个复步，走 20 个复步，交替进行 20 分钟。

周二：走 5 分钟，跑 5 分钟，走 5 分钟，再跑 5 分钟。

周三：跑 100 个复步，走 20 个复步，交替进行 20 分钟。

周四：走 3 分钟，跑 7 分钟，走 3 分钟，再跑 7 分钟。

周五：跑 110 个复步，走 20 个复步，交替进行 20 分钟。

周六：走 5 分钟，跑 10 分钟，再走 5 分钟。

8. 第八周

周一：跑 110 个复步，走 20 个复步，交替进行 20 分钟。

周二：走 3 分钟，跑 7 分钟，走 3 分钟，再跑 7 分钟。

周三：跑 120 个复步，走 20 个复步，交替进行 20 分钟。

周四：走 5 分钟，跑 10 分钟，再走 5 分钟。

周五：跑 1 300 个复步，走 20 个复步，交替进行 20 分钟。

周六：走 3 分钟，跑 14 分钟，再走 3 分钟。

9. 第九周

周一：跑 130 个复步，走 20 个复步，交替进行 20 分钟。

周二：走 5 分钟，跑 10 分钟，再走 5 分钟。

周三：跑 140 个复步，走 20 个复步，交替进行 20 分钟。

周四：走 3 分钟，跑 14 分钟，再走 3 分钟。

周五：跑 150 个复步，走 20 个复步，交替进行 20 分钟。

周六：轻松地慢跑 20 分钟。

10. 第十周

周一：用感觉舒适的速度跑 20 分钟。

周二：轻快地跑 150 个复步，轻松地跑 50 个复步，交替进行 20 分钟。

周三：同周一。

周四：以较快速度跑 10 次 50 个复步，两次之间慢跑 50 个复步作为休息，然后轻松慢跑 20 分钟。

周五：同周一。

周六：以较快速度跑 12～15 次 150 个复步，两次之间慢跑 50 个复步，然后轻松慢跑 20 分钟。

这个计划对于中老年人及久病初愈、体质弱的人更为合适。坚持 10 周，你会养成每天慢跑健身的习惯，并从中得到许多益处和乐趣。

常登楼梯健身法

登楼梯这项运动，对于在高楼层工作及在高层住宅居住的人们来说，是一项很好的室内健身方法。随着社会的不断发展，我国城市中高层建筑日见增多，楼层也越来越高，每天需要上下楼梯被许多人认为是负担，甚至还成了不进行健身锻炼活动的借口。殊不知登楼梯却是一项理想的室内健身锻炼，对促进身体健康大有好处。

虽然登楼梯的方式比较简单易行，但是其运动量之大是许多人料想不到的。一个 40 千克体重的人，上 10 分钟的楼梯要消耗热量 200 卡，下楼梯消耗的热量为上楼梯的 1/3。爬楼梯是一种有氧代谢运动，能够消耗体内脂肪，增强心肺功能。每天爬 5 层楼梯的人心脏病发病率要比普通人低 25%。调查结果表明：每日登 700 级左右楼梯（相当于上下六层楼 3 次）的人，死亡率比不运动的人低 1/4 至 1/3。在相同时间内上楼梯所消耗的热量，比散步多 4 倍，比跑步多 29%，对防治肥胖大有裨益。有人测定，一个体型较胖的妇女，如住在 3 层楼上，每天坚持步行上下楼 5～6 次，一年能使体重减轻 3 千克。人过中年，由于活动相对减少，如经常上下楼，能增强冠状动脉的血流量，预防冠心病的发生。

爬楼梯，应以慢步登为主，1 秒钟一个台阶，速度要均匀，步伐要沉稳而有节律，可增强腰背肌肉的力量和下肢肌肉韧带活动能力，并能保持关节的灵活性，日久，双腿就能变得强健有力。

爬楼梯锻炼是中老年人一种非常好的健身方法。美国医学专家的研究结果证明，步行上下楼梯不仅有助于增进健康，还有助于延长人的寿命。每天爬楼梯不但能增强心肺功能，而且能增强肌肉与关节的力量，还能提高髋、膝、踝关节的灵活性。这是由于爬楼梯时加强了心肌的收缩，加快了血液循环，促进了身体的新陈代谢。另外，静脉血液回流的加快，可以有效防止心肌疲劳和静脉曲张。每周坚持上下楼梯 800～1 000 级台阶，锻炼效果最佳。有关研究显示，在这个运动区间，是保持人体运动最适合的锻炼量，能有效发展人们的腿部力量，改善心血管系统的功能。

爬楼梯时腰部、臀部、大腿部都用力较大，从而使这些部位的脂肪消耗加快，有利于减肥。据运动医学家的测定，人每爬高1米所消耗的热量，相当于散步28米。其所消耗的能量是1 000千卡/小时，这个数值是静坐时的10倍、走路时的5倍、跑步时的1.8倍、游泳时的2倍、打乒乓球的1.3倍、打网球的1.4倍。如果沿着6层楼的楼梯上下跑2～3趟，则相当于平地慢跑800～1 500米的运动量。上下楼梯对小腿肚、膝部是很好的锻炼，尤其能防止小腿肚积聚脂肪。想拥有结实的臀部，就用脚尖爬楼梯。通过经常登楼梯，以消耗体内多余的脂肪，达到减轻体重的目的。

爬楼梯时全身肌肉及各关节不停地活动，尤其是四肢及脊椎关节和大的肌肉群活动度更大，增强心肺功能。如长期适当坚持锻炼，有效地预防心血管、呼吸道及运动系统疾病的发生，对增强心肺功能和耐力有很大的帮助。但这项运动不适于有心、肾、脑和高血压疾病的老年人。

1. 间歇登梯法。适用于初学者及体型过胖者。开始练习时可登3分钟楼梯，中间休息3分钟，然后再登3分钟楼梯，再歇3分钟。以后将登梯时间逐渐延长，最多每次不超过20分钟。经较长时间锻炼后，每天可增加到2次。一个月测一次体重，以检查锻炼效果。

2. 循环登梯法。适用于楼层低、锻炼条件较差的肥胖者。可找一段楼梯上下反复循环练习，时间逐渐增加。对居住楼房者，若楼层不太高，上下不乘电梯，自己登楼梯，不用专门时间锻炼，即可达到减肥目的。

3. 反登楼梯法。适用于前两法锻炼一段时间后，有一定基础且体重较轻些的肥胖者。手扶楼梯扶手，背对楼梯，慢步向上登梯，每登一段台阶，停片刻再登。需要注意的是，此法只适用于单纯性肥胖患者，对患有高血压、心脏病及各种慢性病的肥胖者不宜采用，对年老体弱者也不宜采用。

如果真想瘦身，建议每天都爬楼，而不选择乘电梯上楼，午饭后的休息时间，也可以反复上下楼梯健身。只要每天都坚持，相信会练出诱人的美腿。当然，在爬楼梯时要注意上楼梯时脚尖着地，绷紧小腿；脚后跟最好不着地，身板要挺直。这样，可获得事半功倍的效果。

爬楼梯锻炼前应针对膝、踝关节先进行热身活动，避免出现关节活动不协调的现象发生。平时最好经常做下蹲、起立等练习，使关节得到充分的运动，防止锻炼开始时关节出现僵硬强直。

上楼时思想要高度集中，眼睛凝视前方拾级而上，挺胸拔背，两臂自然前后甩动，身体稍向前倾，抬脚落脚要到位、要利落，落脚要轻、稳、慢、准，脚到眼到，脚踏实地，不可分心，以免发生意外。每秒钟爬一级，爬4～5层楼，每次练习往返2～3趟，每趟之间可稍事休息，开始阶段每次练5分钟左右。待身体适应后，可以加快速度，每秒钟2级，并增加往返趟数，时间为10分钟左右。年老或体力较差的人，开始锻炼时，可扶着楼梯的扶手进行。

下楼时，上体微后仰，肌肉放松。为了防止摔倒，应前脚掌先着地，再过渡到全脚掌着地，以缓冲膝关节的压力。

爬楼梯要结合自己的实际情况。中老年人均存在不同程度的骨质疏松，特别是那些身体较肥胖且伴有心、肺疾病，身体活动不协调的人，上下楼对关节的作用力更大，更易发生意外情况。因此，这些人一定要掌握循序渐进的原则，不要急于求快。

锻炼开始时，应采取慢速锻炼原则。坚持锻炼2～3个月后，可以逐步加快速度或延长时间，但是不能过于剧烈，否则会增加心、肺负担。在锻炼的过程中若出现胸闷、心悸伴大汗淋漓及关节酸痛加重，甚至出现关节肿胀不适的症状，应立即停止锻炼。

特别需要说明的是，双下肢、髋、膝、踝等关节有陈旧性损伤的人，应谨慎进行爬楼梯的锻炼。因为，此时双下肢肌肉的力量及协调性均会有不同程度的减弱，一旦摔倒或扭伤，往往再次损伤后果较为严重。

每次爬楼梯的运动时间不宜过长，以10～15分钟较为合适。身体素质一般的青年和中年人，运动后脉搏分别为110～150次/分和100～130次/分为宜；健康的老年人以100～130/分为宜；中年以上健康状态欠佳者，以90～110次/分为宜。

爬楼梯运动是比较剧烈的有氧运动形式，参加锻炼者必须健康状况良好，同时具有一定的锻炼基础，对有严重心肺疾患的人，严禁参加这一运动。

要熟悉自己开展爬楼梯活动的地理环境，对梯段数及梯段的台阶数要熟悉，以便于计算台阶数。一般的楼梯梯段大致为9～14个台阶。

爬楼梯的速度和运动强度应保持适中，以不感到明显的紧张和吃力为度。爬楼梯的脚步要尽量踏实，以免踏空跌倒而造成运动损伤。

楼梯过道要相对宽敞、明亮、空气新鲜。不要在有堆放物品的楼梯和拐弯处锻炼。

锻炼前应先活动腰、膝和踝关节。锻炼时应穿软底鞋，动作要轻缓，不要勉强做难度高的动作（如一步爬3个以上台阶的动作），要量力而行。

跑楼梯增氧健身法

根据医学论证，人进入老年以后，人体的代谢率以每5年4%～6%的速度递减，肢体肌群萎缩，韧带僵硬，骨质也变得疏松脆弱。跑楼梯比在平地上行走或跑步的运动量更大，它兼有跑和跳的两方面用力，不仅使膝关节的活动幅度增大，下肢肌肉得到锻炼，而且能加强腰腹的肌肉活动，增强心肺功能的有氧运动，促进全身新陈代谢，增强人的肺活量，改善内脏器官生理机能，增大髋关节的活动幅度，使下肢肌肉得到锻炼，而且能加强腰腹的肌肉活动，有延缓肢体肌群萎缩、韧带僵硬、骨质疏松的健身功效，从而达到消除赘肉、强肌肉、疏关节、坚骨质、延缓衰老的作用。

对于肥胖的人来说，跑楼梯更有特殊的意义，因为体重越大，需要克服自身重量向上的阻力就越大，消耗的能量就越多。平时少乘电梯，多跑楼梯，可以在锻炼身体的同时减去多余的脂肪。

跑楼梯需要腰、背、颈部和肢体不间歇地活动，肌肉有节奏地收缩和放松，可促进肺活量，加速血流，改善代谢和增强心肺功能。据测定，匀速登楼梯每5分钟消耗100～110大卡热量，超过散步2倍，比静坐多5倍，与慢跑或骑自行车消耗量相类似。健身跑楼梯要结合老年人的个体差异，进行科学的锻炼。跑楼梯的练习方法主要有：

1. 定速跑楼梯。慢速登向1～4楼（心率90～100次/分），返回1楼。共2组，每组1～2次，间歇2～3分钟。

2. 变速跑楼梯。中速登上1～3楼（心率115～120次/分），放松返回1楼。重复2～3次，间歇1～2分钟。1～3楼（中速）→3～4楼（慢速）→4～2楼（中速）→2～1楼（慢速）。共2组，每组1～2次，间歇2～3分钟。

3. 组合跑楼梯。慢速跑楼梯1～5楼（心率100～110次/分）。原速返回2楼。中速登上 2～5 楼，放松返回 3 楼。中、慢速登向 3～5 楼，返回 1 楼。重复 2～3 次，间歇 3～4 分钟。

跑楼梯锻炼时，应先选练定速跑楼或变速跑楼，1～2 个月后可进行组合跑楼，练习强度遵循由小到大、由慢转快的顺序原则，切忌超负荷；练习时应选在宽敞、光线明亮的楼梯进行，鞋子宜柔软、轻便；练习前，应先做 5～6 分钟腰、膝和踝关节的暖身活动。

跑楼梯的方式可以根据自己的年龄及体质情况选择：最普通的就是一个台阶一跑；用脚尖一步一个台阶地向上慢跑；用前脚掌两个台阶一步向上慢跑；用双脚一个台阶、一个台阶地向上跳；一条腿屈膝提起，另一条腿一个台阶、一个台阶地跳上去；小腿上绑上沙袋或其他重物向上慢跑；双手提重物，如哑铃等，或者背负重物向上慢跑；上楼快速跑，下楼慢速跑，或上楼慢跑，下楼快跑的变速跑；上楼、下楼的连续跑，依据楼层的高矮，通常4～6 趟。

也可以用 30 秒钟至 1 分钟的时间在原地跑作为准备活动，然后采用正常跑步的动作跑楼梯。脚步用力均匀，前脚掌着地，先跑上 2～3 层楼，往返 80～90 级台阶，逐渐跑上 4～5 层。每趟约 3～4 分钟，每次锻炼不超过 5 趟，时间为 15～18 分钟。每趟间歇时间不超过 2 分钟。

以力所能及的速度不用扶手上下楼，下楼时亦可退行，但每次只能跨一级台阶。此法可增强人的肺活量，可增大髋关节的活动幅度，使下肢肌肉得到锻炼。而且能加强腰腹的肌肉活动，有消除赘肉、强筋壮骨等功效。

跑楼梯是集健身、美容、强体为一体的运动，比起其他健身方法毫不逊色。跑楼梯既不受天气变化的影响，也不一定花太多时间，对于平时工作繁忙，抽不出专门时间来锻炼的办公室人群来说，利用出门、回家和上下班的时间，改变一贯的乘电梯习惯为跑楼梯，更是一件简单易行的健身方法。练习跑楼梯时，要注意用多种形式跑台阶，这样可以达到全面锻炼身体和培养兴趣的目的，不要过于单一的练习。在上下楼梯时，还应集中注意力，看好台阶的高度，注意周围的环境，如是否有杂物，以避免碰撞和受伤。此外，还要注意控制训练的强度和运动量，不可太劳累。跑楼梯运动量较大，适合于中青年人。

利用楼梯健身法

1. 跳台阶法。屈膝，下蹲，弯腰，背手，在楼梯上按台阶逐级做“兔跳”。可逐级跳跃，每跳 10～14 级台阶便变步行走下楼。也可连续跳跃，即跳上 4～5 层再走下楼。跳跃速度为每级 1 秒钟左右，锻炼时间不超过 10 分钟。这一练习对身体机能要求较高，适合于青少年。

2. 持重登楼梯法。手提重物登楼梯也是一种加大运动量的锻炼方式。一般手持总重量大致在 5 千克。为了保持平衡，应双手同时提取等重量的重物，并注意重物的体积不宜过大。

3. 腹腿练习法。将一只脚放在第二级或第三级台阶上，另一只脚放在地面上，身体挺直，使臀部向着抬起脚的方向反复移动。换脚重复以上动作。

4. 压腿前屈法。面对楼梯站立，将一条腿放在与臀部同高的台阶上，支撑腿不能弯曲，上体向脚尖方向前屈。换腿，重复以上动作。

5. 胸腿运动法。面对楼梯站立，脚尖距楼梯约 10 厘米远，双手撑在与腰部同高的台阶上，双腿伸直，尽量压低胸和肩部，向后移动臀部。反复做。

6. 足跟起落法。重心脚站在第一级台阶上，脚掌踩在台阶边缘，另一只脚踏在第二级台阶上，重心脚脚跟抬高直到脚趾撑地，稍停一会儿再把脚跟下降到台阶平面以下。换脚，重复以上动作。

7. 反坐撑法。坐在第二级台阶上，将手撑在第三级台阶上，把脚平放在地上，撑起身体至手臂伸直。

8. 躺地搁脚法。面对楼梯躺在地上，把脚跟搁在第二级或第三级台阶上，两臂交叉放在胸前，缓缓起身。反复做。

拍手运动健身法

拍手是一种全方位的养生健身法，是风靡台湾地区的一种时尚健身法。拍手简单易行，无需去健身房，也不需要任何辅助器械，但可以促进气血的顺畅，达到良好的健身效果。

手和足一样，有很多重要穴位，拍手就是强力按摩、刺激穴位，拍手的作用类似于中医针灸、推拿、足疗，作用在于刺激双手掌的经络穴位和手反射区，这些穴位和手反射区对全身健康状况均有反应。人的手上不仅有数百个穴位，还有 78 个人体脏腑反射区，如心、肝、脾、胃、肾、大肠、小肠、膀胱、前列腺等，还有针对高血压、低血压、遗尿、失眠、多梦、胆囊炎、左侧头痛、右侧头痛等病症治疗的相应敏感点。手具有全身各器官的反射区和全息区，如拇指即相当于肺、食指脾胃、中指心脏、无名指肝、小指肾，拍手震动，按摩手指，等于按摩相应的脏腑。通过拍打刺激手掌上的穴位和反射区，能够疏通经络，强化神经系统，促进血液循环，把身上的阴寒和污秽之气从 10 个手指的尖端通过拍手排出去，从而提高人体免疫功能。

拍手时可以振荡气脉，带动十二经脉和奇经八脉(含任督二脉)的循环。中医认为，所有的疾病都是气血失调所造成的，血靠气来引导，因此气是健康的关键。气的顺畅与否会直接影响生理机能、内外分泌、血液循环系统、呼吸系统、神经系统、消化系统、免疫系统等。拍手既然可以促进气血的通畅，当然有可能改善和治疗疑难杂症。

1. 实心掌拍手健身法。将十指张开，两手的手掌对手掌、手指对手指用力拍。开始时两手可轻拍，以后逐渐加重，至双手能承受为度。将拇指与其他四指分开，以免拍手过度造成淤血，意念专注于两掌之间，心情保持轻松愉快。这种拍法最好是尽最大的力量来拍手，它的打击面最完全，刺激量最大，锻炼强身的效果也最好。不过刚开始拍的时候，手会很疼，但坚持一段时间就会好转。由于拍手的噪音很大，最好在空旷的地方练习，以免打扰别人。

2. 空心掌拍手健身法。将手掌弓起，拍手时仍应张开，拍下去时只拍到手指尖及手掌的边缘部分，第二指节、第三指节以及掌心部分拍不到。因为缩小打击面，所以锻炼的效果会差一些，但只要拍手时间长一些也有较好的效果。

3. 局部拍手健身法。先以右手的四指拍左手的四指；然后以右手掌的右侧拍左手掌的右侧，以右手掌的左侧拍左手掌的左侧；接着以右手掌的上部拍左手掌的下部，以右手掌的下部拍左手掌的上部；最后以右手掌的下部拍左手掌的掌心，以左手掌的下部拍右手掌的掌心。如此重复进行。

拍手健身，可以在家中坐着或在等车等人站着时进行，也可以在散步或在家中及户外原地踏步进行。其中，以手脚并动的姿势效果较好。拍完手后不要立即停下，可以适当做一些放松动作过渡一下。比如双手臂放下，两肩放松，脊柱放松，均匀吸气呼气若干次，吸气时脚跟随之抬起，两臂自然上抬至头部，手腕放松，掌心朝下；随着呼气，脚跟落地，手臂也稍用力向下甩回原处。可以重复做 30 次。医生建议，山上林木茂密，是最好的拍手健身地点；其次，空气清新的公园，也是练拍手疗法的好场所；再次，自家的客厅、书房、卧室，只要空气流通，不会影响周围的人，都适合练拍手。拍手健身不宜在饭后练，否则会妨碍消化。

拍手健身需要坚持，每天至少要拍 20～30 分钟。开始拍手时，手掌可能会出现青紫甚至疼痛，这是正常现象，暂停一两天就会好的。只要坚持拍手健身，就会使疾病减轻，甚至痊愈，抗老防衰，健康长寿。

甩手倒手健身法

1. 甩手健身法。甩手健身法简单易行，不受场地、器材、时间的限制，随时随地都可以进行，特别适用于患有一般慢性病的老年人。甩手对健身保健很有益处，有镇静安神、稳定情绪、解除疲劳等功效，特别是对痉挛、肩周炎有很好的辅助治疗作用。

甩手前，要做到头正身站直，两脚分开与肩同宽，双膝微屈，双手自然下垂于两侧，两掌心向内，眼睛平视前方，舌尖轻舐上腭，脚趾趴地，全身尽量放松，呼吸自然，面带微笑。

甩手时，双手同时自然地向前向后甩动，身子跟随着手臂甩动的幅度也自然而然的前后摇摆，动作要柔和连贯，上下相随，不要僵硬。甩手时，两臂和身体的垂直线不要超过 60 度，后摆时和身体的垂直线不要超过 30 度，一般每回可摆动 100～150 下。甩动时，要求上虚下实，前虚后实。如果用十分制来分配用力的话，那就是向上甩动用三分力，向下甩动用七分力；向前甩动用三分力，向后甩动用七分力。借着惯性，手臂经过胸前区返肩上时，务使手臂内侧拍到下腭。力要发于腰，作用于手，落实于脚跟。人的重心，随着身子的摆动而在脚底的前后移动。甩手向前时，重心移于前脚掌；甩手向后时，重心移于后脚。周而复始，如此反复进行。甩手时要做到全身放松，精神集中，心平气和，呼吸自然，轻松愉快。甩手次数要由少到多，逐渐增加。甩手结束后，要做整理、放松运动，如深呼吸、原地散步、伸展运动等。甩手以清晨起床后操练最好，不宜在空腹、饥饿、饱餐后进行。一般以每天甩 2 次为宜。甩手锻炼如果得当，坚持一段时间，会感到食欲旺盛，精神振奋，体力充沛，睡眠良好，疾病的症状有所减轻。如果在锻炼过程中出现头晕、胸痛、两臂酸沉、精神不振等现象，说明甩手过量，应适当减少次数。

如因特殊情况不宜双手同时向前向后甩动，也可一手前一手后地甩动。一手前一手后的甩手能使大脑左右两半球得到节奏的兴奋与抑制。

2. 倒手健身法。倒手是指习惯于用左手做事的人要倒着用右手做，习惯于用右手做事的人要倒着用左手做。人的大脑有左右两个半球，习惯于右手做事的人，左半球为优势半球；习惯于左手做事的人，右半球为优势半球。人的左脑承担着语言、伦理、逻辑、计算的任务，右脑与音乐、绘图、形象、主体认识有关。日常生活中，习惯于右手做事的人要多于左手做事的人，谈话、思考、研究问题都在左脑。这些人如果多用左手做事，或者有意识地锻炼左手，对开发右脑功能，防止大脑老化，协调身体的平衡能力有很大的好处。对于习惯于左手做事的人来说，多用右手做事也有同样的好处。

3. 练习手操健身法。根据中医理论，心与大脑关系密切，十指活动主要作用是健脑，所谓“心灵手巧”。心血管病患者两手玩健身球，十指经络运动促进血液循环，有助于气血流通。因十指处于神经末梢，所以冬天最冷的是手和脚。搓捏手操可防治高血压、高血脂、糖尿病、肥胖、失眠、耳鸣和头痛。具体做法是：搓手掌 100 下；搓手背 100 下；十指指尖对叩 100 下；双手手指叉开，手掌指缝互相撞击 100 下；互捏指甲尖 100 下，互捏每根手指各 10 下；双手手指互插，掌心朝下，用力下压手掌与手指根部 100 下。在每天散步的同时做手操，可增强健身效果。

甩腿踢腿健身法

1. 甩腿健身法。甩腿运动对神经衰弱、头痛、失眠、下肢肌肉萎缩、下肢静脉曲张、软弱无力、消化道慢性病等起一定的辅助治疗作用。

一手扶树或墙，先向前甩动小腿使脚尖向前翘起，然后向后甩，将脚尖用力向后伸，脚面绷直，腿亦伸直。在甩腿时，上身要直，两腿轮换各甩 20～30 次。常做可滑利关节，防治腿脚病。

站立，双手扶椅背，右脚独立，左腿抬起伸直，向前后大幅度摆动，先前后甩，再左右甩，各甩 16 次。腿向后甩时要特别用力，上身始终保持挺直。往后甩腿时吸气，往前甩腿时呼气。两腿轮换甩。

站立，双腿并拢，双手扶椅背，用脚尖支撑身体，两脚交替上下踏动 16 次。

2. 踢腿健身法。久坐伏案者经常进行踢腿运动，能通畅下肢血脉，防止静脉曲张，同时能起到活动关节、消除疲劳的作用。此外，对慢性关节炎、关节疼痛也有一定治疗作用。以下介绍简单有效的关节锻炼方法，根据老年人自身的具体情况合理选择操练。

腿部肌肉每次收缩时，挤压出的血量，大致相当于心脏每搏排出的血量。晨练时利用步行方法去踢打腿肚子肌肉，可以反复加速腿肚子肌肉的收缩能力，迫使血液由腿部动脉血管迅速流到各支血管及毛细血管中，使腿部各个组织得到充分的营养和温度，这就达到了缓解和治疗老寒腿、腿部酸痛、抽筋等老毛病的目的。踢打腿肚子又迫使腿部静脉血管血液回流，加速、加快、平衡心脏血液回收能力，对预防各种心脏病也有益处。具体方法是：在步行时，用一条腿支撑地面，另一条腿的脚面依次踢打支撑腿腿肚子的承筋穴（腘窝正中下 4 寸，腓肠肌腹中央取穴）、承山穴（腓肠肌肌腹下端出现交角处取穴），两腿交替进行，做 80～100 次。

平卧于床上，两下肢伸直，分别做两膝关节的弯曲伸直运动，类似床上的踢腿动作，每次 30～50 下。适应后分别抬高下肢，再做上述活动。

双手扶单杠，一脚抬起，分别做小腿的前后踢腿动作，渐渐加大踢腿的范围和力度、频率。此种锻炼方式力度适中，有效地克服了肢体的重量，简单方便，可以缓解肢体退变和关节僵硬，增强大小腿的肌力，改善关节的稳定性，减少骨量丢失，防止骨质疏松。

取站立姿势，两手叉腰或扶栏杆，两腿交替向前高踢腿各 16 次；两腿交替向后踢，后脚跟踢至臀部，各踢 16 次。

取站立姿势，左腿屈起向上抬，并用双手向前抱膝，接着右腿屈起向上抬，双腿各向前踢 16 次。为安全起见，活动时可靠墙站立。

许多骨关节炎病人害怕疼痛，担忧运动加重病情而很少运动，这极容易加速病情发展。因为缺乏运动不仅会加重肌肉和关节的僵硬感，还会加速关节的退化，使病情恶化。但过度的运动同样是错的。不提倡老年人为了锻炼关节而刻意去爬山、登楼梯，这会加剧关节的退变。要知道，爱护关节的意义就是合理使用它。

倒行运动健身法

人向前走时，是足跟先着地，重心逐渐移向足尖；而倒退行走时，是足尖先着地，然后重心向后移到足跟，这样更有利于静脉血由肢体末梢向心脏方向回流，更有效地发挥双足“第二心脏”的作用，有利于血液循环。另外，倒行时，改变了脑神经常规支配运动的定式，启用了不少平时不常运用的神经结构，强化了脑的功能活动，可防止脑废用性萎缩。

一个人每天至少要走 3 000 步，多者可达 10 000 多步。长期向前行走，会使人体的肌肉分为经常活动和不经常活动两大部分，其中腰部肌肉往往总是处于紧张状态，长时间的部分肌肉紧张和另一部分肌肉的松弛会影响人体的微妙平衡。而倒行从生物力学角度上讲则可以弥补向前行走的不足，在给予不经常活动的肌肉刺激的同时，可有效地使紧张的肌肉趋于松弛，建立肌体新的平衡。例如退着走，脚向后迈步时，骨盆倾斜的方向与向前走时的方向相反，从而使腰部肌肉及下肢肌肉充分放松。因为倒行锻炼是一种不自然的活动方式，所以倒行时，可使人精神集中，心理趋于安定，神经的自律性得以增强。例如足球比赛中，每当后卫倒退回防时，显得格外灵活和精力充沛。的确，如果从功能方面考虑的话，倒行 100 步，其健身功能比得上向前行 1 000 步。所以，只要有条件，倒行可以作为一项有益的放松性健身方法。

倒行能使腰背部肌肉有规律地收缩和松弛，有利于腰部血液循环的改善，提高腰部组织的新陈代谢。由于许多人特别是中老年人有不同程度的腰肌劳损，因此经常开展倒行运动可以减轻疼痛，长期坚持这项运动，不但能治疗腰肌劳损，而且能矫正姿势性驼背，对提高脊柱关节及四肢关节的功能均有益处。

开始倒行前，先在原地轻轻活动踝关节、膝关节并做腰部回环；再全身放松，两臂前后摆动，大腿带动小腿踏步，提足跟，脚尖不离开地面，练习 1 分钟后高抬大腿，足掌稍离地面，练习 2 分钟；在原地踏步感觉适应的情况下，高抬腿轻落步向后走，开始步子不可过大和走得过急，可以走走、停停，两臂轻松地前后摆动，用以维持身体平衡。

倒行的场地，一般可选择走廊、过道等平坦、不滑、无障碍物的地方，不可在公路上进行，以免发生事故。锻炼时间 20 分钟左右，每次锻炼后，稍事休息，以疲劳感消失为度。

1. 叉腰式倒行健身法。直立，挺胸，抬头，两目平视，双手叉腰，拇指在后，其余 4 指在前。拇指点按腰部两侧“肾俞”穴（位于第 2 腰椎两侧，离开脊柱 2 横指宽处，上下位置与脐相平）。倒行时先从左腿开始，左腿尽量后抬，向后退出，身体重心后移。先左前脚掌着地，随后全脚着地。重心移至左腿后，再换右腿，左右腿交替退着走。每退一步，同时用双手拇指按揉“肾俞穴”1 次。

2. 摆臂式倒行健身法。直立，挺胸，抬头，两目平视，双臂自然下垂。双腿动作同叉腰式，倒行时，双手握拳，四指包住大拇指，双臂配合双腿的动作前后摆动。

对腰痛、关节炎患者，每天倒行运动2～3次，每次100～400步，中间休息2分钟，往复4～5次。对减肥者，每天早晚两次倒行练习，每次行进1 500～2 000米。动作熟练后，可加快速度或向后慢跑。

需要提醒的是，倒行时腰身要挺直或略向后仰，这样脊椎和腰背肌将承受比平时更大的力量，而老年人由于肌体功能的退化，不能使身体有效地保持平衡，很容易因大脑或心肌缺血而出现头晕、摔倒等情况。此外，倒行时会不时地转头或扭腰，很容易使颈动脉受到压迫，造成管腔变窄，进而出现大脑供血不足、缺氧。因此，患有心脑血管疾病的老年人最好选择慢跑、散步、打太极拳等运动，循序渐进，以免诱发心梗、脑梗。许多老年人喜欢倒行健身，但倒行不适合患有高血压、高血脂、冠心病等心脑血管疾病的老年人。

倒立运动健身法

倒立就是头朝下、脚朝上的直立，与我们头上脚下的姿势相反。生理学家认为，经常直立者易患内脏下垂、痔疮、直肠淤血、脑供血不足等疾病，也常发生脚肿、腰酸背痛等现象。倒立能使处于紧张状态的肌群和韧带得到充分放松，消除脑力疲劳，使人心神安定，精神舒畅，对患有神经衰弱的人很有好处。有位科学家指出："倒立5分钟，其功效相当于睡2小时。"一般来说，倒立对大多数慢性病都有好处，有健身祛病的作用。倒立是目前大热的瑜伽基本姿势，早就被体育界、武术界、医学界所实践和证明有益健康，在美国、印度、日本、英国、瑞典、德国都很流行。

人体若长时间的直立或从事各种运动后，脑部的血流量会相对减少，从而会出现不同程度的脑缺血。伏案工作的脑力劳动者在思考问题时，由于大脑过分紧张，脑血管会处于持续的收缩状态，因此伏案写作、阅读之后会感到头晕脑涨、耳鸣目眩、脑神经疲劳及视力模糊等现象。如果在这种情况下，进行短时间的倒立，则可以迅速增加脑部的血流量，消除大脑疲劳，因此，倒立是一种特殊的健身和休息方式。

长时间直立会给人类带来多种疾病，如痔疮就是人们长时间站立或坐位，压迫肛门使其血循环不畅通而引起的。直立还容易导致人体胃、肾下垂。直立也是造成脑贫血的原因，为了改善脑部血液供应，就需要加大血压，这样就会增加心脏的负担，从而导致心力衰竭等疾病，如果大脑长期供血不足，还会引起部分脑细胞坏死而导致痴呆症。

人在倒立时，因为体位发生了变化，身体的肌肉张力立即全反射性地进行新的调整，以适应变化了的体位。倒立时需要中枢神经系统去适应各种反射，有些反射可以使肌肉放松。例如倒立时引起的正翻反射，改变了肌肉张力，使一部分站立时紧张的肌肉放松，从而得到休息。另外，身体倒立时，由于肌肉、骨骼系统之间的反射作用，对内脏和神经系统产生了积极的生理影响，可以改善神经系统和内分泌系统的调节机能，使视觉、听觉、记忆、睡眠等功能得到改善和提高。有关专家临床经验证明，身体倒立运动对神经衰弱、精神紧张等具有较好的疗效。

人在生活中身体大多是直立着的，人的内脏器官和血液循环系统在地球引力作用下产生下垂的负重作用。而倒立适应自然规律和人的生理系统运行规律，可以增加大脑的血液供应和各种条件下的支配传感能力，坚持倒立锻炼可以使大脑和血液循环得到复杂条件下的充分适应，有利于人的智力提高。同时，经常倒立，会使体形更健美。

倒立锻炼不受场地和时间的限制，在室内极易开展，除了患有心脏病、高血压或高度近视、发热等疾病的患者及孕产妇外，男女老少都可以进行。经过较长时间的体力劳动或脑力劳动后，靠墙进行倒立锻炼，就可以达到全身放松的效果。倒立锻炼的方法，通常有以下几种：

1. 肩肘倒立健身法。锻炼者由直角坐姿开始，前后滚动，收腹、举腿、翻臀，两臂用力撑地，接着向上舒展双腿，与此同时，两手撑于腰部两侧，两肘内夹，成肘、头和肩支撑的倒立姿势，躯干挺直向上成“｜”字形，下颏抵胸，腹式呼吸，呼吸须均匀平稳。开始锻炼时，每次可进行15秒钟左右，然后可逐渐增加到2～3分钟。每练1次后，休息半分钟再练。如此重复3～5次。最后两腿落地，坐于后脚跟，上体前屈，额部着地，两臂前伸，全身放松。这种倒立锻炼方法比较容易做，适合于各种年龄的人。

2. 头手倒立健身法。锻炼者由蹲姿开始，两手与肩同宽撑地，接着用前额上部在两手前撑地，然后两腿蹬直提臀，成倒立姿势。每次练习15秒钟左右，休息半分钟后再练。可重复练3～9次。此法适宜青少年。

3. 双手倒立健身法。此法是利用双手着地支撑全身成倒立姿势，难度比头手倒立法要大些。此法适用于能轻松地掌握头手倒立达5分钟以上的青少年。

需要提醒的是，开始练倒立时要请人协助，实在难以完成的不要太勉强，注意手部不要受伤。倒立最好在饭前做，一定要做好准备活动，如前后左右转动几次头颈，做前屈下腰等。初时以每次维持5～10秒钟为宜，动作自如之后，可以逐渐延长时间。由于倒立会致眼内压增高，所以，青光眼、高度近视、糖尿病、高血压病、心血管疾病或视网膜血管病患者不宜进行，以防出现意外。

倒挂悬挂健身法

倒挂和悬挂具有祛病强身的作用，是因为当人体直立时，由于受到地球引力的作用，腰脊椎得到重新安排，关节得到充分放松，使身体承受的压力消失，达到防治腰、背痛的目的。同时，由于用脑过度而引起的大脑供氧不足，代谢废物堆积所形成的精神紧张，就会得到改善。

1. 倒挂健身法。倒挂健身法，就是将双脚勾在单、双杠或其他固定的架子上，成倒吊状态。美国矫形学家马丁曾让病人做倒挂健身，以此治疗腰酸腿痛、坐骨神经痛、关节炎等，取得了满意的疗效。

为了把倒挂健身法进行到底，美国人发明了一种特制的可以把脚踝夹紧的靴，它由一个金属的圆筒一直护到膝盖处，然后拴在一根铁杆上倒挂10分钟左右。早晚各一次。在倒挂时双手可抱头左右转体或尽量往上提起躯干。

人们总是坐着或站着，人体直立时，由于受到地球引力作用，腰脊椎和下关节都受到压力，日久便会腰酸腿痛。脊柱和关节不断受压迫逐渐弯曲和变形，也影响对大脑的血液供应，倒挂后可利用人体的重量作牵引力进行减压。

倒挂健身法对关节炎、痔疮、下腭松垂等都有效。它还有吸引人的好处是防止衰老所引起的人体收缩，使人的身材更美，显得年轻。

开始进行倒挂锻炼时会有不舒服的感觉，但只要坚持一段时间就会消失。从倒挂十几秒钟开始，然后逐渐加长时间，最长不要超过半小时。

倒挂锻炼时间不宜过长。由于倒挂后脖子和头部血管的压力增加，高血压、心脑血管疾病、青光眼和高度近视等患者不宜进行此项锻炼。

2. 悬挂健身法。悬挂一根到达下巴的横木，双手紧握横木，两手之间与肩同宽。双脚伸直，但是向前弯曲成30度角。双脚保持这个角度不变，往身体上方提起，直到大腿和地面几乎成平行状态。接着，全身绷紧，倾斜骨盆，然后慢慢地向上抬起双脚，直到双脚几乎到达头部。从侧面看，身体呈"V"字形，不要让双脚摆动。接着再慢慢放下双脚回到中间的状态，这时大腿与地面成平行状态。保持这个姿势，慢慢地往身体右边旋转双腿（这时好像双脚指向时钟1～2点钟的位置），接着再向左边旋转双腿（这时双脚好像指向10～11点钟的位置）。保持几秒钟，使双腿恢复到中间位置，然后放下双脚。

3. 斜板反挂健身法。斜板反挂就是改变人体体位，使人体脚高头低倒挂在斜板上的一种身体姿势，它是一种特别适合老年人的简便易行、经济实用的锻炼方法。斜板身体反挂练习方法为：将板倾斜15～30度，人体脚高头低躺在板上，每日练习2次，每次10分钟（特别提醒有高血压和心脑血管疾病患者不宜采用此法）。斜板反挂锻炼具有强身健身的作用，一是健脑益智。随着年龄的增加，大脑逐渐退化和萎缩，皮层表面面积和脑血流量均减少。大脑的灵活性减弱，身体的调节能力较差，对外界刺激的反应因潜伏期延长而迟钝。因此，老年人记忆力、注意力及分析综合、推理判断等能力有所减退且容易疲劳。常做斜板反挂锻炼可增加大脑的血液供应，改善大脑营养，提高大脑的兴奋性、均衡性和灵活性，从而使老年人精力充沛，反应灵敏。二是强筋壮骨。常做斜板反挂锻炼可直接对人体产生机械牵拉作用，与脊柱及下肢骨与骨连接的压缩负荷相对抗，使其得以拉长，受压的椎间盘和关节间隙得以舒缓、韧带拉伸，因而能够改善脊柱畸形，减缓椎间盘退行性变化，防治脊椎骨增生及周围的肌肉劳损，增强韧带的柔韧性。常做斜板反挂练习，还能拉伸肌肉，使血液循环加速，黏滞性降低，增强肌纤维的弹性和兴奋性，使老年人筋骨强壮、动作敏捷。

爬行运动健身法

爬行健身法就是四肢着地行走，其方法非常简单，不需要特殊的场地和设备，只要在室内有稍宽敞一点的地方即可开展，而且锻炼过程十分安全，男女老少皆宜。模仿动物爬行姿势，在草地上、地板上爬行均可。爬行方式可分为直线爬或转圈爬，爬行速度可由慢至快，爬行时间可由短到长。一般每日1次，每次10分钟左右，早晚均可进行。此法可促进周身的血液循环，防治腰肌劳损、坐骨神经痛、下肢静脉曲张、上肢肌肉萎缩、消化不良等症。

生物学家发现，用四肢爬行的动物比直立行走的人血液更通畅，而且很少患腰椎病。爬行可以使身体重量分散到四肢，从而大大减轻腰椎的负担。所以每天进行一定时间的爬行锻炼，会对心血管疾病及各种脊椎、腰部病变起到防治作用。医学家还发现，人在站立状态时使用胸式呼吸，在爬行时则会不由自主地使用胸式呼吸和腹式呼吸两种方式，从而能充分发挥肺泡功能，增大肺活量。爬行训练对刺激大脑，延缓和阻止脑细胞的退化以及对预防老年痴呆症十分有益。

爬行运动有许多好处，它可使身体重量分散到四肢，减轻了脊柱、腰背肌肉的负担，从而起到较好的放松作用，并有效地预防和治疗腰肌劳损和颈椎、腰椎及其他疾患。同时心脏位置降低，血液循环充足、通畅，可防止动脉硬化和冠心病，并有助于下肢的血液返回心脏，可较好地预防下肢静脉曲张和痔疮的发生。爬行锻炼能调整人的血液循环和血液分配，减轻心脏和脊柱的垂直负荷，对于防治老年人心脑血管疾病、内脏下垂、脊椎慢性疾病有帮助。长期的直立使人体极易诱发脑血管病变和脊椎、腰肌劳损。特别是孕妇进行适度的爬行可增强腹肌力量，预防难产，产后爬行则有利于子宫复位。

世界上诸多有趣的事实证明：爬行可促进长寿。土耳其一位 105 岁的女寿星佩西鲁，在她 5 岁时因发生地震，她和一群羊幸存活了下来。在以后的岁月里，佩西鲁便以羊为伴，和羊一样过着爬行的生活。后来，人们发现了她，对她进行身体检查后，发现其健康状况相当好。究其原因，就是她同羊一起爬行的结果。

巴西老年病治疗专家创建了“老年爬行俱乐部”。自从这个俱乐部成立以后，在巴西老年人群中就掀起了一阵“爬行热”，老年朋友们纷纷在家中卧室的地板上开始学起了爬行。对于那些患有心血管疾病、痔疮、消化功能紊乱等症的老年人来说，爬行是再适合不过的运动了。由于这项运动舒缓、柔和，在爬行的过程中，就可对身体的各个系统进行调动。爬行能够预防和缓解二十余种老年病，而且由于它动作柔和，不易使老年人在健身过程中受到伤害。

爬行时，徐徐下蹲，两手着地，背与地面略成平行，手爬脚蹬，缓缓前进。可增加对头部的供血量，减轻心脏的负担，对颈椎病、腰腿疼、下肢静脉曲张等多种疾病疗效更佳。进行爬行运动时，人的身体与地面处于平行状态，头部、胸部及整个躯体也都在同一个水平面上，这种姿势，对全身的血液循环十分有利。从猿到人的进化过程中，人的身体变成了直立状态，大脑及心脏的位置也相应升高了许多。由于地心吸引力的作用，心脏除克服血液在血管中的摩擦阻力之外，还要克服血液本身的重力，只有这样，才能推动血液的循环。因此，身体的直立和行走虽然解放了双手，但却给心脏增加了负担，也带来了弊端。

爬行运动一般可以安排在晚上临睡觉之前。因为人们白天直立的时间较长，将爬行运动安排在晚间可很好地消除白天直立造成的紧张与疲劳，达到更好的锻炼效果。

1. 手足爬行健身法。此法适合于患有腰部和脊椎疾病类的人群。爬行时两手两脚着地，头抬起，前脚掌着地，膝微曲，手足交替依次爬行。该爬行形式强度较大，能充分锻炼上肢及肩背部的力量和协调性，拉开脊柱椎间隙，对提高膝、踝关节的弹性和伸展性也有良好的作用。

2. 跪姿爬行健身法。有心血管类疾病的患者适合跪爬。爬行时两手两膝着地，头抬起，手膝交替依次爬行。跪爬强度较小，能坚持较长时间。跪爬可增加头部的血液供给，改善心血管机能，对放松腰部肌肉，预防和减少腰椎疾病有明显作用。

3. 匍匐爬行健身法。肥胖的人由于体重给四肢带来的巨大压力，更适合匍匐爬行，跪撑，肘部贴地成支撑姿势，匍匐爬行 20～25 米，爬速宜慢，爬幅宜小。其强度中等，是特别适合颈部、背部容易疲劳的肥胖人群进行减肥的有氧运动。经常做低位爬行练习，可以避免或减少肌体直立诱发脑血管病变和脊椎、腰肌劳损的负面效应。

每次爬行前，应做 5～10 分钟腰、背、四肢的热身运动，然后在铺有地毯的地板、草地或较松软清洁的地面上进行。爬行前须佩戴护膝、护肘和手套，防止硬物划伤摩擦，穿衣宜宽松。

爬行应根据个人身体状况来确定适合自己的距离。每爬行 5～10 分钟，宜俯在地上休息1～2分钟，再继续。初期，每天爬行宜短途，之后可根据自身的身体状况循序渐进，逐渐加快爬行速度和延长总的锻炼时间，但中老年人每天爬行的时间不宜超过30分钟。

特别要说明的是，血压不稳的高血压患者、病情不稳的心律不齐患者、冠心病患者、脑部动脉硬化者、近期发生过内出血的患者、贫血病患者、急性或慢性肺病患者、手足膝部有伤口者、急性传染病或慢性传染病急性发作的患者等，都不适宜进行爬行运动。另外，若以双手爬行于地，支撑重力，会加重手腕及双臂的负担，尤其是五指和腕部承重力增大，会对指关节、腕肌腱、韧带增加额外的压力，使手指和手腕等关节发生病变。

水平运动健身法

科学家认为，人类的高血压、冠心病、关节炎、脏器下垂、痔疮等病症与过多的垂直运动有关。所以，有必要做一些水平运动以配合调节过多的垂直运动带来的不利。

水平运动，就是仿效动物的运动方式，以保持人体各部位承受地心引力和血液分配的均衡，减轻心脏的负担，从而达到健康长寿的目的。

水平运动的方式很多，而游泳则是其他运动无可比拟的水平运动。爬行也不失为一种很好的水平运动。四肢着地于柔软的地毯上向前爬行，每次20～30分钟。

另外，每天工作学习尤其是久坐或久站2～3小时后，可采取平卧方式5～10分钟。体位的改变对改善血液循环和减轻心脏器官的引力，缓解各脏器垂直状态的紧张都十分有益。

广播体操健身法

从20世纪60年代起，广播体操就在全国广泛流传，深受人们的喜爱。如今，在众多的健身活动中，仍不失为最好的运动形式之一。

广播体操是基本体操内容之一，其特点是动作简单易做，不同年龄、性别和不同健康情况的人都可操练，不受场地条件的限制，可以单独做，也可以集体做，功效显著，是适合广大群众参加的一种体育活动。广播体操一套动作的组成，是科学地按照人体生理运动规律，包括上肢、下肢和躯干各个部分的练习。通过屈伸、举振、转体、跳跃等各种动作使身体各个部分的关节、肌肉、韧带都得到锻炼。更由于在操练时肌肉活动加强，对氧气和养分的需求增加，呼吸、脉搏加快，使呼吸和血液循环器官得到锻炼，从而促进人体的新陈代谢，提高各器官的活动能力。

广播体操更有调节神经的作用，不同时间做可产生不同的效果。如早上做，能使人从抑制状态很快进入兴奋状态，以便更好地完成一天的工作和学习；工间或课间做，可消除工作和学习中的疲劳。

双手各拿着一个重量适宜的哑铃练广播体操或打太极拳，对身体的锻炼效果很好，健美体型，强身健体，保持青春。

应当强调的是，做操时不应流于形式，一要讲究操节的力度，以及身体姿势和动作的准确性，否则是难以达到锻炼效果的；二要培养节奏感；三要注意动作的连贯性，这是不可忽视的，节与节之间连接自然，全套动作连贯到底，一气呵成，才会真正地体现广播体操的真谛。

林中简易健身法

1. 背向树干一步站立，手臂自然下垂，双手向后举起，使手指触树干，同时吸气；放下手臂，同时呼气。重复若干次。

2. 身体左侧距树干半步站立，左手扶住树干。右腿伸直并向前后连续踢10～15次，向前踢时呼气，向后踢时吸气。然后身体右侧距树干半步站立，换右手、左脚重复该动作。

3. 双手抱住树干，两脚向后抬起持续5～6秒钟后放下，重复3～5次。可增强手臂、肩胛和胸部肌肉的力量。

4. 两手叉腰，左脚向前迈一大步，膝部弯曲呈直角。右脚尖着地，上身挺直。身体上下运动2～3次，松腿时吸气，压腿时呼气。可在运动时换脚，也可在原地转身换脚。重复10～20次。

5. 双手抓住树枝，两腿连续伸屈，屈腿时膝部尽量向上抬起，呼气，然后两腿缓慢伸直放下，吸气。重复8～10次。

6. 选一根比较平直的原木，两脚站在原木的一端，身体保持平衡，前后慢慢地行走。

7. 双手与肩同宽，撑在原木上，身体呈俯姿，上身与两腿伸直。屈臂时吸气，直臂时呼气。重复10～20次。

虽然雨天仍可进行晨练，但不宜在树林中练，因树木此时未受阳光照射仍吸氧吐碳，会使人二氧化碳中毒。同时，也不宜在马路边、工厂附近、人群密集处晨练，因为此处污染严重，有害健康。

捧腹运动健身法

捧腹运动最适合老年人，它不要求任何条件，不论是室内还是室外，只要空气清新有站的地方就可以做。

做法是：站立，两腿分开与肩等宽，双手十指交叉合拢捧于小腹，然后双腿上下屈伸。随着双腿屈伸，双手捧腹也做上下运动，这样就使腹内脏器得到缓动按摩。如果体力允许，每回可做200次，否则可适量减少。有条件的可早晚各做一次，但晚间要在晚饭2小时后再做。

中医认为腹为“五脏六腑之宫城，阴阳气血之发源”，由于按摩，腹壁肌肉强健了，血液循环流畅，胃肠蠕动加快，消化液分泌增加，消化吸收功能也会大大增强，可起到“驱外感之诸邪，清内生之巨症”的作用。

日光浴健身法

日光浴就是使人体的皮肤直接曝晒在日光之下，按照规定的顺序和时间进行系统的日晒。在西方发达国家，人们把日光浴视为生活中的必需，只要有机会就到海边沙滩上接受阳光的洗礼。阳光能使空气清新宜人，这是因为空气中的分子、原子一段是中性的不带电的，但在阳光的照射下就会发生分离，形成大量的空气离子，而成为离子化的空气，使空气得到净化。阳光是最廉价的消毒剂，因为阳光中的紫外线有较强的杀菌功能，能在2小时内杀死一般的细菌和有些病毒。太阳中的紫外线还能增加皮肤的抵抗力，使体内的维生素D增加，促进人体对钙、对磷的吸收。紫外线对青年人还宠爱有加，它不破坏皮肤细胞，只会使色素增加，使皮肤晒成“古铜色”，而这正是许多人努力追求的健康时尚。

太阳的不可见光线可促进人体新陈代谢等多种生理机能活动。不可见光线主要是紫外线和红外线。紫外线照射人体后，人体皮肤呈现健康的褐黑色，这种黑色素可吸收更多的光和热，使汗腺分泌增加，散热加强，可保护深部组织免受过热的刺激，更重要的是可增加皮肤对细菌的防御能力。同时，紫外线可使皮肤中的胆固醇类物质转变成为维生素D，改善钙、磷代谢。红外线可使人体照射部分温度增高，血管扩张，促进新陈代谢和细胞增生。日光浴既可防病，亦可治病，对于缺钙疾病和肺结核、风湿性关节症等都有一定的疗效。日光浴要掌握时间，防止皮肤被灼伤，最好的办法是卧式日光浴，俯、仰、侧（两侧）来回转，使皮肤都能得到同等的阳光照射。日光浴时要注意保护头部和眼睛，可戴遮阳帽和太阳镜。有高血压、心脏病、出血症等疾病的人进行日光浴要掌握暴晒时间，千万不可过度，如有不适要马上停止。

开始日光浴锻炼时，应在适当的气温、风速和阳光强度下进行，要预防感冒和暴晒，夏天也可以先从树荫下开始。日光浴可结合在日常生活或其他体育活动中进行。单独进行时，可以同时进行自我按摩。日光浴照晒应每天一次，开始时晒5～10分钟，然后逐步增加至30～60分钟。进行专门的日光浴最好是采取卧式或坐式，一般先晒背，然后侧卧（左右侧），最后晒前部。各部位照晒的时间大体相等。上午10时至下午3时，太阳紫外线最强，会损害皮肤细胞，宜在上午10时之前、下午3时之后晒太阳，这样有益于健康。早春二月晒太阳，对健康大有益处，儿童还可预防佝偻病。市区晒太阳，宜选择公园、绿化区、人和车量少的去处，避免受大气污染的影响。夏天还要做必要的防护，如戴遮阳帽、墨镜以及抹防晒霜等。

空气浴健身法

空气浴是指裸露身体或穿着单衣在空气中进行沐浴，利用空气来刺激肌肤的一种健身方法。空气浴是利用气温和皮肤之间的温度差异，形成对人体的刺激，使体温调节机能适应外界温度的变化，使体内产热过程加强，来提高肌体的适应能力，增强新陈代谢。医学研究证明，空气浴还能改善人体内分泌。新鲜空气含有很多阴离子，能使人体血液内氧含量增加，使人的精神愉快，身体健康。

空气浴应从夏天开始，尽量少穿衣服。秋凉后，清晨在被窝里就用双手搓身体，然后穿单衣起床，在室内活动一会儿，再脱去单衣，穿短裤到室外跑步锻炼。大气变冷或刮风下雪时，可根据个人身体情况适当减少锻炼时间或停练。总之，要多到空气新鲜的室外活动，要养成夜间开窗睡觉的习惯，让新鲜的冷空气进入室内，在室内工作时要注意通风，在室外工作时可根据气温适当少穿衣服。

空气浴的浓度分3种：温暖的空气为20～30℃；凉快的空气为14～19℃；冷空气为7～13℃。一般从温暖的空气开始锻炼，逐渐过渡到凉快的空气、冷空气。应每天坚持锻炼。进行空气浴的时间应严格控制，一般在上午10时至下午5时进行，第一次15分钟，以后逐渐加长。在进行空气浴时，如果身体出现不自主的颤抖和寒战时，应立即结束空气浴，从事其他活动让身体发热，否则会出现其他不良反应。在有风、大雾和寒流时，不要勉强在室外进行空气浴，饭前饭后不要进行空气浴。

冷水浴健身法

冷水浴是古人常用的一种健身方法。冷水浴有着明显的健身和保健作用，既锻炼体魄，增强抗寒能力，又能改善血液循环和全身血液分配，因此能够消除疲劳、焕发精神、头脑清醒。现代医学研究证明，冷水浴能显著增加白细胞的动量，提高人体的免疫功能，有效促进血液的稀释，改善血液循环和血液的质量，防止血栓形成。同时，冷水浴可刺激睾丸，产生和提高激素水平，可防治阳痿、早泄、遗精和增强性功能。此外，还有助于增强消化功能，对慢性胃炎、胃下垂、便秘等病症有一定的辅助治疗作用。

冷水浴能刺激神经和心血管系统。冷水浴，是全身"血管操"，对皮肤微循环大有好处，可促进全身血液循环，防范心血管和脑血管疾病。在进行冷水浴时，皮肤血管骤然收缩，血管口径变粗，大量的血液流向内脏和深层组织，同时，全身血管经受着一张一缩的锻炼。这种锻炼不仅可以增加血管壁的强度，防止硬化，而且可以提高神经系统对心血管系统支配的灵敏性和准确性。冷水浴还可促进人体的新陈代谢，特别是可以改善皮肤的血液循环，加强皮下组织的营养供应，使皮肤变得柔韧润滑，富有弹力，增强抵抗力。

冷水浴就是用20℃以下的水来洗脸、洗脚、擦身体、淋浴、浸浴等，可单项进行，也可按顺序综合进行，视身体状况而定。冷水浴应从暖和季节开始，每天坚持，冬季不要间断，每次时间20～30分钟，最好在锻炼后进行。进行冷水浴应从四肢开始，然后过渡到躯体和头部。冷水浴以后按相反顺序用毛巾擦干，暖和身体。

也可以于每晚睡前用干毛巾擦拭身体至微热，接着用冷水洗手，擦洗胳膊、腿脚及胸腹部，2～3分钟后，再用湿毛巾涂上香皂擦抹全身，然后用冷水冲洗，最后再用干毛巾将身体擦干，全过程10～20分钟。在擦洗过程中，应用毛巾重点反复揉搓按摩后背、前胸、肚脐及脚心四个保健区，直至微微发热，每处50～70次。擦洗后感到全身热乎乎的，非常舒服，一点也不冷。

冷水浴不是一朝一夕就能做到的，需持之以恒。要克服怕冷的心理，一开始可以干洗，即用干毛巾擦身，由双臂、双腿到胸部、腹部以至全身，采取循序渐进的方法。秋天气温逐渐降低，人体对寒冷和冷水也逐渐适应，以至于到了深秋和冬季，洗冷水浴也不会感觉太冷，洗浴部位"由局部到全身"、水温"由高渐低"以及洗浴时间"由短渐长"。

在睡前、饭前、酒后以及大量出汗后不要进行冷水浴，有高血压、心脏病、风湿病和身体虚弱者的人绝对不要轻易尝试冷水浴。

享森林浴健身法

森林浴是德国、日本等国家兴起的一种新的健身方法。森林浴就是进入森林或多接触森林环境，在森林里游玩，静思养神，让全身沐浴森林的精气和香气，洗净城市尘嚣，消除神经紧张，使身心舒畅的一种健身法。

森林浴不仅是因为森林的风光优美，让人心旷神怡。森林里空气清新，氧气比空旷地多，因为森林里的绿色植物能吸收二氧化碳，制造氧气，森林被誉为大氧吧，身临其境会骤感舒适、爽快；森林中除了有清洁的空气供人呼吸外，还含有大量的空气负离子，空气负离子可使大脑和周围的神经系统消除疲劳，使血液的成分和物理化学特性正常化，改善整个身体的新陈代谢，加强身体的抗病力，加速伤口的愈合等；据科学家分析，森林中挥发的芳香物质，有杀灭病菌的作用，这种“植物杀菌素”中，起主要作用的萜烯素物质一旦被人体吸入，就能对体内多种病菌产生作用，同时有些树木能吸收硫、汞、铅等毒气，在森林里漫步游玩，树木的芳香扑鼻而来，这种具有芳香气味的物质能够起到杀菌、抗癌等作用；森林能消除噪音，噪音会损害人的健康，而森林里树木的枝叶不断地随风摆动，会使声音减弱，加上枝叶的表面有许许多多的气孔和绒毛，如同多孔的吸音板那样把声音吸收掉了，所以森林内没有令人烦恼的噪音，宁静宜人；森林中和风轻拂，气候宜人，冬暖夏凉，四季、昼夜温差小，空气湿度一般比空旷地大14%以上，故在林间会感到安谧、清新、爽快、舒适，使人迅速消除疲倦，振奋精神；在森林环境中，郁郁葱葱的林间，枝叶交相覆盖，这绿色的世界对人体的神经系统及大脑、视网膜具有调节作用；森林景色多姿，令人赏心悦目，对工作繁忙、生活规律紊乱的人，可以起到休养生息的作用。

因此，在有森林的地方进行各种活动，对人的身心健康是大有裨益的。可以在林间小道上散步，呼吸林间的新鲜空气，使人心旷神怡；可以在林间做穿林慢跑步，增加呼吸量，使人体吸进大量新鲜空气；也可以在林中空旷地做健身操、保健操、跳舞、打太极拳等；还可以在林中进行深呼吸，将肺里的废气排出体外，吸进新鲜空气。

一般来说，森林浴以阳光灿烂的白天为宜，不宜夜浴，也不宜在天亮前入林锻炼。因为绿色植物在新陈代谢过程中，有光合作用和呼吸作用，树木进行光合作用，吸进二氧化碳，放出氧气，大多数要靠充足的阳光，当光照不足或在夜晚时，植物的光合作用完全处于抑制状态，呼吸作用却十分强烈，二氧化碳浓度较高，此时锻炼就会适得其反，对身体健康反而有害。此外，年老体弱者不宜做剧烈运动，只要沿着林中的小径散步，也可达到良好的效果。

刷浴锻炼健身法

刷浴健身法是在我国传统经络学说的基础上发展起来的，也是当今西方十分流行的一种经络健身法。刷浴就是一种全身性的按摩，用猪鬃、马鬃、尼龙丝制成的刷子，反复细致地顺着人体各条经络的走行擦刷身体皮肤的各部分，是集针灸、按摩为一体的经络锻炼，从而达到健身的目的。人体经络内联脏腑，外联肢节，内外沟通上下贯穿，联成一个有机的整体。通过局部刷浴，可以使肌体气血运行，营养全身。

一般的刷浴方法是，将香皂抹上身之后，用软刷子在身上刷。刷到皮肤发红后，将皂沫冲洗掉，加醋（约一调羹半）入热水，以去除碱（香皂呈碱性）的残余，香皂的滑性立即消除。接下来伸开五指，如梳子一样从上至下梳理全身。最后用清水从头淋到脚，用湿的浴巾擦干后，再用准备好的干燥毛巾擦拭全身。

人体皮肤居于体表，是人体的外屏障，是经络学上所说的“十二皮部”之所在。它有许多惊人的数据：预计其毛孔近百万个，其中头发孔50万个左右，有各种穴位670余个，微细血管约35万根，体表的微细血管的长度约为900万千米。体表与体内息息相关，凡体内之病变几乎都可以找到体表的相关信息。所以，体表的养生非常重要。

现代医学研究表明，人体皮肤有丰富的皮脂腺、汗腺、毛细血管、淋巴结、末梢神经等，通过刷浴的刺激，能使皮肤表层衰老的细胞脱落，改善皮肤的呼吸状况，有利于腺体的分泌。

刷浴可以使皮肤内部产生一种类似组织胺的物质，这种物质能活跃皮肤的血管和神经，引起人体毛细血管扩张、血流增快和淋巴循环加快，促进人体的新陈代谢和表皮的再生能力。

现代医学也证实，脑和脊神经的末梢、肾上腺素能和胆碱能神经终末，很多都分布在皮肤里。通过毛巾反复摩擦皮肤的穴位，将这种刺激传到相关的脏器，能够增强人体的抵抗力。

长期擦浴皮肤能清除皮肤上的坏死细胞和污垢，减少细菌在皮肤上的繁殖和生存机会，从而减少皮肤病和其他疾病的发生，使一些存在于皮肤的体内废物迅速排出体外，可以减少老年斑，有抵御寒冷和降脂排毒的功效。

经常擦拭皮肤，减轻皮肤的电阻力，使人体气血旺盛。经穴是人体的导电门户，经络又是电子流动的路线，这样可以加快电子传递信息的作用，促使身心协调与身体器官间的协调，增强人的反应能力，保持脑细胞的活跃。

刷浴的主要方法有：一是干刷，就是每天晚上临睡前用鬃刷直接刷浴身体皮肤的各部位连续刷；二是水刷，就是每天在就寝之前脱下内衣，盛上一大盆凉水，将刷子操在手中，一边蘸水，一边从头顶开始自上而下，横竖换着刷。来来回回刷遍全身每个部位，一直刷到脚心、脚趾，反复刷上数十次，直到全身有热感为止。

1. 刷头颈法。用刷子从头顶正中（百会穴）向前刷，能健脑提神，对防治头昏耳鸣、健忘有效；在左右眼角边的太阳穴处用刷尖刷揉，能疏风明目，防治头痛；在颈部后脑正中（风府穴处）刷揉，可祛风醒脑，防治感冒。手法应由轻到重，以能忍受为度。也可从下向上进行颈部刷浴几遍；刷面部时要闭目进行，分别先沿顺时针、后沿逆时针方向环行各刷脸几遍。

2. 刷手臂法。刷左右手臂弯内侧曲池穴，可增强手臂伸屈功能，防治肩臂疼痛；刷左右手臂外侧，可消除该处老年斑，防治手臂麻木。也可先从上臂肩前开始刷起，沿内侧向手掌方向刷几遍，再由手背沿上臂外侧至肩部后侧刷几遍。

3. 刷胸部法。刷胸部左右两侧，能激活胸腺，增强免疫功能；在两乳中间膻中穴处用刷尖刷揉，可理气消食，化痰益肺。乳房下垂的女性在刷胸部时，可稍加用力向上方抬刷，再沿顺时针方向环行加刷双乳各几遍。这样做，有利于防止和矫正乳房下垂。

4. 刷腹部法。刷肚脐周围，可促进肠蠕动，健脾和胃，消食通便；刷揉脐下丹田处，可增强脏腑功能，促使小便通畅。

5. 刷后背和腰部两侧法。沿着后背脊柱从上到下刷，可疏通经络，活血行气，防治五脏疾病。人体背部皮肤所含的组织细胞极为丰富，经常刷浴背部，有防癌作用。在靠近腰部两侧的肾俞穴处刷揉，能增强肾脏功能，对防治肾虚气喘等泌尿系统疾病有效。

6. 刷腋窝和股沟法。在两侧腋窝和两大腿根部腹股沟处用刷尖刷揉，可激活淋巴细胞吞噬能力，增强免疫力。

7. 刷两腿和足底法。在两腿膝前周围和膝后窝横纹处刷揉，对防治腰背痛、坐骨神经痛、下肢及膝关节病有效;在双脚脚底中心涌泉穴处刷,能开窍通神,对防治失眠、头痛有效。也可先从臀部沿下股外侧、后侧刷至足部,再从足部沿下肢前侧、内侧刷至下腹部,各刷几遍。

8. 刷全身法。脱去外衣裤,有可能的话最好赤身裸体,用一把棕刷摩刷身体。按照左小腿、右小腿、左手、右手、左大腿、右大腿、左臂、右臂、臀部、背脊、腹部、胸部等顺序摩刷,至肌肤微热并略呈现红色为止。夏季可用水淋湿刷子,轻力用冷水搓擦。全身搓擦完毕之后,穿上衣服。此法可以加强血管的反射,使肌肤对暑热、寒冷的反应减轻,并可抵抗感冒风寒等疾病。此外,还能使全身的毛细血管通畅,血液运行顺利,防止高血压病的发生,新陈代谢作用得以增强,防止皮肤老化。同时,由于皮肤血液循环功能的增强,使人体内脏器官的血流亦通畅,这对心、脑、肾、胃等部位的健康十分有益。

一般来说,用冷水刷的效果要比干刷好一些。但无论采用哪种方法,都要循序渐进,在冬天还应注意避免着凉。而且每次刷浴时速度要快,应先轻后重,逐渐加力。刷浴需要毅力,要长期坚持,才能收到健身的效果。

头面、手、足、耳、小腿等被称为全信息区。双足有近 200 个信息反射点和穴位(足底有 60 多个穴位),手部有 100 多个穴位,耳部有 200 多个穴位,加强这些地方的刷浴,可以防治相关部位的疾病。刷浴前后辅之以主要穴位的按摩(如涌泉、劳宫、印堂、膻中、会阴等),相得益彰,其效尤佳。患有皮肤病和过敏性体质的人不宜使用刷浴健身的方法。

刷体健身的具体操作方法是,每天早晨起床前、中午午休前及晚间入睡前,都用大毛刷刷遍全身。对于后背、腰、肩部等大刷子刷不到的部位,用小毛刷代替,手握木柄,如挠痒痒一般轻轻地刷。刷体时,一是要做到轻重结合。先轻刷全身各个部位,再对前心、后背、颈、腰、腹等部位及百会、命门、足三里、涌泉等穴位反复用力刷,以能承受为度,边刷边轻轻叩击。二是要抓住重点。在遍刷全身的基础上,对病痛部位要多刷几遍,直至有发热感。三是要做到长短结合。即在早晨、中午时间较紧时,可酌情较快地刷上几遍,夜间临睡前的时间比较宽松,要静下心来,充分地刷一刷,直至全身血流通畅,甚觉舒服时再罢手。

洗矿泉浴健身法

矿泉浴就是在矿泉水中沐浴的一种健身方法。矿泉水是具有保健医疗作用的一种地下水,由于它含有一定量的矿物质,常洗矿泉浴,可使皮肤柔嫩,精神焕发,对人体产生强身健体、疗疾康复的作用。

1. 全身凉水浸浴法。全身浸浴法是矿泉浴中最常见的一种方法。沐浴时要求沐浴者安静地仰卧浸泡于浴盆或浴池里,水面不要超过乳头(即相当于心脏部位)水平。凉水浸浴的水温在 33～36℃之间,每次浸浴时间为 8～10 分钟。这种浸浴法有降温和强身壮体作用,常在夏天炎热时使用。

2. 全身温水浸浴法。水温在 37～38℃之间,每次浸浴时间为 15～20 分钟,必要时可延长到 30 分钟。这种浸浴法具有镇静、催眠、缓解血管痉挛的作用;对神经衰弱、关节炎、肾脏炎、高血压病、冠心病等有康复治疗作用。

3. 全身热水浸浴法。水温在 39～42℃之间,每次浸浴时间为 5～10 分钟,最好不要超过 15 分钟。这种热矿泉浸浴对神经的兴奋作用很强,能促进新陈代谢;对治疗神经性皮炎、牛皮癣、慢性湿疹、慢性荨麻疹等有较好的疗效。由于热水浸浴对心脏血管功能影响较大，所以老年人心血管系统不全者要慎用。

4. 局部坐浴法。臀部、腰部、骨盆以及大腿上部都浸泡在矿泉水中，此法除有清洁会阴作用外，还对下腹部组织器官及骨盆部血液循环有很好的影响。对直肠、肛门、膀胱、生殖器炎症和痔疮的疾病有良好的治疗作用。温水坐浴还有镇静作用，可改善睡眠。热水浴还可以起到缓解痉挛、消除疼痛、促使骨盆炎症吸收消散的作用。每次坐浴15～20分钟即可达到治疗目的。

5. 局部足浴法。双足浸泡在热矿泉水中，水温为40～42℃，每次时间为15～20分钟。此法能够调节血液循环，缓解高血压、脑充血等，对治疗早期高血压、失眠、妇女经血过少有作用。沐浴时水面一定要浸泡过踝关节处，太浅则达不到坐浴的目的。

6. 局部手臂浴法。把手及手臂浸泡在热矿水中，水温在40～42℃，每次时间为15～20分钟。有调节胸部器官血液循环作用，对缓解气管炎、心绞痛、支气管哮喘等疾病有帮助。

7. 人工矿泉浴法。将适量的麦饭石放在浴缸里浸半个小时以上，然后加入热水，就可洗一个矿泉浴。人工矿泉浴具有解除疲劳的功效。

8. 温泉浴法。温泉浴属矿泉医疗保健范畴，但也是广义的运动健身方法。我国的温泉有两千多处，多在优美风景区，健身养生尤好。硫化氢温泉有兴奋作用，适于精神不振者和皮肤疾患者；碳酸氢钠温泉适于胃肠病者；氡泉适于水肿及贫血者。洗温泉浴时应注意水平面要在乳头以下，每次15～30分钟，30次为一疗程。温泉浴有按摩收敛、解毒治病功效。

洗海水浴健身法

海水浴就是在海水中沐浴或游泳的一种健身强体的方法。直接在大海中沐浴、游泳，大量的海水接触身体表面，可使体温明显下降，皮肤血管得到收缩，进而心跳、脉搏充实有力，有利于增强血管的弹性肌体器官的功能，并能使神经系统兴奋，所以能强身健体。由于海水中有多种无机盐，具有杀菌作用，可防治关节炎、多发性神经炎和皮肤病等。

到大海中沐浴或游泳前，最好要做热身操，或用干毛巾轻轻摩擦身体数遍。下海最好选在天气晴朗、气温较高的季节进行，时间以下午2～3时为宜，不要空腹。每次沐浴时间要根据体质、水温、气候等情况而定。开始时一般为5～10分钟，以后可逐渐增加，但最长不要超过40分钟。

如果选在室内的海水中浸浴，可能有些人在开始时会有寒冷的感觉，出现皮肤血管收缩，然后很快扩张，往往又会产生温暖感觉。但在水中浸泡时间过长，皮肤血管再度收缩，又会感到寒冷发抖，所以每次海水浴的时间不宜过长。在进行海水浴时要多做游泳运动，如果不会游泳，也要用力摩擦身体，以增强对水的耐受力。

家庭也可进行海水浴，将500～1 000克海盐装入亚麻袋中，放在注入热水的浴缸中溶化，使杂质留在袋中。待水温到36～37℃时进行浴疗，时间约10～15分钟。最好是在饭后1.5～2小时之内进行。每个疗程为6～10次，两次海水浴之间应相隔2～3天。半年后可重新进行。

高血压、心绞痛、心律不齐以及有炎症的患者不宜洗海水浴。

揉搓沙浴健身法

沙浴就是以漠沙、河沙、海沙或田野沙来进行手足揉搓，或将身体埋入沙中，让太阳晒热沙子，数十分钟后，地下水汽透过沙子缓缓地传遍全身，可减轻疼痛，祛除风湿，强身健体，疗疾康复，浴后会感到全身松爽。

沙浴既经济又方便，无副作用，能强壮身体，健脑益智，增进身心健康，调节和改善人的中枢神经，促进新陈代谢，增强人体活力，抗衰延年，对中老年疾病有着良好疗效，对风湿性关节炎、类风湿关节炎、慢性腰腿痛和血管栓塞性脉管炎等疾病，均具有超过药物治疗和室内理疗的功效。沙疗的治病医学原理是由于沙疗地区气候干热，高温的沙粒通过压力向人体组织深部传导，加快血流量，促进血液循环，从而扩张末梢血管，调整全身的生理反应，进而激活与恢复神经功能，改善患病部位的新陈代谢，活跃网状内皮系统功能，调节肌体的整体平衡，以此达到治病的效果。

沙浴，有条件者最好在室外进行，如无条件也可在室内进行。事先制作一个高为25厘米，长和宽各为50厘米的沙盘(木制或铁制均可，也可用废弃不用的洗澡盆代替)，里面装满细沙。

1. 手沙浴法。将五指并拢插入沙中，手指用力反复做抓沙动作，然后两手掌心相对反复搓沙，再把两手插入沙内，双手五指交叉揉搓、扭动并反复翻掌。可反复数次。

2. 足沙浴法。以脚掌及脚掌内、外侧在沙上原地踏步，然后坐下，两脚掌向前下方反复插入沙中，并用脚趾做抠沙动作，两脚再相对做搓沙动作。可反复数次。

3. 手足沙浴法。将两脚放在沙里，双手捧沙反复揉搓脚心、脚趾间数次，然后把双手五指插入同侧脚的五趾进行揉搓、扭动，再用异侧手脚(左手对右脚，右手对左脚)指、趾进行交叉反复揉搓、扭动。可反复数次。

4. 全身埋沙浴法。选择晴朗而暖和的天气，在干燥的沙丘上向阳面，挖一坑，其深度要视沙子温度与所需治疗的部位而定，不可埋得太深，也不可过浅，最好是双膝至腰部之间。埋沙每半小时换一次坑，先后要换3次。因为沙丘上的气温(夏季)一般在60～70℃之间，沙表面温度最高时可达82℃，人埋在里面，几分钟后沙子就会被汗水浸湿。人经过长时间的炙烤，全身的毛孔都已张开，为了避免受凉，第三次埋沙完后不能立即走开，最好用毛毯或毛巾被包住身体，待缓和后再离开。一般情况下，每天上、下午各做1次。由于日照强烈，在沙浴时必须注意保护头部，要戴草帽或打遮阳伞；沙浴时身体往往会大量出汗，除应及时补充水分外还要注意防止中暑；沙浴后要到阴凉处休息半小时左右，并要多喝凉开水或清凉饮料。高温季节以及空腹时不宜进行沙浴。身体虚弱者以及患有心脏病、重度高血压、肺气肿和感染性皮肤病的患者不宜进行沙浴。

常用药浴健身法

由于药浴对人的身体有着独到的功效，历来一直被医家所重视，药浴的中药配方有多种多样，因病而宜，因人而异，从健康效果出发，又因季节不同而辨证施治。

春节期间，用白檀、木香等药材制成香汤沐浴，具有解毒止痒、振奋精神的功效，并且能产生解痉、降压、抗菌的作用。

农历二月初，取枸杞煎汤沐浴，可令肌肤光滑，防病抗衰老，并且有消炎去肿的作用。

夏季，用桑枝、槐枝、桃枝、柳枝、麻叶制成五枝汤沐浴，能疏风寒、驱瘴气、活血脉。如用菖蒲、菊花、艾叶制汤沐浴，则有明目、醒脑、清热、解暑的功效，并可保护皮肤，预防皮肤病。

膝下热浴健身法

现代医学认为，仅就一般洗浴而言，本身就是一种消除疲劳、促进血液循环、增强新陈代谢的有益之术。而按特定功效取向确立的膝下热浴法，则更能收到事半功倍的效果。膝下热浴法的基本健身原理在于，当人体受到一定程度的外热刺激时，就会通过下肢与上体的温态反差，使全身毛孔开放，呼吸加快，生命细胞活力增强，如果同时附之以各种药物能量的浸入，便可通过开放的毛孔及被激活的皮下神经细胞将药物中的能量分子吸收转化，并由此达到促进气血运行、温煦脏腑、通经活络、改善全身组织营养状况、加速肌体新陈代谢的作用。而通过热浴液中所施放出来的某些气化能量，还可以借助人的呼吸道或嗅觉器官传入体内，以达到内症外治、上病下治、寒症热治、实症虚治的目的。

现代医学研究证明，腿足部热浴不仅可以加快血液循环，有利于人体正常的新陈代谢，增强末梢神经敏感性，平衡调节植物神经的内分泌系统，同时还能刺激大脑加强供血，促进大脑细胞的发育。

当人进入老年后，往往会出现站立不稳、行走无力、行动迟缓等现象。因为人的双腿负荷最重，特别是进入中年后，心脏供血功能下降，逐步导致腿骨软化、萎缩、坚韧性降低，出现酸痛、麻木、屈伸不便、肿大等症状。足部热浴能提高下肢温度，产生上下温差，足部热血加速循环，体内温度上升，全身毛孔张开，体内毒素及病气随汗排出，同时血液循环加速，使脑部、脚部供血及供氧增加，激活生命细胞，促进新陈代谢，对缓解疲劳、改善失眠及神经衰弱、补肾、益脑、调和气血、改善气血循环不良等作用显著。

足浴器以传统中医经络学说为理论基础，结合现代高科技，运用磁、振、水、气多项要素，通过膝下部的外温内透感应，引动下肢气血循经上行，加速新陈代谢，增强细胞活力。对于腰酸、关节炎、肩周炎、高血压、神经衰弱、骨质增生、哮瑞、内分泌失调、肝炎、半身不遂、下肢麻木、冠心病、前列腺炎及胃病等有显著效果。

热浴的时间，通常应根据每个人的身体素质及适应证视情而定，以健身养生为目的，正常人热浴法，一般在35～45分钟便可以达到预期效果，而以康复祛病为目的的热浴法，特别是对于一些患有类风湿、皮肤病、关节炎、中风、股骨头坏死、前列腺及细胞性病变的患者应以45～60分钟为宜。为了提高理疗功效，要求热浴时坐姿要端正，要保持自然舒适的体态，以创造百脉待通的身心境界。每次经过35～60分钟的热感刺激后，首先便会使头部发汗，继而便可使后背、前胸、肩颈部出现大汗淋漓状态。每次热浴后还可以双手按摩涌泉、承山、足三里、三阴交等穴位，以加速腿足表层静脉扩张，促进体内某些热浴后代谢产物的排除。

泡洗足浴健身法

足部堪称人体的“第二心脏”。民间素有“睡前一盆汤”的做法，在医学上称之为足浴，是一种简单可行的健身法。脚位于人躯体的末端，距离心脏较远，血液供应较少；同时，脚表面脂肪层很薄，保温能力较差，趾尖的温度比正常体温低，脚又与上呼吸道黏膜之间存在着密切的神经联系，脚掌受凉可反射性地引起呼吸道黏膜内的毛细血管收缩，纤毛摆动减慢，从而导致肌体的抗病能力明显减弱，各种病菌、病毒就会乘虚而入，并大量繁殖，使人伤风感冒或引发咽喉炎、气管炎等。

足浴能预防腿部、脚部疾病的发生。经常站立者，易患下肢静脉曲张疾病，而足浴能加快腿部血液循环，使腿部静脉血及时向右心回流，这就有利于减轻腿部的静脉淤血，防止下肢静脉曲张。

足浴还能健身养生。祖国医学认为，人体五脏六腑在脚下都有相应的投影。人体踝部以下有 60 多个穴位，用热水泡脚如同用艾条灸这些穴位，可起到促进气血运行、温煦脏腑的作用。坚持睡前用热水洗脚、浸脚 15～20 分钟，还有助于安神祛烦、催眠入睡，使睡梦更加香甜。

春季足浴有升阳固脱之功效；夏季热水足浴可使体内散热系统的“开关”打开，起“以热制热”之效；冬季足浴可以暖脚，提高全身抗寒力和耐寒力。冷水足浴可兴奋神经，从而加强心血管功能，强壮体质，提高肌体对环境的适应能力；热水足浴可扩展血管，促进血液循环，增强代谢功能。睡前用热水泡脚，可较快地扩张人体呼吸道黏膜的毛细血管网，加快血液循环，从而使呼吸道黏膜内血液中的白细胞及时地消灭侵入人体的细菌和病毒，而使人体免受感染，具有胜吃补药之功；如果在用热水泡后再入冷水，冷热交替，可防皲裂、消疲劳、增加免疫功能，对失眠、睡眠不深和便秘有防治作用。

足浴时，水的温度一般保持在 40℃左右，水量以能淹过脚踝部为好。双脚放在热水中浸泡 5～10 分钟，然后开始按摩。按摩时动作要缓和、连贯，轻重要合适，否则达不到祛病健身的目的。具体方法是，每晚用热水泡脚后坐在床边，将腿屈膝抬起，放在另一条腿上。按摩左脚时用右手，按摩右脚时用左手，交替按摩。先脚背，后脚心，直到局部发红发热为止。刚开始速度要慢，时间要短，等适应后再逐渐加快按摩速度。长期坚持，有利于增强血液循环，促进新陈代谢，并改变脑部充血状态，使头脑轻松清醒，全身感到温暖和舒适，对神经衰弱引起的头晕、失眠、多梦等症状有较好的疗效。按摩脚部的同时，还要多动动脚趾。大脚趾是肝、脾两经的通路。多活动大脚趾，可舒肝健脾，增进食欲，对肝脾肿大也有辅助疗效。

足浴时，如果在热水中加入某些药物，还可以防治脚癣、脚臭、脚干裂、脚汗过多、足跟痛、冻疮、下肢水肿麻木、四肢不温、感冒、风湿性关节炎及夜尿频等。洗脚时还要注意尽量避免用碱性强的肥皂，以免去脂过多而使皮肤干裂。平时洗完脚要用毛巾揩干，然后搽些无刺激性的油脂或护肤膏。

正确洗澡健身法

正确洗澡，除了能清洁身体外，还能健体强身。

冬天感觉食欲不佳时，洗澡时要用热水刺激胃部，待身体暖和后，再用20℃左右的水在胸口周边画圆式喷水，每冲5秒钟休息1分钟，重复五六次。

肌肉疼痛、脖子僵硬时在疼痛部位用40℃左右的热水喷5分钟左右。特别是容易疼痛的头、肩和腰部，可以边冲边做简单运动，颈部前后左右转动，可促进血液循环。

手脚经常冰冷者，尤其是即使在夏季也有手脚冰冷情形的人，可在不太冷的天用冷、热水交替冲浴，使皮肤血管扩张，促进血液循环。先用43℃左右的热水，充分暖身后，再用冷水冲10秒钟，反复5次。

全身发冷时用43℃左右的热水冲浴肩部和膝盖以下。冲肩部时可将莲蓬头固定，做肩部上下运动。冲脚时，边冲边做踏步运动。

体力疲劳主要指身体肌肉劳累而言，表现为四肢乏力，肌肉酸痛。其产生的原因是代谢产物在血液里堆积过多，使肌肉不能继续进行有效的流动，这一信息传到中枢神经，便产生了疲劳感。消除体力疲劳的最佳方式是睡眠。临睡前洗一个热水澡，或用温水泡脚，会使疲劳消除得更快。一般较轻的体力疲劳，可以通过歇一会儿的办法消除。如果在休息时间听听音乐、聊聊天，或配合保健按摩，会有更好的效果。

洗澡时可以用浴巾用力摩擦全身，还可以用双手紧拧浴巾来锻炼手的握力。在浴盆洗澡时，四肢要自然放松，闭上眼睛，彻底休息。

需要注意的是，饭后不能马上洗浴，浴后不能马上吃饭。浴前和浴后都需隔1小时。洗浴的最佳时间是在晚上，洗后就可以上床睡觉。躺在床上全身放松，无拘无束，睡得就很踏实。

泡澡梳浴健身法

梳浴是从古老的摩擦皮肤健身术变化而来的。梳浴能清除体表老化的组织细胞，使汗腺、皮脂腺排泄通畅，还能促进皮肤的血液循环，增强体质，提高防寒抗病的能力。

科学家对200位坚持摩擦的老年人进行调查之后，发现他们比同龄不做摩擦的人，生理年龄平均年轻六七岁，几乎不感冒。

梳浴一般按以下步骤进行：泡浴时须配合深呼吸，使身体进入完全放松状态；慢慢地从浴缸中站起，休息片刻，由于脱离了水压的作用，血液流向全身各个部位，使人体的新陈代谢更为活跃；将身体再次浸入40～50℃的热水中，时间约4～5分钟，再适当做一些扭腰、转体、屈膝等动作；离开浴缸1～2分钟后，可选用长柄梳子梳浴身体，从远离心脏的部位开始，不能用力梳的部位可用毛巾擦拭，脂肪堆积的部位应重点梳理；梳理完毕，再进行一次水浴，以使皮肤爽洁。

梳浴要用木质梳子或牛角做的梳子，梳子的齿不要太尖，最好既光又圆。

洗澡时，将香皂抹上身之后，用软刷子在身上刷至皮肤发红后，将皂沫冲洗掉，在热水中加醋（约一调羹半），以去除碱（香皂呈碱性）的残余，香皂的滑性立即消除。接下来伸开五指，如梳子一样从上至下梳理全身。最后用清水从头淋到脚，用湿浴巾擦干后，再用准备好的干毛巾擦拭全身。

洗半身浴健身法

日本科学家提出一种半身浴健身法，就是洗澡时把下半身浸泡在温水里。由于从心脏流出的血液1分钟里在体内循环一次后流回心脏，只要在热水里浸泡3分钟，血液只能在体内循环3次，而在温水里浸泡30分钟，血液可以在体内循环30次。洗半身浴的好处就在于变热的血液可以在体内反复循环。浸泡到肩部，身体大概要承受560千克的水压，水压会给心脏带来负担，心脏是顶着水压输送血液。此外，肺部受到压迫，会造成呼吸紊乱。因此，心脏不好的人和老年人不宜洗全身浴。

研究人员对年龄为30岁的男性进行了一项试验，让他们分别在37℃的水温中浸泡10分钟，在42℃的水温中浸泡10分钟，在47℃的水温中浸泡3分钟，测试血压和心跳数的变化。结果发现，在37℃的水温中浸泡的人血压和心跳次数几乎没有变化。这是因为副交感神经处于最佳状态，整个身心得到放松。然而，在水温高的情况下，交感神经十分活跃。测试结果表明，水温达到42℃时，入浴后血压急剧上升，离开浴缸后不久血压直线下降。洗澡人的心跳数入浴后开始增加，在离开浴缸时达到高峰之后逐渐下降。在47℃的水温中浸泡，血压和心跳数的变化就更大。还不仅仅是血压和心跳数发生变化，而且水温过热还可能改变血液的状态。此外，入浴后人体会大量出汗，血液里的水分随之减少。因此，入浴前后最好补充水分。在过热的水中浸泡时，除了血液里的水分会减少外，还会出现一种变化，即凝固血液的血小板变得活跃。在血液里的水分减少时，如果血小板变得活跃，就容易形成血栓。如果血栓堵塞血管，就会脑血栓、心肌梗死。由此可见，水温过热对身体不好。年龄不大且身体健康的人关系不大，但40岁以上的人特别是患有高血压、动脉硬化和糖尿病的人，不宜在42℃以上的水温中浸泡。

洗半身浴时要注意：一是水温应控制在39℃左右；二是浸泡时间为30分钟以上；三是浸泡到肚脐部位，也就是长时间地浸泡下半身。

用酒洗浴健身法

日本近年来流行酒浴，就是用加入酒的热水来浸泡身体。它有许多好处，除能清洁身体、消除疲劳，还可治疗痔疮、便秘及增强性器官功能。酒浴时气味芬芳，被酒香所吸引会产生浸浴的欲望。但并不是随便跳入水中浸泡一番，就有美容治病的功效，须按一定的方法来做才能奏效。专家研究，每天酒浴20分钟，对健康大有裨益。方法是在温水中加入少量酒，酒很快扩散成分子状态，与身体广泛接触，消毒杀菌，保持皮肤健康。在温水中加入一杯香槟酒，浴后有收紧皮肤去掉皱纹的作用，并能松弛肌肉，消除疼痛，解除疲劳。酒性温热，易发散，扩张皮肤血管，加快血液循环，改善营养，刺激神经末梢，加速代谢物质排泄，使皮肤细腻、平滑且富于弹性，酒浴后可使人身心轻松、肤色红润。以大米酿造的清酒效果最好。酒浴的温度在40～42℃最佳。应先在浴缸中倒入滚烫的水，再加入900～1800毫升的酒，即可洗浴了。

1. 健脾合胃法。屈双膝盘坐浴池中，双手交叉按住膝部，头尽量向下低。然后，边吸气边抬头，用手按压腹部，左右各压10下。恢复盘坐姿态。

2. 防治痔疮及便秘法。屈膝坐浴池中，五指合拢按在左腹部，顺时针方向按摩 20～30 次，再逆时针方向按摩 20～30 次。然后同法按摩右腹部。按摩时，应深呼吸。除此，还可以采用田字形、十字形、X 形按摩。如此，大便第二天即可通畅。如欲治痔疮，将手按在会阴部，用水酒洗涤肛门，并来回按摩，每日 1 次，历时 1 月即可好转。

3. 消除脚癣症法。坐浴时，右足置左大腿上，用手扭拧每一个脚趾 30 次。然后用双手拇指按压脚掌心。再用一手拉住脚趾，一手扳住脚跟，做扭拧运动。经常如此，可消除脚板气肿、麻痹等症。

4. 消除肩臂酸痛法。血液循环不通畅，肌肉得不到新鲜空气的供应，是产生肩臂酸痛的原因。浸泡酒浴，疗效颇佳。方法是用左拇指按住右小指根部。再将双手置腋下，上体前屈，尽量贴近大腿部，再恢复原状。如此反复做几次，配之以深呼吸。消除颈部酸痛的方法是一手托在下巴上，另一手按在脑后，双手配合扭拧头部。

5. 减肥法。用对侧手抓住某侧腋下，向乳房方向斜上推按 30 次。酒浴中经常做此动作，可防腰腋部过分肥胖。如果要消除腹部脂肪，可以肚脐为中心，用双手捏拧松弛的腹部。

6. 胸及臀部健美法。乳房、臀部坚挺上翘，是形体美的标志。乳房小而低垂的女性，可用手将其托起，然后做划圆按摩。按摩臀部的方法是用手托在臀沟处上下按摩。当然，以上都应在酒浴中进行。

7. 治疗失眠症法。耳朵有 200 多个穴位，是全身最敏感的器官之一。在酒浴时拧一拧，搓一搓，可解除失眠，使心情舒畅，精神倍增。做法是用一只手扭住一只耳朵向外拧一拧、振一振。

8. 强精法。先用热水冲淋会阴部，一边用手抚摸，一边将阴囊上托，手指不停地搔弄睾丸至少 50 次。如此经常在酒浴中重复，有很好的强精效果。

9. 消除睡意法。用眼过度会十分疲劳，在产生倦意时，可用双手同时拍打双眼睑两三秒钟，停几秒钟后再泼酒水拍眉头几秒钟，重复几次。

坚持干浴健身法

干浴就是对身体的自我摩擦，用干毛巾或用拧干的冷毛巾摩擦全身，也可以采用“手擦法”。这是古代遗留下来的非常简易的自我医疗保健方法之一。它除了有调整中枢神经和植物神经平衡的效果外，还有促进肌体血液循环、增加免疫功能等作用。这种健身法尤其适合于中、老年人及体弱者选用。

人体是被皮肤严密地覆盖着的，皮厚一般 1～4 毫米，最薄的地方是眼皮，约 0.5 毫米，最厚的地方是脚底，大约 4 毫米。人体皮肤铺展开来大约在 1.5～1.7 平方米。这么大的面积，运动时是很难都照顾到的。摩擦与运动不同，可以面面俱到，弥补其不足，照顾到每一块皮肤的“要求”。摩擦皮肤，可以使皮肤的毛细血管扩张，加速血液循环；摩擦可以与运动一样，能促进新陈代谢，使体内的废物尽快排泄掉。皮肤是人体的壁垒，起着阻止病菌入侵和调节体温的双重作用，而摩擦正好可以起到洁净皮肤，加强皮肤新陈代谢的效果，使皮肤提高对外界的适应能力。

老年人抵抗力减弱及适应能力下降，干浴健身法可改善这种情况，经常施行还有预防脑血栓形成及减少感冒之效。如果能从中年开始就坚持干浴，日久天长，对健身效果尤其显著。

日本的水野教授指出，用毛巾擦背可预防癌症。他认为在人体皮下存在着大量的具有吞噬作用的网织细胞，这些细胞平时处于静息状态，很像在储备能力，当用毛巾、干布或手摩擦皮肤时，便因刺激而被激活，进入血液循环，成为防御战斗细胞，一旦发现癌细胞或其他异物便可围歼并加以消灭。因此，干浴是一种简便且无任何副作用的防癌祛病良方。又因干浴能增加血液循环，从而也促进了新陈代谢。

摩擦皮肤还有促使微循环系统开放的作用，而正常情况下人体表皮的微循环只有 1/3 开放，这也是干浴之所以能提高肌体免疫系统能力，增强人体适应功能的生理机制之一。

干浴不仅可产生机械性的力学刺激及热力学的温热刺激等效果，而且还能产生细胞水平和分子水平的生物电场和生物磁场等方面的效应。这与一般的沐浴、洗澡有着大为不同的医疗意义，其生物学效果绝不是沐浴所能代替的。

干浴最简单的方式一般按照头面部、颈部、上肢、胸部、肩背部、腹部、下肢、足心的顺序进行，最后再轻擦面部、双目、双耳各 1 遍。时间应以早晨起床时、夜晚入睡前为好，各进行 20 分钟左右。可使晨起精力充沛，入睡恬然舒畅。这种健身法对老年人尤其有益。

干浴也可在晚上睡觉前脱掉衣服后，排除杂念，意守肚脐，做几次深长呼吸后进行。

需要提醒的是，在冬天进行干浴应注意避免着凉；每次干浴时，速度宜快，应先轻后重，逐渐加力。干浴锻炼也同其他锻炼方法一样，需要毅力，要长期坚持，才能收到健身的效果。

各种沐浴健身法

沐浴除了清洁身上的污垢外，还有许多具有健身功能的美容保健浴。

1. 桑拿浴健身法。桑拿浴是一种利用蒸汽排汗的沐浴方式，起源于芬兰。它是利用高热空气使浴室保持较高的温度，使浴者大量出汗，达到松弛身心、消除疲劳、减肥健美、辅助治疗某些慢性疾病的目的，因而吸引了不少人。有人做过调查，进行桑拿浴后，80%的人感到舒适、轻松，皮肤有光洁、细腻感，部分患有痤疮、皮肤瘙痒、关节疼痛等疾病的人病情好转，症状减轻。

2. 气浴健身法。在日本，很多家庭建造了气浴池，他们坐在充满蒸气的浴池里，任热气绕身，直至全身湿润和身心舒畅为止。

3. 镇静浴健身法。精神高度兴奋，以致不能入眠时，可躺在 38～40℃的温水中浸泡 15 分钟，就会减轻大脑的负担，使全身肌肉放松，从而轻松自然地入睡。

4. 兴奋浴。清晨起床，用约 18℃的温水洗个澡，然后用干毛巾将皮肤擦红，能使全身血液循环加快，精神振奋。

5. 音乐浴健身法。日本福冈大学医学部推出一种通过音乐来刺激大脑的感情、食欲、意志等神经中枢，从而使患者精神愉快，心情舒畅。在治疗方法上，则针对患者心理病态和精神不畅感，使用不同音调和旋律的音乐，使患者的精神逐步恢复到健康状态。

6. 香水浴健身法。常洗香水浴可以柔软及滋润皮肤，还有提神和松弛神经的作用。当香水的芬芳气味进入人的脑部时，能起兴奋作用，有利于提高脑功能和记忆力。香水可使血压下降，注意力集中，还可辅助治疗精神忧郁症。

7. 咖啡浴健身法。日本人喜欢咖啡浴。咖啡浴可以去皱、平滑皮肤。一位皮肤专家发现，浸在咖啡浴水中的皮肤可以收紧，因而消失了皱纹。一般人在家中的洗浴水中倒入一杯咖啡15分钟，对皮肤大有好处。

8. 奶浴健身法。用牛奶洗澡可以使皮肤白皙、光润。

9. 茶浴健身法。茶浴具有护肤功效，可使皮肤变得光滑细嫩。茶浴简便易行，在浴盆中冲泡茶叶即可。浴后全身散发出茶叶的清香，感到非常舒服凉爽。

10. 菊花浴健身法。把在中药店买的干菊花，取5～10克装成一小袋，泡在浴缸中洗浴，对皮炎很有疗效。洗澡水的温度最好是40℃左右。

11. 花浴健身法。阿根廷人洗澡时，把整篮的鲜花撒在水面上，然后用花瓣揉搓全身，既能洗净身上的污垢，又能滋润皮肤及杀菌。

12. 油浴健身法。在印度，有些地方的人爱用胡麻油擦拭身体，直至全身发红为止。此种沐浴能促进人体血液循环，滋润皮肤并使之光滑而富有弹性。

13. 醋浴健身法。在浴水中加入少量醋对皮肤有益，能加快扩张的汗毛孔收缩，保持皮肤白嫩光滑。

14. 盐浴健身法。在浴水中加入适量食盐，待溶化后按常规洗浴，对神经系统有镇静作用，能使皮肤细嫩而富有弹性，有利于身体健康。

15. 小苏打浴健身法。将1克小苏打放入5 000克水中，稍加搅拌，待完全溶解后洗浴，水温以40℃为宜。小苏打浴可改善血液循环，增加细胞的新陈代谢，从而起到润滑皮肤、消除疲劳的作用。在水中加入适量食用苏打，具有防治灼伤及防被昆虫咬的作用。

16. 芥末浴健身法。只要加一汤匙芥末于浴水中，浴后有消除身患疾病的疼痛之效。

17. 米剂浴健身法。日本发明出用米制造的沐浴剂，它是以米和米曲为原料，用酿造米酒的方法制造而成。米剂浴具有防治腹痛、皮肤粗糙、冻伤及手脚冰冷等病症的作用。

18. 米糠浴健身法。进行米糠浴时，先饮一杯茶，然后进入木制的浴缸，缸内堆满了烘热的米糠，在米糠中挖开一个洞，浴者裸体躺进去，全身埋在里面约20分钟，其间还做面部按摩。

19. 麸子浴健身法。在水中加入适量的小麦或燕麦麸子，浴后能迅速止痒，防止脱皮，消除皮肤上发青的斑块。一般取250克小麦或燕麦麸子放入纱布口袋中，挂在水龙头上，水流渗过口袋再淋向人体。每天淋浴10～15分钟。常洗麸子浴对人体有益，对保持皮肤健康有良效。

20. 柑汁浴健身法。柑橘类气味芬芳，含有果胶和维生素C，可以使皮肤滑润。方法是将柑橘割开几道，放进浴缸，也可切碎放在布袋中泡在浴缸里。

21. 番茄浴健身法。美国佛罗里达州一位健身专家独创的番茄浴，是将番茄汁与浴水混合进行盆浴。人泡在这种混合水中，皮肤可以吸收番茄汁所含丰富的维生素和各种养分，从而使皮肤柔嫩，保持容颜的青春。

22. 菖蒲浴健身法。菖蒲是一种具有强烈香味的植物，可以刺激皮肤，所含果胶和维生素C均能润滑皮肤。

23. 松树浸汁浴健身法。用加入松树浸汁的水洗澡（水温以35℃为宜），能强健神经系统，在繁重的脑力劳动后，可促进身体的恢复。

24. 树叶浴健身法。南非丛林里有一种树，叶大如巴掌且较厚，含有治疗某些皮肤病的物质。当地人每到盛夏便喜欢躺在地上，赤身盖上这种树叶，进行树叶浴。

25. 牧草浴健身法。牧草浴起源于奥地利。身裹床单，全身(面部除外)埋进温湿的牧草里(草料必须是没有施过肥料的)，每次埋20分钟。对哮喘、支气管炎有明显疗效，同时也是消除身心压力的好办法。

26. 甘油浴健身法。在浴水中放入500毫升甘油，水温为37℃，浴后能使干燥的皮肤柔软，使肌体组织复苏。

27. 页岩油浴健身法。页岩油浴起源于奥地利。页岩油中含有丰富的硫元素和海中化石的成分，浸泡在这种气味重、黑色又黏稠的液体中，虽然并不轻松愉快，但对皮肤、血液循环以及风湿患者都有神奇的医疗保健作用。

28. 泥炭浴健身法。在芬兰，居民们把泥炭晒干，研成粉末，加水搅匀，加热至一定温度后进行泥炭浴。沐浴时，将泥炭遍裹全身，每次半小时左右。泥炭浴能防治关节疼痛、风湿关节炎、高血压等疾病。

29. 尿浴健身法。在国外，有些医院利用儿童的尿给患皮肤病的人洗身，因为这种尿液含有一种特殊的物质，可以治疗皮肤上的疾病。

30. 激光浴健身法。美国时兴一种激光浴，它可以治疗慢性关节炎、风湿病，对肿瘤病人也有一定疗效。病人身上每周照射1～3次，每次1分钟，1个月内基本痊愈。激光浴，老少皆宜，没有副作用。

31. 超声波浴健身法。日本人很喜欢用超声波浴洗澡，因为超声波有活血化瘀，消除疲劳的功效。

日常九浴健身法

"九浴"，即洗浴时重点摩擦身体9个部位。具体操练方法如下：

1. 头部。戴上手套(下同)，五指聚拢成"钩"形，以"百会"穴为中心，按顺时针方向逐圈向下划圆(9转)到头发边际；再按逆时针方向逐圈向上划圆回到"百会"穴，8个来回，一圈一吸，一圈一呼，全身放松。

2. 颈项。用双手手指轮番在颈前、颈后摩擦，练习20次。

3. 双臂。右掌沿左臂"内关"穴向上擦至肩部，吸气；再摩擦臂外侧至掌背，呼气，做10～20次，循环运动。然后换擦右臂，方法同上。

4. 胸部。将前胸分成3块，分别以左乳、右乳、"膻中"穴(两乳之中间处)为中心，双掌相叠沿顺时针或逆时针方向划圆，各擦20次。乳头处勿重擦。

5. 腹部。以肚脐为中心，先顺向分9次逐圈向四面划圆，上到"膻中"，下至"曲骨"；再逆向逐圈向腹中间划圆，回到肚脐处。擦20个来回。

6. 脊背。侧卧或正坐，先用围巾擦上背；一手在肩上，另一手在背后，各牵一端，上下来回地擦上背；然后，坐着擦下背两侧和当中(包括命门、肾俞、腰眼、长强等穴)，次数不计。

7. 臀部。一是用单掌圆摩臀部(先左后右)，各擦30～40转；二是擦阴囊，摩会阴穴，各20次。

8. 双腿。坐姿，双腿叉开。两掌沿大腿根外部向下擦至足踝；再翻至内侧向上擦至大腿根部。左右各擦20次。

9. 双脚。先擦脚面，后擦脚底，重点是涌泉穴，次数不计。

耐冷锻炼健身法

在传统观念中，"冷"似乎会导致各种疾病发生或使疾病加重，"冷"往往成了人们身体健康的最大威胁。在这种观念的指导下，关心人便是"嘘寒问暖"，对孩子更是害怕他们着凉。殊不知，愈这样愈易得病，因为"适者生存"。肌体对环境的适应是人的本能，按照祖国医学"天人合一"的观点，进行耐冷锻炼，使人和大自然气候的变化和谐同步，便能强身健体。

现代医学证明，耐冷锻炼能改善和提高人体免疫能力，有效地预防疾病发生，其中最明显的便是预防感冒，即使偶尔感冒，病情也较轻，病程也较一般人明显缩短。由于感冒得到控制，因感冒而引起的其他疾病当然也就大为减少。除此之外，耐冷锻炼对慢性鼻炎、咽炎、支气管炎等均具有显著的预防和康复作用。更令人叫绝的是，一些怕冷的疾病，如关节炎、哮喘病，经过耐冷锻炼都有可能康复。

人的皮肤受到冷刺激后，皮肤血管会迅速收缩，大量血液被送入内脏及深部组织。之后，皮肤血管扩张，血液又从内脏流入体表。这样，由于皮肤受冷刺激后的血管一张一缩，使全身血管都得到了锻炼，血管弹性增强，对防止血管疾病、延缓衰老将起到很大的作用。

耐冷锻炼还能加快体内的物质代谢，使肌体对胰岛素的敏感性提高，糖原储备增多，肠道对葡萄糖的吸收明显加快，这对糖尿病的防治具有独特的疗效。此外，因能促进人体的脂肪代谢，对脂肪肝也有一定的治疗作用。

我国著名经济学家、人口问题研究学者马寅初教授健康的体魄，充沛的精力，尽人皆知，人人称道。1957年，76岁的马先生在《新体育》杂志上发表了他有关沐浴健身法的文章。他每天洗浴2次，早上起床洗热水浴一次；晚上临睡前先洗热水澡，后洗冷水澡，先热后冷，夜夜如此，绝无间断。马先生沐浴的具体方法是，每晚睡前，先洗热水澡，水的温度要尽可能高一些，以身体能够忍受为度，要在热水中浸泡15分钟左右，洗得满身大汗。出浴后稍休息，再洗冷水浴，让自己的体温与冷水程度相当。马先生说，这样沐浴有3个好处：一是洗热水浴时，毛孔张开，出身大汗，身体里面的脏东西可以排出来；二是血脉流通，促进了新陈代谢，人的精神爽快；三是全身血管因洗热水澡而扩张，又因洗冷水澡而收缩，一涨一缩，渐有弹性，就不会硬化。血管不硬化，血压不会高，就不会中风。

马先生的沐浴健身法是在美国耶鲁大学一位90多岁的校医那里学来的。此法一定要坚持下去，终年不变，才能收到强健身体的效果。但练习冷水浴要从年轻时做起，超过50岁的人就要小心一些，这时体质已差，可能经不起刺激了。

耐冷锻炼的方法很多，不同年龄、体质和锻炼基础的人应采用不同的方法。

1. 少穿衣。儿童要从小使他们养成少穿衣的习惯。人的适应性是很强的，关键是父母的观念。至于其他人，在季节交替时，尽可能地注意少加衣，使身体逐步适应气候的变化。

2. 多开门窗，使空气流通，室温与室外气温接近。少用空调，即使必须使用，也应尽量将室温控制在不与气温相差太大。

3. 进行冷空气浴。多做户外活动，冷天少穿衣，有基础的穿单衣、穿短衣裤到户外进行锻炼。

4. 坚持用冷水洗手、洗脸、擦身，逐步过渡到洗冷水澡。

5. 参加冬泳。待到身体对低温的耐受能力达到相当程度后，可参加冬泳。

耐冷锻炼特别要注意的是，无论采用哪种方法，都要遵循循序渐进的原则，应一步一步地来，让肌体有一个适应过程，切勿操之过急。此外，持之以恒是十分重要的，否则只会前功尽弃，一事无成。可以说，耐冷锻炼也是对一个人毅力和韧力的考验。

马步刷牙健身法

中医认为“腰为肾之府”，并指出“肾者作强之官，使巧出焉”，是讲肾存在腰部，而精存在肾处。精生骨髓，骨髓上通于脑，故脑有“髓海”之称。肾气强，则精髓满，脑力充足，精神健旺，智慧技巧随之发达，意志日趋坚定。长期用马步姿势刷牙，能健腰固肾，使人精力充沛，头脑精巧灵敏。还可以防治腰膝疼痛、眩晕健忘、精神萎靡不振等。

早晚刷牙时，采用马步姿势：两脚左右分开，两脚尖向前，两脚平行，不宜形成内外八字，重心落于两腿间，两腿距离与肩宽相等，膝弯曲至大腿与地面近似平行（或膝弯度稍大），膝盖微向里扣，膝向前不得超过脚尖，松肩，坐腰，头顶与会阴部呈一垂直线，眼平视，平心静气，呼吸自然，宽胸实腹，圆裆（即：两膝微内扣，两脚小脚趾及脚跟外侧稍着力，在松胯的同时，裆的两侧注意分开，好像包裹着一个物体），然后开始刷牙。

刷牙时，一条腿抬起来，另一条腿则膝盖弯曲成90度，慢慢把上身放下来，坚持7秒钟。反方向的腿也做2～3次同样的动作。这样，伴随刷牙的节奏，将脚后跟抬起、落下，反复运动，可使脚脖子得到锻炼，防止小腿肚脂肪积聚。

叩齿摩龈健身法

牙齿的整齐完好是一个人健康的标志，牙齿是食物消化吸收的重要工具。食物进口的第一道工序就是咀嚼，同时掺进各种消化酶，经食道进入胃。牙齿不好，就会影响整个消化系统，影响到各器官是否能得到充分的营养物质的供应。因此，牙齿对人的健康非常重要，正因为如此，从古至今，人们都很重视对牙齿的保健。

饭后漱口、刷牙是最常见的保护牙齿的办法，这样可以及时除掉残留在牙齿缝隙中的食物残渣，因为这些残渣无论是属于酸性的或碱性的，对牙齿都有腐蚀作用。叩齿是健身法中的长寿之术，它可使牙根膜内血管扩张，改善局部血液循环，能刺激牙周膜这层结缔组织膜更好地履行它固定牙齿的职责。同时，使口腔唾液分泌增多，有助消化。叩齿对肾有保健作用。这一简便易行的健身法，可使牙齿不患牙疾，长期坚持，七八十岁高龄牙齿仍能完好无缺。

叩齿是行之有效的传统健齿法，就是凝神静心，排除杂念，两唇轻合，上下齿相互叩击。先叩臼齿，次叩门齿，再错位叩犬齿。每天晨起、中午、睡前或不拘时刻，各叩100下。叩齿后自觉有热气上冲脑部为宜。若无，则叩齿次数加倍。经常叩齿，可使牙根血管扩张，改善血液循环，有健齿固齿和清热疗牙疾的作用。

经常叩齿，能促进口腔、牙床、牙龈和整个牙齿的血液循环，增加唾液的分泌量，增强牙齿的抗病能力，使牙齿更加坚硬稳固。所以，民谚"朝暮叩齿三百六，七老八十牙不落"是有道理的。叩齿的方法是：精神放松，口唇紧闭；心神合一，默念叩击；先叩臼齿，再叩门牙；轻重交替，节奏有致。终结时，再用舌头搅动口腔，激发口腔津液后吞下，则叩齿效果会更好。

将上下牙齿紧紧合拢，且用力一紧一松地咬牙切齿，咬紧时要有力，放松时也互不分开，反复做数十次。这样可以使头部、颈部的血管和肌肉、头皮及面部有序地处于一收一舒的动态之中，能加速脑血管血液循环，使大脑组织血氧供应充足，既能起到清醒大脑、增强记忆的作用，还可消除因血液障碍造成的眩晕，防止脑中风发生。

轻闭嘴唇，上下牙齿互相叩击50下，然后旋转舌头，以舌尖抵上腭数次。这样做可促进口腔、牙齿、牙床、牙龈的血液循环，增加唾液分泌，从而收到清除污垢、提高牙齿抗龋能力和咀嚼功能等作用。另外，旋转舌头可使其活动自如，增加灵敏度。

依次叩门齿、左侧臼齿和右侧臼齿各50下，最后再叩门齿50下。共叩齿200下。如果牙齿有毛病，就多叩。叩齿时要精神集中，用意念支配上、下颌骨同时动。叩齿一方面能集中精神，另一方面能强肾。

三餐饭后，上下叩齿30次，能固肾健脾帮助消化，可防胃、十二指肠溃疡以及慢性胃炎和消化不良等症。

许多人脱齿源于牙周炎而非龋齿。牙龈就是牙床，每次午饭或晚饭后，漱完口后上下牙齿轻轻互相撞击3～5分钟；再洗净双手，先用右手的食指伸入口中按摩左边和中间的上下牙龈50下，然后用左手食指按摩右边的上下牙龈50下。经常按摩牙龈有固齿、美容、防衰的作用。

大、小便时咬紧牙齿，同时闭气（暂停呼吸），直至大小便结束。除具备上述叩齿的作用外，尚有锻炼咬肌力量，提高咀嚼功能的作用。男性小便时，舌抵上腭，咬紧牙关，踮起脚尖，然后以不太快的速度排尿，并排净。女性在小便时，将双脚的大脚趾、二脚趾用力着地，咬紧牙关，其效果亦然。养成踮起脚尖解小便的方法，可使牙齿牢固，肾功能也能变强，具有固精坚齿的作用。

睡前简易健身法

有些人由于受身体条件、工作条件、时间条件等方面原因，没有专门的时间健身，其实，利用睡前花点时间就可以轻松健身。

1. 叩头运动健身法。现代生理学证实，神经系统的高级中枢——大脑，在影响肌体衰老方面起着特殊作用。每天晚上睡前坚持轻叩头部，可刺激头皮的神经末梢和经络穴位，调整大脑的健康状况。通过神经和经络的传导而作用于大脑皮层，使经络与神经系统的功能得以调整，以松弛头部神经的紧张，促进局部血液循环，解除大脑疲劳，对降低血压、预防脑部疾病、促进头发光亮润泽均有益处，对脑力劳动者尤为适宜。全身直立、放松，双手握空拳举于头顶，自然活动腕关节，用手指先从前额向头顶部两侧轻轻叩击，再从头部两侧转向中央，一般以50次左右为宜。

2. 头低位运动健身法。临睡前，做一次"双手攀足固肾腰"运动。方法是弯腰低头，双手尽量俯身触地，1分钟弯腰30～60次。开始时可以少弯几次，由少到多，由浅入深，最后达到手掌触地。这项运动可使头部得到更多的血液和营养，逐步增加脑血管的抗压力，预防中风，对于困扰很多人的偏头疼也有一定的缓解作用。但血管硬化或有心脏病的人做这项运动时要小心谨慎，以防发生意外。

3. 睡前练保健功法。老年人在睡前练习一种简便易行的按摩与气功综合的保健功，能促进内气运行，从而起到平衡阴阳、疏通经络、调整气血、祛病保健的作用。每晚临睡前，面北静坐3～5分钟(闭目盘腿静坐，双手自然平放在膝上，掌心向上，头若虚)；坐正后用双手从腰眼两侧往上捏脊(边捏边提，反复几次)；闭目仰卧，四肢轻松平放，意念松静，呼吸自然，用右手揉摩脐上腹部十余次；用双手的中、食指分列于脐旁的两横指处(即天枢穴)点按3～5下；再从左右肋下(门章穴)用双手掌左右同时轻推至脐部3～5次；双手叠平按于脐下2～4横指处(即气海穴和关元穴)，揉按十余下；仰卧，四肢平放，消除杂念入睡。

4. 睡前趣味健身法。很多坐班族一回家就埋头大睡，睡得不少，但起床后却依然昏昏沉沉。这都是大脑供血不足惹的祸，做做睡前蹬腿会好很多。平躺姿势更有助于血液循环，可由缓到急做10分钟。久坐会使腿部血液回心速度减慢，引起大脑供血不足，精神萎靡、头晕眼花、记忆力下降等不适症也会接踵而来。坐班族睡前蹬蹬腿能收到好的效果。在平躺姿势下的蹬腿动作有利于促进血液循环，其原理同倒立、用热水泡脚是一样的。此外，像售货员、教师等经常站立的人，同样需要做蹬腿运动。保持平躺状态，先做勾脚动作，这时小腿肚会有紧绷感。然后做伸直脚动作，这时脚背会有酸痛感，来回做两三分钟，再在床上做类似蹬车运动，正蹬、倒蹬交替进行做5分钟，腿部锻炼就足够了，浑身舒爽的感觉对睡眠也有好处。

5. 睡前松腰法。坐在床上或坐垫上，两腿并拢向前伸直，双手向上伸直，吸气，抬头，拉长后背。呼气，上身向前，双手抓住大脚趾，肘部落地，保持呼吸。将注意力放在以命门为中心的腰部，使腰部尽量往后；然后放松直身，双手向上伸直。此法只要坚持做，能取得太极拳所说的“松腰”效果。

6. 安神促眠法。每晚睡前半小时，先将双手手掌搓热，再将双掌贴于面颊部，两手中指起于迎香穴(鼻翼旁开0.5寸)向上推至发际，反复多次。仰卧的人体肌肉和神经最为放松，情绪最稳定，心搏最为缓慢，因此脑细胞极易调整至最佳状态。仰卧，枕头以舒适为宜，两脚心相对，两膝外开，腿似环，两手重叠敷于头顶。用自我导引放松的方式使自身放松：头皮放松(头皮可轻轻动一动)，印堂放松(两眉往外展)，两眼放松，鼻子放松，口放松(舌抵门齿)，面部放松，两耳放松，颈放松，胸背放松，肺脏放松，心血管放松，膈膜放松，胃放松，胰脏放松，肝胆放松，脾脏放松，两肾放松，小肠放松，大肠放松，膀胱放松，生殖器官放松，会阴收缩，轻轻上提，封闭海底，两上肢放松，掌心放松，两下肢放松，脚心放松，全身各部关节放松。依此反复放松。往往在自我导引放松的过程中即会在不知不觉中睡着了，这是个既简单又有效的帮助睡眠的方法。不过，一开始也可能不习惯，睡不着，坚持一段时间就可以了。

7. 静卧提肛法。晚上上床后，先静卧，缓缓呼吸，做提肛动作数十次，也可做俯卧撑数次，有利防止失眠，很快入睡。

8. 侧卧抱枕防晨僵法。用棉布缝制一个长80～120厘米、直径30～40厘米的布口袋，用蓬松柔软的棉絮或海绵等作为填充物，做成一个椭圆形的长枕。睡眠时，可将身体侧卧，双臂抱枕，长枕下段可垫在大腿下面，这样能使老年人睡眠好，还能使肩关节拉开，消除上肢关节的“晨僵”现象，预防和治疗关节炎等病症。

9. 按摩脚心健身法。每天晚上睡觉前，盘腿坐在床上，双目紧闭，双手用力按摩脚心。方法是用左手按摩右脚心，用右手按摩左脚心，左右脚各按摩200次。按摩脚心的好处在于脚心有涌泉穴，能降浊气，补肾宁心，镇静安神，舒胆明目，健足安眠。

10. 双掌揉摩腹肌法。睡前可用手掌按摩腹部，具有强健脾胃、促进消化吸收等功效。仰卧床上，以肚脐为中心用两掌重叠紧贴腹部，先顺时针、再逆时针环摩腹部所有部位，重点在脐部及周围，共2～3分钟。腹部肚脐四周有神阙、气海、关元等强壮全身的要穴。

11. 推摩胸背健身法。两手掌自上而下用力推摩后背、前胸、后腰，可疏通脏腑经脉。

12. 掌推双腿健身法。两手掌心相对，分别放在左腿内外侧，从大腿根部开始，由上而下顺推下肢1分钟。再以此方法推摩右腿1分钟。

13. 仰卧呼吸法。全身放松仰卧在床上，吸足一口气，使肚子鼓足，然后慢慢呼出，如此反复数次。这个动作可以运动全身内脏，使血管神经得到缓和而有节奏的运动，既有利于消食化痰，也有利于安稳睡眠。

以上健身法可全做，也可做一部分，做时要闭目静脑，心绪宁静，舌尖轻抵上腭，肢体充分放松，做完后，肢体轻松，可安然入睡。

晨醒床上健身法

中老年人的身体机能开始走下坡路，日常加强自我保健非常重要。如果时间上不够宽裕，可以充分利用晨起前的时间进行健身。早晨醒后先闭目养神，然后在床上做几分钟的健身保健运动，有助于一天精力充沛，对预防心脑血管疾病和增强各器官功能都有益处。以下介绍一些实用的床上健身法，各人可以根据自己的年龄及身体状况选择适合自己的项目练习。

1. 身体舒展健身法。清晨一睁开眼，就向各个可能的方向做一次身体舒展运动，这会使你倦意全消，轻松愉快；躺在床上做一些轻微的运动和床上操，如举腿、转身、起坐，或使全身的肌肉紧张，紧接着松弛，一紧一松十几次；也可在床上做猫儿拱起脊背的动作，以伸展筋骨；用手贴紧前额，左右来回抹动数十次，使之发热，有利于预防与治疗头痛、失眠、神经衰弱、用脑过度引起的记忆力减退等症；以双手揉耳（食指中节按在耳前，用大拇指贴在耳根后部，上下搓动，直至发热），坚持下去，有助于防耳聋、耳鸣、听力下降。

2. 转头屈脚腕健身法。早晨睡醒后有时感到头昏脑涨，这是一夜睡眠不动，头部和颈部肌肉变得僵硬，头部血液循环不畅，致使头部供血不足所致。如果醒后躺在床上，头部向左右侧转动8～10次，就可使头昏减轻。同时，再屈伸脚踝关节10～20次，可使下肢活动开来。

3. 伸懒腰健身法。睡醒后在床上做两手交叉，伸向头上方翻掌，脚尖绷直，伸展身体，同时配合深呼吸的动作，反复练习4～6次，有助于消除疲劳，驱走睡意。

4. 仰卧体侧屈健身法。仰卧在床上，一手上举，随上体侧屈，下肢用力伸直，左右侧屈各做6～8次。

5. 仰卧举腿健身法。仰卧在床上，两腿并拢屈膝。然后，小腿伸直上举，腿与身体呈90度角。接着腹肌用力，两腿下落到45度角的倾斜度，脚腕必须屈成直角，跟腱必须伸直，保持这种姿势片刻，然后还原成两腿上举姿势，再徐徐做这个动作。反复做15～20次。此动作有利于消除便秘，强健腹肌，从而有助于身姿健美。

6. 仰卧转腰健身法。仰卧，两臂各伸向两侧，成侧平举姿势。然后一腿伸直上举，在腰部拧转，倒向侧方床上。这时腿和身体必须呈直角倒下，上体始终保持仰卧状态，肩不可浮起，否则效果就差了。此动作左右各练习10～15次，日久坚持，有助于增强腰肌和肠胃的蠕动。如果倒向侧方时，脚尖能保持用力，整个下肢能绷直收紧，还有利于腿部的健美。

7. 俯卧挺身健腰法。俯卧在床上，靠手抱头、再靠腰的力量上体向上，以增强腰部力量，15下为1组，做3组。

8. 全身屈伸健身法。一腿屈膝脚踏床上，然后膝部伸直，使膝部触及床上。两腿轮流各做10～15次。

俯卧床上，屈膝跪起，臀部上举，两臂伸向头前方，胸部尽量触及床面，两肩向后翻，保持片刻。此动作有助于舒展肩关节。接着两腿伸直，上体慢慢抬起后仰，稍停。再还原成屈膝跪起姿势，然后随便做些按摩，同时做几次深呼吸。通过伸屈四肢运动，使血液迅速回流到全身，供给心脑系统足够的氧和血，可防急、慢性心脑血管疾病，增强四肢大小关节的灵活性。

9. 扭动身体健身法。取左侧卧位，左腿伸直，右腿弯曲从左腿上方跨过，并尽量远离左腿置于床沿，双臂水平张开，上身向右侧尽量有节奏地扭转10～20次，同时将右膝尽量往左侧床面贴近，在扭转的最大幅度上静止10秒钟。然后，变换方向成右侧卧位，重复这个动作。可以加强腰背部和颈部肌肉的牵拉，对预防或缓解腰腿痛、颈背疼痛有积极的意义。

10. 翻身滚动健身法。清晨醒来，在床上轻轻翻身，以活动脊柱大关节和腰部肌肉。

于仰卧位将身体团起来，尽量弯腰、埋头、双手抱膝或抱头，静止10秒钟，接着缓缓滚动20次。能促使各部位肌力恢复平衡，缓解疲劳。

侧卧床上，背部略拱起，双腿及双臂做一字形伸直，然后做翻滚动作。左右侧各转动4次。

侧卧床上，双腿合并弯曲，双手抱膝，使膝盖弯近前胸，下颌也俯垂至胸部。保持此姿势5秒钟，然后向另一侧滚动。每侧各做4次。

两腿弯曲，两手紧抱双膝，上身尽量放平，两腿先向左倾斜，使腰部在床上左右滚动。可以逐步加大倾斜度和滚动力度，做七八次。

11. 抬头摸膝健身法。平躺在床上，双腿弯曲，脚底紧贴床面，双手开始平放在大腿上，然后头部抬起，下颌内收至胸部，双手触摸膝盖，保持此姿势5～8秒钟，重复练习4次(注意练习中身体位置是弯曲的，而并非坐直)。对于加强下背部及腹肌的弹力最有帮助。

12. 摩腹挺腹健身法。仰卧在床上，先将右手五指并拢，按顺时针方向绕肚脐旋转摩腹100圈，再改用左手反方向摩腹100圈，刺激神厥、关元、气海、中脘、丹田等穴位。手由轻到重、由慢到快，面积由小到大，两手轮换交替摩腹至肚皮微红、有热感即可。此法能起到有效防治胃肠清疡的作用，尤其是能预防和治疗中风，轻摩也有提神补气等功效，并对冠心病、高血压、糖尿病、肺心病、消化不良、便秘等病症也有良好的防治效果，有利于延年益寿。

身体平卧，伸直双腿，做腹式深呼吸。深吸气时，腹部有力地向上挺起，呼气时松下，一呼一吸为一次，反复做10～15次，可增强腹肌弹性和力量，预防腹壁肌肉松弛、脂肪积聚腹内，还可提高胃肠消化吸收的功能。

平躺在床上，双手枕在脑后，深呼吸，用嘴吐气的同时努力收小腹，这样做对身体很有益处。

13. 缩腿缩肩健身法。四肢紧贴床面，身体形成一字形仰卧。向上提缩左腿的同时向下缩左肩，向上提缩右腿的同时向下缩右肩。提缩腿时应以缩胯带动腿动作的完成。

14. 仰卧起坐健身法。主要靠腹肌的抽动力来完成。如果坐不起来，可先挥动双臂来带动上身立起坐下。做这一动作，如果腹肌力强，双手可放在脑后或平放在床上。根据自己的身体情况可做5～10次，以后再逐渐增加。做仰卧起坐最佳时间是在早晨，在做的过程中要保证动作到位，保持双腿并拢，手臂交错放在脑后。

15. 床上泳姿健身法。腰椎间盘突出是骨骼老化的必然现象，没法完全避免，但可以尽量减轻。床上“自由泳”就是不错的理疗方式。直身趴在床面上，双手和双脚翘起，像自由泳一样，双手向两侧划水，两脚上下交替做拍水动作，手脚的配合以舒服协调为原则，头也像自由泳时换气动作一样，每隔2秒钟抬起一下。老年人最好坚持每天做这个动作60次左右，可以分几次做。

16. 梳头弹脑健身法。用双手手指由前额至后脑勺依次梳理，增强头部的血液循环，增加脑部血流量。可预防脑部血管疾病，且使发黑又有光泽。

坐在床上，两手掌心分别按紧两侧耳朵，用食指、中指、无名指轻轻弹击后脑壳，可听到咚咚声。每天早晨弹10～12次，可促进大脑血液循环，解除疲劳，防头晕，强听力，治耳鸣。

17. 揉耳揉鼻健身法。用双手手指轻揉左右耳轮至发热，由于耳朵布满全身的穴位，这样做可使经络疏通，尤其对耳鸣、目眩、健忘等症有防治功效。

用大拇指轻轻揉动鼻梁、鼻根，由上到下，再由下而上，反复进行。轻重程度以不痛略有酸胀感且舒适为度。可预防晨起着凉而引起的鼻塞流涕，防治感冒。

18. 叩齿卷舌健身法。轻叩牙齿，可使牙齿和牙龈活血并健齿；卷舌可使舌活动自如，增加其灵敏度。

19. 捏拢手指健身法。早晨醒来后，坐在床上，做手指张开和捏拢的动作，反复10次。此练习不仅能保持手指的健美，而且能使头脑清醒、精神振作。

20. 俯卧撑健身法。趴在床上，双腿伸直双手前伏支起身体，双臂一伸一屈为1次，支撑20次。

21. 活动脚部健身法。仰卧床上，双下肢平伸，双足一起做屈趾、伸趾交替运动30次，五趾分离、并拢30次，然后屈髋、屈膝、伸屈旋转踝关节30次。

仰卧床上，以双足跟交替蹬摩脚心，使脚心感到温热。蹬摩脚心后可促使全身血液循环，有活经络、健脾胃、安心神等功效。

坐在床上，两腿伸直并拢，脚尖朝前，双臂伸直，双手掌心朝脚尖方向做推的动作。同时上身前俯，向外呼气，双手应尽量向脚尖方向推，推到不能再向前时，保持姿势3秒钟，收回手掌，并吸气。连续往返30次，每天早晚各做1遍。有按摩内脏、调理肠胃功能的作用，可以预防和治疗消化系统、心血管系统的疾病。

坐在床沿上，缓慢地把身体向前弯俯，双手设法触及脚趾，维持此姿势约5秒钟；然后缓慢地回复坐姿。同样动作重复4～5次。这对于骨盆关节的活动有很大的帮助，并可减少坐骨因长期受压而产生的不适。

22. 放松肌肉健身法。躺在床上，掌心向上，腿部伸直，脚尖向外，闭上眼睛，全身放松，轻缓地按自己的节奏进行深呼吸。先绷紧脸部肌肉约10秒钟，然后放松；缓慢地向上抬头，再轻轻放下；提肩约10秒钟，然后放松；伸展手臂及手指，握拳10秒钟，然后慢慢松开；提臀10秒钟，然后放松；脚后跟并拢，然后完全放松。这样起床后就觉得很轻松。

23. 热洗脸健身法。醒来后，不妨先躺在床上活动一下身体，既醒神又达到锻炼目的。中国养生学讲究"齿常扣、津常咽、耳常掸、鼻常揉、睛常转、足常摩、腹常运、肢常伸、肛常提"，这些基本上都适合在床上做。对爱美女子来说，还可以增加一项运动——手不离面，躺着把手搓热后用手敷脸，可以改善气色，长期坚持可让面部有光泽。

晨起运动健身法

1. 醒后不急于起床下地，而是从床上坐起来，通过沉思的方法消化一夜的睡眠成果。具体做法很简单，就是舒舒服服地坐着，全身放松，闭上眼睛，想象一个像"一"那样简单的字。当其他想法侵入时，集中精力再去想那个像"一"的字。

2. 每天起床伸懒腰后叩齿数十次，然后双目微闭，双手食指和中指并拢，分别放在双上眼睑上做旋转式轻轻按摩50～100下。此时睁眼运目，向上、下、左、右方向转动若干次，尽量向四周环视。可加速眼睛局部血液循环，防止视力衰退，消除一夜困倦，能健齿明目。也可双眼远眺窗外的景观，眼睛用力向下眨，可舒缓眼睛晶状体的疲劳。

3. 晨间锻炼，可以双手握在背后，手臂指向地，将双肩拉后，胸膛挺起，同时吸气，呼气时，慢慢向前弯身，尽量将双臂举到头顶。试着将头靠近双膝，如果此动作感觉到膝盖受到压力，可略弯膝。此法可立即使人的精神振作，并可消除颈与肩的紧张及僵硬。这是开始一天活动的好办法。

4. 两臂伸直举过头顶，两腿夹紧形成"一"字形。用力伸展四肢打挺，使全身关节特别是腰椎舒展开。做五六次直挺动作后，再次两臂拉开，两腿叉开，使身体形成"大"字形，向两侧伸挺五六次。

5. 呼吸直立，两手叉腰，先腹部吸气，停顿片刻，然后缩唇，不要用力，慢慢呼气，直到吐完为止，再深深吸一口气，反复十余次。这样能延长氧气在肺泡内的时间，促进氧气与二氧化碳交换。

6. 用双手拇指上下轻揉鼻翼，能预防晨起着凉而引起的鼻塞流涕，达到防治感冒的目的，尤其是冬季这一点更为重要。

7. 用两掌心掩耳，把食指放在中指上，向下弹响10次，然后突然张口，可预防耳聋，增强记忆。也可用两手掩耳，低头仰头各5～7次，可使头脑清静，除头旋之疾。经常闭口调息、舌舔上腭，呼吸均匀和缓，可使气体畅通，津液自生。平时口中有津，应鼓腮干漱口，待唾液充满后分3次咽下，能起到健脾胃、助消化、滋阴益气的作用。

8. 用双手手指轻揉左右耳，或以手指握住耳尖向上提拉，至发热舒适为止。也可将右手经过后脑勺，往下扯动左耳垂，随后左手经过后脑勺，往下扯动右耳垂，每次做10～20下。耳朵布满全身穴位，这样做可使全身经络疏通，尤其对耳鸣、目眩、健忘等症有防治功效。

9. 两手虎口相对分开放在耳上发际，食指在前，拇指在后，由耳上发际推向头顶，两虎口在头顶上会合时把发上提，反复推摩10次，操作时稍用力。然后两掌自前额像梳头一样向头后按摩，至后颈时两掌手指交叉，以掌根挤压颈部5下，每日2次。摩头时双臂和肩关节得到了运动，可有效缓解上肢乏力、麻木的症状。对头面部的搓揉、按摩促进了头部血液循环，起到疏通经脉、畅通气血、调节大脑神经的作用，从而使头脑清醒，疲劳缓解，有效消除颈椎病引起的头痛、头晕症状。

10. 双脚分开与肩同宽，双臂下垂，随鼻缓缓吸气，伸腰拔背，向上伸颈到最大限度，将伸长的颈向下运动，似雄鸡啼鸣，随后用嘴呼气再恢复原状，每日 3 次，每次做 36 下。

11. 通过伸屈运动，使血液迅速回流到全身，供给心脑系统足够的氧和血，增强四肢大小关节的灵活性。

12. 双脚自然分开，双手叉腰，先左右侧弯 30 次，再前后俯仰 30 次，然后两臂左右扩胸数次。也可双脚站立与肩同宽，然后逐渐低头弯腰，双手触地，2 秒钟 1 次。刚开始可以少弯几次，逐步增加。此项运动可以增加脑血管的抗压力，对于困扰很多人的偏头疼也有一定的缓解作用。但有血管硬化或心脏病的人做此运动时要谨慎，以防发生意外。

13. 两腿分开，与肩同宽，两手举在头上，两手指交叉握，向上翻掌。然后两臂直臂随上体尽量向上伸，脚跟抬起，提踵站立，保持此姿势 2 分钟。接着上体向前屈，两臂自然下垂。重复练习 4 次。

14. 身体直立，呈挺胸收腹紧腰状。两臂侧平举，以两肩关节为轴，然后双臂分别向前和向后做转动动作。前后转动各 20 次。

15. 原地跑步 3 分钟。刚起步时，跑步动作要轻松缓慢，然后逐渐加速，再放慢。缓步跑 1 分钟，加速跑 1 分钟，再缓步跑 1 分钟。这里所说的“加速”，是指跑时膝盖运动的距离增加，双手摆动的次数频密而有力。

16. 对墙而立，双脚距离为 9～10 厘米，双腿略分开，然后双手向前触墙，使上身斜倚墙上。一条腿弯曲，足尖着地，另一条腿维持笔直，保持此姿势 20 秒钟。更换动作，将另一条腿弯曲。交换进行，每腿各弯曲 6 次。

17. 坐在地板上，双臂交叉紧抱胸前，双腿弯曲，脚后跟距臀部 30～45 厘米，脚掌放平，脚尖勾住家具底沿，上身向后平躺；起来时躯干和头部前伸，尽量碰触脚尖勾着的家具。1 分钟里不间断地尽力重复。常做此动作能强健腹部肌肉，避免脊椎下端疼痛和保持良好身姿。

18. 两腿并拢，脚尖抵着凳面，使身体保持水平。直臂俯撑 3～4 组，每组重复 8～12 次，间歇 1～3 分钟。

19. 俯卧于地面，两臂向两侧撑开。上体下俯时呼气，抬起时吸气。练习 3～4 组，每组 8～12 次，间歇 2～3 分钟。

20. 站立，两腿分开与肩同宽，呼气，两臂前平举，两手交叉(掌心向下)；吸气，中速，两臂还原成侧拳。练习 2～3 组，每组 10～12 次，间歇 2 分钟。

21. 两手直臂支撑椅背(两椅间距 50～60 厘米)，屈臂时呼气，伸臂时吸气。慢速，并力求深屈。练习共 3 组，每组 10～15 次，间歇 3 分钟。

22. 坐在凳子上，靠腹部的力量抬起腿，并将双腿交叉向上，以此减少腹部赘肉，使腹部肌肉结实、健美。每次向上抬 15 次，做 3 组，中间可稍作休息。

23. 坐在地板上，面对墙壁，将双腿稍稍并拢(双足的足跟应相距 13 厘米左右)，向前伸直。先用脚掌顶住墙壁，再将双手向前方伸展，尽力触摸到墙壁，并保持此姿势 5 秒钟。需要注意的是，在做此动作时膝盖不能弯曲，用力不能过猛，肌肉应尽可能地放松。常做此动作具有锻炼脊椎、髋部和腿部的柔韧性，预防腰背及腿部损伤的作用。

24. 取站立位，在地板上放一只高度为30厘米的小板凳或一捆废报纸，先将右脚踏在板凳上，用左脚踏地，然后双脚同时交换位置，用左脚踏凳，右脚踏地，如此交替进行3分钟的踏跳，每分钟踏跳24次。常做此动作具有锻炼心脏对持久性运动的反应能力，减少心脏受损害的作用。

25. 按揉或拍打足三里穴（外膝眼下3寸，两筋之间），每日3次，每次300下，可防治胃病、贫血、高血压等疾病。足三里是强壮长寿穴，常按摩有强身延年之功效。

26. 全身简易健身法，就是加强髋肌、股四头肌和臀肌锻炼。动作过程中，为了保持身体的稳定，腹肌和竖脊肌都参与进来，因此也得到了锻炼。身体右侧侧卧于地，双腿伸直，左腿置于右腿的前侧；身体重心放在右肘上，抬起臀部；左臂放在身体的左侧，右肘弯曲，并与右肩垂直，右手掌心朝下。收紧腹肌，躯干保持正直，从头部到髋部在一条直线上，避免使膝关节或臀部凸出。吸气，呼气，保持腹肌收紧，用右髋和臀部的力量，同时右脚向地板下压，抬起髋部，直到从头到脚成一条直线。在动作的最顶点，保持姿势一会儿，心中默数3下；吸气，髋部下放，回到开始姿势。完成规定的次数后，换另一侧做同样的练习。左右侧各做一次为完整的一个动作。做3组，每组10次。如果是初学者，开始时可以做1组，逐渐增加到3组。

27. 选做几种慢节奏健身法：早晨站在空气新鲜的地方，仰着张口，意守胸肺，双目注视前上方，用喉音大声叫“啊”；先低头屈背后扩胸，双手交叉由胸前向外慢慢伸展，渐渐扩胸，在一回一扩中使肺部得到运动；人体本身的口液最滋润，咽津既可滋润心肺，又可以减轻病人咳嗽的负担；两手适当抬高与肩平，随意摆动，是运动两肺的好方法；适当做登阶运动，既可以锻炼肺部，使气管通畅，也能使双腿得到锻炼；起床后适当做些收腹伸腿、仰卧起坐、俯卧撑、压脚腕等练习，有助于增强活力。

28. 老年人每天早晨的简易健身法：身体坐直，双手交叉放在头枕部，用力压迫后脑勺，头部则用力后仰30秒钟；身体坐直，两手在椅子靠背后面紧紧握牢1分钟；胳膊屈肘竖直放在桌子上，把下巴放在手掌心上进行深呼吸20次；沿桌子边站起来，转动上半身10次，最好能使背部对着桌子，然后用力抬起桌子一端；站立在门框中，双手用力推门框20次；坐在椅子上，屈膝抬起双脚，然后将脚伸直，放下，做10次。

看电视时健身法

晚饭过后，很多人会花上几个小时看电视。时间一长，各种健康问题就出来了，最直接的感觉是脖子疼，腰也疼。其实，一些简单的健身方法就可以让这种问题得以缓解。

1. 平时手部屈肌用得多，也就是前臂的正面经常用力，但手部伸肌却用得少。一个简单的锻炼方法是，把手放在沙发扶手上，看电视时，用手指的背面不停地在上面做“弹钢琴”的动作，手指头张开就可以了。

2. 坐在沙发上，手举起来，然后向后抱住头部，眼睛看电视，头使劲往后仰，手往前拉，隔10分钟左右就可以做做这个动作，可缓解颈椎不适。不过，松手的时候要慢，不要一下子把手放开。

3. 坐在沙发上，双手叉腰，头做绕环，正反方向交替做；双手抱头，用力向胸前压，然后放松，头尽量向上抬起，重复几遍。对颈椎病可起到预防、缓解作用。

4. 坐或站立，两臂侧举，手指向上，做直臂向前、向后绕环。次数不限，做到两臂酸胀为止。能增强上肢力量，活动膝关节。

5. 站立，双脚分开，手叉腰，做转腰动作，按顺、逆时针交替做，次数不限。可使内脏器官得到按摩，对肠胃病有一定辅助疗效。

6. 坐在沙发上，双手放在体侧，上肢后仰，手支撑住身体，双脚抬起与地面成 45 度夹角，做脚蹬自行车的动作。可增加下肢力量。

7. 双掌摩擦生热，用双手摩擦同侧腰眼 5 分钟，防肾病。

8. 耳朵是生物全息部位，坚持每天按摩耳廓、揪耳垂能起到很好的保健作用。而且简便易行，随时随地都可以操作。

9. 双手覆盖双耳，手指放在脑后，使左右两手指接近，中指适当地放在脑后最高处，食指置于中指之上，然后食指向下弹打 36 次。可提高智力，增强记忆力和听力。

10. 头为诸阳之会，是中枢神经所在之处，时常敲打头皮可以引气血于头部，从而达到振奋阳气、健脑益智的作用；指尖为阴阳经脉交会之处，时常击打可促进阴阳经脉的衔接，令经脉更加畅通，所以“十指尖敲打头皮”这一保健方法可谓一举两得。

11. 边看电视边锻炼。光脚坐在地板上，双腿向前伸平，并拢，足跟相距 13 厘米，脚掌顶住墙，双手前伸，尽力触摸墙壁。膝盖不能弯曲，不能用力过猛，尽可能放松，坚持 5 秒钟。可锻炼脊椎和腿部的柔韧性。

12. 看电视时做下蹲运动就是很简便的有氧运动锻炼。可针对不同瘦腿部位采取脚尖略微向内站立、向外站立的姿势，能紧缩腿部肌肉。

看电视时把腿伸直，脚跟靠在一起，用两只脚的内侧相互碰撞。这样对月经不调、脾虚、脾湿、消化不良、舌边齿痕、腹胀等都有较好的调理作用。

13. 坐着看电视时，将双下肢同时抬起，尽量与躯干成直角，双臂胸前交叉紧抱双肩，反复做屈体动作，并逐渐将头靠近膝关节，每组 20～30 次。休息几分钟后，再重复一组。在持续抬起双腿时，由于股四头肌的静力收缩，肌力得到增强，在反复做屈体抱肩的动作中，又对肩背、腰骶部及大腿后面的肌腱和韧带进行了抻拉，使血液循环改善，柔韧性也得以加强，便会在拥抱自己的过程中受益，可以改善血液循环。

14. 看电视时，很多人坐沙发喜欢垫个靠背，使腰部不悬空，与沙发接触更加紧密，从而减轻腰肌的紧张性，预防腰肌疲劳。如果穿插用手臂替代靠垫，除了会增加这种效果外，还变成了一项小小的健身运动：首先要将双手掌从身后交叉，垫于腰部并且同时用力挺胸、收腹、抬头，静止 20～30 秒钟，再将身体放松；这样间隔几分钟后，再重复一次，共重复 3～4 次。每天这样做不但可以增强防治腰肌疲劳或颈椎病的效果，还对矫正驼背有着积极的帮助。

15. 长时间静卧不动，对肩部也有很大损伤，在看电视时每隔半小时举本字典，即在手中托着，放在胸前，就这样托着看电视。坚持 1～2 分钟，到肩膀很酸的时候放下来，然后休息、活动一下，1 分钟后继续做这个动作，这样做 3 轮就可以了。能缓解肩膀痛。

16. 看电视时，不要过多地坐在椅子上，特别是那种不能支撑后背的椅子，这样可避免腰背部承担躯干重量的压迫。应将腰背贴近椅背，双手在椅背交叉，尽量挺胸，深呼吸，收腹数次，再舒展身体各部位，尽量不要用一种体位长时间地看电视，并且要经常改变看电视的姿势，以解除疲劳、保护视力。

17. 久坐沙发感到疲劳，可换坐在椅子上，将腰背贴近椅子背，双手在椅背后交叉，尽量挺胸、深呼吸、收腹数次，可舒展身体各个部位，解除久坐后的疲劳。

18. 脱去鞋袜，然后光着脚让 10 个脚趾自由地相互挤搓扭动，再让两脚脚心互相摩擦直到微热。

19. 看电视出现乏味的商业广告时，有两个极好的锻炼动作：一是双手扣住垫在脑后，脊背紧靠椅背，安坐轻松自如。二是提起右膝关节，与左肘接触；然后再用右肘接触提起的左膝。此法的益处是能锻炼胃部，增强胃的机能，使腹部更结实平坦。

20. 利用电视播放广告的间隙，做些深蹲、高抬腿或扭腰动作，减缩脂肪。

当然，最好是利用插播广告或是上厕所的时候起来活动活动，蹦一蹦，跳一跳，做做踮脚、扎马步等。只有将身体血液循环起来，才能对身体有好处。

常伸懒腰健身法

当身体长时间处于一种姿势时，肌肉组织的静脉血管中就会淤积很多血液，这时伸懒腰，可促使全身部分肌肉舒张或收缩。在短短数秒钟的动作中，很多淤积的血液被赶回心脏，可以大大改善血液循环。

腰部肌肉是人体主要的负重部位，在进行活动或劳动时，腰椎均会受到一定重力。如长时间负重或弯腰劳动时，腰腿疼痛，以致形成慢性腰肌劳损、腰扭伤等症。特别是中老年人，由于腰部肌体功能日益减弱，更易引起这些病症。因此，经常进行腰部运动有利于提高腰部功能，减少腰部疾病的发生。伸腰、搓腰是值得提倡的健身妙法。当身体长时间处于一种姿势时，肌肉组织内的静脉血管就会松弛、扩张而淤积很多血液，使循环血容量减少，这时伸一个懒腰，会引起全身大部分肌肉的较强收缩，在持续几秒钟的伸腰动作中，很多淤积的血液便被赶向心脏，可以大大增加循环血液的容量，从而改善血液循环。肌肉的收缩和舒张作用，也可增进肌肉自身的血液流动，将肌肉内一些废物带走，从而消除身体的疲劳。由于伸懒腰时的扩胸运动能多吸进一些氧气，使体内的新陈代谢增强，能提高大脑和其他器官的工作效率，减轻疲劳的感觉。伸懒腰还能使腰部肌肉得到活动，这样一伸一缩地锻炼，可以促成腰肌发达，并且能防止脊椎向前弯曲形成驼背，对维护体形的健美有一定的作用。因此，每伏案学习一段时间，伸伸懒腰对身体是有好处的。

坐在椅子上，四肢尽可能伸展开来，挺胸，抬头，并相应地配合吸气和呼气。可以放松本来紧张的肌肉，同时收缩本来舒张的肌肉，促进血液循环。

两臂伸直举过头顶，两腿夹紧形成“一”字形。用力伸展四肢打挺，使全身关节特别是腰椎舒展开。做五六次直挺动作后，再次两臂拉开，两腿叉开，使身体形成“大”字形，向两侧伸挺五六次。

张口闭口健身法

每天早晨起来，到空气清新的地方，将嘴巴最大限度张开，向外哈一口气，然后用力吸一口气再闭合，这样对强身健脑很有帮助。在工作间隙，将嘴巴最大限度地一张一合，带动脸上全部肌肉以至头皮，进行有节奏的运动，每次张合约 1 分钟，持续 50 次，可加速血液循环，延缓局部各种组织器官的“老化”，使头脑清醒。

1. 张口与闭口能使脸部的多块肌肉有节奏地运动，这些肌肉在运动中得到锻炼，肌纤维发达变粗。肌肉增大，面部显得饱满丰润。

2. 张口闭口的深呼吸运动，能扩大胸腔，增大肺活量，让肺脏吸进更多的新鲜空气，促进身体的新陈代谢，使全身各器官功能增强，减慢人的衰老过程。

3. 早晨刚起来时大脑还没有完全清醒，嘴巴的一张一合，通过面部的神经反射刺激大脑，使大脑全部清醒过来，有利于思路敏捷，提高工作效率。

4. 张口闭口可使咽喉部得到活动，保持耳咽管的通畅，使耳朵内外的压力保持平衡状态，防止出现耳聋、耳鸣、耳病性头晕。

5. 张口闭口还可以叩击牙齿，锻炼牙根，增强牙齿的坚固性，防止牙齿过早脱落。

学会调息健身法

气功把呼吸的调整叫做“调息”，即一呼一吸为一息。调息是气功锻炼的先导，调息纯熟后即可进入“入静”。实际上调息的本身就是一种养生健身的有效手段。调息健身法功法简单易学，而且健康效果好，尤其适合年老体弱者锻炼。

调息健身主要是通过调整肺脏的呼吸，使呼吸达到自然柔和、缓慢均匀、出入绵绵的境界，即所谓深、慢、细、匀。通过调息，使肺的呼吸频率明显减少，膈肌上下活动幅度增大，肺的通气量增加，肺活量增大。经常练习调息，不仅能增强肌体呼吸系统的功能，而且对血液循环系统、消化系统以及练气功的入静等方面都有良好的影响。

调息健身可坐可卧。用鼻孔呼吸，吸气自然，呼气缓慢，注意气沉丹田，也就是运用腹式呼吸，全身自然放松，心情要平静，即做到“心平气和”。同时，要在自然柔和的基础上，通过意念的诱导，逐渐达到缓匀状态，切忌用力或强行控制，否则容易出偏差。缓匀的呼吸要经过一定时间的练习方能逐渐形成，所以，必须做到持之以恒，才能收到调息强身的良好效果。

以意念诱导调息，包含了意气合一的成分，随着调息功夫的加深，自然能够达到意气合一。当出现意气合一时，说明调息的功夫已达到纯熟的程度，这时健身效果自然更好。至于气沉丹田，那就是当吸气时自己感到有气下沉至小腹，呼气时此气由小腹徐缓地吐出，并有下沉的感觉。气沉丹田要求做到气息调和均匀，自然悠畅地达到小腹。气沉丹田亦是调息健身法功夫练得纯熟的主要标志。

息息归脐就是先慢慢地深吸一口气，鼓腹，提肛，接着吞咽口中产生的唾液，再慢慢地深呼一口气，以增强肺活量和胃肠功能。坚持练习息息归脐健身法，能促进血液循环和新陈代谢，是一条强身健体、延年益寿的有效途径，可以预防老年习惯性便秘，消除堆积在腹部的脂肪，预防多种代谢疾病的发生。

防眼衰老健身法

1. 每天早起后打开水龙头，用双手捧水擦脸擦眼，然后用热的厚毛巾敷眼，从头顶垂下，睁开双眼，用鼻孔吸进热气，贯通于眼。毛巾凉了，再热再敷。这样冷热交替，一缩一胀，能增强血管弹性。

2. 先用手掌按摩面部，重点放在眼眉部位。掐住内眼角(睛明穴)，轻缓揉按。点穴：用大拇指背第一关节曲骨沿眼周各穴位来回按摩，略有酸胀感为止。按摩后再进行“四视”：平视远方，瞄准正前方物体，如山头、高楼等，由远而近，由近及远，反复多次；环视四周，由左向右，由右而左，视物转睛，日远神光；仰视蓝天，观悠悠白云；俯视脚尖，凝神注目，最后闭目养神。

3. 做眼操消除眼睛疲劳，增强视力，防治眼病。一是眼球上下左右运动，然后再顺时针、逆时针转动，各50下；二是右手食指、拇指挤按睛明穴50下；三是双手中指按摩太阳穴50下；四是双手中指在眼眶由内向外、由外向内各按摩50下；五是闭上眼睛，中指在眼球上轻轻按摩10下。

4. 平时多吃一些明目清凉的食物，如枸杞、鱼腥草、决明子茶等；多摄取富含维生素A和维生素B的食物，如猪肝、豆制品、蛋类、绿叶蔬菜、胡萝卜等，少吃辛辣刺激性食物。

学会梳头健身法

我们每天都要梳头，梳头不仅使人看上去干净、整洁、精神焕发，而且对健身也大有好处。通过头部神经的反射作用，刺激头皮神经末梢和头部穴位，促进血液循环，加快细胞的新陈代谢，增加对头皮及毛发的血氧供应，使头发乌黑光润，还能健脑提神，解除疲劳，防止大脑老化，延缓脑衰老，对脑力劳动者尤其重要。特别是对于有神经衰弱症状或由于失眠、思考过度而引起神经性头痛的人，每天用梳子梳头3～5分钟，再用梳子刮几下头皮(不能用力过大)，将会对消除这些不良症状起到很好的作用。另外，当工作和学习劳累时，用手指代替梳子在头上挠几下，也会使你感到轻松舒适。古人认为，用手指梳头，可以按摩头皮，使气血流畅，头发光润，所以有“发宜常梳”之说。

以梳子替代中医的银针，对头部经穴进行针灸似的按摩或刺激，只要持之以恒地梳头，就会感到头清目明，精力充沛，睡眠良好，白发变黑，食欲增加，促进健康。

用梳子梳头时，梳齿与头部表面要倾斜一定角度，逆向顺着头形梳理，每分钟约20～30下，每次3～5分钟。如头痒或出现少量脱发，则可每次增加50下，刺激头皮神经末梢和头部穴位，促进局部血液循环，达到消除疲劳、促进头发生长之疗效，以头皮有热、胀、麻感为佳。脑力劳动者和职业女性，常用梳子梳头数分钟，能刺激头皮，松弛头部神经，促进局部血液循环，调节经络，达到消除疲劳、强身的效果。

用双手手指代替梳子梳头，从前额的发际处向后梳到颈部，然后弧形梳到耳上及耳后，可以消除疲劳，清醒头脑。也可用木梳每日梳头3～5遍，每遍60次左右。可以疏通头部经络，改善头部血供，健脑爽神，防止脱发和头发早白。

梳头时，注意尽量将胳膊肘向上抬，这样有助于避免肩胛骨突出，既可活动肩部，又有利于身体曲线美，防止双下巴。

梳理时应注意方法，不论头中间还是两侧，都应该从额头的发际一直梳到颈后的发根处；一般每次梳头10分钟左右，大概百余下；要适当用力，以使头皮产生微热感为好；梳子以牛角梳、玉梳、木梳为好，梳齿宜宽大，这样既能确保在梳头时对头皮有一定力度的按摩作用，又不至于拉伤头发。头顶和后面的头发应向上梳，两边应由发根到发梢，向左右两边梳。应使头发和头皮成为垂直，梳齿轻轻接触到头皮。梳子要尽量做到自用，以防皮肤病的传染。梳理手法也要得当,一般来说,梳长发时,要由发梢始,一段一段地逐次向上梳,可以避免不必要的毛发脱落;梳短发时,则应从发根往发梢梳。这样梳理,从感觉上比较舒服,健身效果相应明显。如果头皮患有疮疖,切忌用密齿梳子梳头,可以用手指代梳。有头部外伤的病人,无论取用梳子或手指代梳,都要注意不要用力过猛,以免梳破结痂,导致化脓感染。

常梳脚底健身法

梳脚底健身法非常简单,在家里就可以操作,不仅无病可健身,对一些疾病的康复治疗也有锦上添花的作用。

按照中医经络学的理论,脚底分布了很多穴位,对它们给予适度的良性刺激,会起到通经活络、益气活血的作用,对强身健体、防病治病具有重要意义。现代医学认为,人体的脚部有很多的神经末梢,用梳子反复梳脚底,可以很好地刺激全身的神经系统,能促进血液循环、调节内分泌平衡、加强新陈代谢、排出体内毒素,从而有助于防病强身。对中风病人来说,还能恢复退化器官机能、辅助康复。

每次梳脚底时,最好选用普通的木梳子,牛角梳、刮痧板等也可以。时间要控制在30～40分钟左右,最好睡前梳,这时脚底经过梳理后血液循环增强,身体逐渐放松,容易入睡。

需要注意的是,梳理力量太小达不到保健效果,力量太大会伤及局部皮肤,所以力度应适中,以脚底发热发红,没有不适感为宜。动作应柔和均匀,不可忽快忽慢、忽重忽轻。对于身体较弱或无法容忍疼痛的人来说,应适当减小力度,或者减少时间。对于严重的心脏病及肾病患者,动作更要缓慢、柔和。梳脚底还需要每天多喝水,有助于及时将体内集结的沉淀物、毒素等排出,从而增强效果。

原地踏步健身法

原地踏步虽然站在原地,却可以让全身得到锻炼,不仅可以达到减肥的效果,由于手臂跟着上下摆动,还可以缓解肩周炎。那些腿脚经常发麻的人,经常锻炼能够起到一定的保健作用。

原地踏步走属于有氧运动,特点是强度低、有节奏、持续时间较长,能充分酵解体内的糖分,有效消耗脂肪,增强和改善心肺功能,还能预防骨质疏松、调节心理和精神状态。此法对时间和地点来说非常自由,健身效果也好,男女老幼都适合做这样的运动。

双手叉腰,直立上身,缓慢地原地踏步,踏步时,大腿抬起与地面平行。这样的动作能带动肠道也跟着运动,让身体循环畅通,有利于排出宿便。

在自己现在所站的地方做一个记号,然后闭上眼睛,双手向前伸直,在原地踏步50次。注意踏步时膝盖要尽量高举约90度才算正确。如果方法不对,就会徒劳无功。做完后,睁开眼睛,看看自己离原来做记号的地方到底多远。如果精神越来越散漫,就会离得越远。

对于追求体质好、精神好、体形好的人来说,不必拘泥于原地踏步,还可以加上一些有针对性的动作。比如踏步十几分钟后变换一些花样,绕着客厅来回转,做扩胸、转体、踢腿运动等。

休闲健身篇

休闲时尚健身法

1. 转呼啦圈健身法。摇呼啦圈被认为是可以瘦腰腹、保持身材苗条的项目，也是一项非常好的有氧健身运动，它的动作既有技术性，又比较单一、易学，趣味性也较强。加上它基本不受场地限制，也不易影响他人，运动强度小，只需要在旋转幅度大小、速度快慢和时间长短方面下工夫，运动起来比较方便灵活。呼啦圈运动，主要通过腰部和髋部的旋转，使躯体大范围的肌肉得到锻炼，由于需要强有力的支撑，下肢肌肉同样也得到了锻炼，对肌肉耐力的提高效果很好；通过呼吸的配合，又能使心肺功能得到很好的加强。所以可以毫不夸张地说，呼啦圈运动是一项低投入、高产出的健身运动，极有益于包括耐力、力量、柔韧性、协调性和灵活性在内的身体素质的全面提高。

2. 跳钢管舞健身法。钢管舞可让上半身肌肉更扎实纤细，同时也令下半身更为灵活。在钢管上随着节奏起舞，还能锻炼身体节奏感和柔韧性，对个人信心也有提升作用。钢管舞是一种全身得到锻炼的运动，但最主要的是腹肌、臀部和手臂肌肉的锻炼。如果在围着钢管回旋身体时，必须收紧腹部肌肉才能完成各种动作。只要一放松，身体马上就会往下掉。钢管舞也能锻炼臀部肌肉，臀部内侧也会慢慢地变得更紧实浑圆。

3. 芭蕾大跳健身法。芭蕾代表了优雅，芭蕾舞演员轻盈的身材更是让人羡慕，学她们来练习一下空中飞行跳，也叫大跳练习，也可以拥有优美体态。前后微错开挺拔站立，收腹提气，两手向两边舒展柔和地抬起；舒展平伸后，两腿弯曲，准备起跳；空中劈腿跳，前腿弯，后腿直；站位，收手，熟练后，这一步可续接第一步往前继续跳跃行进。此动作要连贯练习，每天 10 分钟，一个月后就会有明显的塑身效果。

4. 扭秧歌健身法。扭大秧歌是北方人喜闻乐见的文化体育活动。扭秧歌是一项寓健身于娱乐的运动项目，经常参加扭秧歌的老年人，其心肌发达，血管壁弹性增加，血管扩张，肌肉内毛细血管大量开放，血流量增加，代谢过程所需要的营养、氧气和产生的废物都可以通过加快的血液循环来输送，从而使全身细胞的新陈代谢得到改善。同时还可提高呼吸系统功能，使呼吸深而有力，肺活量加大，肺泡换气量显著提高，代谢过程所需要的氧气供给充足，加强了细胞的耗氧能力，促进了新陈代谢能力。扭秧歌就是以腰为轴，扭动肩与胯，减肥效果显著。由于扭秧歌时会微微出汗，有排毒作用，还能增强免疫力。扭秧歌健身法很适合老年人。一是动作缓冲，比散步量大，比跑步量小，老年人如果没有大的疾病，均可参加此项运动；二是易学，易配合，不需要专门训练；三是运动锻炼与娱乐融为一体，边跳边欣赏各种欢快的名曲，陶冶情操，心悦情浓。

5. 自练拳操健身法。许多中老年人都有常年练习一些功法的习惯，如太极拳、八段锦或是五禽戏这些动作幅度不是太大的功法，若是觉得运动强度不大的话，可以反复多练几遍，锻炼时间延长起到的健身效果是同样的。建议大家还可以练习一些健身操或健身舞。现在很多中老年人都很喜欢趣味性强的项目，像瑜伽、有氧球操、普拉提、国标舞蹈都得到了青睐。

6. 踢毽子健身法。踢毽子主要是做接、落、跳、绕、踢等动作，各种花样踢法之间都有着密切的联系，相互演变，有层出不穷的变化，动作有大有小，有动有静，有前有后，有左有右，小毽子飞来舞去，别有风趣。这项运动条件简单，只需要一个毽子，不同年龄的男女老少都能参与，室内户外都能踢。踢毽子需要抬腿、弹跳、屈身、转体、跳跃等动作，能锻炼到身体的各部位，有益于心脏健康。尤其是这些动作可以使人体的关节横向摆动，从而大大提高各个关节的柔韧性和身体的灵活性。踢毽子可以使下肢的关节、肌肉、韧带都得到很大的锻炼，同时也使腰部得到锻炼。可提高人体的肺活量，促进血液循环，提高新陈代谢功能，增强体质。老年人腰腿不灵活很常见，踢毽子的动作主要活动腰腿，如经常适度踢毽子，可舒筋活血，健身健脑，益寿保健。

7. 利用飞镖健身法。飞镖有娱乐性，更是一项全身运动。选择一面合适的墙，挂上飞镖的靶。闲时，拿起几支飞镖练一练。投掷飞镖能锻炼到指、腕、肘、肩关节、三角肌、肱三头肌和指部肌肉等，特别是能训练到一些较小的、平时很少练到的肌肉。飞镖运动要求眼睛节奏性地瞄准、放松，无形中对眼睛进行了放松，这对长期坐在电脑前的人来说，就像是给眼睛做保健操。由于运动量不大，飞镖可以说是办公室“懒人”的最佳运动。要投好飞镖，还得正确掌握要领。飞镖运动的投镖标准距离为 2.44 米。投镖时，双脚应站在投镖线后，身体微微前倾，侧身，投镖手一侧的肩部正对镖盘，挺胸，提臀，上手臂与肩平行，小臂自然上举。

8. 单拍羽毛球健身。昂头单手握球拍，向上拍羽毛球，左右手轮流锻炼。每天练习 20 分钟左右。对于一贯伏案工作的人来说，对颈部是一种反其道而行之的锻炼方法，还可以防止坐班族驼背。由于拍的球时高时低，不断地调节眼睛焦距的长短，对于防止眼睛近视、老化都有很大的帮助。由于常用左手拍，因而对小脑的开发、对左手灵活性的开发也起到一定的促进作用。这项活动有一定的趣味性，并不枯燥。每天坚持，握拍和接球的能力不断提高，也是一种竞技能力的上升。

9. 床上瑜伽健身法。静仰式，适合刚醒来时躺在床上进行。首先把枕头放置一边，平直躺好，全身呈一条直线。闭上眼，双手平放在两侧，手心向下，做深长而均匀的呼吸。这样连续呼吸 5 次之后，再将两腿稍微分开一些，两脚转向外侧，呈外八字状态；接着让双臂也远离身体向外侧伸展开来，手掌心向上。静静地躺两三分钟。整套动作就是这样，非常简单。关键在于这个过程中，要尽情享受呼吸和意识的沉淀。因为一次又一次深长、舒缓的呼吸，可以很好地释放皮肤、肌肉、骨骼、细胞的紧张感，进而通过身体的放松带动意识的放松。所以，在做这组运动时，一定要将全部注意力都集中到自己的呼吸和意识当中。

10. 练踏板操健身法。“踏板操”就是把健美操的动作和步伐放在踏板上完成，集中了健美操的所有特点，并能更有效地改善人的整体协调性。由于踏板的高度可以调节，健身者可以根据自己的情况选择不同的高度。而且踏板操的安全性较好，主要在踏板上上下移动，跳跃性的动作比较少，自然造成各下肢关节具有明显的屈伸和缓冲，可以最大限度地避免跳健美操造成的运动损伤。踏板操具有明显耗能减脂及改善肌肉线条的功效。决定身材好坏主要是看全身骨骼的比例、肌肉与脂肪的比例及肌肉形态。骨骼比例可塑性很小，因此，改善体形主要应以通过调整肌肉与脂肪比例，改善肌肉形态为主。

11. 踩绿豆健身法。准备一个直径不小于40厘米的圆盆，将绿豆3 000～4 000克（视盆大小而定）倒在盆中。踩时光脚在盆中踏步，也可原地跑步，最好是两种方式交替进行。一般踩5分钟便全身发热，10分钟出汗，每次踩的时间以30分钟为宜。最好空腹踩，踩前喝400～500毫升温热水，以促进出汗排毒。踩后再喝一杯温热水，以补充水分散失。刚开始踩时，时间要短，脚步要轻，防止脚底起泡。盆中的绿豆要经常清理，除去碎末并及时更换。此法老少皆宜，简便易行，踩时浑身出汗，活血化瘀，一举多得。长期坚持，必有裨益。

12. 钓鱼健身法。钓鱼是一种健身运动，钓鱼时动中有静、静中有动、动静结合。动，主要是跑路、垂钓前的准备工作以及垂钓动作。它可以使人的整个肌体、器官得到锻炼，从而增强体质。静，则要求聚精会神，专心等待鱼儿上钩，在轻松和谐的环境中使神经系统得到锻炼。动物实验证明，大脑皮质通过中枢神经和周围神经系统维持着人的正常机能。因此，神经细胞是否萎缩，对人的衰老变化起着主要作用。大脑皮质的过度紧张，会影响人体正常机能的运转，从而导致体内外环境失调，引起各种脏器的功能降低。钓鱼活动是保持神经系统健康，使老年人心理、生理都有收益的良好手段，是理想的健身手段。

13. 趣味园艺健身法。室外寒冷的时候在室内进行一些园艺活动，会更有趣味，养养花、种种草同样有锻炼的效果。20分钟的园艺就可以消耗100千卡的热量。冬季脂肪容易囤积，做些简单的园艺既可以消耗脂肪也能锻炼关节功能，尤其是手的精细动作。或者是写字、绘画，当然最好是写大字这类的运动，能锻炼到全身的肌肉，也能陶冶情操。

常练空写健身法

书画活动使人健康长寿，但是并非每一位老年人都能从事这一活动。而“空写健身”的原理与书画活动是一致的，不过在写字时不用笔和纸，只是用手及臂在空中书写罢了。

在空写健身时，取站立姿势，头要正，身要直，臂要展开，脚要安稳，手做握笔之状，腕平时起，书写时要注意运用腕力、臂力、指力，甚至还要运用腰力；力求“心静”，心系书端，目不旁观，脑不他用，专心致志地运神、运笔；空中写字时，每写完一个字就应当在头脑中出现这个字的字形，字悬空中，如看到一般；空写时可由简入繁，由慢到快，由楷书到草书，由站立着写到走着写，多写多练，定有收获；每次练40～60分钟，每日1～2次；结束时静立3～5分钟，一呼一吸，均匀吐纳。

练习空写之前，最好学习一些书法知识，点、横、撇、捺、钩等，最好不要乱写乱画。也可先临摹一种字体，掌握其特点，在空写时就会运用自如。坚持练习下去，书法必会有所长进，身体也会更加健康。

还有一种是书空朗吟健身法，就是手张开成掌状或握成拳，以手为笔伸向空中挥写，字体或楷、或行、或草，字迹可粗可细，速度可快可慢，动作力度、幅度可大可小，以自我承受能力为限，能大不小，以提高健身效果；同时，每写一笔对空大呼一声，或根据所写字的笔画顺序大喊“点、横、撇、捺”，或“咦、呀、啊、咳”随心叫喊。右手写过换左手写，左手可写正字也可写反字，也可双手一起挥写。此法可以锻炼臂部、肩部的肌肉，增加肺活量。

书法绘画健身法

练习书法和绘画可以健身延年,是因为书法和绘画讲究执笔和运气。练书法除了"凝神静虑",排除杂念外,在运笔过程中,像练气功一样运气,牵动全身的力量,而且身体各部分要配合,都得到锻炼。同时,练书法还可以活气血,活经络,平衡阴阳,修身养性,陶冶性情,促进寿命延长。绘画大都在郊外进行,投入大自然怀抱,沐浴于阳光下及清新的空气中,对健康有益。自古画家多长寿。

练书法、绘画既是艺术享受,又有益身心健康,尤其适合在个人和家庭中展开。许多人,特别是老年人,把在家练书法、绘画作为自己生活内容的一部分。其中相当一部分人已经在练习过程中尝到了甜头。作品不仅受到好评,更有许多人通过这项活动本身,治好了多年的慢性病,如高血压、冠心病,使头晕、头痛、胸痛、精神恍惚等症状逐渐消失。有的治好了长期的失眠、神经衰弱,改善了睡眠,提高了身体健康水平。

为什么练书法、绘画也有健身功效呢?因为在此过程中,就好像在练站桩功,注意两脚分开与肩同宽,脚趾抓地,两腿伸直,腰向前,左手扶案,右手执笔悬腕。在练字或绘画时精神高度集中,落笔、行笔时呼吸自然停止,起笔时呼吸自然加深加长,写一段或画一会儿,伸伸肘,活动一下腰腿,顿时觉得全身轻松,心情舒畅。

练书、画不仅能使人掌握书、画艺术,提高身体健康水平,而且同样能增进人的心理健康。在练习过程中,必须聚精会神,全身心地投入,提笔抬腕,脑、眼、手并用,这时自然而然地就会摒弃一切杂念,把全部精神都贯注到落笔、行笔上,消除了焦虑、紧张和抑郁情绪。

如果喜欢书法,又喜欢打太极拳,就可以用这种方法健身。此法不受场地和气候的限制,长期坚持,具有静心宁神、防衰抗老等功效。不必用笔墨纸砚,也不必想太极招式,只要面壁而立就可以了。可想象自己拿着一支巨笔,且是笔酣墨饱,在壁上空手写擘窠大字,字的大小以本人身高的2/5为宜,高度的下限则不低于胯,手不必接触墙壁。须知笔墨是虚拟的,写字的动作才是真实的。既然是书法,那就必须讲究指实掌虚、逆起回收那一套;既然是太极,那就必须讲究含胸拔背那一套。这样就好像是在打太极拳,又不是在打太极拳;好像在练书法,又不是在练书法。意识通过腰胯带动肩肘臂腕,在壁上尽情挥洒。"写"的内容不宜太长,最好是能背得烂熟的一首诗词的篇幅,以保持气势的完整。"写"好一篇,休息一会儿再"写",下肢保持马步姿势。

春放风筝健身法

在"春风拂面薄如纱"的时节放风筝,是一项有益健康的户外活动,古往今来,一直受到人们特别是小朋友的喜爱。

放风筝不仅能锻炼身体,还可避免体能过度耗损,同时有"疏泄内热",促进人体新陈代谢和改善血液循环之功效。现代医学研究证明,"风筝疗法"在治疗精神抑郁、视力减退、颈椎病、慢性疲劳综合征方面也有很好的效果。常放风筝能增加颈椎周围肌纤维的体积,保持韧带的弹性和椎关节的灵活性,促进颈椎病的康复。在春天的户外运动中,放风筝尤其适合中老年人。放风筝大多在广场、郊野,户外阳光明媚,空气清新,对高血压、冠心病等慢性病具有较好的防治作用。放风筝时需要放线收线，前顾后仰，时跑时行，时缓时急，手、脑、眼三者协调并用，能使身体各部位得到充分的舒展。此外，遥望高空飞扬的风筝，能益眼力、防近视。许多脑力劳动者及学生，由于常看书、写字，眼睫状肌长期处于紧张收缩状态，既易疲劳，又易导致近视。而遥望远物时，睫状肌松弛，有利于调节视力，消除眼睛疲劳，预防近视。

园艺培植健身法

如今，园艺健身法十分盛行。这种健身法就是在种花、种草、种菜和培育果树的过程中，通过锄草、培土、浇水、施肥、剪枝等各项活动，对人起到防治疾病、强身健体的作用。

国外科学家在一项实验中，要求20名受试者轮流在温室里参加包括种花、锄草和培育幼苗等在内的活动。过了一段日子，研究人员对他们的血压、心跳和皮肤温度等进行测量，然后与参加实验前的身体状况进行对比，结果发现，在投身于园艺劳动之后，上述测试项目全部趋于最佳值。身体健康者从事园艺劳动，可以活动全身的肌肉和骨骼，使血液循环更为流畅，对排解寂寞和改善沮丧情绪十分有利。患有慢性疾病的人走进大自然，适当参加园艺活动，更是受益匪浅。

“园艺”可以健身治病，这是因为，绿茸茸的草坪修剪成千姿百态的灌木丛，以及人们亲手栽培的绿色植物……这一切都会给人们以极大的精神安抚。花草树木地带是负离子较多的场所，负离子有“空气维生素”之誉，是天然的“保健医生”，经常从事园艺活动，对人体健康十分有益。

园艺活动还可通过调整人体中枢神经系统兴奋与抑制的过程，促进疾病向好的方面转变。临床经验告诉我们，各种慢性病患者往往存在着焦虑状态和沮丧情绪，他们遵医嘱组织起来参加园艺活动，进行力所能及的劳动，互相接触，精神有了寄托，从而可使他们忘却待在病房里的那种因寂寞失望而引起的沮丧情绪，增强战胜疾病的信心。

此外，参加园艺活动时，整地、锄草、浇水都可使人的全身肌肉得到活动，血液循环更为流畅，从而有利于身体康复。身体健康者经常从事园艺活动，对健康也是大有裨益的。

勤于笔耕健身法

写作可以激起智慧的火花，使人老心不老。肯动脑筋的人会更聪明，常动脑子可以开发自己的潜能；反之，老年人长期不用脑，则会变得痴呆。

写作还可以唤起老年人的活力，使人长寿。热爱生活，勤于写作，能陶冶情操，增添乐趣，延缓大脑衰老。

写作更可以开阔视野，走出“老而无用”的小天地。老年人退休后经常看书学习，写作一些自己以及人们感兴趣的文章，心情自然而然地进入一种异常宁静、舒坦的境界，虽然离开了工作岗位，却并无太多的失落感。

从事写作、笔耕，不仅能够填满闲暇的时间，并能使人的精神生活变得丰富多彩。一分耕耘，一分收获，作品的完成和发表，会使人的精神状态达到一种新的境界，心宽则体健，体健自会延年。

徒步旅行健身法

我国地域广阔，名胜古迹众多，大自然风光秀美迷人，非常适合开展徒步旅行，尤其是生活在城市的人长期受噪音、缺氧、环境污染的损害，脑功能和身体机能都受到了影响，若到空旷的郊外或森林，人体就会对清新宜人的环境有良好的反应，这对身心健康十分有利。

徒步旅行是一种腿及手臂持续地运动，能促使血管弹性增加，特别是腿的持续运动，可促使更多的血液回到心脏，有利于改善血液循环，提高心脏的工作效力。同时，由于徒步走精神放松，又可减少情绪压抑，提高人体的免疫力。所以，徒步走既是一种最佳的锻炼方式，又是最安全的健身运动，尤其适合中老年人和有一些慢性疾病的人。

日本学者曾做过统计，以一般速度步行50～60分钟，消耗的能量相当于慢跑20分钟，游泳20～30分钟，骑自行车20分钟，打乒乓球20～30分钟，打网球15～30分钟，跳绳(60～70/次)15分钟。由此可见，徒步旅行是一项比较理想的健身活动。

徒步旅行时，所穿的服装应宽大舒适，便于行走，冷暖要适宜。徒步旅行对鞋子的要求比较高，不仅要结实耐用、大小适宜，而且要柔软舒适，尽可能消除对脚的一切不利影响。徒步旅行时，步伐速度快慢和路程远近，可根据环境及自身健康状况量力而行。为了防止疲劳，行走的速度不要太快，特别是儿童，步行1小时左右感觉身上微微出一点汗后应休息10分钟，但休息的时间不宜过长，否则就不愿意再活动了。同时，行走时应注意安全，避免各种伤害事故的发生。

旅游途中健身法

专家为旅游者因久乘交通工具而疲劳不适设计了一套健身操，既可消除疲劳，还有保健效果。

1. 颈部伸展法。坐姿，双手抱头，两肘内夹，稍用力压，使颈部前屈，然后颈部再用力尽量后仰，做8次，每次持续1～2秒钟。

2. 肩部伸展法。坐姿，十指交叉上举，然后掌心转上，再由慢渐快用力后摆10次。

3. 胸背伸展法。坐姿，两臂屈肘前平举至胸，低头；然后两臂向侧后平行伸展，抬头挺胸。反复10次。

4. 体侧伸展法。坐姿，一只手叉腰，另一只手臂直上举，上体稍前屈，手臂用力向侧上方伸展5次，每次持续1～2秒钟。然后换手再做。

5. 腰腹伸展法。坐姿，两手抱头，体前屈，然后上体后仰，肘关节外展，尽量把身体伸直，保持3～4秒钟。用慢速做5次。

6. 腿部伸展法。坐姿，双腿屈膝置胸前，然后再同时伸直，脚尖前伸，做10次，每次持续1～2秒钟。

游泳运动健身法

游泳健身运动适合各类人群。游泳是一种全面运动，除了锻炼肩、臂肌肉外，仰泳对背部，自由泳对胯部、臀部、大腿，蛙泳对胸部及腿内侧肌肉，都有很好的锻炼效果。

1. 消除多余脂肪。人在水中游泳时，会使身体热量大量散失，加上人体在水中不停地运动，肌体能量的消耗更大。为了维持肌体的平衡，身体需要动员大量的贮备能源物质加速分解，补充散失和运动消耗的热量。另外，游泳过程中身体受到冷水刺激，还会反射性引起甲状腺素分泌增加，甲状腺素可加速肝糖原分解和脂肪的氧化，有利于身体剩余能量的消耗，达到减肥、保持正常体重的目的。

2. 降低血浆胆固醇浓度。游泳锻炼可促进血浆中高密度脂蛋白含量的增加。高密度脂蛋白是胆固醇的“克星”，它不仅参与胆固醇的逆向运输，促使血浆胆固醇返回肝脏去转化利用，而且当它的含量足够多时，还能使已经沉着在动脉壁上的胆固醇剥离下来，从而起到调节血浆胆固醇浓度的作用，有助于预防动脉硬化。

3. 增强心血管和心肺的功能。游泳时，水波对皮肤血管有拍打挤压的“按摩”作用，有利于静脉血液回流，促进血液循环加快，这对心脏工作极为有利，可减轻心脏负担，有助于改善心肌的微循环功能和营养供应，使心肌更发达，收缩更有力。游泳时，由于冷水的刺激通过能量调节作用与新陈代谢能促进血液循环，对心血管系统的改善有相当重要的作用。在游泳过程中，由于水温的刺激，肌体为了保证足够的温度，皮肤血管参与了重要的调节作用，冷水的刺激能使皮肤血管收缩，以防能量扩散到体外。同时身体又加紧产生能量，使皮肤血管扩张，改善对皮肤血管的供血，这样长期坚持锻炼能使皮肤的血液循环得到加强。游泳时呼气一般都是在水下完成，而水的密度比空气的密度大得多，因此要想呼气就必须用力，这样不管是吸气还是呼气都能增加呼吸肌的收缩力，从而能增强呼吸系统功能，加大肺活量。

4. 治疗某些慢性疾病的理想方法。慢性关节炎患者，在水中锻炼，利用水的浮力，使双腿的关节部位处于放松状态，使之屈伸自如，轻松舒适地得到锻炼，比慢跑疗效要好。因为慢跑时，患者必须用双脚支撑体重，关节总是处于紧张状态，虽然也活动，效果却减半。游泳还可以改善四肢血液循环和新陈代谢，可减轻骨关节的增生和肌肉酸痛。哮喘病患者也可以从游泳中得到益处。由于水面空气新鲜、湿润，也没有刺激性很强或其他引起过敏的物质，只要控制好水温，患者在游泳时不易诱发哮喘病，还可防止因其他运动方式引起的支气管痉挛。

5. 游泳能调节大脑功能，使肌肉放松。冬季经常进行游泳，在冷水中能较长时间保持体温不下降，这是由于经常受到冷水的刺激，建立了良好的体温调节条件反射，从而强化了人体的耐寒能力和对各种气候条件的适应能力，不易感冒。冬泳时身体的水平姿势、水对皮肤的压力及呼吸加深等，都加速了静脉血液回流，加快了血液循环；因冷水的物理特征对人体的影响，要求心血管系统的运输突然加大，而使心肌和血管壁得到锻炼，心肌收缩力增强，血管壁弹性增大，进而提高了心血管系统的机能；同时，由于皮肤血管舒张与收缩运动的增强，也加快了血液冲刷沉积在血管壁上的脂肪颗粒和胆固醇，可防止动脉硬化和血栓的形成，对心血管机能有明显的促进作用。冬泳过程中，需要大量的氧气参加体内营养物质的氧化，人体必须主动摄入更多的氧以满足功能的需要，由于呼吸运动的主动性比一般游泳更为强烈，因此它对呼吸肌的锻炼效果就更好，对人体呼吸器官的健康有益处。冬泳是高散热运动，需要动员大量脂肪供能，又不断使脂肪分解代谢，能减少体脂，控制肥胖。

虽然冬泳对人体的锻炼价值既多又高，但不能操之过急，必须循序渐进。不仅在平时要经常参加户外体育锻炼活动，而且从秋季开始，身体就应多接触冷水，以逐步适应冬泳的特殊要求。

游泳之前要充分做好准备活动，先用冷水淋浴或用冷水拍打身体及四肢，对易发生抽筋的部位可进行适当按摩。如果平时能够坚持冷水浴，就可提高身体对冷水刺激的适应能力，从而有效地避免游泳时发生腿抽筋。

游泳发生小腿抽筋时要保持镇静，惊恐慌乱会呛水，使抽筋加剧。先深吸一口气，把头潜入水中，使背部浮上水面，两手抓住脚尖，用力向自身方向拉，同时双腿用力伸。一次不行的话可反复几次，肌肉就会慢慢松弛而恢复原状。上岸后及时擦干身体，注意保暖，对仍觉疼痛的部位可做适当按摩，使之进一步缓解。此外，游泳时间不宜过长，疲劳或饥饿时不宜游泳。

水中跑健身法

练习水中跑的人垂直悬浮于水中，鼻孔仅比水面稍高一些，手脚在水中猛烈划动，好像鸭子在水中扑腾。与地面跑步相比，在地面上每跑 1 000 米，跑步者的两只脚就得撞击地面六七百次，脚部、膝部和臀部都会受到震动，容易扭伤肌肉或者拉伤韧带。而在水中跑者下肢不受震动，因而不易受伤，运动过后将会有通体舒坦之感。

水是最好的练习器和按摩器，还是出色的美容师。在水中运动，皮肤变得富有弹性和柔软。长期坚持水中跑，可以改善血液循环，促进新陈代谢，消耗能量，引起体内糖分大量分解，减少脂肪存积，从而控制体重，减肥效果尤佳。水中跑肌肉运动时要克服来自各个方向的阻力，身体得到匀称发展，使体形更加健美。还可以消除用脑过度产生的疲劳，预防神经衰弱，对于脑力劳动者大有益处。

水中散步还可以减肥瘦身，有利于防治腰痛、关节疼痛等。因为水中散步时，肩以下的部位全部泡在水里，由于水的浮力，体重只相当于站在陆地上的 1/10。与以同样速度在陆地上行走相比，在水中慢慢行走要多消耗 2～3 倍的能量。需要注意的是：水温要保持在 30～32℃，防止着凉；入水的时间和行走的距离要根据运动者的情况而定，身体素质良好者，入水的时间和行走的距离可稍长一些，一般是 30 分钟走完 800～1 000 米。如果身体不那么好，就得缩短入水的时间和行走距离。高血压、冠心病患者必须在医生、护士的指导看护下进行锻炼，以确保安全。

水中跑前要充分热身，入水后不要着急，动作不要过猛，运动量不要过大，要循序渐进。医学家认为，在水中跑 5 分钟后，心跳速度不应超过每分钟 110～130 次，可休息一会儿再跑一会儿。注意水不要太深，齐胸就可以了。

轻松脑力健身法

脑力劳动者需要运动，因为长时间地静坐伏案工作，全身各器官功能日益减退，另一方面也容易诱发各种疾病。为了使脑力劳动者的运动更有针对性，得先认识久坐低头弯腰的工作会给身体健康带来什么问题。

首先，久坐使心肺活动不足，功能减退，易患各种心血管及呼吸系统疾患，如冠心病的发病率,脑力劳动者就比体力劳动者高得多。体力劳动者出现高血压病的年龄要比久坐工作的脑力劳动者迟10～15年。其次,久坐弯腰,盆腔血液循环不畅,痔疮发病率大大增加。再次,长时间静坐,全身各部肌肉活动不足,肌力减弱,肌肉慢慢有所萎缩。此外,活动不足还容易导致发胖、消化不良、坐骨神经痛、神经衰弱等症的发生。

针对上述情况,脑力劳动者的运动应注意如下四个原则:①注意增强心肺功能,保证心血管及呼吸系统的健康,如步行、慢跑、游泳等就是很好的锻炼项目;②要选择全身都能得到活动的项目,除走、跑等外,如球类、爬山、打拳、做操等;③注意锻炼肌肉力量,预防肌力衰弱,如拉力器、哑铃、俯卧撑、健身球等;④锻炼时注意精神愉快,保持轻松,尽快驱除脑力疲劳。

脑力劳动者运动的安排,可参照如下进行:每天早晨运动15～20分钟,内容为步行、慢跑及拳操等;每天认真做两次操(班前操及工间操);下班后视情况可做些球类活动;晚饭后散步15～20分钟;晚上有条件者可做些肌肉力量性练习。此外,还可视各人情况选择下列活动,如节假日做些郊游、爬山、游泳、球类等活动;上下班时步行1～2站;家住楼上的可将上下楼梯作为锻炼等。

脑力劳动者为提高工作效率,改善脑血流,每工作1～2小时应略休息数分钟,站起来活动活动,伸展一下肢体,做几次深呼吸等。这里介绍一种适合长期伏案工作者的自我放松法,如果长期坚持,很有好处。

1. 肌肉舒缩法。舒服地坐好或躺好,思想放松,闭目养神1～2分钟。然后握紧右手,使肌肉收缩5～10秒钟,松开拳放松同样时间;接着紧屈右臂,让右臂肌肉收缩,再放松,时间和右手一样;接下去依次是左手、左臂、两肩、右脚、右腿、左脚、左腿,轮番收缩放松数次,全部练习共用20～30分钟时间,松缩时注意力应集中到活动的部位。

2. 呼吸法。闭目躺好,慢慢做深呼吸,注意鼻吸口呼,全部意念集中于呼吸过程中,进行10～20分钟,做完再平静地呼吸1分钟,同时让想象力驰骋于自己认为最美好的风景区。

轻松体力健身法

有些人认为,从事体力劳动的人筋骨天天在活动,无需再进行运动了。这种看法失之偏颇。

体力劳动的动作比较单一,全身各部肌肉的负担轻重不均。而各种体育运动却可有目的地让全身肌肉得到活动,特别是劳动中活动不多的部位,能加速疲劳肌肉的恢复。

体力劳动另一特点是,肌肉负荷较重但对心肺功能锻炼不足,而体育运动就能让心肺功能得到更好的锻炼。另外,劳动往往在动作上不考虑人体关节、肌肉运动的规律,长期工作的结果不但对身体无益,反而有害。这需要人们通过适当的体育运动来弥补。

劳动并不等于运动,这已成为人们的共识。运动对体力劳动者来说有极大的好处,也正为更多的人所接受。比如:体力劳动时局部肌肉负荷较重,因此,劳动结束后要加快肌肉中代谢产物的清除。实验证明,适当的肌肉活动比完全安静地休息更能加快代谢产物的清除。例如,血液中乳酸的消除在轻微活动(步行或慢跑)时比完全静止休息时要快一倍。因此,体力劳动结束后适当的体育活动有加速疲劳消除之效。那么体力劳动者应该怎样锻炼才合适呢?

早晨适当运动，如打拳、做操、步行、慢跑等，能使筋骨舒展，精神倍增；下班后可选择自己爱好的项目进行锻炼。青年人打打球，中、老年人下棋、散步等，可使精神愉快，消除疲劳；节假日可郊游远足，登山游览或参加球赛等活动，既锻炼了身体，又丰富了生活。

活动量要根据当天劳动量及个人体质状况合理安排，不要千篇一律。体力负担重时活动量小些，体力负担轻时活动量就可大些。对劳动时负担不重的肌肉可多活动些，对劳动时用力多、局部较疲劳的肌肉宜做一些伸展、放松的练习。劳动时如主要上肢疲劳，则可做些下肢运动，同时对上肢做些放松练习。锻炼内容要有针对性，例如，长时间站着工作的纺织工人、机床工人、商店营业员等，由于重力作用，易使下肢淤血、血液循环不畅而有酸胀感，同时，站立时间长，血液在下肢积聚，易使下肢静脉弹性减弱而发生下肢静脉曲张，因此，运动应以下肢肌肉较缓和的动力性活动为宜，如散步、慢跑，既可以加强下肢肌肉对血管的"唧筒"挤压作用，减少下肢淤血，又可以锻炼心肺。再辅之以如太极拳、医疗保健体操等放松性练习，收效更大。再如汽车司机、交通民警等，工作时精神高度集中，神经能量消耗大，因此，易患失眠、头痛、神经性高血压、功能性低热等，就宜选择缓慢柔和较放松的运动，如太极拳、保健气功、医疗保健操、散步等，锻炼时精神要放松。如要锻炼快速反应能力、协调能力，也可视个人兴趣参加一些球类运动。

总之，体育锻炼是全身性的、均衡协调的运动，能弥补体力劳动带来的不足，对身体健康十分有益。

最优运动健身法

1. 最优抗衰老运动健身法。人为何衰老，原因很多，但近年来的研究表明，一种叫做氧自由基的有害物质在体内的积累起了重要作用。氧自由基刺激细胞增殖变化，引起遗传因子突变，乃是多种疾病的祸根。专家发现一种叫歧化酶的物质，其活性越强，氧自由基便减少，人的衰老速度便会越慢。抗衰老的妙策之一就是运动，首推跑步。试验证明，只要持之以恒坚持健身跑，就可调动体内抗氧化酶的积极性，酶的产量与活性增加，从而收到抗衰老的效果。

2. 最优健脑运动健身法。运动可健脑，这是因为运动能促进脑中多种神经递质的活力，使大脑思维反应更为活跃、敏捷。同时，运动可提高心脏功能，加快血液循环，使大脑享受到更多的氧气与养分。凡是增氧运动皆有健脑作用，尤以弹跳运动为佳。跳绳可促进血液循环，使人顿感精神舒适，行走有力，更主要的是可起到通经活络健脑和温煦脏腑的作用，提高思维和想象能力，能供给大脑以充分的能量，堪称最优。

3. 最优健美运动健身法。专家推出的最新策略是：从日常站、坐等细节做起，加强平衡性锻炼。如站立时，全身尽量保持一条直线。最忌侧身、弯腰、躬背等。同时，每天坚持做平衡操：向前伸直双手，手掌紧贴墙壁，然后弯曲肘关节，全身做一前一后动作，每天 8～10 次，只要持之以恒，就会收到明显效果。

4. 最优减肥运动健身法。科学家研究发现，凡是增氧健身运动皆有减肥功效，但以手脚并用的运动为优，较单用上肢或下肢运动消耗脂肪多，首推滑雪、游泳。以游泳为例，由于水的导热率比空气高 25 倍，在 12℃的水里停留 40 分钟所消耗的热量，相当于同一温度空气中 1 小时的消耗量。如果你正当壮年，也可以选择拳击、举重、爬山，对消耗脂肪特别有效。

5. 最优抗高血压运动健身法。可供高血压病人选择的运动方式有散步、骑自行车、游泳，不宜采用举、拉、推、挑重物之类的活动，因为这可诱发血压上升。散步等皆为动态的等张性运动，通过肌肉的反复收缩，促使血管收缩与扩张，从而降低血压。一般连续运动10周，血压即开始下降，持续20周，血压稳定下降，尤其对缺血性心、脑血管疾病有益，并可减少心肌梗死发作的危险。但有严重心律失调、心动过速及明显心绞痛者发病时不能进行。

6. 最优防近视运动健身法。体育运动可为近视眼的治疗助一臂之力，如打乒乓球最值得提倡，对于增加睫状肌的收缩功能很有益，视力恢复更明显。其奥妙在于打乒乓球时眼睛以乒乓球为目标，不停地远、近、上、下调节和运动，不断使睫状肌放松与收缩，眼外肌也在不停地收缩，促进了眼球组织的血液供应和代谢，因而能行之有效地改善睫状肌的功能。

器械健身篇

骑自行车健身法

骑自行车确实是一种廉价的健身方法，简单易行，在上下班的路上就可轻松完成。骑车健身能预防大脑老化，提高神经系统的敏捷性，现代运动医学研究结果表明，骑自行车是异侧支配运动，两腿交替蹬踏可使左、右侧大脑功能同时得以开发，防止早衰；能提高心肺功能，锻炼下肢肌力和增强全身耐力，骑自行车运动对内脏器官的耐力锻炼效果与跑步、步行、游泳一样。此项运动不仅使下肢髋、膝、踝 3 对关节和 26 对肌肉受益，而且还可使颈、背、臂、腹、腰、腹股沟、臀部等处的肌肉、关节、韧带也得到相应的锻炼；骑自行车时，由于周期性的有氧运动，使锻炼者消耗较多热量，可以收到减肥效果；每日骑自行车 4 000～5 000 米，可以刺激人体雌激素或雄激素的分泌，改善性能力；促进心理健康，使人心旷神怡，摆脱忧虑，忘却烦恼。骑自行车可以很好地减掉大腿赘肉，也能很好地锻炼到小腿，是很不错的瘦身运动。骑自行车还能预防一些心脏毛病，促进血液循环，提供更多的氧给大脑，让大脑更放松。

1. 骑车摩穴健身法。人的足底有很多穴位，骑车时，有意地用脚心（即涌泉穴）来蹬车踏板，可起到按摩穴位的作用。一只脚蹬车时，另一只脚不用力，以一只脚带动自行车前进，每次一只脚蹬车 30～50 下，在顶风或上坡时锻炼效果更佳。蹬车踏板的过程中，还可以用脚在踏板上前后滑动，这样可使足底的各个穴位都得到有效的按摩。

2. 骑车练肌健身法。骑车过程中，经常把臀部抬起离开座位，用腰部的肌肉来回扭动，产生动力来推进两脚蹬踏板和控制身体平衡，可以锻炼腰部肌肉。

3. 骑车增氧健身法。平缓路段一般采用匀速骑行，一般以中速骑行 30 分钟左右，应注意深呼吸，这样可以锻炼和提高心肺功能，使人全身轻松，大脑清晰，减少体内的脂肪，从而起到减肥的作用。

4. 骑车增力健身法。根据上坡、下坡等不同的路况和路段骑行，通过不断增加腿和足的力量，从而有效地锻炼自己的耐力和预防大腿骨骼疾患的产生。

5. 骑车壮心健身法。在骑行过程中，先慢骑几分钟，再快骑几分钟，然后再慢，再快，如此交替循环锻炼，可以促进肺部的呼吸，锻炼人的心脏功能。

6. 骑车减压健身法。不限时间和强度，主要目的是放松肌肉、加深呼吸，从而达到缓解由于生活、工作压力所引起的身心疲劳的作用。

骑自行车运动，不仅可以在户外进行，而且在室内也可以开展。在室内开展时，一般要借助固定自行车或功率自行车等专门的健身器械方可进行。有条件的家庭可以把车购回，放置在封闭阳台等处进行这一健身运动。也可以利用有双撑架的能使自行车后轮悬空的旧自行车，经充分固定后骑用。在室内开展此项运动，可以减少在户外因交通拥挤或路面不平整而发生的骑车损伤。

骑自行车锻炼时，要注意正确的骑车姿势。首先要调整好自行车鞍座的高度和把手等。调整鞍座的高度可以避免大腿根部内侧及会阴部的擦伤或皮下组织瘤样增生。调整把手可以借助于找到避免疼痛的良好姿势。踩踏脚板时，脚的位置一定要恰当，用力要均匀，如果脚的位置不当，力量分布不均匀，就会使踝关节和膝关节发生疼痛。此外，还应经常更换把手的位置，注意一定的节奏，可采取快骑与慢骑交替进行。

对每天都骑车上下班的人群来说，要特别注意对膝关节的保护，特别是冬天，应在膝关节处戴上护膝，也可将车座调得偏高一些，但要以能伸脚到地面为好，以减少对膝盖的压力。老年人骑单车就更应注意安全了，每天骑车距离一般不应超过 5 千米；刹车功能尤其要好，还要有操作方便、声音响亮的摇铃。

利用跳绳健身法

跳绳是一项以四肢肌肉运动为主的全身性、多功能、既经济简便而又很有效的健身运动。

从运动量来说，持续跳绳 10 分钟，与慢跑 30 分钟或跳健身舞 20 分钟相差无几，可谓耗时少、耗能大的需氧运动。法国健身专家莫克专门为女性健身者设计了一种“跳绳渐进计划”。初学时，仅在原地跳 1 分钟；3 天后即可连续跳 3 分钟；3 个月后可连续跳上 10 分钟；半年后每天可实行“系列跳”（如每次连跳 3 分钟，共 5 次），直到一次连续跳上半小时。一次跳半小时，就相当于慢跑 90 分钟的运动量，已是标准的需氧健身运动。跳绳可以让血液获得更多的氧气，使心血管系统保持强壮和健康。

英国健身专家玛姆强调说，跳绳能增强人体心血管、呼吸和神经系统的功能。他的研究证实，跳绳可以预防诸如糖尿病、关节炎、肥胖症、骨质疏松、高血压、肌肉萎缩、高血脂、便秘、失眠症、抑郁症、更年期综合征等多种症病。青少年坚持跳绳，能刺激生长激素分泌，促进身高增长，增进器官发育，强身健体，开发智力，有益于身心健康。对哺乳期和绝经期妇女来说，跳绳还兼有放松情绪的积极作用，因而也有利于女性的心理健康。

很多女性都很关注减肥问题，跳绳是一项有氧运动，可以锻炼全身肌肉，消除臀部和大腿的多余脂肪，防止臀部下垂，保持健美的形体，对减肥、降血脂具有积极作用，并能使动作敏捷，稳定身体的重心。

运动专家认为，跳绳训练人的弹跳、速度、平衡、耐力和爆发力，并可培养准确性、灵活性、协调性以及顽强的意志和奋发向上的精神。

跳绳不但是发展耐力、弹跳力、协调性和反应能力的有效手段，而且有助于其他运动技术的掌握和运动能力的提高，并能在较短的时间内收到较好的效果。通过跳绳运动，可使肩、腕、腰、腹、臀、大腿、小腿、脚等部位的肌肉、关节、韧带和内脏器官都得到锻炼。

正确的跳绳方法是：用前脚掌起跳和落地，切记不可用全脚或脚跟落地，以免脑部受到震动，当跃起在空中时，不要过度弯曲身体，而呈自然弯曲的姿势，跳时呼吸要自然、有节奏；两手分别握住绳两端的把手，通常情况下以一脚踩住绳子中间，两臂屈肘将小臂抬平，绳子被拉直即为适合的长度；向前摇时，大臂靠近身体两侧，肘稍外展，上臂近似水平，用手腕发力，使两手在体侧做画圆动作；要循序渐进地练习，跳绳的速度和时间长度应根据个人情况来定，开始每次运动时间5～10分钟即可，然后逐渐延长时间；跳绳的时间，一般不受任何限制，但要避免引起身体不适，饭前和饭后半小时内不要跳绳；跳绳运动后不要立刻停止下来，应继续以比较慢的速度跳绳或步行一段时间，使血液循环恢复正常后才可以停止。之后要记住做一些伸展、缓和的动作，才算是真正结束运动。

在跳绳的过程中头部要放正，眼睛看向斜下方，不要耸肩。跳绳可以使人大量出汗，心跳变快，不过跳过之后，双脚分开站立一会儿，双臂向上伸并深呼吸几秒钟，心跳就会慢慢平缓下来。

据测试，跳绳30分钟能消耗200卡热量，与游泳大致相同；跳绳15分钟的运动量，相当于打3盘网球、8分钟内跑1 600米或17分钟内散步2 400米。具体方式有：(1)先空手跳，脚掌落地，上下轻跳。设想手里拿着绳子，转动手臂尽量有节奏地跳动。(2)保持膝部弯曲，臀部放松，每次落点相同。(3)开始用绳时，将绳置于脚后跟处，由后向前甩动，先试跳1分钟，逐渐延长时间。(4)跳绳前后原地踏步，使全身肌肉舒展，能有助于跳前热身，跳后降温。逐渐增加跳绳时间，每天早晨多跳几次，直到能跳15分钟，外加15分钟热身和降温的时间。跳绳的健身方法主要有以下三种：

1. 发展下肢、肩带肌群力量的健身方法。(1)直立，两手握折叠起来的双股跳绳两端，两臂体前垂直；然后双手直臂上举，同时左腿后伸，脚尖着地；还原呈直立姿势后，再双臂上举，右脚着地。连续做。(2)直立，两手握跳绳两端，将两臂屈于体侧，脚踩跳绳中段；然后左腿向前迈步呈向前弓箭步，两臂伸直侧平举。还原后两腿交替连续做。(3)直立，两手握跳绳两端，将两臂伸直垂于体前；然后双手直臂摆动跳绳做向左和向右的肩绕环动作。连续做。(4)直立，两手握跳绳两端，将两臂伸直垂于体前；然后两手臂将跳绳向侧上方摆，同时左腿后摆，随后两臂向下摆至侧下方，左腿同时向上摆。两腿交替摆动。连续做。(5)坐在地上，两手握跳绳两端，将两臂伸直置跳绳于体后；然后连续做两臂绕环前举和体前屈。还原后再做。

2. 发展躯干肌群力量的健身方法。(1)两脚直立，两手握跳绳两端，将两臂屈肘使前臂与上臂呈90度角，置跳绳中段于脑后；然后两腿不动，上体向左侧屈，左手拉跳绳一端带动右前臂伸展；还原后向右侧做动作。连续做。(2)两腿左右分开坐在地上，两手握跳绳两端，将两臂伸直侧平举并置跳绳于体后与肩平行；然后双腿不动，上体连续做向左和向右的转体动作。(3)跪立，两手握跳绳两端，将两臂伸直上举；然后上体向左侧屈体，两臂随着向左侧举，同时左腿抬起向左侧伸直；还原后向右侧做动作。连续做。(4)两脚分开，距离宽于肩；两手握跳绳两端，将两臂伸直垂于体前，两脚踩住跳绳中段；然后连续做体前屈，并两手交替触摸异侧脚动作。注意体前屈时两腿膝部不能弯曲。(5)仰卧，两手握跳绳两端，将两臂伸直前上举；然后收腹举腿，并拢的双腿由绳间穿过后身体呈肩肘倒立姿势；还原后重做。连续做。(6)仰卧，两手握跳绳两端，将跳绳中段套在上举腿的两脚底，两臂伸直上举；然后连续做身体后倒脚尖触地的动作。连续做。(7)俯卧，两手握跳绳两端，将两臂伸直前举；然后两臂及上体向后振摆，同时两腿并拢向上伸展；还原后重做，连续做。(8)俯卧，两手握跳绳两端，将两臂伸直后上举，置跳绳于体后；然后上体与并拢的双腿同时后振。还原后重做，连续做。(9)俯卧，两手握跳绳两端，将两臂伸直平举，置跳绳于颈后肩上；然后两腿交替后摆。后摆时可以屈膝，并用脚尖勾跳绳。

3. 发展下肢肌群力量的健身方法。(1)两脚分开,双脚踩跳绳中段,两手握跳绳两端,将两臂屈肘置体前;然后屈膝深蹲,同时两手前平举;复原姿势后重做,连续做。(2)直立,右脚踩住跳绳中段,两手握跳绳由背后经左肩至胸前;然后上体前屈,同时右腿伸直后上举至与肩平,左腿支撑身体,维持一定时间平衡后还原。两腿交替做。(3)直立,一手握跳绳的两端,另一手体侧垂直;然后握绳手臂摆动跳绳在身下盘旋;双脚蹬地跳起越过横扫过来的绳子。连续做。(4)直立,两手握跳绳两端,将两臂伸直垂于体侧,置跳绳于体后;然后双手连续摇动跳绳由体后向前摆动做肩绕环动作;双腿同时跳起越过跳绳。连续做。(5)直立,两手握跳绳两端,将两臂伸直垂于体侧,将跳绳置于体后;然后双手连续摇动跳绳由后向前;两腿交替跳过绳。连续做。(6)直立,两手握跳绳两端,将两臂伸直垂于体侧,将跳绳置于体前;然后双手连续摇动跳绳向后;两腿同时连续跳跃过绳。连续做。(7)直立,两手握跳绳两端,将两臂伸直垂于体侧,将跳绳置于体后;然后双手连续摇动跳绳由后向前摆,当手臂摆至前上举时,两臂交叉继续向后摆绳;同时两腿跳起越过绳。连续做。(8)蹲立,两手握跳绳两端,将两臂伸直垂于体侧,将跳绳置于体后;然后连续摇动跳绳由后向前摆;同时蹲跳过绳。连续做。(9)一腿蹲立,另一腿前伸;两手握跳绳两端呈前平举,跳绳中段套在前伸腿的脚底;然后单腿连续做蹲起动作;两腿交替进行。(10)直立,两手握跳绳两端,将两臂伸直垂于体侧,将跳绳置于体前;然后双手摇动跳绳连续向体侧摆转;双腿同时跳起越过绳;要求两侧交替进行。连续做。(11)直立,两手握跳绳两端,将两臂伸直垂于体侧,将跳绳置于体前;然后双手摇动跳绳向上摆,双臂摆至前平举时交叉,继续向后摆绳至绳摆过双脚,同时双腿跳起越过绳。连续做。跳绳运动是一种极安全的运动,很少有运动伤害的发生,以下几点是大家练习跳绳时应注意的事项:跳绳是一项比较激烈的运动,练习前一定要做好身体各部位的准备活动。先让足部、腿部、腕部、踝部做些准备活动,跳绳后则可做些放松活动。绳子软硬、粗细适中。初学者通常宜用硬绳,熟练后可改为软绳。跳绳时须放松肌肉和关节,脚尖和脚跟须用力协调,防止扭伤。胖人和中年妇女宜采用双脚同时起落。同时,上跃也不要太高,以免关节因过于负重而受伤。应避免在灰尘多或有沙砾的场地及凹凸不平的水泥地上进行,最好选择铺木地板的室内体育馆,不宜在硬性水泥地上跳绳,以免损伤关节,并易引起头昏。跳绳时,最好穿运动服或轻便服装,穿软底布鞋或运动鞋,这样活动起来轻松舒适,也不会受伤。

用拉力器健身法

利用拉力器健身,有以下几种方法:

1. 双手侧平举健身法。两脚分开,两脚掌踩住左右两副拉力器一端的把柄,两手臂下垂于体侧,两手握住拉力器另一端的把柄;然后,两手同时用力,直臂用力向两侧平举。这个练习主要发展三角肌中束的力量。练习时,每组可以做 15 次左右,做 4 组。以后可以增到每组 20 次左右。随着练习水平的提高,还可以考虑增加弹簧来做。两臂侧平举时,双手应举至比肩略高的位置,此时应稍停一下,然后再还原到两臂体侧。还原动作要控制速度,不应突然放松。平举时吸气,还原时呼气。

2. 两臂前平举健身法。两脚分开,两脚各踩一副拉力器一端的把柄,两手各握住一副拉力器另一端的把柄,两臂自然下垂于体前靠前位置;然后,双手直臂用力向前平举。这个练习主要发展三角肌中后肌的力量。练习时，每组可以做15次左右，做4组。以后可以逐渐增加到每组20次左右。两臂用力前平举时，两肘部可以略向外转，两手举到平于肩时应稍停，然后控制速度还原。前平举时吸气，还原时呼气。

3. 仰卧直臂扩胸健身法。身体仰卧在跳箱或长凳上；两手握拉力器把柄，两臂伸直上举；然后，两手同时用力向两侧拉到侧平举。这个练习主要发展三角肌的力量。练习时，每组可以做15次左右，做4组。以后可以考虑增加弹簧的拉力。扩胸拉时，两臂要伸直，拉到两臂充分伸展时稍停，然后还原。扩胸时吸气，还原时呼气。

4. 仰卧屈臂前拉健身法。仰卧；两手握拉力器一端的把柄，另一端固定在身后上方的物体上；然后，由两臂屈肘开始，双手用力拉拉力器，直至双手拉到体前，双臂充分伸直。这个练习主要发展前臂肌群的力量。练习时，每组可以做15次左右，做4组。整个动作中，两上臂始终保持靠紧身体并保持开始时角度。前拉时吸气，还原时呼气。

5. 扩胸前平举健身法。两脚分开，两臂侧平举，两手各握一拉力器把柄，拉力器另一端把柄固定在身后与肩齐平的物体上；然后两手用力向前拉到两臂前平举。这个练习主要发展胸大肌的力量。练习时，每组可以做15次左右，做4组。以后可以逐渐增加到每组20次左右。还可以考虑增加拉力器弹簧数。两臂平举前，肘部可以略弯曲，身体始终保持正直，不能借上体摆动的力量完成动作。前平举时吸气，还原时呼气。

6. 直立弯举健身法。两脚分开，两脚掌踩住两副拉力器一端的把柄，两手各握住拉力器另一端把柄，拳心向上，两肘微屈；然后，两臂用力弯举到两手与肩齐平。这个练习主要发展肱二头肌的力量。练习时，每组可以做15次左右，做4组。以后逐渐增加到每组20次左右。练习中，应始终保持上体正直姿势，不能前后摆动。整个动作应用快速的节奏完成。弯举时吸气，还原时呼气。

利用哑铃健身法

哑铃是体育爱好者非常熟悉的一种健身器械，其重量规格有许多种，较为常用的练习哑铃每个重为1～10千克，市场上出售的还有一种哑铃为组合式调节哑铃，它状似小杠铃，中间用一根长50厘米左右可调节的短铁棒，两端可以装卸数片小杠铃片，其优点是体积小，实用性强，重量可以随时调节。另外，还有一种可代用的塑料制的空腔哑铃，使用时可以根据需要装进沙子或水，是少年儿童和女子器械健身锻炼的一种很好的器材。

长期坚持练习哑铃，可以修饰肌肉线条，增加肌肉耐力，经常做重量偏大的哑铃练习，可以使肌肉结实，强壮肌纤维，增加肌力；可以锻炼上肢肌肉及腰、腹部肌肉，如做仰卧起坐的时候在颈后部双手紧握哑铃，可以增加腹肌练习的负荷；手握哑铃做体侧屈或转体运动，可以锻炼腹内、外斜肌；手握哑铃的直臂前举、侧平举等可以锻炼肩部和胸部肌肉；可锻炼下肢肌肉，如手持哑铃单脚蹲起、双脚蹲跳等。

持哑铃进行健身锻炼，不受场地和气候的影响，实用性强。由于哑铃动作简单易学，效果显著，因此深受广大健身者的喜爱。下面介绍几种哑铃的实用健身方法。

1. 两手交替前平举健身法。两脚分开，两手持哑铃直臂垂于体侧，拳心向后；然后两臂直臂交替向前平举至与肩平行。这个练习主要发展三角肌，特别是三角肌前部的肌力，同时也锻炼前臂肌群的力量。开始练习时，每组可做15次左右，做4组。以后逐渐增到每组

25次左右。练习一段时间后，还可以考虑增加哑铃的重量。练习时，身体要保持正直，不能因手臂用力而随之前后晃动。这一练习也可以做成两手同时前平举。上举时吸气，还原时呼气。

2. 直臂侧平举健身法。两脚分开，两手持哑铃，两臂体侧垂直，拳眼向前；然后两臂直臂用力向两侧上举至与肩平行。这个练习主要发展三角肌，特别是外三角肌的力量。开始练习时，每组可做15次左右，做4组。以后可以逐渐加到每组25次左右。上举时两臂一定要伸直，当手的位置与肩齐平时稍停，还原的速度稍慢。练习时，上体始终保持正直。上举时吸气，放下时呼气。

3. 两手上提健身法。两脚分开，两手持哑铃，两臂体侧垂直，拳眼相对；然后两手将哑铃向上提起至胸前两侧乳头处。这个练习主要发展三角肌力量，同时也发展斜方肌和肩胛提肌的力量。练习时，每组可做15次左右，做4组。以后可以逐渐增到每组做25次左右。练一段时间以后可以考虑增加哑铃的重量。练习时，上体要保持正直，不能因两手臂上提而拱背或后仰。上提时吸气，还原时呼气。

4. 俯立两臂侧平举健身法。两脚左右分开宽于肩，上体前屈与下肢成直角，身体成俯立状，两手握哑铃，两臂自然下垂，拳眼向前；然后两臂用力向侧平举至手部稍高于肩的位置。这个练习主要发展三角肌的力量。开始时，每组可做15次左右，做4组。以后逐渐加到每组25次左右。还可以考虑增加哑铃的重量。两臂用力侧举时，上体应保持直角，腰要绷紧，上体不能因手臂用力而上下摆动。上举时吸气，还原时呼气。

5. 两臂前上举健身法。两脚分开，两手持哑铃，拳眼相对，两臂垂于体侧；然后两臂直臂前上举，哑铃举至头上时，手臂充分伸直并向后振摆。这个练习主要发展三角肌前部的力量，同时也可发展胸大肌、前锯肌的力量。开始练习时，每组可做15次左右，做4组。以后可增到每组20次左右，还应考虑增加哑铃的重量。这一练习动作应有节奏的完成。动作顺序是两手前平举，上举。上举时吸气，还原时呼气。

6. 前后摆臂健身法。两腿并立，两手持哑铃，拳眼向前；然后两臂交替前后摆动。这个练习主要发展肩带肌群的力量。每组可以做30次左右，做2组。两臂交替摆动时，身体稍前倾。

7. 下蹲起前平举和侧平举健身法。由蹲立开始，两手持哑铃，拳眼相对，两臂体侧垂直；然后由下蹲中起立，同时两臂直臂前平举。这一练习还可以做成两拳眼向前，在起立时，两臂直臂侧平举。这两种练习主要发展三角肌的力量，同时对腿部肌群力量的发展也有帮助。开始时，每组可以做15次左右，做3～4组。以后可以考虑增加哑铃的重量。每当起立和臂部用力时，股四头肌和三角肌应尽量紧张。起立和下蹲时，上体应始终正直，不能拱背。起立时吸气，下蹲时呼气。

8. 仰卧侧绕举健身法。仰卧长凳上，两手持哑铃，拳眼相对，两臂置于体侧；然后两臂直臂经体前交叉往后举起至脑后，随后两臂再经体前交叉还原。这个练习主要发展肩部肌群的力量，对胸大肌和背阔肌也有促进发展作用，还能增进肩关节的柔韧性。开始时，每组可做15次左右，做3～4组。以后可以增到每组25次左右。练习时，动作节奏要稍缓，两手交叉时避免哑铃相撞。上举时吸气，还原时呼气。

9. 两手弯举健身法。坐在凳上，上体挺直，两手握哑铃，拳心向前，两上臂紧靠拢身体；然后由两臂体侧垂直开始，两手臂同时用力弯曲，将哑铃举起至双肩下处。这一练习也可以采取站立姿势，用拳眼向前的方法进行练习，这两个练习主要发展肱肌和肱二头肌的力量。开始练习时，每组可以做20次左右，还可以考虑增加哑铃的重量。练习时，两臂用力要均匀，上体不能因手臂用力而前后晃动。上举时吸气，还原时呼气。

10. 仰卧臂屈伸健身法。仰卧长凳上，双手握哑铃置于颈后两则，拳眼向外；然后两臂用力伸直将哑铃上举。这个练习主要发展肱三头肌的力量，对前臂肌群也起锻炼作用。开始练习时，每组可以做15次左右，做4组。以后可以逐渐增加哑铃的重量。在整个动作过程中，都要保持两上臂垂直于地面和向内夹在胸部两侧的固定姿势。伸直臂时吸气，还原时呼气。

11. 两臂后上举健身法。两脚分开，两手持哑铃，拳眼相对，两臂体侧垂直；然后由上体前倾，双腿微屈开始，两手直臂尽量向后上方举起哑铃。这个练习主要发展肱三头肌的力量，也兼发展前臂肌群和胸锁乳突肌及腕肌的力量。开始时，每组可做15次左右，做4组。以后逐渐增到每组20次左右。也可以考虑增加哑铃的重量。当身体前屈，两臂向后上方举哑铃时，胸部应挺起，同时头后仰。上举时吸气，还原时呼气。

12. 直立交替推举健身法。两脚分开，两手握哑铃，拳心相对，将哑铃提到肩际；然后两臂交替上举哑铃。这个练习主要发展肱三头肌和三角肌的力量。练习时，每组可以做15次左右，做4组。以后逐渐增到每组25次左右。练习时，身体应保持自然挺直，不能后倾或侧倒。上举时吸气，还原时呼气。

13. 两手推举健身法。两脚分开，两手握哑铃，拳心相对，屈臂将哑铃置于肩际；然后两手同时上举至手臂伸直。这个练习主要发展三角肌和肱三头肌的力量。开始时，每组可做15次左右，做4组。以后可以逐渐加到每组25次左右。当两臂将哑铃上举时，两腿不能屈伸，也不能借助其他身体部位的力量，而应充分发挥臂部力量将哑铃举起。上举时吸气，还原时呼气。

14. 仰卧直臂交替后举健身法。仰卧长凳上，两手持哑铃，拳心向下，两臂置于体侧；然后两手直臂交替向上，向后举起哑铃。这个练习主要发展胸部和肩部肌群的力量及增进肩关节的柔韧性。开始练习时，每组可以做15次左右，做3～4组。以后可以逐渐加到每组20次左右。练习时，身体不能上下起伏，手臂一定要伸直。上举时吸气，还原时呼气。

15. 仰卧拉举健身法。仰卧长凳上，两手握哑铃，拳心相对，两手直臂置哑铃于胸上方；然后两臂略弯曲，将上举的哑铃往身体两侧拉下至与肩平，随即两手直臂将哑铃用力向上收拢至胸上。这个练习主要发展胸大肌的力量，对三角肌、背阔肌的发展也有效。开始时，每组可做10次左右，做4组。以后逐渐增到每组15～20次。还可以考虑增加哑铃的重量。将哑铃由上举向侧拉下时，应控制速度，避免突然拉下。用力上举哑铃时要避免两哑铃相撞。哑铃在头上方稍停时吸气，放下时呼气。

16. 腰绕环健身法。两脚分开，两手持哑铃，两臂伸直；然后直臂以腰部为中心，由体前屈开始，做腰绕环动作。这个练习主要发展腰部肌群的力量。开始练习时，每组可以做10次左右，做4组。在练习中，两脚位置不动，上体和两臂的动作幅度要大。

17. 俯卧直臂展体健身法。俯卧高凳上，两脚固定(也可以俯卧于床上或长凳上，由同伴帮助压住双脚)；两手握住一只哑铃；然后由身体前屈开始，两臂伸直，身体伸向后展体。这个练习主要发展背阔肌的力量。开始时，每组可以做10次左右，做3～4组。以后可逐渐加到每组15～20次。身体上伸后展应尽量伸展，身体还原前屈时动作要缓慢。身体上伸时吸气，还原时呼气。

18. 仰卧举腿健身法。仰卧在平放的长凳上，两手抓牢长凳的头部上端处；也可将长凳摆放成斜坡，头部高，脚部低，两脚套哑铃；然后收腹举腿。这个练习主要发展腹肌，特别是腹直肌的力量。开始时，每组可以做10次左右，做3～4组。以后逐渐增到每组15次左右。收腹举腿和还原时膝关节都不要弯曲，放下还原时速度要慢些。上举腿时吸气，还原时呼气。

19. 直臂仰卧起坐健身法。仰卧垫上(床上)，双臂伸直上举贴垫(床)，双手同握一只哑铃；然后直臂与上体一起上抬坐起直至成体前屈。这个练习主要发展躯干肌群，特别是腹直肌的力量。开始练习时，每组做8～10次，做4组。以后可以逐渐增到每组做15次左右。做这个练习一定要固定好双脚，最好有同伴帮助压住双脚。仰卧起坐时，膝关节不要弯曲；起坐时吸气，还原时呼气。

20. 深蹲健身法。两脚分开，两手握哑铃，两臂自然垂于体侧；然后深蹲，再起立还原。这个练习主要发展腿部肌群的力量，特别是股四头肌的力量。开始练习时，每组可以做15次左右，做4～5组。以后可以考虑增加哑铃的重量。深蹲时，应全脚掌着地，脚后跟不能抬起，上体应保持正直，不能拱背屈体。起立时吸气，下蹲时呼气。

21. 深蹲跳健身法。两脚分开，两手握哑铃置于肩际，屈膝下蹲；当下蹲至最低限度时，两脚立即利用反弹力量蹬直跳起。这一练习主要发展腿部肌群力量，可以很好地增进两腿的弹跳力量。开始练习时，可以每组做15次左右，做4～5组。以后可以考虑增加哑铃重量。在向上跳起时，应尽量做到跳得高些。着地时，须先用前脚掌着地，接着过渡到全脚掌，以免身体受剧烈震动。上跳时吸气，下蹲时呼气。

22. 下蹲起立两臂侧绕举健身法。两脚分开，两手握哑铃，拳心向后，两臂体侧自然下垂，屈膝半蹲下；然后两腿蹬直起立，同时两臂伸直经体前交叉上举哑铃，再接着用力向两侧下摆，身体随着下蹲还原。这个练习除发展腿部肌群的力量外，对锻炼肩带肌群和扩大肺活量也有很好的效果。开始练习时，可以每组做10～15次左右，做3～4组。以后可以逐渐加到每组20次左右。整个动作要做得有节奏、速度均匀，两哑铃交叉时要避免碰撞。上举时吸气，下蹲时呼气。

23. 俯卧后踢腿健身法。俯卧在长凳上，两手抓牢长凳两侧或凳腿，两腿并齐，两脚踝套哑铃；然后连续做屈小腿的动作。这个练习主要发展股二头肌、腓肠肌的力量。开始练习时，每组可以做10～15次左右，做4组。以后可增到每组20次左右。哑铃一定要套牢，屈腿时快速有力，伸腿时应缓慢。屈腿时吸气，伸腿时呼气。

24. 箭步上举健身法。两脚分开，两手同握一只哑铃，两臂体前下垂。开始时，身体先向左转，手臂伸直将哑铃向前上举起，同时左脚迈出一步成弓箭步(左腿弯曲，膝部向前，全脚掌着地；后腿略弯，脚跟提起)，胸部挺出，日视前方。这个练习可以发展腿部肌群、躯干肌群及肩带肌群的力量。练习时，可以每组做10次左右，做2～3组。整个动作应做得连贯，幅度大。将哑铃上举时吸气，还原时呼气。

25. 屈膝半蹲推铃健身法。两脚分开，挺胸紧腰，屈膝半蹲，双手掌心向上持2千克重的哑铃，屈肘置铃于腰侧，然后单臂由屈到伸向前推铃，同时转腕掌心朝下，至臂完全伸直，两臂交替屈伸推哑铃。每组10次，共做3组。两足分开，双手持4千克重的哑铃置于肩上。两腿屈膝下蹲至大腿接近水平位稍停，再起立还原。每组10次，共做3组。

26. 肌力饱满健身法。仰卧在一长矮凳上，两足踏地上，两手握 4 千克重的哑铃做仰卧推举，也可两臂交替推举。每组 10～15 次，做 2 组。两脚分开，双手持 4 千克重的哑铃下垂于身体两侧，全身直立，然后向左右两侧交替做上体屈伸。每组 15～20 次，做 3 组。也可仰卧在床上、地上或长凳上，两手置于身体两侧按地，两腿伸直并拢，然后上身不动，两腿往上举起，达到和上体成 90 度角即可，每组 10～15 次，做 3 组。

两足分开，与肩同宽，两腿伸直，挺胸紧腰，双手正握 3 千克重的哑铃下垂于体前，上体前屈弓身，两臂随体下垂，稍停。然后腰背肌用力，挺身拉起至上身完全伸直，再慢慢放下哑铃还原重做。每组 10 次，共做 3 组。

两脚分开，两手肩上各握 3 千克重的哑铃，然后两臂一同用力上举，举到一半高度时，屈膝下蹲，以后边举边蹲，直到两臂伸直为止。每组 10 次，共做 3 组。

两足分开，与肩同宽，全身直立，两手持 2 千克重的哑铃上提至肩部，然后两臂交替用力将哑铃向上举。每组 10～15 次，做 2 组。

27. 练习肩部健身法。以弓步姿势站立，右腿向后退一步，左腿膝盖稍微弯曲，将身体重心放在左腿上。双手各握一个 1～2 千克的哑铃，掌心相对，双臂平行向前伸出，然后翻转，使肘部和手指向外。注意做这个动作时不要耸肩。多次重复练习比增加哑铃的重量更有效。当肌肉感到酸痛时，可以将手臂翻转回正常姿势，再重复动作。常练可以塑造肩部肌肉并使其变得更加灵活。

28. 消灭蝴蝶袖健身法。站立，右手握一只 2 千克的哑铃，双脚分开与肩同宽，手臂舒展，将哑铃放在胸部的对角线下方，手心朝下，把左手撑在臀部。缓慢弯曲右手肘关节，把哑铃移向胸部前方，接着，提起上臂，使手臂呈三角状，自下向上。重复练习 20～30 次，然后换另外一只手臂再做。

29. 训练腿部健身法。初学者两手各握一只 5～7 千克重的哑铃，熟练者使用的哑铃重量可增至 8 千克以上。先向前迈弓箭步，上身下沉，然后重新站起向上挺举。

30. 训练背部健身法。初学者手执一只 4～6 千克重的哑铃，熟练者的哑铃重量可增至 7～10 千克。右腿迈向前，右手支撑在膝盖上，另一只垂下，手臂朝前，将身旁的哑铃拉起，肩膀自觉地朝后拉。

31. 练三头肌健身法。初学者使用 3～5 千克重的哑铃，而熟练者使用的哑铃重量可增至 6 千克以上。两手紧握哑铃圆棒，双臂下沉至脑后，先将哑铃举高，然后慢慢地将双臂伸展。

32. 扶墙半蹲健腿法。在家中选一面墙，手扶墙的同时靠腿部的力量缓慢下蹲，手中最好能拿一个小物件，如小哑铃等，蹲下起来的同时就可以使腿部得到锻炼，还能消除腿部多余的脂肪，使腿形更好看。15 个 1 组，做 3 组。

利用杠铃健身法

1. 站立弯举杠铃健身法。两脚分开，两臂自然下垂，两手反握杠铃，拳心向前，握距与肩同宽；然后两臂用力弯曲，两手用力将杠铃举到与肩齐平。这个练习主要发展肱二头肌的力量。练习时，每组做 8～10 次，做 4～6 组。以后可以逐渐增加重量。两臂弯举时，两上臂要紧贴身体两侧，上体不能前后摆动借力。弯举时吸气，还原时呼气。

2. 直立颈后推举杠铃健身法。两脚分开，肩负杠铃，两手正握杠铃，手距宽于肩；然后两臂用力上举杠铃至手臂完全伸直。这个练习主要发展三角肌、斜方肌和肱三头肌的力量。练习时，每组做8～10次，做4～6组。以后可以逐渐增加杠铃重量。将杠铃由颈后上举时，头可向前稍低垂，杠铃的运行路线应保持垂直。上举时吸气，还原时呼气。

3. 窄握提举杠铃健身法。两脚分开，两手窄握杠铃，拳眼相对，两臂垂直于体前；然后两臂用力上提杠铃至与肩齐平，或者继续举至头上位置。这个练习主要发展三角肌的力量。练习时，每组做8～10次，做4～6组。以后可以逐渐增加杠铃的重量。在提举过程中不要借助腰和臀的摆动来完成动作。由肩部继续提举至头上过程中，手腕不能翻动。提举时吸气，还原时呼气。

4. 卧推杠铃健身法。仰卧在卧推架上或长凳上，两手正握杠铃，两臂弯曲，将杠铃置于胸前；然后两臂用力伸直将杠铃推起。这个练习可以发展胸大肌、三角肌前部、斜方肌、前锯肌和肱三头肌的力量。练习时，每组做8～10次，做4～6组。以后逐渐增加杠铃的重量。卧推练习应以快速有力的节奏完成，还原时要稍慢，防止重量突然压在胸上。如果练习中没有卧推架而使用长凳，就必须有同伴在身后保护。推举时吸气，还原时呼气。

5. 颈后臂屈伸杠铃健身法。两脚分开，两手反握杠铃，握距同肩宽，两臂伸直将杠铃举至头顶；然后两臂弯曲，将杠铃置于颈后，随即快速上举杠铃至两臂充分伸直。这个练习也可以采用仰卧姿势来做，所不同的是将杠铃由头后举至胸上方。颈后臂屈伸练习主要发展肱三头肌和三角肌的力量。练习时，可以每组做8次左右，做4组。以后可以逐渐增加杠铃重量。在做动作中，两臂始终固定在头的两侧，两肘向上，尽量后屈。上体保持不动，主要依靠两臂的力量将杠铃上举。两臂伸时吸气，屈时呼气。

6. 负杠铃片健身法。俯撑姿势，肩背负一杠铃片；然后做双臂的屈伸动作。这个练习主要发展肱三头肌、三角肌和胸大肌等肌群力量。练习时，可以每组做10次左右，做4组。做俯卧撑时，身体要正直，不能出现塌腰或提臀现象。两臂撑时要快而有力，屈时稍慢。两臂伸时吸气，屈时呼气。

7. 腕屈伸展杠铃健身法。两手正握杠铃横杠，拳心向下，握距同肩宽，前臂固定在桌子上并支撑住上体，腕关节超出桌沿。开始时，手腕放松下垂，然后两手用力向上翻腕，将杠铃横杠向上提起使腕关节充分伸展开。这个练习主要发展屈手肌群和伸手肌群的力量。练习时，每组做15次，做4组。以后可以逐渐增加到每组20次左右或增加杠铃重量。这个练习主要增加腕力，所以练习中要完全靠手腕力量将杠铃翻上，不得借力。

8. 仰卧直臂上举杠铃健身法。仰卧长凳上，两腿弯曲夹紧长凳两侧，两脚踏实地面；两手正握杠铃，握距稍宽于肩，两臂伸直将杠铃置于大腿处；然后两手直臂用力将杠铃上举，经胸上方后举至脑后，随即再由上举经胸上方将杠铃还原至大腿处。这个练习可以发展三角肌、背阔肌和胸大肌的力量，同时也发展肩关节的柔韧性。练习时，每组做6～8次，做4组。以后可以逐渐增加至每组10次左右。做这个练习时的动作节奏要慢些，初次练习时的重量稍轻些。上举时吸气，还原时呼气。

9. 负重体侧屈伸杠铃健身法。直立姿势，肩负杠铃，两手扶杠铃片；然后身体以腰为轴，向左右两侧做弯曲与伸直动作。这个练习主要发展腰部肌群力量。练习时，可以每组做15～20次，做4组。做体侧屈伸时，身体不能转动，动作节奏稍慢些。

10. 负重弓身健身法。两脚分开，肩负杠铃，两手正握杠铃，握距宽于肩；然后上体慢速前屈，臀部后移，当上体前屈至水平时，迅速挺直成直立姿势。这个练习也可用坐姿进行。负重弓身练习主要发展躯干肌群、臀大肌和髋关节伸肌的力量。练习时，可以每组做10次，做4组。以后逐渐增加杠铃重量。初次练习时，重量选择要适当轻些，以后逐渐增加。上挺杠铃时可稍屈膝，随着练习水平的增长，以后上挺时腿要伸直。上挺吸气，前屈呼气。

11. 直腿硬拉杠铃健身法。两脚分开，两手正握杠铃，握距同肩宽，两臂伸直，上体前屈；然后两直臂用力，同时伸髋、展体将杠铃由地上拉起至身体挺直。这个练习主要发展腰背肌群的力量。练习时，每组可以做6～8次，做4组。以后可以逐渐增加杠铃重量。在整个动作中，上体始终正直；身体前屈时，膝关节不能弯曲；向上提拉杠铃时，要用腰背肌力量使身体充分伸展开；向上拉杠铃时吸气，还原时呼气。

12. 弓身拉健身法。两脚分开，上体前屈至水平部位，两臂下垂伸直正握杠铃；然后两臂用力弯曲将杠铃拉至靠近胸部。这个练习也可以俯卧在长凳上进行。弓身拉杠铃练习主要发展背阔肌、斜方肌、三角肌、肱二头肌和肱肌的力量。练习时，每组可以做10次左右，做4～6组。以后可以逐渐增加杠铃重量。在做动作时，腰部要伸直，胸部挺出，抬头前视。整个动作节奏感强。上拉时吸气，还原时呼气。

13. 负重仰卧起坐健身法。仰卧，两脚固定，两手握杠铃片置于颈后；然后用腹肌的力量将上体前屈成坐姿。这个练习也可以在跳箱上、床上完成，双脚可由同伴帮助固定住，髋关节与跳箱一端或床沿齐平，做法同前。负重仰卧起坐练习主要发展腰腹肌，特别是腹直肌的力量。练习时，每组做10次左右，做4组。以后可以逐渐增加至每组15次左右。对于初次进行这一练习者来说，应该先进行不负重的徒手仰卧起坐练习，然后逐步过渡到负重练习。练习此动作后可能会出现腹肌酸疼的现象，甚至弯腰和说笑均感到腹肌疼，这是一种正常现象，应继续练习，但要适当减少运动量。如果腹肌出现痉挛，可以适当休息几天，并用按摩方法来消除肌肉疲劳。

14. 负重俯卧展体健身法。俯卧在长凳上，髋关节与长凳一端齐平，上体自然下垂，两手屈肘握杠铃片置于颈后，两腿并拢固定在凳上；然后抬头、挺胸，使上体充分伸展。这个练习主要发展腰肌和背肌的力量。练习时，每组可以做10次左右，做4组。以后可以逐渐增加到每组15次左右。对于初学者来讲，这一练习应先从徒手做起，以后逐渐增加负重。在展体时，上体要充分伸展开。前屈还原时要慢些，并注意背部肌肉的放松。展体时吸气，还原时呼气。

15. 负重转体健身法。两脚分开，肩负杠铃，两手扶杠铃片；然后上体向左右两侧做转体动作。这个练习主要发展腹内斜肌和腹外斜肌的力量。练习时，每组做10～15次，做4组。做左右转体时，应转至最大限度，稍停后再转向另一侧。两脚要保持不动。

16. 深蹲健身法。两脚分开，肩负杠铃，两手正握，握距宽于肩；然后两腿屈膝下蹲，臀部后移，胸部挺出，蹲至最低点时，随即双腿用力伸直，呈直立姿势。这个练习主要发展腿部肌群力量，特别是股四头肌的力量及躯干的支撑力量。练习时，每组可以做6～8次，做4组。以后可以逐渐增加杠铃的重量。下蹲时，挺胸、抬头、收紧腰部，上体保持正直姿势，大小腿角度应小于90度。下蹲时，如感腰部难挺直，可在两脚后跟垫2个小杠铃片，这样重心较稳，容易挺直腰部。下蹲时吸气，还原时呼气。

17. 蹲跳健身法。两脚分开，肩负杠铃，两手正握，握距宽于肩；然后屈膝半蹲，随即迅速伸髋蹬腿向上跳起。这个练习主要发展大腿肌群和足肌群的力量，对提高弹跳力效果较好。练习时，每组可以做 8～10 次，做 4～6 组。以后可以逐渐增加杠铃重量。跳起时应使杠铃固定，并紧腰、抬头、挺胸，身体保持正直姿势。落地时要屈膝缓冲，起跳时吸气，还原时呼气。

18. 背后硬拉健身法。两脚分开，两手正握杠铃置于脚后，拳眼相对，屈膝半蹲；然后挺胸、抬头、伸腰，直臂将杠铃拉起，使身体呈直立姿势。这个练习主要发展股四头肌和臀大肌的力量。练习时每组可以做 8～10 次，做 4 组。以后可以逐渐增加杠铃的重量。直臂将杠铃拉至身体呈直立姿势时，髋关节可以稍向前挺出。上拉时吸气，下蹲时呼气。

19. 箭步蹲健身法。直立，肩负杠铃，两手正握，握距宽于肩；然后稍屈膝，随即向上跳起成弓箭步分腿姿势；两腿交替做。这个练习主要发展伸膝肌群和屈足肌群的力量，也同时发展躯干的支撑力量和髋关节及踝关节的柔韧性。练习时每组可以做 10～15 次，做 2～4 组。初次练习时，弓箭步分腿幅度可以小一些，有一定基础后再加大，重心再尽量降低。在整个练习中，上体应保持正直姿势。

20. 单腿蹲健身法。两脚分开，肩负杠铃，两手正握，握距宽于肩；然后一腿侧屈下蹲，另一腿向另一侧伸直；停后起立，两腿交替做。这个练习主要发展腿部和踝关节的力量以及柔韧性。练习时，每组做 10 次左右，做 2～4 组。做动作时，腰部要挺直以保持身体平衡。下蹲时动作稍慢，起立时动作要快。

21. 静蹲健身法。两脚分开，肩负杠铃，两手正握，握距宽于肩；后屈膝成半蹲姿势静止不动，待一定时间后还原。这个练习主要发展股四头肌和小腿三头肌的力量。练习时，每次静蹲时间为 30 秒钟左右，做 4 次。以后可以逐渐增至每次静蹲 1 分钟左右。初次练习者，最好先进行徒手静蹲练习，待有一定基础后再逐渐增加负重。挺胸，抬头，紧腰，呼吸自然。

用体操棍健身法

体操棍市场上有售，也可以自己动手制作，就是将一根直径为 2 厘米左右、长为 1 米左右的木棍削圆，光滑不扎手，漆上颜色即成。利用这样一种简单的器械，可以做跳障碍、扔棍、接棍、身体平衡及抬棍、举棍等各种动作，还可以变化呈蹲姿、跪姿、坐姿等各种姿势，而且可以加大动作难度。通过体操棍的健身锻炼，可以发展协调性、灵敏性、灵巧性，并能增大关节活动范围，拉大肌肉韧带以及增强各相关肌肉群的力量。体操棍的健身练习特别适合少年儿童，非常有助于孩子们的健康成长。做法是：

1. 直立姿势，一手叉腰，一手持体操棍的中部直臂上举；然后，持棍手腕摆动，做直臂上举手腕转棍动作。两手交替做。

2. 右腿屈膝，左腿伸直呈侧向弓箭步；右手持体操棍一端，棍自然下垂，左手体侧举；右手持棍做体侧直臂肩绕环动作。两手交替做。

3. 直立姿势，一手叉腰，一手持棍中部，手臂伸直前平举；然后，正面旋转体操棍。这个练习也可以手臂侧平举做。两手交替做。

4. 直立姿势，一手叉腰，一手持棍端；然后，由直臂侧下举开始，有节奏地做侧平举、斜上举、上举。两手交替做。

5. 直立姿势，两手正握体操棍端，伸直两臂垂于体前；然后，两手持棍直臂上举，举至头顶向后振臂，尽量使棍远离肩部。

6. 两脚分开与肩同宽；两手握住体操棍一端，另一端立在地上；屈体，两手压在垂直棍上端做直臂的上下压肩动作。

7. 直立姿势，两手握住体操棍两端，直臂垂于体前；抬臂屈肘将棍举至与肩平，随即再继续上举使手臂充分伸直。还原后重做。

8. 直立姿势，两手握在体操棍中段，握距同肩宽，两臂伸直垂于体前；然后，两臂上摆，两手将体操棍向上抛起，随即两臂前平举将棍接住。还原后重做。

9. 一人仰卧，两手正握棍，握距宽于肩，屈臂上举，另一人在上面同时握棍；仰卧者连续做臂屈伸的卧推动作。这个练习每组做6～8次，做4组。

10. 两人相对站立，相距4米左右；两人相互做抛接体操棍动作。

11. 两脚分开，两臂上举，双手正握体操棍，握距与肩同宽；在身体正直不动姿势中，两手带动臂和肩，将棍向左摆动，呈左交叉臂姿势，随即将棍向右摆动，呈右交叉臂姿势。连续做。

12. 两脚分开，两臂肘部夹住体操棍置于体后；然后，双脚不动，做左右转体动作。连续做。

13. 两脚分开，两臂肘部夹住体操棍置于体后，连续做体后伸展和体前屈动作。

14. 两脚分开，右手持体操棍端，两手侧平举；然后，身体向左侧屈至最大限度，同时右手持棍经上向左侧举，左手臂体前向右自然摆动；还原后重做。两臂交替进行练习。

15. 两脚分开，左手直臂上举握体操棍上端，右手直臂下垂握体操棍下端；然后，身体向右侧屈体至最大限度，稍停后，左手下垂，右手上举，身体向左侧屈至最大限度。连续做。

16. 仰卧，双手正握体操棍，握距同肩宽，两臂伸直前上举；然后收腹单腿上举靠至体操棍。两腿交替连续做。

17. 仰卧，两手正握体操棍，握距宽于肩，两臂上举；然后收腹举腿，同时两臂前平举，屈膝将腿从横棍下穿过呈肩肘倒立。稍停后反方向复原姿势重做。

18. 两脚分开，两手正握体操棍两端，屈臂置体操棍于颈后肩上；连续做向左、向右的体侧运动。

19. 跪立，两手同握体操棍一端，体操棍另一端点地，两臂伸直；用腰部做向右绕环运动，还原后再向左侧腰绕环运动。连续做。

20. 右腿在前，左腿在后脚尖着地站立；两手正握体操棍上举，抬头挺胸；然后身体向左转侧屈至最大限度。还原姿势后重做。

21. 两脚并立，屈臂体操棍夹住置于颈后，双手托头后部，同伴两手扶住练习者两肘；在同伴帮助保护下，练习者做直体后倒至仰卧与直体起立动作。注意在动作中腰部要收紧，不能塌腰。

22. 两脚分开，两手正握体操棍，屈臂置体操棍于颈后肩上；同伴站在练习者身后，两手握棍两端；练习者身体向左侧屈体至最大限度，还原后再向右侧屈体；同伴在后适当地增加练习时的阻力。

23. 两人背靠背站立，手臂同时上举，共同握住体操棍；然后，一人背另一人从自己背上向后翻过。两人交替做。

24. 两脚分开，两手正握体操棍垂直于体前；然后两臂上举，身体向后充分伸展，同时左手持棍后侧举，右手伸直前平举。两手臂交替进行练习。

25. 俯卧，两臂屈肘夹住体操棍，双手颈后托头部。然后在同伴的保护下做连续的向后振体动作。

26. 两人背靠背呈坐姿，两人手臂同时上举握住体操棍；然后一人做上体前屈动作，要求两手直臂随身体向前举；另一人做挺胸、展腹动作。复原姿势后交替做。

27. 直立，两手正握体操棍，臂伸直置棍于体后；然后屈膝迅速下蹲，提踵将棍夹在大小腿间，两手臂前平举。复原姿势后重做。

28. 直立，右手持体操棍一端，两臂体侧垂直；然后右手直臂摆动体操棍向左侧旋转，两脚依次跳起越过体操棍。连续做。

29. 两腿前后分开，双手正握体操棍两端，两臂伸直置棍于体前；然后高抬左大腿迈过横棍，再抬右腿迈过横棍，以此向前行走。

30. 直立，两手扶住立在体前的体操棍；然后两手移开，随即左腿迅速抬起越过体操棍，两手快扶棍呈原姿势；两腿交替进行，连续做。

31. 直立，一腿向前抬起并屈膝，用手将棍立放在脚面上，随即伸直腿，设法维持棍的平衡；两腿交替做。

32. 直立，两手正握体操棍两端伸直垂于体前；然后上体稍前倾，双腿跳起做向前和向后的越横棍动作。连续做。

33. 两人相对半蹲，练习者右手握体操棍一端，左手扶同伴右肩；同伴双手正反握体操棍另一端；然后，练习者跳起越过横棍，还原后重做。

34. 两人相对直立，两臂伸直同握一根直立的体操棍，一手握上端，一手握下端；然后做连续的深蹲和起立动作。

用棒拍打健身法

坚持用自制的健身棒拍打，能调和气血，增强抵抗力，可防治腿脚麻木、发软等症。早晨起床首先用凉开水漱口后，喝一杯温开水，清肠胃，促进血液循环和新陈代谢。然后找一个清静地方，用竹棒拍打和用手按摩，防病健身。健身棒是用10根毛笔管粗细、长75厘米竹棒捆绑而成，拍打肌肉部位（不能拍打骨头），因具有弹性，拍打起来既有一定力度又不痛。以下每节拍打以60次左右为宜。

1. 拍打背部。左手持棒伸向左背拍打，然后右手持棒伸向右背拍打。常拍可防治呼吸道和心血管等疾病。

2. 拍打颈部。左手持棒拍打颈后左侧，然后右手持棒拍打颈后右侧。常拍可防治颈椎病、头痛、头晕等。

3. 拍打胸部。左手持棒拍打右胸，然后右手持棒拍打左胸。常拍有温肺平喘之效，能防治呼吸道和心血管等疾病。

4. 拍打大腿外侧。左手持棒拍打左大腿外侧，然后右手持棒拍打右大腿外侧。

5. 拍打大腿内侧。左脚跷起放在齐腰高处呈压腿状，左手持棒拍打左大腿内侧，然后右脚做同样姿势，右手持棒拍打右大腿内侧。

6. 拍打“足三里”穴。左手持棒拍打左腿“足三里”，然后右手持棒拍打右腿“足三里”。

7. 拍打小腿肚子。左手持棒拍打左小腿肚子，然后右手持棒拍打右小腿肚子。

健身球健身法

健身球，是我国宝贵的文化遗产，至今已有500余年的历史，是我国传统的民间健身用品。健身球有山核桃的、象牙的，也有玉石或不锈钢的。

健身球虽然练法很简单，但健身效果却很突出。它通过手指的活动，疏通经络，强健五脏。通过对经络上穴位以及手心劳宫穴的刺激，可以调节大脑中枢神经，有降血压、健脑、促进食欲、改善睡眠和增强体力的作用，长期坚持可强身健体，祛病延年。临床证明，健身球对治疗和预防高血压、神经衰弱、颈椎病等许多慢性病有显著疗效，有益于手部、臂部神经系统疾病的防治。

健身球运动时，必须左右手兼用。最好以散步的形式进行。旋转时，双球要经过大拇指、小指、无名指、中指、食指，使双球互绕旋转。要将手指紧贴球体，使双球在掌心内互相摩擦。最好不要碰撞，要求发出的声音是双球的摩擦声。

健身球的运动量不太大，可通过球的大小、重量、数量、动作的复杂性及锻炼的时间来调节。锻炼时间一般不要过长，以免手掌及腕部肌肉、肌腱疲劳或引起损伤，产生酸痛感后易影响手的正常功能。健身球运动的具体锻炼方法，可用单球、双球、三球，甚至四球，采取顺旋法、逆旋法、跳转法等多种手法进行。这里介绍健身球锻炼最基本的方法，以便初学者掌握。

按一般人的手形以及习惯，持健身球运动的姿势可分为两种：一是握球式。双球横向置于手中，拇指微伸开，捏住一球，其余四指紧握双球，中指附在两球之间的衔接处，使双球横握于掌中。二是托球式。双球纵向置于手掌，拇指顺着双球伸直，其余四指微伸开，并稍抬起成为槽形，托住两球于掌心中，双球紧靠一起。

1. 单手托双球摩擦顺旋转法。(1)用拇指发力向掌心拨动甲球，同时其余四指自然向外微伸开，乙球同时顺序向手指尖方向自然下滚，双球各运转90度，变成托球式。(2)紧接着用小指、无名指、中指发力，向手虎口、拇指处挑动乙球，食指、拇指接住乙球，同时使甲球顺势滚到小指边，双球各自再运转90度，甲乙两球互相换位后，双球恢复成握球式。(3)继续再做上述(1)、(2)两个动作，使甲乙两球再各自运转180度。双球各自共运转360度后恢复到原来的位置。转速为每分钟80～100圈以上。

2. 单手托双球摩擦倒旋转法。(1)用无名指、小指发反力向掌心处拨动乙球，同时食指、中指自然微伸开。用拇指向其余四指上推动甲球，使甲球顺势滚到手指尖处。双球各运转90度，成托球式。(2)紧接着用中指、无名指、小指发反力向掌心处拨动甲球，同时乙球顺势下滚到原甲球处。双球各运转180度，甲乙两球互相换位后，又成握球式。(3)继续再做上述(1)、(2)动作，使甲乙两球再各自旋转180度。双球各自共运转360度后，恢复到原来的位置。

3. 单球旋转和抛接法。(1)单手拿一个健身球，在手中做向左或向右方向的转动，也可做上、下转动。(2)单手拿球做向上轻抛动作，使球离开手掌后再接住。单手旋转和抛接是初练时的基础动作，两手可以各拿一个球同时进行练习。

4. 单手托双球离心旋转法。单手托双球于掌中，在摩擦旋转的基础上逐步达到双球互相离开旋转。旋转方向及动作与摩擦旋转相同。唯有手指伸开,用力拨弄双球,使双球产生离心力。要求双球既不能互相碰撞,也不许掉出掌心,把双球控制在手掌上,顺、逆正速旋转。

5. 带音节的旋转法。在各种旋转熟练的基础上,即双球在手掌上已处于自由自在的程度时,可以从旋转中找出音节。一种是用手捏住双球,使其互相撞击,发出打鼓点的声音;另一种是离心旋转时,转一圈发出一声、二声、三声的互相撞击声,声音悦耳动听。这时大脑指挥双球,双球听从大脑指挥,大脑又随着双球旋转,得心应手,随心所欲,其乐无穷。

6. 里外跳跃转动法。双球托于掌心,用中指发力,由外向里拨球,球以手掌中心向里跳跃,使一球跳过另一球入掌心,上下互相交替跳跃。反过来还可以由里向外跳跃。用手掌和大拇指发力,使一球跳过另一球从手指尖落下。与向里跳跃方向正好相反。

7. 双手四球运动法。在单手运动的基础上,发展成双手四球同时运动。这个动作较复杂,既要熟练程度高,又要双手用力,难度较大。把单手技艺变成双手技艺,双手同时做单手动作,尤其是双手同时做出两种动作,这需要充分发挥大脑的作用,指挥双手做出各自的动作。如果个人力量容许,技艺熟练程度较高,要比单手运动效果更好。

8. 双球旋转法。单手平托两个球,用手指拨动球向左或向右方向转动。也可以上、下进行转动。双手可以各拿两个球进行练习,这是最常用的方法。

9. 三球旋转法。单手平托 3 个球,只能做向左或向右方向的转动。两手交替进行练习。

10. 四球旋转法。单手平托 3 个球,为了增加重量,上面再放一个球,做向左或向右方向的转动,两手交替进行练习。

11. 双手滚球法。单手托 3 个球或 4 个球成一串,两手要有适当距离和高度,由一手向另一手滚落。

12. 单手双球抛接法。单手托 2 个球,向上抛起 1 个,当球下落时再抛起另一个球,把先抛的球接在手,手中只留 1 个球,另一球在手上方空中反复抛接,重复进行练习。

用健身球按摩、揉搓、捶击身体的不适部位,可减轻疼痛,也能锻炼手力,对常患肩肿不适、腰酸腿痛的老年人大有好处。用单手或双手虎口使劲握球,或用手掌心使劲握球,有酸热的感觉,经常这样锻炼对提高指力、腕力、握力、臂力均有帮助。

利用门球健身法

门球运动以其简便易学、安全经济、运动量小、兼有趣味性和娱乐性等特点,越来越被老年人重视和喜爱。

1. 有更多的机会接受负离子的“沐浴”。空旷的门球运动场所中的负离子数较室内多得多。负离子被医学界称为空气中的“维生素”,它可以治疗高血压、肺结核、神经性皮炎、流行性感冒等疾病,还有改善呼吸功能、加强新陈代谢、促进血液循环、调节神经系统等作用。参加门球运动的老年人,有着更多的机会接受负离子的沐浴,对老年人的某些疾病有着治疗和辅助治疗的效果。

2. 可增加骨盐量。日本昭和大学骨科医生杉本太等人新近发现,即使运动量很少的门球运动也可以增加骨盐量,参加时间越长,效果越明显,老年人更为显著。因此,老年人参加门球运动能起到延缓衰老的作用。

3. 防治腰肌劳损。参加门球运动的老年人，在击球时需前屈上体，这样重复多次，可加强腰肌锻炼，从而达到防治腰肌劳损的效果。

4. 能较为全面地发展体质。老年人在进行门球运动时，手脑必须协调配合，从而锻炼老年人的神经系统和运动系统。

门球运动尽管运动量小，但只要定期参加，持之以恒，就能收到良好的健身效果。

健身皮球练习法

健身皮球可以训练胸、腹、背、臀、腿等处的肌肉群，在保持身体平衡、改善身体姿势以及预防运动损伤等方面发挥着重要作用。

健身皮球适合所有的人锻炼，可以提高人的柔韧、力量、平衡、姿态、心肺功能等，特别对脊柱和骨盆的锻炼效果好，对防治腰背痛具有良好的作用。

用健身球健身最好要在教练指导下进行，并遵照循序渐进的原则。开始练习时先把球顶在一面墙上，以减少它的灵活性。如果是坐在健身皮球上，会不由自主地挺直腰板、两肩向后张，这是身体为防止摔倒而做出的本能反应，也是一种正确坐姿。

腰背痛是一种十分常见的病症，尤其是一些经常伏案工作的人，备受其困扰。研究发现，长期坐姿不当，腰背歪斜是导致腰背酸痛的主因。而大皮健身球是时下较为流行的一种集健身和康复功能的运动。这里推荐一套有关专家设计的防治腰背痛的健身球训练法。

1. 坐位训练健身法。腰背挺直，双手平放于膝盖，坐在大皮健身球上；双腿分开，脚平放在地上。呼气，右手放在球的后方，左手放在左腿的旁边，向右边扭腰；自然呼吸，保持动作 15～20 秒钟。吸气，收髋还原至起始位，再向左边扭腰；自然呼吸，保持动作 15～20 秒钟。坐在球上，双手放在球的后方，伸膝，上抬下肢，自然呼吸，保持动作 15～20 秒钟。左右交替 5～10 次。常做此项训练，具有伸展腰背两侧肌群、缓解腰背肌紧张、提高身体平衡能力等功效。训练过程中，髋部摆动幅度不宜过大，始终保持身体稳定。

2. 腰背伸展健身法。双腿屈曲，双手十指交叉置于脑后躺于球上。吸气，保持双腿固定，同时上身沿球顶向后向下移动，直至头枕部、肩部以及腰背都紧贴于球；呼气，保持动作 5～8 个呼吸；复位，重复动作 2～3 次。两脚分开，脚尖着地，俯卧于球上，上肢打开置于胸前，头保持水平。吸气，保持下肢固定，双手打开，同时上身向上挺起，直至躯干和下肢在同一条直线上；呼气，保持动作 5～8 个呼吸；复位，重复动作 2～3 次。常做此项训练，能增强脊柱的柔韧性，伸展胸部和腹部，改善下肢的稳定性。身体重心固定在球的顶部，收紧腹部和臀部肌群以稳定姿势。

3. 桥式运动健身法。仰卧于地毯上，双脚放于球顶，挺起臀部保持躯干和下肢在同一条直线上，双手置于身体两侧起稳定作用。吸气，髋部慢慢挺起，同时双脚贴紧健身球使其向身体一侧拉近，直至双膝屈曲；呼气，放松 5～8 个呼吸；复位，重复动作 2～3 次。两脚分开前伸，坐于地毯上，头枕部及背部紧靠健身球。吸气，头枕部及背部紧贴健身球慢慢挺起腰部，直至躯干与双膝成 90 度，双手向两侧打开。呼气，放松 5～8 个呼吸。复位，重复动作 2～3 次。常做此项训练，可伸展腰部及肩背部的肌群，收紧腹部肌群，增强下肢力量。动作要平缓，运动幅度不宜过大。

4. 原地蹲起健身法。双腿分开站立，双手打开平置于胸前，背靠健身球于墙上。吸气，背部紧靠健身球慢慢下蹲，直至髋关节和膝关节成约 90 度；呼气，放松 5～8 个呼吸。然后慢慢立起，复位，如此重复 2～3 次。常做此项训练，能锻炼腰背部肌群的张力，增强下肢力量。在起始位时，身体保持略微倾斜；运动时，身体始终紧贴健身球。

利用保龄球健身法

打保龄球是一种能使全身肌肉、骨骼得到锻炼的球类运动，对人体的心肺、四肢功能以及身体各部位的协调性有很重要的健身功效。

老年人打保龄球前一定要做好准备活动，如蹲腿、揉腕、转踝等。由于投球的老年人在出手的瞬间，需要有一个向前的滑步起缓冲作用，能够缓冲膝盖受到的压力，防止受伤。所以，打保龄球前一定要换上专业的保龄球鞋，可减少鞋和助走道地板之间的摩擦力，这对老年人的安全很重要。

保龄球的重量和球孔的大小要适合老年人，否则，不但会消耗体力，影响成绩，时间长了拇指还可能出现变形。经常打保龄球的老年人最好备有自己的专用球，这样就能按照自己手指的粗细打孔，能有效防止运动伤害。

由于老年人的关节相对僵硬，容易发生韧带拉伤，因此最好不要练习一些有翻腕动作的球技，如“飞碟球”等。

运动量要依据老年人的身体状况而定，不宜过大，可间歇地稍作休息，一般 10 局左右即可。老年人在打保龄球的过程中，出球的瞬间，应该是平稳步速向前走，切忌急躁。

踏石摩脚健身法

踏石健身，就是赤脚踩在鹅卵石上的一种健身方法，是一种历史悠久的保健方法。古时人类在赤脚跳舞的过程中发现，脚踏在光滑的石头上可以刺激脚部穴位，对身体气血通畅起到了很好的帮助作用，达到全身保健的目的。

现代医学认为，脚部的保健对人体健康有很大的影响。由于脚远离心脏，位置又最低，常常要受到全身重量的压力，因此，容易出现供血不足和引起静脉回流的障碍。所以，如果能经常用橡皮“乳头”刺激脚掌的涌泉穴等穴位，则能使脚部的毛细血管扩张，血液循环加快，导致新陈代谢旺盛，对防治头痛、高血压、哮喘、耳鸣、消化不良、便秘及肥胖症等疾病有良好的功效。同时，对防治老年性下肢麻木、浮肿、风湿痛、冻疮等也有较好的效果。此外，踏足健身法还能够对大脑皮层产生良性刺激，可消除脑力劳动后的疲劳，治疗神经衰弱。

人长期赤脚踩在鹅卵石上有节奏地踩踏，可以使联系五脏六腑的穴位得到相应的刺激，从而达到经络畅通、血行通达、身体内环境高度和谐的效果。踏石还可以改善睡眠，增加食欲，身体变得轻便，保持血压正常。

日本东京大学竹之内教授通过深入研究，发现按摩脚心不但能治病强体，而且可以使皮肤白皙细嫩。他发现，副肾淋巴器官的色素沉着，会导致皮肤变黑变粗，而按摩脚心能增强副肾组织的机能，促使激素分泌，有效地消除色素沉着，使皮肤白皙细腻。这是因为脚心集中了与身体所有器官相关的经络穴位，只要适当地刺激脚底，就能大大刺激副肾组织，促使其分泌激素，从而使皮肤白皙和富有弹性。具体做法可因人因地而异：可以在室内赤着脚走路，使脚底经常受到刺激；也可以在浴缸、澡盆内放些沙子、鹅卵石，每天洗脚后用丝瓜筋之类粗糙的天然植物用力擦脚心，或于睡前用手按摩脚心直到发热。竹之内教授认为，这种"脚心美容"与化妆美容、药物美容、手术美容相比，根本的区别在于它是"治本"的美容术，具有养身促美容和"由内向外美"的特征，因为脚是"生命之根"。

踏石健身法对于男女老幼都是适合的。可买些鹅卵石用水泥固定在院子里，或制成1米见方可移动的踏石板，或用布袋装上鹅卵石，或将鹅卵石放在废弃不用的洗脚盆里，每天早晚光着脚一边听音乐，一边反复地随着节奏在鹅卵石上踩踏，每次20～30分钟。开始走时要慢，注意全脚着地，以利于脚底和卵石充分接触。在行走时大腿要比正常走抬得高一些，前脚踏稳之后，后脚再蹬石离地。随着锻炼水平的提高，可渐渐加快走步的速度以及踏地的力度。天冷时可穿上软底鞋或厚袜子进行。人的脚底有成千上万的神经末梢，与大脑紧密相连，用鹅卵石的凸出部位刺激双脚底，有较好的健身效果。

需要提醒的是，如足部发生过骨折或扭伤、骨折尚未愈合、关节和脚趾肿胀尚未消退、足部长骨刺和足底脂肪垫经常发生足跟痛、脚趾患过腱鞘炎的老年人不宜踏石，以免加重原患疾病；患风湿性关节炎、脉管炎及糖尿病足部坏疽的老年人也不宜踏石，患这些疾病者大多双脚血管弹性差，有不同程度的血液循环障碍，如果踩踏鹅卵石，足底受冷的刺激后反而会引起血管痉挛，使血液流动速度更加缓慢，从而加重血液循环，不利于足部及下肢的新陈代谢，加重原患的足部病变；骨质疏松、关节滑膜炎等骨关节退行性病变是老年人的多发病、常见病，这些病变在膝关节表现最为明显，关节面大多变得粗糙、不光滑，如果在坚硬而且凹凸不平的鹅卵石上长时间行走，反而会加重关节面的摩擦损伤，引起关节面充血、水肿等无菌性炎症，从而造成关节肿胀、疼痛、行走困难现象；双脚皮肤有损伤或患有足癣的老年人也不宜踏石，以免发生交叉感染。一些膝盖关节存在问题的人群，也不适宜赤脚踩鹅卵石，因为在不平的路面上走动，相当于锻炼平衡能力，而身体在不停晃动的过程中会对关节软骨造成额外的摩擦，结果加重磨损，导致关节炎加重。此外，踏石健身最好要穿着棉袜，锻炼结束后应随时清洗双足及袜子，保持双脚清洁，以免传染病发生。

利用轮椅健身法

轮椅，是下肢功能障碍者的生活自助具。轮椅操，是下肢功能障碍者健身的方法。这套轮椅操简便易行、科学实用，对增强下肢功能障碍者的体质，改善和提高他们身体各部分的功能，并使其肌肉得到锻炼，效果良好。操练方法如下：

1. 头颈运动。下肢功能障碍者坐轮椅，上身直立，目平视，手与前臂放在轮椅的扶手上。

(1) 头部运动。头部前低2次，2拍；头部后仰2次，2拍；头歪向左侧2次，2拍；头歪向右侧2次，2拍。共做2个8拍。

(2) 左右转头。头转向左侧、右侧各1次，2拍，做2遍；头转向右侧、左侧各1次，2拍，做2遍。共做2个8拍。

(3) 斜抬头。头斜向左前上方45度方向抬起，1拍；还原1拍，做2遍。再反方向重复1遍。共做2个8拍。

(4) 颈绕环。头自左向右绕环1周,4拍;再自右向左绕环1周,4拍。共做2个8拍。

2. 肩臂提绕。两臂下垂于轮椅扶手外侧。

(1) 提单肩。左肩上提,1拍;还原1拍,做2遍。共做2个8拍。

(2) 提双肩。双肩上提,2拍;还原2拍,做2遍。共做2个8拍。

(3) 绕单肩。顺时针左肩绕环2周,4拍;顺时针右肩绕环2周,4拍;再向逆时针方向做1个8拍。

(4) 绕双肩。两臂侧屈,手扶肩顺时针绕环1周,4拍,做2遍;再向逆时针方向做1个8拍。

3. 手臂屈伸、转。两臂下垂于轮椅扶手外侧。

(1) 手指屈伸。两臂下垂,两手握拳再张开,屈伸4次,4拍;两臂前平举掌心向下,手指屈伸4次,4拍;两臂上举,掌心向前,手指屈伸4次,4拍;两臂侧平举,掌心向下,手指屈伸4次,4拍。

(2) 手臂旋转。两臂下垂由内向外旋转4次,4拍;两臂前平举由内向外旋转4次,4拍;两臂上举由内向外旋转4次,4拍;两臂侧平举由内向外旋转4次,4拍。

(3) 手臂屈伸。两手握拳放于肩侧,1拍;两臂前平举,五指伸开掌心相对,1拍;还原,1拍;两臂上举掌心向前,五指伸开,1拍;还原,1拍;两臂侧平举掌心向下,1拍;还原,1拍;最后握拳的双手放下,1拍。共做2个8拍。

(4) 翻腕屈伸。两臂前平举,两手10指交叉,翻腕前撑,掌心向外,1拍;两臂屈曲,两手交叉收至胸前,掌心向内,1拍,各做2遍;两臂上举,两手交叉翻腕,挺胸抬头,1拍;还原,1拍,各做2遍。共做2个8拍。

轮椅健身法,坚持每日做一次,必有良效。

自制单杠健身法

找一根结实的铁棍、铁管或质地好的木棍,粗细以自己手能握实、拇指与食指能交叠为准,长度可视材料而定,但不得少于150厘米。然后将单杠两端绑牢或焊接在木桩、铁柱或水泥桩上,高度可以视练习项目而定。要注意的是选的材料一定要结实,装配要牢固,并且要经常检查,以免发生伤害事故。自制单杠健身的方法有:

1. 翻上。两手正握单杠(拳眼相对),一腿站立,另一腿后举;然后后举腿快速向前后上方摆起,站立腿随即用力蹬地与摆动腿并拢;同时双手屈臂用力引体,肩向后倒,腹部靠杠面,当身体翻转至杠上水平位时,两腿制动,抬头挺胸,翻腕撑杠成杠上支撑姿势。这个练习不仅能发展肩带及腰腹部力量,还能培养练习者适应回转能力以及在翻转过程中控制身体平衡和姿势的能力。腿经前向后上方摆动时,应屈臂引体,不能伸直两臂不引体。两腿举过杠面即抬头挺胸,否则不能完成翻上动作。

2. 宽握单杠双臂屈伸。背对低单杠,跳上呈背向支撑,两手正握(拳眼相对),握距要宽于肩;然后由臀部紧靠杠面开始,两臂慢慢弯曲,使身体下降至最低限度时,用力伸直,使身体恢复原背后支撑姿势。这个练习主要发展胸肌上半部力量。练习时,每组做6~8次,做4~6组。双臂弯曲,身体下降时,胸肌要充分伸展。整个动作稍慢。此外,还可以用窄握单杠做这个练习,做法一样,但对发展胸肌下半部和胸肌外部有明显效果。

3. 宽握单杠颈后引体向上。两手正握单杠呈悬垂，握距是自己肩宽的一倍；然后引体向上，直至颈部靠近杠面再还原悬垂姿势。这个练习主要发展背阔肌和三角肌的力量。练习时，每组做6～8次，做4～6组。要尽可能加宽握距以加大三角肌的负担。还原动作要慢。不能借助摆动身体的力量来做。

4. 宽握单杠引体向上。两手正握，尽量宽握单杠，身体自然悬垂，两小腿交叠；然后双臂用力屈，将身体向上引，直至下颌超出杠面。这个练习主要发展三角肌群力量。练习时每组做6～8次，做4～6组。引体时，不能借助振浪和摆动助力引体。还原时稍慢，并伸直手臂。

5. 悬垂举腿。两手正握单杠，握距与肩同宽，身体自然悬垂；然后做收腹举腿动作，腿举至接近或靠上杠面。稍停后控制速度还原重做。这个练习主要发展腹肌力量。练习时，每组做8～10次，做4组。以后逐渐增加到每组15次左右。做动作时，节奏稍慢，不得摆动助力。

6. 单杠悬垂屈体绕环。两手反握杠，握距稍宽于肩，身体自然悬垂。然后慢慢收腹向上举腿经两臂间穿过直至向后成屈体悬垂，稍停后再复原悬垂姿势。这个练习主要发展腹肌和肩带肌群的力量。练习时，每组可以做10次左右，做4组。在做动作过程中，两臂要始终伸直，不能借助屈臂的力量。向后屈体悬垂时身体应尽量下落。

利用飞盘健身法

飞盘是一项很有趣的健身活动，由于投掷飞盘需要掌握一定的力学原理和技巧，所以飞盘会给锻炼者带来一种新奇、愉快的感受。飞盘运动设备简单、场地随便、趣味性强，经常玩飞盘的人不但可以增强体质，而且可以使人变得反应灵敏，增进智力和目力。

握飞盘的方法是用食指沿盘边伸直，手掌贴近盘边，中指自然伸直，无名指和小拇指弯曲抓盘边的里侧，大拇指自然地置于圆盘表面。

投掷时，右肩(以右手为例)正对投掷方向，手腕弯曲，充分卷入圆盘，身体转向左侧，右脚踏出，以肘为轴，挥臂投盘。此时，手腕敏锐地返回，以手腕的抖动动作，作圆盘旋转。圆盘出手后，最好将手臂伸直，食指正对投掷方向。其他的投掷方法有低手投、拇指拨击投、侧投、高手投等。

接飞盘时，手充分张开，在身体的正中间接。飞盘旋转能力强，接盘时一定要看准，动作要迅速果断。其他的接盘方法有单手接、迎面接、腿间接、背后接等。

为了使飞盘健身活动更有趣，可以在抛接双方中间设一个铁环，要求抛出的飞盘必须穿过铁环；也可以用网或画线等方法做目标。以抛接失误多少或中目标多少来评定胜负。

利用桌椅健身法

经常坐办公室的人，工间休息时应利用桌椅做一套健身操，以促进血液循环，增强关节、肌肉和韧带的力量，对于防止关节疾病和下肢静脉曲张也有一定作用。

桌椅健身法一

1. 全身放松，两眼平视，注意力集中。身体挺直，做一次深呼吸，腹肌内收，保持这种姿势 1～2 秒钟，重复 7～8 次。

2. 两脚用力撑地，保持 10～12 秒钟，重复 5～7 次。

3. 用力收缩臀肌，借力把身体从椅子上微微抬起一点，保持这种姿势 4～6 秒钟，连续做 6～8 次。

4. 两手在身体两侧撑住座椅面，尽量把身体抬起，保持这种姿势 3～4 秒钟，重复 7～8 次。

5. 伸直身体，两肩尽量向后用力，使背肌紧张，保持这种姿势 4～6 秒钟，然后放松，连续做 3～5 次。

6. 把手放在桌上，用力压桌面，保持紧张状态 5～7 秒钟，重复 5～7 次。

7. 坐在椅子上，双手五指交叉，翻转手腕，手掌朝上放在头顶，连续向上举 20 次。

8. 上身挺直，靠在椅背上，将左侧手臂和腿伸直，抬起做旋转运动，然后做另一侧，每侧旋转 15 次。

9. 两脚分开，与肩同宽。双手抱头，左右交替做体侧屈。每侧 15 次。

10. 双手放在腰部，一只脚放在椅子下，另一只脚向前伸直，两脚交替前后移动 20 次。

11. 两脚分开，与肩同宽，双手五指交叉，手臂前平举，以肩为轴，做旋转运动 20 次。

12. 靠在椅背上，双腿伸直，双手支撑在座椅上，两脚在地上做旋转滑动 20 次。

13. 双手抱住右膝，尽量触及胸腹部，然后做另一侧。每侧 15 次。

14. 两脚分开，与肩同宽，双臂前平举，然后左转体，双臂呈侧平举，再做另一侧。每侧 10 次。

15. 站在椅子后面，两脚分开，与肩同宽，双手扶住椅背，做下蹲 20 次。

16. 背靠着椅背站立，双手后伸扶椅背，向前挺胸挺腹，重复做 20 次。

17. 靠在椅背上，两臂侧平举，同时将两脚分开，两脚不离地，重复做 20 次。

18. 站在椅子后面，右手扶椅背，向左转体，左臂侧平举；再做另一侧。每侧 10 次。

19. 站在椅子后面，双手扶着椅背，两腿左右交替摆动 20 次左右。

20. 站在椅子后面，双手扶着椅背下蹲 20 次。

桌椅健身法二

1. 颈部运动。(1)伸颈运动。将头后仰，双眼直视天花板。(2)屈颈运动。双眼注视胸前纽扣，下颌几乎可触及胸骨。(3)颈侧向运动。头向右或向左侧摆，同时耸肩，使耳垂触肩为止。(4)颈旋转运动。头向右或向左旋转，使下颌能触及肩。

2. 腰部运动。(1)屈腰运动。把座椅推离写字台，伸直双臂，慢慢弯腰，使手碰到脚趾，然后慢慢地恢复原状。(2)伸腰运动。把座椅推近写字台，迫使肚脐紧贴脊柱，或双手向后将椅子的靠背抱着，双肩后挺。(3)侧向旋转运动。把一支钢笔放在座椅侧面地上，然后侧身弯腰慢慢拾起。

3. 腹肌运动。双腿伸直靠拢，然后将双下肢向上抬高，使脚趾能触及写字台的下面，再放回原处。

4. 下肢运动。(1)张髋运动。两足张开，使左右脚趾能碰及近身侧左右桌脚，然后向中央靠拢。(2)伸膝运动。轮流伸直左右膝。(3)举腿运动。举一腿离地，放下，再举另一侧腿。

5. 放松运动。(1)腰部放松运动。用坐垫顶住腰背部,背部后伸,双手自然下垂。(2)下肢放松运动。桌下放一小凳,两脚轮流放在上面。

这套健身法可使全身各系统、组织得到锻炼,具有增强体质、提高人体免疫力的功效。

桌椅健身法三

1. 热身运动。开始时先做一次或者多次这种运动,使血液运行,肌肉柔韧,不致在体操时拉伤。

(1) 坐着,脚尖着地,脚跟提高,脚尖尽量收向椅子;再将左腿尽量远伸,尽量使脚跟向前,脚尖向自己。复原。放松。右腿做同样动作,然后两腿一起再做一次。整套动作做4次。

(2) 坐着,双足并排,脚尖向前;抬右腿向胸,两手抱住小腿。复原。左腿照样做。然后抬起双膝,两手抱住两条小腿。复原。抬起上身,直至臀部刚和座位分开为止,再向脚尖弯身。复原。放松。整套动作重复5次。

(3) 坐着跑步,每一步都将脚跟尽量提高,弯曲手臂,像走路时一样随脚步前后摆动。做1~3分钟。

2. 加速血液循环运动。为了使运动的肌肉获得营养,可用以下1种或2种办法促进血液循环:

(1) 屈肘使右前臂向上,左膝向右肘提高;复原,改用右膝和左肘做同样动作。整套过程重复15次。

(2) 座位上障碍滑雪。坐着,两脚脚跟尽量向右,两手也同放在右边;提起脚跟,将脚跟和两臂同转至左边,做30次。

3. 腹背肌肉运动。这些运动可增强支持背部与脊骨挺直的肌肉,帮助养成良好坐姿,防止下背发生毛病。

(1) 尽量收缩腹部,但继续照常呼吸;身躯前俯,同时跷起脚尖,脚跟着地;把脚尖放回地面,放松腹肌,直起身体。重复30次。

(2) 松弛地坐着;尽力将腹肌收紧。保持这种姿势7秒钟。放松休息7秒钟。重复8次。

(3) 松弛坐着,两肩下垂;集中力量收紧下背肌,挺直背部。保持这种姿势7秒钟。放松休息7秒钟。重复8次。

4. 肩关节运动。这些运动能润滑肩关节,有助于防止上背僵硬和疼痛。

(1) 坐着,放松双肩;尽量推右肩向前,然后推左肩向前。复原。放松。双手互握,两臂伸出向上举起,并向后越过头部;手心向上,轻轻向上推伸。重复8次。

(2) 有节奏地轻轻转动肩膀,像画大圆圈那样。顺时针方向和逆时针方向各做10~15次。

5. 脚部运动。这些运动润滑足踝关节,帮助防止腿脚肿胀和腿肌僵硬。

(1) 脚跟离地,跷起脚尖,双足画圆。每一方向重复做15次。

(2) 坐着,手肘搁在膝上,身向前屈,全身重量压在膝上,脚跟尽量提高;放下脚跟,跷高脚尖。重复30次。

6. 手部运动。这项运动润滑手指易患关节炎的部位,帮助防止手指肿胀。

掌心向下，紧握双拳；把双手尽量翻转并伸展手指；双手回复原来姿势。重复15次。

7. 头部运动。用这些运动，使脊骨上部灵活，减除引致头痛的紧张。

(1) 低下头，下颌贴着喉咙；保持下颌贴着喉咙，仰头向后；再把头尽量朝右转，然后点头3次；再向左做同样动作。重复整套动作10次。

(2) 右手放在右耳上方抵住头部；头向右靠，用手轻轻推挡。还原；左手抵在左耳上方重复这项动作。整套动作做8次。

8. 呼吸运动。在觉得紧张焦躁时，试做这项运动。端坐，尽量放松。运动横膈膜均匀地轻轻做深呼吸。这个方法在吸气时填满胃部，是积极的动作。慢慢呼气是消极的动作，直至空气全部呼出为止。让身体进入完全放松的状况。重复5次。

此项运动能促进血液循环，调节心脏的供血机能，有利于消除因思想高度集中而引起的局部肌肉疲劳，防止高血压，增长体力，减慢衰老过程。做此项运动时，活动了人身各部的大小关节，使关节的灵活性增加，同时全身肌肉都参加运动，使骨骼肌肉血液循环得到改善，消除疲劳，还可以预防腰背酸痛等病症。

桌椅健身法四

1. 将座椅离开工作台或办公桌，双手平伸，慢慢弯腰，接触脚尖，复原。重复这一动作，做10次，休息片刻。

2. 将座椅贴近工作台或办公桌，收腹，肚脐内吸，脊柱直立。

3. 将一支铅笔平放在座椅左侧，伸左手，弯腰向左侧慢慢拣起铅笔，复原。再放下，再拣起，做5次。改变方向，同样动作，向右侧，做5次，复原。

4. 足踝、手腕做向内、向外旋转运动各5次；颈部做向左、向右旋转运动各5次，复原。

5. 双腿抬起平伸，伸直，双手放腿上，停留3分钟，双腿着地，休息片刻，重复上述动作再做一次。复原。

6. 坐办公桌前，双手放在桌面上，双腿在桌下，举起左腿离地，放下，换举右腿离地，放下。往复各做10次，复原。

7. 耸动双肩，头向后摆动，做10次，复原。

为了克服久坐引起的弊端，可采取一些补救措施。

(1) 做一个方形靠垫，放在椅背上顶住腰部，防止脊柱弯曲。

(2) 桌子下面放一只10厘米高的小木凳，坐久了，将两脚放在凳上，能消除一些疲劳。

(3) 坐一段时间，站起来散散步，活动一下肢体，再继续工作。

(4) 如条件允许，在室内或工作间坐一段时间，站起来到窗前或室外呼吸一下新鲜空气，再回室内坐下继续工作。

桌椅健身法五

1. 双脚分开比肩宽，距椅背约1米多远，弯腰，使上体与下肢呈90度角，双手扶住椅背，上体反复上下振动，使肩关节和肩带的柔韧性提高。

2. 手臂力量差的人可以手撑椅背做俯卧撑。手臂力量强的人，可以把脚搁在椅子上，以手撑地做俯卧撑。或者做背撑运动，即背向椅子，双脚距椅子约1米远，双手撑住椅子，肘关节做屈伸运动，以此提高上肢力量。

3. 侧坐在椅子上，使椅背在身体的一侧。以尾骨贴住椅面，做两头起。也可做静力练习，即收腹维持上下体的元宝状，以提高腹肌力量。

4. 马步站桩。双脚分开，与肩同宽，背向站立在椅子前；然后做半蹲状，椅子此时正可作为参照物，即半蹲时臀部不能触及椅子，并努力保持该姿势，以增强下肢力量。利用椅子马步站桩还有个好处，就是坚持不住时，能正好就势坐下。

5. 单足蹲起。手扶椅背，单足支撑，反复做蹲起运动，以提高腿部力量。

6. 面向椅子，距椅子一大步远，一脚踏在椅子上，使两腿成弓箭步，上体向前下方振动，以便拉长大腿后部肌群；再交换另一只脚踏在椅子上，做相同的动作。也可以一脚搁在椅子背上，做压腿运动。

桌椅健身法六

1. 全身放松，上体直立坐于椅上，双臂自然下垂，头部先前倾，后仰、左右转倾，再从右至左转动一圈为一次，第二次反方向转动，各转 3 次。

2. 双臂伸向体后，十指交叉，掌心向外，两臂尽量后伸，胸部展开，保持该姿势 3～5 秒钟。

3. 坐在椅子前端，两腿屈前伸支撑，两手撑扶椅座两侧，尽量伸展腰部和扩展胸部。

4. 正坐在椅子上，扭转上体，先向左转再向右转，各转 10 次，转动幅度要大。

5. 坐在椅子上，双手抱单腿屈膝，使大腿贴近胸部，停留片刻，放下再换另一条腿，各抱 5～10 次。

6. 正坐在椅上，两眼目视前方，双手抓扶椅座，两腿伸直向上抬起与地面平行，脚尖绷直，停留 3～5 秒钟后将腿放下，然后再继续举腿，做 5～10 次。

7. 上身保持正直，双手扶在椅子两侧，一只脚着地，另一只脚抬起并且脚尖绷紧，用大腿以及腹部的肌肉带动腿部做上下摆动的运动，练习时注意双膝不要弯曲，重心应一直保持在椅子的中心位置，以免椅子歪倒。腿部上下摆动计 1 次，摆动 15～18 次换另一脚练习。

锻炼者可以利用空闲时间每天做 1～2 次。此法不仅能使长时间伏案低头、弯腰弓背的紧张状态得到放松，消除局部疲劳，而且还可锻炼腿部肌肉、腹肌、腰肌等，增强身体的平衡能力。

桌椅健身法七

1. 全身放松，两眼平视，注意力集中。身体挺直，做一次深呼吸，腹肌内收，保持这种姿势 1～2 秒钟，重复 7～8 次。

2. 两脚用力撑地，保持 10～12 秒钟，重复 5～7 次。

3. 用力收缩臂肌，借力把身体从椅子上微微抬起一点，保持这种姿势 4～6 秒钟，连续 6～8 次。

4. 两手在身体两侧撑住座椅面，尽量把身体抬起，保持这种姿势 3～4 秒钟，重复 7～8 次。

5. 伸直身体，两肩尽量向后用力，使背肌紧张，保持这种姿势 4～6 秒钟，然后放松，连续做 3～5 次。

6. 把手放在桌上，用力压桌面，保持紧张状态 5～7 秒钟，重复 5～7 次。

此法非常适合办公室女性一族健身，有利于解压，更好地保持身心健康。

利用手杖健身法

手杖健身法是依据老年人的生理特点和心理特点，以及持有"手杖"这一特殊条件，综合人体部分基本活动技能，并选用部分有健身作用的劳动和练功动作综合而成的健身方法。此法能够比较全面与系统地锻炼和陶冶老年人的身心，使人体的头颈、躯干、四肢等各部位及呼吸、运动、血液循环和中枢神经等各系统都得到适当的锻炼，加强各关节部位的活动，起到调节生理机能、促进血液循环、增强体质和愉悦情感的作用，达到延年益寿的目的。

1. 手杖画圈健身法。手杖画圈健身运动，可以锻炼老年人的腕、臂、腰、背、腿等部位的肌肉、关节，并提高心脏功能，对预防老年人的痴呆有一定的作用。练手杖画圈前，要做些准备活动，如散步10分钟，伸伸腰，拉拉胯。开始时，右手持杖，手臂上抬，使手杖平直前伸，用手杖前端画圈。接着将手臂斜向上举，使手杖指向斜上方，用手杖前端画圈如前；然后放下手臂，双手握住手杖，使手杖指向前下方画圈；最后，双臂平伸向前，使手杖垂直于地面，双手握住手杖画圈。每个动作10～20次。两手交替进行。大约15分钟。

2. 拉杖锯木健身法。双脚分开，两手握杖横于体前，右脚内扣，左脚外展，向左转体90度，随之左脚向前出步，同时两臂随转体举杖横于体前；左脚向前下蹬地，上体后撤，身体重心后移，同时两臂用力后拉，直至两臂屈，上体仰，右腿屈，左腿蹬直，脚掌跷起，将杖拉至胸前；右脚蹬地脚跟提起，身体重心前移，左腿屈膝，成左弓步，同时两臂轻柔地将杖向前推送，上体随之前俯，一拉一送为一次，共做9次。接着再做右腿在前的动作。

3. 拖杖锄田健身法。双脚分开，两手握杖横于体前，身体左转，重心右移，两手握杖向右后挥摆，目视前下方；向前下挥锄，右脚蹬地，左脚向左前迈出半步，身体重心前移，上体前俯成左弓步，同时两手顺势将杖向左前下方挥出，眼看锄的目标；向后拉锄，左脚蹬地，重心后移，同时两臂用力向后拖拉手杖（杖不触地），直至左腿蹬直，重心移到后腿，屈膝，脚蹬着地，左肘靠近身体，眼看右手为止。前挥与后拉动作连续做3次，并且每步3次挥拉中，各次前挥的目标（假设的锄地点），是自左向右成扇面形排列。接着再做右腿在前的动作。

4. 挥杖扬场健身法。双脚分开，两手握杖横于体前，以左脚跟、右脚掌为轴，向左转体90度，身体重心后移，左脚跟提起，目视杖下端方向；然后右脚蹬地，左脚向前趋步屈膝，身体重心前移，右脚随即跟进，同时两手合力向前下推送手杖；左脚蹬地，上体抬起并稍后仰，同时两臂用力将杖向左上方挥扬，当右手齐肩、左手过眼时，右手握杖下压，左手抖腕上挑，两者合力。接着再做右腿在前的动作。

5. 摇杖行船健身法。双脚分开，两手握杖横于体前，以左脚跟、右脚掌为轴，向左转90度，身体重心后移，同时两手持杖于体前；右脚用力而快速地向后下方蹬地，脚跟提起，左脚向前跨出一大步（踏地时脚跟先触地），上体前倾，同时两臂自下向上、向前，绕身体横轴做摇橹动作。在两手持杖摇到体前方最远处时，两臂用力向下、向后拉引，同时右腿屈膝，脚掌拖地跟进，在右腿跟进的同时，两手持杖也摇至体前下方最低处，此摇橹行船动作共做9次。接着再做右腿在前的动作。

6. 抡杖健身法。双脚分开，两手持杖体前，左脚蹬地脚跟提起，身体重心右移，两手向右上方举杖，目视左下方；右腿屈膝下蹲，左脚向左趋地伸出成仆步，同时身体重心下降，两手持杖自右上向前下挥摆，上体稍前俯；接着右腿蹬伸，上体左移，成左腿屈膝下蹲的仆步姿势；右脚蹬地，重心左移，身体起立，右脚拖地跟进，同时两手握杖自下向左、向上逆时针绕身体纵轴弧形挥摆至头上方，目随杖移。在两手持杖自上向右挥摆至右上方时为1次，共做9次。接着再做右腿在前的动作。

7. 拎杖健身法。以左脚蹬地，右脚掌为轴，向左转体90度，同时两手将杖移至左肋处，左手移至握杖身的重心处，身体重心后移，左脚掌点地，目视前方；接着左、右脚依次向前迈步，同时两臂随之向前、后做自然、轻松、柔和的展翅飘飞动作。左、右脚各迈一次为1步，共前进9步。接着再做右腿在前的动作。

用保健锤健身法

家中备上两把保健锤，在闲暇或看电视时用保健锤往身上酸痛不适的地方敲敲，可起到通络止痛的作用。如果经常用保健锤敲敲肩部能防治颈椎病，敲敲背部及胸部还能激活免疫细胞，增加抵抗力，起到有病治病、无病防病的效果。

1. 敲脚掌法。人的足底有几十个脏器的投影反射区。如脚底为胸腹部各脏器反射区，足跟为臀部坐骨神经反射区，脚外侧分别为肩、肘、膝关节反射区，脚心称之为“第二心脏”。涌泉穴是人体的主要穴位之一，位于前足心，即足底前1/3正中凹陷处。经常用保健锤敲打刺激涌泉穴，能使局部血管扩张，末梢神经兴奋，血液循环加快，新陈代谢增强，有滋阴降火、安神明目、增进睡眠、调补肝肾气血，防治头痛、心脑血管病、高血压、感冒和颈椎病等功效。敲足底的方法是每天睡前可边看电视边敲双脚底。先敲两足心涌泉穴各150下，然后敲足底四周(包括足跟、足两侧)各150下。每天晨起可用拇指擦双足涌泉穴各100下。

2. 敲足三里法。足三里是人体的又一强身要穴。常敲刺激足三里，利脾胃、调气血、通经络、补虚弱、扶正培元、祛邪防病，具有促进消化吸收和增强免疫力的功能。足三里位于膝下3寸、胫骨外侧一横指处。敲足三里的方法是，每天睡前用保健锤对足三里穴各敲100下，如患有慢性结肠炎和胃病者可适当多敲。还可用手指按压该穴，每次50下。还可兼敲两小腿肚各150下。敲打小腿肚不仅感到舒服，消除疲劳，对恢复体力有立竿见影之效，而且能疏通经络气血、滑利关节、促进血液循环、改善局部组织营养作用。此两处在空暇时可随时捶敲。

3. 敲手掌法。人的手心部位有39个穴位和几十个病理反射区。如位于拇指上的鱼际穴，称为“胸腔呼吸区”。手掌两侧肌肉即大、小鱼际之间和小鱼际上各有一个能防癌的反射区。手心中央是劳宫穴，以劳宫穴为中心的2分硬币大小区域为心包区。手心经络联系着内脏，刺激手掌能疏涌气血津液，调节脏腑的功能，达到防病、强身保健的目的。敲手掌的方法是，每天早、中、晚对双手掌心劳宫穴各敲100下，再敲整个手掌各100下。平时还可用大拇指按压劳宫穴。

4. 敲大椎和肩井法。经常捶敲刺激这两处左右上下周围的肌肉组织能促进血液循环，防治肩颈综合征。敲大椎和肩井的方法是，捶敲两肩井和大椎周围的肌肉组织(包括后颈脖)，共敲打3分钟左右，每天至少在早、中、晚各敲1次。颈椎病和肩周炎患者可随时进行捶敲。每次敲后立即会感到轻松舒适，疼痛随之减轻，如再适当加以按摩则效果更好。

5. 敲胸背法。双脚分开站立，两眼微闭，意想心、背部，双手握空拳右手转向打胸部，左手转向打背部，反复交换双手锤打胸、背部60～100次。可防治心、背疾病。

6. 敲双腿法。双脚分开站立，两眼微闭，臆想腿两侧，双手握空拳下蹲，锤打双腿侧部。锤打60～100次。可保健全身。

双脚分开站立，两眼微闭，意想双腿，双手握空拳交替锤打双腿，意想足三里，锤打50～60次。可健双腿。

7. 敲双臂法。双脚分开站立，两眼微闭，意想双臂，双手握空拳交替锤打双臂，锤打50～60次。可健双臂。

保健锤最好备有2把(一般为木制品)，小的直径为3.5厘米，宜夏季用；大的直径为4.5厘米，冬季穿衣较多，宜冬天用。捶敲的力量要适当，以敲之舒适有效为度。

利用矿泉水瓶健身法

天生长不胖的体质，其实就是新陈代谢快、肌肉质量较高的健康的体质。只要经过规律的锻炼，也能变成长不胖的瘦人体质。

1. 身体保持正直，将单臂正握矿泉水瓶置于大腿中间，手臂伸直，上体应略前俯；将意念集中在肱二头肌上，运用肱二头肌收缩力将大瓶矿泉水向上拉起至肩前的位置，并停顿约1～2秒钟；再换为右臂。左右各10次，共做3组。

2. 两手握牢矿泉水瓶放于身体两侧，上体保持正直，挺胸收腹准备做水瓶上举动作(瓶盖要拧紧)，以肩部肌肉发力将水瓶上提至头部两侧；再以肩部肌肉发力将水瓶从正上方推起，停顿1～2秒钟。每组10次，共做3组。

3. 两腿直立，挺胸收腹，两手正握水瓶水平置于胸前，然后持水瓶向上举起，直到手向上完全伸直。静止3～5秒钟，再直臂慢慢放下还原。

4. 两脚自然分开下蹲成马步，两手握水瓶，下垂于身体两侧，然后直臂向侧上方举起，直到双臂向上完全伸直，在齐肩和最高点都停留3～5秒钟。

5. 两足分开，向前屈体90度，两手握水瓶手臂直垂肩下。然后直臂从前平举起水瓶，直到与地面平行，静止3～5秒钟，再还原。

6. 两脚自然分开下蹲成马步，两手反握水瓶，置于身侧。然后将水瓶尽量向后上方抬起，静止3～5秒钟后还原。

7. 坐凳子上，小腿垂直地面，两脚钩住水瓶，小腿与大腿成90度角。然后伸直膝关节，使小腿向上挺直。静止3～5秒钟后还原。

8. 俯卧于地或垫，两脚踝托住水瓶，然后尽力把小腿向后抬起到最高点，静止3～5秒钟后还原。注意，双腿要一直保持并拢直立。

9. 用两个未开启的矿泉水瓶作哑铃，平行往上举，但要记住做时上臂紧靠躯干，固定好用二头肌的力量收缩二头肌，以增加手部力量。15个1组，做3组。

10. 站立，手拿两个矿泉水瓶作哑铃，膝关节微弯，塌腰，挺胸翘臀，依靠背部力量将矿泉水瓶用手向上提拉，同时肩部内收。做12下为1组，做3组。常做既能锻炼背部，还能减少背部脂肪，修饰背部线条。

11. 手掌向上握水瓶，做从自然下垂到向上抬起动作，然后手掌向下握水瓶，做从下到上的运动，各做25次。可锻炼腕屈肌，增强手腕力量，防治腕关节骨质增生。

12. 双手握2只矿泉水瓶，双手轮换着向上举；将小臂绕过脑后，伸向后背，另一只手由腰间向后背够去，让双手扣在一起，如果做不到也没关系，尽力就行。

做以上动作时要注意配合呼吸，在准备动作时深吸气，下落或完成动作时呼气。每个动作以及水瓶中的注水量可根据各人的体质和训练程度进行调整。

利用方凳健身法

方凳健身法是一种简便易行的锻炼方法，主要器材就是每家都有的木制方凳。

1. 两手伸直抓握方凳于腹前，尽量高举，然后将方凳平稳放下。这一练习主要是用来增强肩部肌肉群。

2. 右手抓凳，两臂同时向两侧张开，然后于胸前合拢；再换左手进行，动作相同。这一练习主要是用来增强胸部和肩部肌肉群。

3. 眼睛直视前方，挺胸收腰，双手持凳，使凳面紧贴后背；两臂弯曲，尽量将凳子上提，然后手臂伸直，凳子移落原位。注意要握紧凳子，使凳面紧贴背部上下移动。这一练习主要是用来增强肩部肌肉群，以使上体更加挺拔。

4. 两脚叉开，双手各抓住一条凳腿，两臂弯曲成 90 度，将凳子上下移动。这一练习主要是用来增强前臂肌肉群。

5. 坐在方凳上，两脚钩住固定物，两臂交叉于脑后，上体后倒至水平位，然后再缓慢抬起上体；当上体抬至与地面成 45 度时迅速向左右转动。这一练习主要是用来增强腹部和腰部肌肉群。

具体在操练时，可根据各人的身体素质来选择项目及运动量，一般每个动作要重复进行 10～15 次。动作要力求规范准确，不要屏气。

利用枕头健身法

现代女性，都希望自己拥有美好的身形，而健身不失为一个好的减肥方式，借以减肥和改善体形体态，提高灵活性，增强韵律感。睡觉时善用枕头，也能塑造完美身材。

1. 用棉布缝制一个长约 1 米、直径约 35 厘米的布口袋，用棉絮或海绵填充，做成一个椭圆形的长枕。睡眠时应侧卧，双臂抱枕，长枕下段可垫在大腿下面，这样不仅可以改善睡眠，还可以减轻上肢关节的“晨僵”现象，预防和治疗关节炎。

2. 身体跪坐于床上，上身挺直，背部保持紧张，双臂弯曲向后抱住枕头。挺胸抬头，双肩带动两臂用力向后伸展。

3. 身体右侧卧，将枕头放于腰下，腰部用力，不要贴到枕头，右臂垂直弯曲，支撑上半身重量。两腿伸直，慢慢抬起左腿，反复 10 次。改变侧卧方向换右腿。此动作能很好地训练腰部肌肉，减掉多余脂肪。

4. 仰卧，双腿夹住枕头上抬，腰腹用力，协助双腿将身体向上抬升，注意防止枕头滑落。双手用力撑地，腿慢慢放下。这是减去肚脐以下赘肉的最佳体操动作。

5. 俯卧，腹部垫上枕头。双臂向两侧伸直，用力抬起头部，感觉贴上后背。充分伸展颈部、胸部和腹部，不仅感觉轻松，而且具有塑胸作用。

6. 俯卧，腹部垫上枕头，两手支撑下颌部位，双腿伸直后，单腿用力抬高，双腿交替进行。此动作可增加腿部力量，塑造完美腿形。

7. 俯卧，双手支撑下颌部位，腹部垫上枕头，双腿向上屈膝，双脚击掌。此动作能够减掉大腿内侧赘肉。

8. 俯卧，枕头放于手臂下，用手臂力量撑起上身，两腿并拢伸直，左腿尽可能向上抬起，臀部用力。做5次后换右腿。此动作能紧实臀部肌肉，让臀部自然上翘。

9. 双手抱一个枕头，脸侧着贴在枕上，双肩保持水平，胸部不要放在枕上，臀部则与床垂直方向，保持上面的腿水平伸直，尽量拉伸腿部肌肉，下面的腿自然弯曲，脚放在上面腿的下方。看电视或者睡觉时，这个姿势都是最舒服的。

10. 每天睡前平躺在床上，在肚脐上方放一个1500克左右的小枕头，用力吸气时把小枕头顶起，然后呼气把枕头放下去。刚开始每次练习2～3分钟，逐渐增加到每次5～10分钟。

利用毛巾健身法

1. 做毛巾操。工作繁忙，经常感到肌肉疲劳、疼痛。若能每天抽出15～20分钟做以下毛巾操，不但可以强健筋骨，而且可以恢复体力，使身体保持最佳状态。毛巾操，只需要一条毛巾就可以操练。

站直，高举双手抓牢毛巾，拉直；右脚踏前左脚在后，这是双臂操练法。

保持身体挺直；右脚向前，拉直的毛巾放到颈后；升上，吸气；放下，呼气。连续做8～15次。再换左脚，做同样操练。

屈身，头向前，臀部向后，右脚向前呈90度角，左脚微弯。这是双脚操练法。

把毛巾箍在右脚鞋头，用力向上拉时吸气，放松时呼气。重复动作，连续8～15次。然后转换左脚做同样操练。

上身挺直，右脚向前，左脚置后；在腰部拉紧毛巾，向右转动上半身。连续做8～15次。然后，转换左脚向前，右脚置后，向左做同样的动作。

2. 用毛巾擦背。日本专家指出，用毛巾擦背有防癌的功效。当用毛巾摩擦皮肤后，受到刺激的组织细胞就会活跃起来，进入血液循环，并逐步发展演变成为网状细胞，网状细胞具有免疫功能。经常擦背促使肌体保持旺盛的免疫力，能达到防癌的效果。每日临睡前用热毛巾擦背（如洗澡状，即用两手扯着毛巾的两端在背部来回不停地擦），每次约2～10分钟。一年四季均不间断。

3. 用毛巾干擦皮肤。将两手搓热，或用干毛巾常擦周身皮肤，状若沐浴，可舒筋活血，抗衰防病。

洗澡时，有意识地用毛巾擦全身各个部位，可使全身经络畅通，血液循环加快，精力充沛。

4. 用毛巾使肩膀变得轻松。拿一条长毛巾放在身后，两手各拽一头，一手在上，一手在下，像搓澡一样上下运动，动作可由小到大，每天做几次，有助于改善肩周炎的状况。

操练健身篇

常练站桩健身法

站桩是一种简便易行、效果非常显著的健身法。站桩就是通过静止的站立使人像深扎在地下的桩那样稳固。它以静求动，养气练气，使气清而平和，气血在周身活而畅达。站桩时的人静能使大脑皮层处于保护性抑制状态，发挥自身固有的调整和修复内脏的功能，使功能紊乱变为正常有序。站桩对神经、血液循环、消化等系统的疾病防治效果尤为显著。正因为如此，它被人喜爱，在国内广为流传，是一种较为理想的强体健身法。

1. 调身法。抱球式。两足平行分开，与肩同宽，自然站立；头部正直，似有线上提，似顶非顶；下颏微收；舌自然置放，不抵上腭；双眼轻轻闭合；双肩自然下垂，不可耸肩；双手慢慢移至胸前，高与肩平，距离约30厘米，手心向内呈抱球状，手指分开而微曲，两手约离两三拳远，腋下虚空，胸背自然垂直，心窝微收；伸腰沉胯，臀部略向后坐；双膝微曲，不过足尖；足心自然涵虚，足趾似有抓地之意。以上这些要求不可刻意追求，应在自然中逐步形成，最终达到全身舒展、微有挺拔之势。

扶按式。保持上述抱球式，而后两手翻掌，手心向下，缓缓下降到与腰带同高的位置，两手间的距离与肩同宽，手掌似乎轻轻按在水中漂浮的木板上，重心稍偏前掌，身体略前倾。

休息式。同抱球式，只是两臂自然背于身后，两手背腕关节置于腰髋部，双手五指自然分开，如各握一小纸球状。

2. 调心法。抱球式。设想胸前怀抱一个极薄的纸球，若用力抱纸球会瘪，若无心抱则纸球会飘去。要求似用力而非用力，纸球既不会瘪也不会跑掉。注意：力当以双手臂和胸腹来感受这个球的存在，用意念而不用力。

扶按式。设想双手扶按漂浮在水中的木板，稍觉用力按时，身体略有向上伸拔之意，木板则下沉；双臂放松不用力时，木板浮起，身体似略向下坐和回缩，随手下的木板起浮，体会周身的伸缩吞吐之势。注意：这一切仍须用意念而不用力去做，不可露于外形。

休息式。设想身处海边，两脚如踩在松软的沙滩上，全身沐浴于温暖的阳光下，微风吹拂，心旷神怡。双手所抓的纸球既不紧也不松，抓之用意念不用力。

3. 调息法。无论取上述何种姿势，均要求自然呼吸。既不提气，也不沉气。可以鼻呼鼻吸，也可以鼻吸口呼或口鼻同时呼吸。久而久之，呼吸自然达到深长柔细，也会自然形成腹式呼吸，此过程不可人为造作，要自然形成。

4. 抱住健康法。“两手往胸前一抱，静静地站着”，这个动作在武术里叫做“站桩”，用在养生上称为“抱住健康”养生法。“抱住健康”养生法非常简单，随意地站立，不要加意念，双手在胸前环抱，全身放松下来，想些愉快高兴的事就可以了。锻炼“抱住健康”养生法，既节省时间又不占地方，看电视时可以做，聊天时也可以做。

“抱住健康”养生法的原理就是刺激人体的经络，兼具人体经络穴位的众多养生功能，做多了以后，就会感觉头顶上有一根线悬着，这就调动了头顶上的百会穴；两手掌相对的环抱状态正好调动了手心的劳宫穴，脚掌站立状态还调动了涌泉穴。让补心的劳宫穴和养肾的涌泉穴两大要穴都起作用，所以练“抱住健康”养生法时往往手心脚心会发热，胸部丹田膻中穴和腹部下丹田都会有热感，还调动了任脉督脉等，全身所有对人体有用的经络和穴位都充分调动起来，可谓“一站通经穴，一抱健康来”！

简八段锦健身法

简八段锦健身法是一种传统的健身方法，具有行气活血、协调五脏六腑的功能，并且简单易行。它能调节大脑神经的兴奋和抑制过程，消除大脑的紧张和疲劳，促进新陈代谢，增加营养物质的吸收作用，提高肌体免疫功能，增强老年人对疾病的抵抗能力。

1. 闭目冥心坐。盘脚静坐，叩齿 36 下；然后两手手指交叉，置于脑后，不作声地轻数呼吸 9 次。

2. 鸣天鼓。双手手掌分别压住左、右耳，手指均置脑后，用食指压住中指；然后轮流用中指掌面弹击后脑各 24 次，此时耳中可闻及轰鸣声。

3. 撼天柱。摇头看肩后，先看左肩后，再转过头来看右肩后，左右各 24 次。

4. 赤龙搅水津。用舌头舐搅口齿、牙龈、口颊，使口腔中饱含唾液，然后分 3 次咽下，此时可听到“汩汩”之声。

5. 搓热手。满吸一口气，然后憋住，双手互相搓摩直至发热，此时再慢慢吐气。

6. 背摩后精门。用左手掌心摸左边后腰，不停地摩抚，直至发热；然后换右手掌心摩抚右边后腰，直至发热，左右各 24 次；接着深吸一口气，憋住，以“意”领气，使气随“意”下沉丹田，最后徐徐吐气。练久后，会感到丹田发热。

7. 左右辘轳转。低头，轮流抬高左、右肩各 36 次；然后双手交叉，掌心向上托起至胸前 9 次。

8. 攀足频。平坐，伸直双腿，以左手心摸左脚心，再以右手心摸右脚心，轮流各做 12 次。

此健身法能调节大脑神经的兴奋和抑制过程，消除大脑的紧张和疲劳，促进新陈代谢，增加营养物的吸收利用，提高肌体免疫机能，强化人体对疾病的抵抗能力。

五禽戏健身法

五禽戏是我国传统健身法之一，是东汉名医华佗模仿虎、鹿、熊、猿、鹤 5 种动物的动作和神态创编的一套防病、治病、延年益寿的医疗气功。五禽戏是通过肢体的运动以流通气血，祛病长生。模仿五禽的各种姿态进行运动，不仅可以使全身各个关节、肌肉都得到锻炼，还能间接起到锻炼脏腑的作用。

1. 虎戏。脚后跟靠拢成立正姿势，两臂自然下垂，两眼平视前方。左式：两腿屈膝下蹲，重心移至右腿，左脚虚步，脚掌点地靠于右脚内踝处，同时两掌握拳提至腰两侧，拳心向上，眼看左前方；左脚向左前方斜进一步，右脚随之跟进半步，重心坐于右腿，左脚掌虚步点地，同时两拳沿胸部上抬，拳心向后，抬至口前，两拳相对翻转变掌向前按出，高与胸齐，掌心向前，两掌虎口相对，眼看左手。右式：左脚向前迈出半步，右脚随之跟至左脚内踝处，重心坐于左腿，右脚掌虚步点地，两腿屈膝，同时两掌变拳撤至腰两侧，拳心向上，眼看右前方；与左式相同，唯左右相反。如此反复左右虎扑，次数视自身情况而定。

2. 鹿戏。身体自然直立，两臂自然下垂，两眼平视前方。左式：右腿屈膝，身体后坐，左腿前伸，左膝微屈，左脚虚踏；左手前伸，左臂微屈，左手掌心向右，右手置于左肘内侧，右手掌心向左；两臂在身前同时逆时针方向旋转，左手绕环较右手大些，同时要注意腰胯、尾骶部的逆时针方向旋转，久而久之，过渡到以腰胯、尾骶部的旋转带动两臂的旋转。右式：动作与左式相同，唯方向左右相反，绕环旋转方向可有顺逆不同。

3. 熊戏。身体自然站立，两脚平行分开与肩同宽，双臂自然下垂，两眼平视前方。先右腿屈膝，身体微向右转，同时右肩向前下晃动，右臂亦随之下沉，左肩则向外舒展，左臂微屈上提。然后左腿屈膝，其余动作与以上左右相反。如此反复晃动，次数不限。

4. 猿戏。脚跟靠拢成立正姿势，两臂自然下垂，两眼平视前方。左式：两腿屈膝，左脚向前轻灵迈出，同时左手沿胸前至口平处向前如取物样探出，将达终点时，手掌撮拢成钩手，手腕自然下垂；右脚向前轻灵迈出，左脚随至右脚内踝处，脚掌虚步点地，同时右手沿胸前至口平处时向前如取物样探出，将达终点时，手掌撮拢成钩手，左手同时收至左肋下；左脚向后退步，右脚随之退至左脚内踝处，脚掌虚步点地，同时左手沿胸前至口平处向前如取物样探出，最终成为钩手，右手同时收回至右肋下。右式：动作与左式相同，唯左右相反。

5. 鹤戏。两脚平行站立，两臂自然下垂，两眼平视前方。左式：左脚向前迈进一步，右脚随之跟进半步，脚尖虚点地，同时两臂慢慢从身前抬起，掌心向上，与肩平时两臂向左右侧方举起，随之深吸气；右脚前进与左脚相并。两臂自侧方下落，掌心向下，同时下蹲，两臂在膝下相交，掌心向上，随之深呼气。右式：同左式相同，唯左右相反。

需要注意的是，练五禽戏不可过于疲劳，以出汗为标准，适可而止。同时，在练习之前应多用站姿做准备，两脚分开与肩同宽，两臂自然下垂，做3～5次深呼吸后再开始五禽戏的锻炼。

云手运动健身法

云手是一个很有价值的健身动作，做起来思想恬静、意念集中、全身舒展、松弛，它对神经系统、消化系统、内分泌系统、血液循环系统都有促进和调解作用。云手与呼吸相结合，深长缓匀而有规律地鼓荡腹部，不仅有助于增大肺活量，而且使横膈膜对腑脏起到轻微按摩的作用。全部动作上起百会，下至会阴，自然中正，有利于督脉畅通；以腰脊为轴心所做的旋转，有益于肠、胃、肾等内脏器官的保健，上下肢的活动，以及重心的移动，可以增强气力。它具有全面的锻炼价值，所以养生家往往把它单独作为一种健身手段。

1. 预备式。两脚左右开步站立，相距约为本人的三只脚，双手自然下垂，全身放松，眼向前平视。

2. 右云手。(1)上体向左转，重心由两腿中间移向左腿，左腿弯曲，右腿伸直；左掌随转体从左腿侧向左、向上、向身后划弧摆动，停于身后，掌心向外，左肘微屈、塌腕，五指稍上翘，掌稍高于肩。与此同时，右掌在小腹前向上、向左弧形仰抄至左胸前，指尖向左，掌心斜向上，眼看左掌。(2)上动不停，左掌向身后缓缓下落，右手抄至面前，重心移向右腿，右膝弯曲，左腿伸直；同时上体右转，随转身右掌边外旋边向右划弧云动；右掌云动到右上方，掌心向内，五指朝上；左掌随身，掌心仍朝下。(3)右掌边内旋边向右，向身后划弧缓缓下落；同时左手顺小腹前向右上方弧形抄至面前，掌心斜朝上。

3. 左云手。左掌随上体左转，向左划弧云动，重心移至左腿，左腿屈膝前弓，右腿伸直；右掌向身后缓缓下落，左掌云动到左侧面前，眼看左掌，势同右云手，唯方向相反。

需要注意的是，云手动作头宜正直，百会微上顶，即虚领顶劲，眼随云动的手，沉肩坠肘，含胸拔背，动作不能忽快忽慢，不能出现停顿，转体云动以腰为轴，腰胯要放松。动作要配合呼吸，右云手呼，左云手吸，呼吸以绵长深匀为好。左右反复练习，次数不限。

4. 收势。当做到左手云动至左侧面前时，右手掌心向上由右侧向上往胸前划弧，两手在身前向内合拢，指尖相对，顺胸向下缓缓下按，分落于腿两侧；同时，弯曲的腿伸直，左脚向右脚并拢，呈立正姿势，目视前方。

练强壮功健身法

强壮功的特点是姿势多种多样，呼吸比较简单，但十分强调入静。本法能强身健体，适宜于治疗神经衰弱、高血压、心脏病及肺气肿等疾病。具体操练方法如下：

1. 姿势。盘腿坐式为主，也可用其他形式，如站式。

2. 呼吸法。姿势摆好后，可作自然呼吸或腹式呼吸。用鼻作自然呼吸时，基本上按平日呼吸的节律和深度进行，只要求把呼吸调整得“深、慢、细、匀”即可，此法适用于初练功者。做腹式呼吸时，吸气时腹部要自然隆起，呼气时凹下，呼吸之间不间断，逐渐加深，直至每分钟呼吸 6～8 次左右。但呼吸应自然轻松，切勿鼓劲用力，勉强追求深长。

3. 意守。意守丹田，这是求静的基本方法，初练者可先用数息法，逐渐过渡到意守。一般来讲，神经衰弱患者意守丹田，高血压患者则宜意守涌泉或拇趾。

练按摩功健身法

按摩功就是运用自己的双手，在体表部位或穴位进行按摩，以达到强壮身体、延年益寿、增强肌体免疫能力以及未病能防、已病能治的目的。它是一种流行的自我按摩功健身法。具体操练方法如下：

1. 头部。(1)洗脸面。用双手摩擦生热，顺鼻两旁、眼圈、前额及耳旁做洗脸状，轻轻按摩 18～36 次。(2)揉头皮。以两手手指插到头发表皮上，轻轻地来回交叉揉动 18～36 次。(3)抚颈项。双手交叉抱头颈，头稍后仰，双手来回轻轻摩擦 9～18 次。功效：可使头脑清醒。

2. 眼部。(1)按太阳穴。手掌擦热按摩太阳穴，顺、逆转各 9 次。(2)揉眼眶。大拇指基部擦热，绕眼眶周围运转，顺、逆转各 9 次。(3)捏鼻梁。食指按两眉中间玄关处，中指与拇指捏着眼内角，捏揉 9～18 次。功效：防治头晕目眩。

3. 耳部。(1)鸣天鼓。两手掌稍用力按住左右耳孔,两手指放在后脑枕骨上,食指向下弹叩风池穴 18~36 次。(2)拔耳。以手掌按耳孔,紧压急放,闭、开各 3 次。(3)擦耳旁。用两手食指、中指分置两耳前后,上下轻轻按摩 9~18 次。功效:防治耳鸣、耳聋、头晕。

4. 口腔。(1)叩齿。先轻叩后齿 18 下,再叩前齿 18 下。(2)搅海。用舌头在口腔里牙齿外面运转,左右上下进行约 9~18 次。(3)漱津液。右手掌抱前额,左手按下颌,左右交叉按摩 18 次,鼓漱 9 次,然后用意引津液,分 3 次咽下。功效:增强消化功能。

5. 躯体。(1)按胸肋。右手贴于左胸前,左手按在左腰处,自上而下反复按摩,另一侧亦然,左右各按摩 9 次,可解除胸闷、腰酸。(2)通气海。右手掌贴在腹部脐孔上,循肚脐中心点,沿消化道路线轻轻推赶按摩,由右面上左面下,来回旋转 50~100 周。可促进肠道蠕动。(3)按命门。大拇指叉在腰前,四指尖贴在后背,呈反叉腰状;上下微力按摩背部两肾中间约 18~36 次。功效:强肾,治腰痛。

6. 四肢。(1)捏合谷。两手交叉,大拇指和食指捏住虎口,做紧、松、捏、揉动作 100 次。可舒筋散血,刺激神经,治头面痛。(2)叩内关。内关在手掌后两筋间。两手相对,三个指尖和在腕骨三个穴眼上,来回叩动 100 次。可消除胸闷。(3)扭膝。两脚平行靠拢着地,屈膝微蹲。两手掌置膝上,膝部前后左右呈圆圈转动,左右各 9 次。可治下肢乏力、关节酸痛。(4)按足三里。足三里在膝盖骨外侧三指宽处,经常按摩此穴,可治消化不良。(5)擦涌泉。涌泉穴就是足底心。将右脚搁于左腿上,右手掌贴在右膝盖骨处,手指按四周,左手掌擦右足心,两手同时摩擦 18~36 次,再换左脚。功效:防治失眠、头昏。

练保健功健身法

保健功健身法,主要是通过主动的肢体运动,达到疏通气血、强筋健骨、除劳去烦、祛病延年的目的。

1. 平衡气血。两脚分开直立;两臂左右平伸,肘部自然弯曲,掌心向上,身体保持平直,腰向左弯,左臂下降,右臂上伸,到适当程度后复原,再向右弯,动作同前,反复数次。功效:可降低血压,镇心安神。

2. 心平气和。两脚分开直立;随吸气两臂缓慢从身体两侧向前上、正中移动,直到手掌与喉平行,再随呼气掌心向下沿胸前徐徐下降,并以意领气下沉,两腿屈膝下蹲,直至两手齐脐部,反复数次。功效:可调整呼吸。

3. 舒筋活络。自然站立;两臂慢慢向前平举与肩平,手心向内随两臂回撤,手背从两腋、腰、尾骶关节方向向下按摩,并以意引导到涌泉穴,两腿下蹲,重复数次。功效:可放松全身,舒筋活络。

4. 太极开合。自然站立;两臂胸前伸展如抱球状;随呼气两手臂向外舒展,吸气时复原,两腿微蹲,重复数次。功效:可开阔心胸。

5. 巡回搓棍。两腿分开微蹲;两手臂前伸,肘部稍弯,掌心相对距 33 厘米左右;两手前后来回搓动,身体也随之转动,重复数次。功效:可强健腰部。

6. 定步云手。两腿分开直立,膝盖略屈;身体左转 45 度,左手在上,右手在下,掌心相对呈抱球状;随身体由左向右转动,右手交叉上升,左手下降,转呈向右 45 度,右手达喉水平前方 33 厘米左右,左手自然下垂;再做反向运动,重复数次。功效:可宽胸理气,健腰腿。

7. 旋转健腰。两腿分开直立；两臂微屈置于小腹前；腰部以上身体随两臂向左侧身后转动，重复数次。功效：可强健腰腹部。

8. 伸臂舒胸。两腿分开站立；两手前举到平肩，屈肘内收到胸前竖掌，掌心向前；两臂缓慢推出，同时屈膝下蹲；然后两手呈握空心拳状收回腰部两侧，两腿复原，重复数次。功效：强健腿力。

9. 进退虎步。两腿分开直立；两手反叉腰，提左脚呈虚步，再向前轻轻踢出，足尖先向内再向外各转 3 圈后向前踏平。再练右脚，重复 3 次以后同样方式退后 3 步，还原。功效：可强健下肢关节、肌力。

10. 交替击腹。双腿分开直立；两手空握拳，一前一后交替轻叩小腹与腰背部；两脚也交替活动。功效：可强健肢体，使全身放松。

疏导经络健身法

此法是一套非常行之有效的养生方法，可强身保健，祛病防病，具有简捷易学、见效迅速的特点，并可根据个人情况进行选择性练习，对于防治心脑血管、消化道、呼吸道、泌尿道及颈肩、腰腿痛等疾病有较好的疗效。

1. 两脚分开与肩同宽，双膝微曲，膝盖不过足尖，臀部如坐凳。双臂慢慢抬起，两臂环抱呈半圆形。两手与身体距离不过 30 厘米，高不过乳，低不过脐，双手间距约 30 厘米，两手指相对，五指分开，手指微曲不要用力。根据个人身体情况站立 3～30 分钟。要自然呼吸，假想两手抱一个大气球，两臂环内似有向外支撑感。

2. 双手用力搓热后，在面部上下作旋转按摩 18～36 次，使面部发热。

3. 用空心拳或空心掌进行轻松而富有弹性的全身拍打，顺序如下：头部→肩部→两臂→胸背→腰腹→大小腿，拍打时间共 3～5 分钟，应由上而下。

4. 两脚分开与肩同宽，全身放松，用鼻呼吸，口微合，舌轻抵上齿龈，下颌微前伸，上体前俯。腿似直非直。身体稍下蹲，收下颌，依次屈伸踝、膝、髋、腰、胸、颈各关节，节节贯串地浪动。其根在脚，发于腿，主宰于腰，达于头顶，下颌的一伸一收，带动头部进行画圆圈的周期性运动，引起脊柱浪动，形成梢节领、根节催、上下一气贯通的协调活动。前俯时两臂同时自然后摆。要求动作松、柔、缓、节节贯串，犹如波浪由下而上，又如小虫蠕动爬行，时间约 1～3 分钟。

5. 两脚分开与肩同宽，全身放松，自然呼吸，两手慢慢从体侧抬起，与两乳同高，两手臂弯呈圆弧形，身体向左侧微转动时，带动左手臂慢慢向左下方画圆形，接着身体再向右侧微转动时，带动右手臂慢慢向右下方画圆形，如此反复循环运动 3～5 分钟。要求动作轻柔、连贯、自然、协调。

6. 摩腹，两掌相叠，以肚脐为中心，用掌心旋转按摩腹部。上至剑突，下至曲骨穴。顺、逆时针按摩各 18～36 圈或至腹部发热。调息，人平卧或端坐，周身放松，排除杂念，将意念尽可能集中在丹田(肚脐直下 1.5 寸)。然后用鼻均匀吸气，使小腹隆起。意念可随呼吸之气慢慢达到丹田。再用口均匀呼气，腹肌收缩，小腹复原。初练时，呼吸频率保持在每分钟 10 次，要全身自然放松，不要紧张。熟练后呼吸频率可逐渐减到每分钟 4～5 次为好。每天做 1 次，每次 5 分钟。需要注意的是，如果锻炼中发生意念不集中、自然入睡等现象均不影响锻炼效果。

舒股瑜伽健身法

舒股瑜伽是国外一种十分流行的健身方法。它是英国的戈德·波森在研究东方瑜伽的基础上，结合现代科学创编的一种强身功。通过这种功法训练，能够在很短时间内收到良好的健身效果，所以很受欢迎。

舒股瑜伽的锻炼方法十分简单，只需在清晨起床时或晚上临睡前，在床上做几分钟即可。

跪在床上，伸几下懒腰，静静地深呼吸，待气息平稳后，慢慢坐于足跟上，双手握拳紧抵于对应的足心。向前挺胸、腹，挺的幅度视年龄、体质的不同可做自我调整。

仰下巴，后脑勺尽力后仰，闭眼。维持这种状态一两分钟，注意体会体内的变化，鼻吸鼻呼，尽量使呼吸细、长、深、匀，感到疲劳即可复原，静静地调整呼吸。

整个过程就是如此，有时为增加效应，也可反复做几次，但以适度为宜。

这套功法的发明者认为，人的健康包括躯体健康、精神健康、情感健康三方面的内容。而现代许多体力训练均不考虑精神等内在因素的训练，造成体力训练的很大一部分被内在消极因素耗掉。发明者认为，人的健康训练应表里并重，由外及内，再由内作用于外。体力外训练给体内良好的感受，使练习者能改变对自己身体内在能力的认识，自发地调节体内不协调因素，促进精神情感的健康，又反作用于躯体。舒股瑜伽就是在这种理论指导下通过固定的身体姿势，打通呼吸通道，沟通体内外信息，促进对外界营养物质的吸收和体内潜能的调动，从而达到健身锻炼的目的。

体质好的人，即使初练这种瑜伽，几分钟内就会在胸腹间出现热感，并且这种感觉会随时间加长而增强、扩散，这与中国的气功有异曲同工之妙。

灵慧瑜伽健身法

瑜伽以其独特的运动方式深受广大健身者的青睐，而灵慧瑜伽则保留了印度古老的瑜伽术，又融入符合现代东方人士的运动特点，现介绍的一组灵慧瑜伽动作是由简易的姿态功精髓组成的，适应于各种年龄段和不同健康程度的人。如果能每天坚持锻炼，准确的动作再配合正确的呼吸，可使内脏器官的功能得到增强，并能防治一些疾病，消除多余脂肪，在心理、精神上都得到充分的放松。

1. 跪坐，挺直背，慢慢吸气仰头，尽量拉长颈部，将气慢慢从小腹、中腰到胸部吸满，屏住呼吸。慢慢打开握拳的双臂，尽量将胸扩展开，胸向前挺，屏住呼吸5～13秒钟。常练此法可消除肩背淤血，柔软腰椎，消除头痛症状，增加肺活量。

2. 双手抓住大脚趾，吸气抬头。慢慢呼气，上身前压至腿部，停留几秒钟后还原。常练此法可拉长腰背，打开腿部韧带，对消化系统起按摩作用。

3. 右腿前伸，左脚抵住会阴部，右手抓住右脚脚趾，吸气，向后转体，用左手反绕过腰，抓住左脚，屏住呼吸10秒钟后慢慢呼气还原。换腿再做。常练此法可纠正脊椎歪斜，治疗驼背，调整肠胃功能，对便秘有辅助治疗作用。

4. 全身放松地俯卧在地，双手交叠，头枕在手部，慢慢吸气。仰头挺胸，眼望天花板，拉长脊椎。常练此法可拉长脊椎，调节内分泌，辅助治疗一些妇女功能性失调。

5. 靠头和手肘支撑倒立（此动作较有难度，难以完成，可不做）。常练此法可消除内脏淤血，按摩和刺激了松果体、甲状腺，使代谢平衡正常，使人能保持正常体重，调整神经系统功能。

6. 侧卧，从身体下部开始慢慢放松，正常呼吸，消除全身紧张感。

家庭瑜伽健身法

源自印度的瑜伽同我国的气功一样历史源远流长，充满神秘色彩。而今日的瑜伽已经超越了苦心修行的境界，成为一种独特的健身手段，其减压瘦身功效也为世人公认。其实瑜伽并不是一项很难的运动，不过若要想进步，就需要时间与恒心反复练习，并用身体去感受，借由各种动作反复练习，可以按摩体内器官，使得身体的机能保持青春状态。

在家庭中练瑜伽健身。首先，瑜伽需要在宁静的心境下，加以舒缓的伸展，瑜伽之中透着放松，需排除任何杂念，静心修习，将所有的注意力集中在每一个动作所产生的感觉上，同时不允许心思过于牵挂任何一个部位。伸展到你最舒服的位置，不要强迫自己感到不舒服。

1. 准备。用膝盖触头平躺在地板或薄垫子或毛巾上，抬起一条腿，弯曲膝盖并把手放在小腿上，柔和地拉向身体。用头柔和地触碰膝盖。用另一条腿交替重复做几次。要非常柔和，尤其是刚开始做的时候。这种简单的练习可以增强腹肌，伸拉腿腱肌肉，还可以加强脊柱部位的颈、腰和骶部。

2. 蛙式。坐在地板上，两只脚掌并拢，双膝舒适地分开，抓住脚趾并轻柔地用头去碰腿。这种简单的练习可以增强骨盆部位的柔韧性及伸拉大腿内部。

3. 眼镜蛇式。俯卧，腿脚并拢。两掌放于肩下。主要用背部的肌肉（而不是胳膊的肌肉）提起胸部离开地板，向上仰视天花板。仍用背部的肌肉，把背部拱得高一点。感到肚脐被压向了地板。放松地摆好这种姿势，并保持10～20秒钟，可以确切地感到背部下面的疼痛消失。在重复全套动作前放松20秒钟。

4. 蝉式。俯卧，双臂伸直放在身体两侧，手掌向下，两腿并拢，抬起胸部，双眼向着天花板，同时将双臂和双腿抬起离开地板。双臂稍微向后，这样可能感到像一架飞机正试着起飞。当用腹部的中央保持平衡时，享受这种“飞翔”的感觉10秒钟，正常呼吸。随后，慢慢地放下来，将头转向一边，手掌向上翻，放松20秒钟。像眼镜蛇动作一样，蝉式动作同样对消除背部下面的疼痛有益。

5. 半月式。双脚并拢直立，两臂高举过头，手掌合拢，拇指交叉握紧，仰头，下巴向前，两臂紧挟着耳朵伸向天空。然后慢慢地尽可能地向后弯曲双臂和身体，把注意力集中在脖子后面，放松地变成了弓形。这时，人会感到在腰背部有一种神拉的感觉。在这个位置上正常呼吸，放松几秒钟，然后缓慢地回到中心位置。再开始下一段的练习。向前弯腰并抓住小腿的下部，使前额接近膝盖，目标是使前额能碰到膝盖。但要做到这一点，可能需要一段时间。开始的时候保持这一姿势5秒钟，当准备好时可保持这一姿势10秒钟。这个动作不仅能使肌肉恢复很多活力，而且还可以改善脊柱的柔韧性。

6. 飞鹰式。这个姿势要全神贯注地自然呼吸，并自如地进入这个姿势，这样可以感到好像自己巢居其中。开始时用右脚向左跨一大步，举起两臂与地面平行，手掌向下。脚尖向前，膝盖保持挺直但不僵硬。向前弯腰，并紧抓住脚踝后面靠近脚跟的地方，所有的手指并拢，大拇指在脚的外侧，把头放低接近双腿。用上身本身重量的自然下垂代替手的拉力，这时将满意地注意到头甚至更低了。随之是放松，让自己在这种姿势中“巢居”5～10 秒钟。享受这种身体进入三足支撑的放松状态，并真的感到青春正在复活。

放松这最后一个动作就像是在饭后的甜点，所需要做的就是仰面躺下，两臂舒适地放在身体两边，手掌向下，两腿舒适地分开。闭上眼睛，并尽可能地放松，保持这一姿势几分钟或随意而定，同时也可以听听能起镇静作用的音乐。如果能把这些动作作为日常的基础练习坚持至少两个月，将感受到青春在复苏。一般来说，将感到身体解脱了紧张状态，变得更柔韧、更健康。

晨练八式健身法

八式健身法融会了八段锦、易筋经等传统外动气功的精华，不仅对筋骨关节有良好作用，而且对防治呼吸系统、消化系统、心血管系统的疾患也有明显的效果。

垂手立正，向左开步，两脚跟与肩同宽。

1. 双龙出海。两手向前平伸，掌心朝下，缓缓上提至肩高，并徐徐深吸气。

2. 二虎潜藏。两掌掌心朝上，双手向后收回，至腋中线向后展开，头后仰至最大限度，并徐徐呼气；手向后展开时注意不要挺胸，使胸锁关节向外展开。做此动作时以有酸痛感为好。

3. 直冲霄汉。双手前移至胸前，合掌，右大拇指压在左大拇指上，然后渐渐上举至头顶。双肘关节要尽量伸直，手上举时将双足尖踮起至最大限度，徐徐吸气。

4. 海底明堂。双手合掌，徐徐下降，至枕后再经耳后，分掌直至胸前；然后对指反掌（掌心向下）下按，头部同时向上后仰至最大限度；然后缓缓弯腰，循序渐进，力求双掌按至地面。徐徐呼气。

5. 怀中抱月。弯腰渐起，以掌向前，向两侧划一圈，反掌（并伴徐徐吸气）；然后收手至胸前，双手对指反掌，手心向上，伴缓缓呼气。

6. 仰举天苍。双手掌心朝上，慢慢上举至最大限度，双肘关节尽量伸直，如双掌顶千斤；头上仰，目视掌背（伴徐徐吸气）；随后双手分掌，缓缓下降至身体两侧（伴徐徐呼气）。

7. 三盘落地。双手向前平举至肩高，手心向前，然后屈膝下蹲（伴徐徐吸气）。此动作要求双手与躯干、躯干与大腿、大腿与小腿均尽量呈直角。

8. 顺手牵羊。反手缓缓站起，双手自然下垂。徐徐呼气。

转颈回头健身法

转颈回头健身法是以转头为特征，简单易行，对防止颈部衰老、保持颈部灵活、防治颈椎及喉咙疾病都有较好的效果。同时，此法可以改善脑的血液循环，畅通通向头部的阳经，刺激通向头部的神经。因此，此法对大脑的保健具有重要意义，并对脑血管硬化、神经衰弱等症有防治作用。

1. 自然站立或平坐，身体不动，自然放松，头慢慢向左转，转至极点，眼看左肩头（或向肩后看），然后还原向前看；再把头慢慢地向右转，至极点，眼看右肩头（或向肩后看）；然后还原向前看。如此做10次。

2. 头轻轻向前低，抬起后再向后仰，再抬起，向左倾、向右倾。动作轻缓，但要做到极限，次数不限。

3. 头先低下，然后向左向右旋转一周，还原，如此做3～5次；然后再向相反方向旋转3～5次。这样重复做，次数以感到适当为度。这个动作高血压患者不宜做。

4. 双手拇指朝下，其余手指相对抚在颈部，前后摩擦10次；右手或左手上下搓擦喉头10次；右手或左手横抚在后颈，再用五指满把抓捏起后颈肌肉，然后放松。如此反复做10次。

5. 上体保持正直，头以脖颈为轴，左右转动到最大极限，先左转后右转，各转6次。然后抬头尽量后仰，再把下颌俯至胸前，使颈背部肌肉拉紧和放松。可改善头部的血液供应，防治脑缺血而引起的头晕目眩，对防治颈椎疲劳和颈椎骨质增生症有一定的效果。

6. 先抬头尽量后仰，再把下颌伸至胸前，使颈背部肌肉拉紧和放松，并向左右两侧倾10～15次，再把腰背贴靠椅背，两手交叉颈后抱拢片刻，能收到提神的效果。

7. 早晨起床后将脖子左左、右右、前前、后后顺时针转动，再逆时针转动，可放松颈部紧张神经。

8. 自然站立或坐姿，双目微闭，先按顺时针方向大幅度缓慢转动头颈10次，再按逆时针方向转颈10次，可防治颈椎病及颈肩综合征。

9. 头颈180度左右向后转，眼向后看，转要尽可能转，以增加颈部的活动量。抬头、低头活动，抬要尽量上抬，低要尽可能向下，视线跟着仰视和俯视。头正面转，颈不转，头从左向下、向右、向上360度转，再从右向下、向左360度转，眼睛也跟着转视。这样既锻炼颈部，也锻炼视力。为了锻炼视力，可以增加头不动、眼睛左右上下看的活动，以及做握拳怒目的项目。这些活动一般4～10次。

10. 头、颈部转动时，目光向聚视的标志物移转，注意力集中在上眼部。转动的旋力大而缓慢，有节律感。双手环绕旋转要求缓慢、平稳，指节需用力伸展。腰部练习做到绕幅宜大，绕速宜慢。脚踝绕旋时，需举离地面30厘米（两手可支撑椅面），练习时注意力集中于脚踝的绕旋动作。

划船运动健身法

划船运动对健身者来说有两大作用：一是对背部伸肌的锻炼，不但可增加肌肉的力量和耐力，而且还可有效地改善肌肉和背的筋膜组织的生理活性，对老伤、新伤都有很好的恢复作用；二是在划船运动时，参与肌肉多、耗氧量加大，因而呼吸和血液循环加大，从而对提高人体生理功能有很大益处。

1. 身体挺直，双脚分开，由髋处上体前倾，塌腰挺胸，抬头向前看，双手前举（如抓住划船的双桨）。双手从前位向后（如拉船桨动作）。上身前倾，双手由前向后运动（大约做50次）。每天晚上做1次。对颈椎、胸椎、背部肌肉是一种综合锻炼。可缓解颈、背部许多问题，对中老年人的背部疼痛是一种很好的练习手段。

2. 选一处空地站好，手拿2瓶未开启的矿泉水，膝关节微弯，塌腰，挺胸翘臀，依靠背部力量将矿泉水用手向上提拉，同时，肩部内收。12个1组，做3组。能减少背部脂肪，修饰背部线条。

3. 双手平拿杠铃，然后像划船一样把杠铃左右摆动，可锻炼腰部的肌肉力量。

4. 俯卧硬板床上，两手握住床头，两膝关节伸直，逐渐用力使下肢后伸抬起。俯卧硬板床上，两上肢放在背上伸直，将头颈和肩部逐渐抬高；同时收腹将双腿伸直逐渐抬起，让腹部着床，肢体成船状。两法交替进行，每日数次，每次10分钟。初次练习划船健身法，四肢配合不协调，熟练后可运用自如。此项运动既可疗疾也可健身，舒筋活络，恢复肌肉弹性，有利于腰肌劳损患者的康复，长期坚持受益匪浅。

俯卧撑健身法

俯卧撑是一项非常简便而有效的健身方法，标准做法是人俯撑在地上或垫上，脚前掌支地，身体绷直，双手相距比肩稍宽，然后以手臂力量屈伸肘关节，带动身体一起一伏。其关键要保持身体始终绷直，身体下落时，除了双手和脚掌支地外，其他部位不可触地。俯卧撑尤其能增大上肢、肩带和胸大肌的力量。连续次数多时对心血管系统等均有较大的促进作用，是深受人们喜爱的一项健身活动。男青少年经常练习俯卧撑还能增大胸大肌和三角肌的体积，有利于形成健美男子上宽下窄的体形。女青少年经常练习俯卧撑，有利于乳房发育和胸部健美。中年人经常练习，也能保持上肢力量。即使是老年人，只要能坚持练，也能保持青春活力。

许多人由于训练基础比较差，一下子做标准的俯卧撑很困难，手臂使劲，人却塌在地上，根本起不来。对这类人，只要按照下列步骤一步步地练习，必能收到良好的效果。

开始时可以对墙练习。双脚分开与肩同宽，距墙一臂远站立，两手掌撑在墙上，然后做肘关节屈伸运动。待熟练以后可先增加脚与墙之间的距离，之后可将运动从墙面换到桌面，再往下可从桌面换到凳子或椅子上，再从椅子换到小凳子上。其目的是逐步缩小人体与地面之间的角度，使难度逐渐加大，最终达到标准俯卧撑的要求。

要记住，成功往往是在最后的坚持之中。能做3次，就要争取做第4次，有了这第4次，才会有第5次、第6次……

通过练习，还可不断提高俯卧撑的难度。其方法是以垫高脚的位置来实现的。原来脚是支撑在地面上的，之后可将脚搁在小凳子上或沙发上，形成一个头低脚高的效果。不过，如此会造成血液大量流向脑部，年纪大的人应特别慎重。

练俯卧撑，男女操作起来有所不同。女性和10岁以下的儿童在做俯卧撑时，可取俯卧位，将小腿跷起，双掌放于两肩的下方，以双膝为支点用双臂撑起身体，直至将双臂伸直。然后，可屈曲双臂，使胸部碰触地面后再重新撑起身体。做此动作时，双掌之间的距离应与肩同宽。男性和10岁以上的儿童在做此动作时，应用双足的足尖着地，使整个躯干成一条直线，然后按照上述步骤反复撑起身体即可。常做此动作具有锻炼上肢、肩部和胸部肌肉的力量和耐力，保持良好的身姿，避免发生含胸、驼背的作用。

俯卧撑对腹、背、胸部的肌肉都有良好的锻炼作用，在以上标准做法的基础上，还可以稍微变化一下，就能收到意想不到的健身效果。

1. 两手距离变化。双手略宽（或略窄）于肩膀，肘部打开与地面平行。只要不是双手和肩宽相等，俯卧撑的难度就会相应提高。略宽于肩膀距离的方法，更偏重于锻炼臂力、肩部肌肉的力量；略窄于肩膀距离的方法，则偏重于锻炼胸部肌肉和背部肌肉。

2. 手法、脚法变化。手法可分为全掌撑、拳撑和指撑三种形式，从方向上又可以分为指尖向前、向内、向外三种撑地姿势。全掌撑，就是用全手掌撑地；拳撑，就是用握拳的形式撑地；指撑，就是用手指第一关节撑地的方法。指撑所需要的力量大，难度也最高。脚法，可以分为两脚并拢和分开两种形式，还可以分别用脚背或脚弓撑地。

3. 身体倾斜的姿势变化。高姿俯卧撑，在做练习时，练习者的身体是脚低手高，手脚不在同一个水平面上。这种姿势适合初学者、力量不大的人。中姿俯卧撑，练习者的脚和手都在同一个水平面上，适合一般锻炼人群。低姿俯卧撑，在练习时，练习者的身体是脚高、手低，脚可以放在矮凳、床沿上手部撑地，手脚不在同一平面。这个姿势会将全身的重量压在上肢，对健身者的身体素质要求较高。

4. 锻炼频率变化。可以快慢结合，练习中先快做几次，再慢做几次；也可以定时计数，在单位时间内计算练习的次数；还可以单纯计数，练习者不间断做俯卧撑，直到力竭。频率的变化能更好地刺激肌肉生长，交叉运用它们，锻炼中就不易感到疲劳了。

5. 俯卧撑健身法的各种花式。窄距俯卧撑锻炼臂力，宽距俯卧撑锻炼胸大肌，常练花式俯卧撑，可助男人练就完美大胸肌。

扩胸式。双手的手掌作为支撑点，双臂张开，与肩同宽，或比肩更宽，背部、腰部和臀部呈一条直线，肘部用力，屈臂运动即可。此方式主要锻炼的是胸肌、上臂的肱三头肌以及腹部肌肉。

夹肩式。动作与上同，只是双手间距较窄，并以双拳作为支撑点，拳眼向前。这种方式锻炼的是臂力，而且能增加手腕的力量和拳的硬度。练习时应注意，所选的支撑地面可以先软后硬，手腕支撑时要绷紧，以免扭伤。

铁牛耕地式。用拳或用手掌作为支撑点。双手撑地，双臂张开，与肩同宽。双脚趾着地，双手双脚平行。头向斜前方顶，前脚掌、双手、颈、腰一齐用力，同时腰下塌，贴着地皮。然后臀部上翘，腰再下塌，身体后拉，整个动作完成。斜前斜后的动作反复做即可。这种练习主要针对颈部，并增强背肌、手腕、脚踝力量。

手指功法。主要是以十指为支撑点，其他动作与前两种方式相同。随着力量增加，着地的手指可以依次递减。该方式主要练习指力，增强手的握力、抓力、合力，力透指尖。应注意的是，若指力达不到支撑身体的力量，可以先让手指顶着墙面练习，身体斜撑。待指力慢慢增强后再逐渐放到水平地面来练，以防手指受伤。

倒立式。初练者可依附墙面倒立，脚搭在墙面上，双手与肩同宽，双臂弯曲，做屈臂下按。后期，脚可以离开墙面来做俯卧撑。该方式主要训练颈部和臂部的力量。练习时要注意掌握身体平衡。

负重练习。动作与扩胸式和夹肩式相同，只是在背部放上重物，如哑铃片。在臂部力量增强、身体动作协调后，重物的重量可依次递增。

练习时要注意身体平衡，各部位的动作一定要协调，这样肌肉的负重才均匀，锻炼效果才会更好。练习俯卧撑要循序渐进，由易到难；做前要充分活动身体，按摩、甩动、拉伸上肢，防止肌肉僵硬；练习中要摸索适合自己的俯卧撑形式，合理控制运动负荷。

伸展运动健身法

加拿大多伦多大学一项新研究发现，站直身体，保持伸展姿势，可以减轻打针等造成的疼痛感。瓦尼萨波恩斯博士表示，良好的姿势可使人体产生更多的雄性激素，以应对疼痛。伸展运动有助于全身淋巴结的畅通及关节的放松，是很好的身体保健运动。可以增强身体的柔软度，放松肌肉，减少运动伤害及疲劳，伸展也有助于长期坐姿引起的疲乏等。中医认为，伸展肌肉筋腱，舒展骨骼血脉，消除困扰人的颈、肩、腰等身体部位的紧张酸痛，增强身体柔韧度，还能减肥瘦身。

在开始锻炼之前主要针对健身运动中练习的肌肉，最好先进行几分钟的伸展运动。尤为重要的是，在结束锻炼后趁着肌肉稍热、柔韧性较好，花 8～10 分钟做一下伸展运动，将会获益匪浅。柔韧性好的肌肉远比僵硬的肌肉更不容易受伤。伸展运动是热身运动的一部分。整个身体都需要逐渐进行热身运动，以达到有氧运动的较大需求。开始几分钟，可以缓慢进行，这样健身运动才会事半功倍。

1. 双脚自然分开，与肩同宽，抬头挺胸收腹，下腭微收，有头上顶重物的感觉。此时可以伸展腰部，伸开后感觉到极限为止，停止 30 秒钟，然后放松，回到原位。有点像是伸懒腰。

2. 身体直立，平举双臂与肩齐，然后将双手放于腰际，左右旋转，这不但能使上身得到伸展，还能解除下腰僵硬感。

3. 双脚分开，与肩同宽，双手伸向天空，再将脚并在一起，弯腰。手指碰到脚趾。30 秒钟后，回复到直立状态。每天都重复这个动作，直到有一天手指能够碰到脚趾，身体也会变得更加灵活。接着将手臂平举到与肩同宽，扭动腰部，先向左转，然后向右转，这样能够美化手臂线条，拉伸背部肌肉。

4. 仰卧，尽量将两膝提拉到胸部，坚持 30 秒钟；仰卧，两腿分别上举，尽量举高，保持 30 秒钟。若间断一段时间，重新进行锻炼时要遵循“循序渐进”的原则。

5. 站立，屈右膝同时身体下降，像是坐在椅子上，左腿伸直，脚跟着地，脚尖抬起。坚持 20 秒钟，换腿做。有助于缓解长时间坐在办公桌前工作的人引发的腰酸背痛。

6. 靠墙坐立，腿部伸展，让后脑勺、肩胛骨、臀部紧贴墙壁，能体会到胸部自然向前挺，后背的竖脊肌有酸痛感，手臂自然收松在身体两侧。

7. 单腿站立的功夫需要练习，可以一只手扶着墙，另一只手拉着毛巾或者绳子的两端，保持平衡，腿部尽量伸直，初学者腿部尽量抬高就好，避免韧带拉伤。

8. 将绳索固定在很牢固的地方，保证能够承受人体的重量。把绳索围绕腰部，然后身体前俯，做狼伸展式。手臂和腿尽量伸展，臀部达到至高点，头不要向上抬。

9. 身体穿过椅子（钢质折椅）的空隙，臀部枕着椅子，头部下面垫上枕头，如果觉得身体拉力太大，可以把枕头垫高一些。

10. 伸展运动的最佳时间是步行之后，如果在没有运动之前做伸展运动的话，就要慢慢地做些暖身运动；慢慢地做伸展运动，动作要轻柔，不要用力过大，不要做到身体感到疼痛；每一个伸展运动至少持续 30 秒钟，然后放松。刚开始做的时候，可以循序渐进。

拉伸运动健身法

有的人一觉醒来后感觉身体很累、腰酸背痛，或者是在电脑前长时间工作后突然发现腰酸背痛、脖子发僵，这种现象都是由于长期处于一个姿势造成的肌肉僵硬，或者大强度运动引起的肌肉痉挛，或者是身体的柔韧性差所引起的，严重时还会造成软组织劳损。对付这种僵硬和疼痛最简单的办法就是做拉伸运动。

拉伸运动是帮助肌肉减缓、消除痉挛和僵硬的最好方法。疲劳后拉伸能保护韧带、降低肌肉的紧张，使紧缩的肌肉松弛，并能减少肌肉的压迫，放松肌肉，促进血液循环，加速训练后的恢复，有助于放松身体。大量运动后的柔韧性拉伸，可以减缓肌肉酸痛。

有规律的拉伸运动可以缓解肌肉紧张，使身体更加放松；使身体更加轻松自如地运动，从而提高身体的协调性；能扩大身体的运动范围，比如在攀岩之前做拉伸运动将会让你的动作不受约束；能防止肌肉扭伤（强健、柔软、拉伸过的肌肉比僵硬、未经拉伸的肌肉更能承受压力）；有助于保持身体柔韧度，身体不会因年龄变大而越来越僵硬；能让肌肉更加紧致，线条越来越流畅。

正确的拉伸运动是放松地、持续地拉伸，将注意力集中在被拉伸的肌肉上。

1. 全身拉伸健身法。背靠墙，两脚尽量分开站立，双脚间距最好在 1 米左右。左脚掌与墙面垂直，右脚掌与墙平行。双臂伸直，高高举起，手心相对。然后下压左脚，右膝慢慢弯曲至 90 度角。与此同时，肩胛骨、臀部要保持和墙面接触。两臂放低，渐渐降至左右平伸状态。保持身体靠墙，在弓箭步状态下呼吸 3～6 次。再伸直右腿，回到起始姿势，换另一侧重复上述动作。经常练习此动作可提高膝关节的灵活性，能使双臂、胸廓和肩部得到足够的拉伸。

2. 颈部拉伸健身法。坐直或站直，两手交叉置于脑后，轻轻将头部垂直向下拉，尽可能使下巴靠近胸部，保持 10 秒钟，然后慢慢松手，抬头。坐直或站直，两手交叉，手掌放在额头，将头向后拉，使脸朝向上方，保持 10 秒钟，然后慢慢松手，头回到直立位置。做颈部拉伸，可牵拉头颈部肌肉，缓解颈部疲劳，预防颈椎病，醒神明目。但对感冒发烧者禁忌；交感性、椎动脉型颈椎患者，动作幅度不宜过大；颈椎间盘突出症患者慎做。

3. 肩部拉伸健身法。两脚分开与肩同宽，左臂放在身前，右手抓住左手肘部向右用力将左手肘部拉至身体右侧，拉伸左侧肩后部；保持 10 秒钟，右侧拉伸同以上步骤。左手放在背后，手臂弯曲 90 度，右手抓住左手肘部或前臂，从背后把左手向右拉，拉伸左肩前部肌肉，保持 10 秒钟，右侧拉伸同以上步骤。做肩部拉伸，可缓解肩部周围肌肉紧张，预防肩周炎，美化手臂肌肉。但对感冒发烧者禁忌，肩部急性损伤者禁做。

4. 腰腹拉伸健身法。站立，两脚分开与肩同宽，双手放在臀部，身体慢慢后仰，向前收臀，两手向前推臀，向后仰头，双手慢慢滑过臀部至腿部，拉伸腹部肌肉，然后慢慢起身。在椅子上坐直，两腿分开，慢慢向前低头弯腰，身体向前将头和腹部弯至两腿之间、大腿以下，拉伸腰部肌肉，保持 10 秒钟，然后慢慢起身。在椅子上坐直，两手在脑后交叉，两肘在肩后成一条直线，同时向右侧弯腰（做时不要向前弯腰），右肘向右腰移动，拉伸左侧腰部肌肉，保持 10 秒钟，然后，慢慢回到起始位置，右侧拉伸同以上步骤。活动腰椎，塑造完美腰部曲线，纤细腰围。但对感冒发烧者禁忌，腰部损伤者慎做；高血压患者和心脑血管患者慎做。

5. 单侧拉伸健身法。右半脑疲劳时人便没精打采，记忆力减退，注意力不集中和神经衰弱。经常做左半身锻炼，可以增强右半脑的功能。

全神贯注，站立，目视前方，左手紧握拳，左腕用力，屈臂，慢慢上举，至最大限度还原。重复8次。

仰卧，左腿伸直上举，然后倒向左侧，但不能碰地，还原。重复8次。

直立，左臂向左侧平举，再上举，头不动。再由上举、平举还原。重复8次。

直立，身体向左侧倾倒，以左手和右脚尖支撑身体，左臂伸直，呈侧卧姿势。屈左膝以起身，还原。重复8次。

仰卧，跷起脚尖，像俯卧撑那样用腕和脚尖支撑身体。重复8次。

不论年龄大小，不论身体的柔韧性如何，每个人都可以学习拉伸。在一天中任何时间都可以进行拉伸运动。

轻松舒展健身法

只要坚持做好这套健身操，既能获得健美的体型，又能达到健身的效果。由于这套健身操没有突然的用力动作，在做的过程中会使你感到舒适、轻松。适当地呼吸是做好这套健身操的关键。一般是吸气时数到4，然后呼气时数到4，再吸气，反复做，这种有规律的深呼吸使身体和精神得到放松。具体做法是：

1. 两腿分开，与肩同宽，慢慢地低头。将两臂举到头上，两腕交叉，两只手紧握在一起，吸气。轻轻地弯曲肘关节。

2. 呼气，两臂向上伸，肘关节伸直，双手仍然紧握在一起，继续低头。背应挺直。吸气，同时回到开始姿势。重复4次。

3. 两腿分开，与肩同宽，吸气，双手在背后紧握，与髋部同高。肘关节保持微微弯曲，头正直，两眼正视前方。

4. 呼气，两手握在一起向下压，肘关节伸直；同时挺起胸部，头慢慢后仰，两眼看天花板。注意不要弓背。恢复开始姿势，重复4次。

5. 两腿分开，与肩同宽，两臂放在体侧；做一次深呼吸。呼气，向前弯腰，两手张开，两臂在脑后交叉，右手放在左肩，左手放在右肩，两个肘关节朝向地板，微微屈膝；使上体完全垂下，不要上下颤动。保持这个姿势，数32下，然后准备做下一个动作。

6. 从上体前垂的姿势开始，吸气，将双手放在脚前面的地板上，屈膝，成为一种下蹲姿势(如果膝关节不好，不要完全蹲下)，两脚保持平稳地站在地板上；呼气，脚后跟抬起，用脚尖支撑。继续用双手支撑体重。向下压脚背，要保持两脚均匀地分担体重。保持这个姿势，数32下。

7. 从下蹲的姿势开始，坐在地板上，膝关节弯曲，分向两侧，两脚底相对，进行深呼吸。

8. 呼气，上体向前压，双臂伸到身体前面，两手手掌向下放在地板上。记住，肩要放松，弓背，臀部不离地板；呼吸慢而均匀，保持这个姿势，数32下。

9. 慢慢后仰或坐姿，然后翻过身趴在地板上，双臂弯曲，将手掌放在肩下方，深呼吸，整个身体放松。

10. 呼气，双手下压，慢慢抬起头和上胸部，头渐渐地后仰，两眼看天花板；用两手支撑体重，髋、腿和脚不离开地板。保持这个姿势，数32下。保持有规律地呼吸。如果感到腰部有负重感觉时，上体可以再少抬起一些。

11. 重新趴在地板上，双手放在肩下，用脚尖支撑，进行深呼吸。

12. 呼气，手脚一起用力，使臀部抬起，对着天花板，身体形成一个三角形，手脚都平放在地板上，腿和臂伸直。

13. 慢慢地将双脚向手移动，同时继续有规律地呼吸，然后再将手移向脚。抬起上体呈站立姿势。进行几次深呼吸，并且放松。

护胸运动健身法

护胸健身法，是以保暖、按摩和击打相济的办法来达到养生的目的。坚持此法不懈，能够宽胸顺气，活血提神，强身健体，益寿延年。

胸为心、肺所在，需特别保护，以防外邪侵袭。经常用手摩擦胸部，可宽胸理气，增强心肺功能。正常情况下，人的血液中存在着一定浓度的胸腺素，起着维持免疫功能和抵抗多种疾病的作用。胸腺在幼年和儿童时期最发达，以后缓慢萎缩，25～45岁萎缩速度加快。老年期胸腺萎缩得更厉害，导致血液中胸腺素浓度相应下降，因此抵抗力减弱，许多疾病也便乘虚而入。而护胸——保暖、按摩和叩击，能够有效地激活与调节胸腺的应激系统，促使处于“休眠”状态的胸腺细胞活跃起来；同时可使体液系统产生各种激素，互助配合作用于各脏器组织，共同来提高人体的免疫功能。

除保暖外，护胸的具体操作法可分三个程序进行。

1. 捶胸。站立，全身放松（冬天最好能脱去棉衣），双手握空心拳。先用左拳捶击右胸，由上至下，再由下至上，紧锣密鼓地捶击。随后换手，用右拳捶击左胸，方法同上。左右各捶击200下。胸部捶击过后，接着捶几下背，深呼一口气或长啸一声，连续做几次，更有助于吐故纳新。

2. 拍胸。五指并拢，手掌微屈，用掌击拍胸部。可以用单手拍击，如用左手拍击右胸或用右手拍击左胸，也可以用两手同时交替着拍击胸部两侧。拍击的方式也是由上而下，由下而上，反复数遍。

3. 擦胸。两手搓热，先右手，后左手，自上而下平擦胸部，使胸部微热。再两手呈梳子状，分别自上而下在两侧梳理，反复10次以上。

如果能经常按摩或捶击拍打胸部，对预防冠心病、肺气肿、肌肉发育不良，治疗胸闷、心慌、气急、肋痛等症有着明显的效果。

扩胸憋气健身法

扩胸憋气健身法，简单易学，在家中就可进行锻炼，每天抽出10分钟的时间，持之以恒，就能收到比较好的减肥健身效果。

1. 两脚分开，两臂屈肘侧举，手指放松置肩前，然后两臂沿肩轴向前平举，两肘向前、向上、向后、向下绕环，绕至开始姿势，重复练习10次。

2. 直立，双腿并拢，两手按在胸腔下部两侧，憋气，用力压胸腔两侧，然后两手臂向上举,重复练习10次。

3. 两脚分开与肩同宽,成直立姿势,张口深呼吸,头后仰,同时臂沿身侧提至胸前平举,肩臂后展,挺胸,掌心向上,然后还原成直立姿势,重复练习10次。

4. 膝着地,手掌向前方着地,手指向内,身躯正直下降,然后再推起,重复练习5次。

5. 右脚支撑,右手握住左脚后上举,挺胸,抬头,上体尽量舒展,左右交换做5次。

6. 直立,做两手臂快速交叉运动,也可手握哑铃等器械练习,注意双臂向外扩展时应憋气;交叉、扩展为1次,练习5次。

强肾壮体健身法

在我国传统的养生防病理论中,历来非常重视腰部的保健和锻炼,素有"腰为肾之府"的说法,通过腰部锻炼来疏通腰部气血,起到健肾强腰的作用。

1. 自然站立,两手叉腰,拇指在前,四指在后;上身尽可能向左侧弯,直到不能再弯时再向右侧弯,左右各做15次。

2. 自然站立,两手叉腰,拇指在后,四指并拢在前,轻按脐下10厘米处;然后上身尽可能向前后俯仰,注意膝部不可弯曲,这样前后各做15次。运动时要尽量使腰部肌肉放松。

3. 两脚分开站立,稍宽于肩,双手叉腰,调匀呼吸。以腰为中轴,先按顺时针方向做水平旋转运动,然后再按逆时针方向做同样的转动,速度由慢到快,旋转的幅度由小到大,如此反复各做15次。注意上身要基本保持直立状态,腰随胯的旋转而动,身体不要过分前仰后合。

4. 站立,双手叉腰,上身稍前倾,缓慢地左右摆腰,逐渐加快,直到腰部感到发热为止。早晚各做1次,有强肾健身功能。

5. 两脚分开站立,与肩同宽,两腿微弯曲,两臂自然下垂,双手半握拳。先向左转腰,再向右转腰。与此同时,两臂随腰部的左右转动而前后自然摆动,并借摆动之力,双手一前一后,交替叩击腰背部和小腹,力量大小可酌情而定,如此连续做15次。

6. 直立放松,两腿可微微分开,先两臂上举,身体随之后仰,尽量达到后仰的最大限度。稍停片刻,随即身体前屈,双手下移,让手尽可能触及双脚,再稍停,然后恢复原来体位。可连续做15次。注意身体前屈时,两腿不可弯曲;老年人或高血压患者,弯腰时动作要慢些。

7. 仰卧床上,双腿屈曲,以双足、双肘和头后部为支点(5点支撑),用力将臀部抬高,如拱桥状。随着锻炼的进展,可将双臂放于胸前,仅以双足和头后部为支点(3点支撑)来进行锻炼,每次做15次。

8. 双脚并拢伸直,仰卧床上(木床为宜),不用手支撑,只靠腰部力量使上身坐起,双手叉腰(拇指在前,四指在后),上下起卧各做15次。

9. 双脚并拢伸直,俯卧床上(木床为宜),双手握拳放在脐下10厘米左右小腹上,以此双拳为支点,如跷跷板似的摆动,各做15次。

10. 深呼吸,吸气时提起肛门,使肛门用力,吸气后自1数至30,放松肛门,再行吐气;吐气时要尽量把胸中之气吐出,使腹壁收缩凹进去,此时会感觉肛门自然上提。

11. 人的元气发源于肾,藏于丹田。丹田之气旺盛,即可以让人摆脱一天的劳累,促进体能尽快恢复。傍晚17～19时之间,凝神丹田10分钟(即采取坐式或卧式,全身放松,微闭双眼，把注意力即意念集中在丹田处）就可以补肾气，如此一个月左右就会有明显效果。

12. 老年人常有耳鸣、腰酸、背痛等不适，中医认为多与肾虚亏有关。如果每天早晨能缓慢、有节奏地点头哈腰120次，如同行鞠躬礼，并长期坚持，会有健肾强身作用。

13. 仰卧床上，枕略高，两腿伸直，两足跟相距约30厘米，两手靠近两胯，置于其旁。姿势需自然舒适，两目内视（要求对外界视而不见），闭口，舌抵上腭，舌尖在门齿牙根处。开始时，静卧床上，排除杂念，呼气一口，将肛门一缩一松，同时小腹内收后贴。吸气时，用意念将气由尾闾沿脊椎向上、直提达脑后玉枕（即后脑枕骨处）。这时用眼往上一瞟，令气经头顶置于两眉中间，少停片刻，随着呼吸用意引气经口腔，并连同口内津液从咽喉直送下丹田（在脐下三指下腹中央），此为一周。要求周而复始地反复练习。此外，在从肛门提气沿脊椎上行时，手指、脚趾均需稍用力往里钩，即脚趾向小腿方向弯曲，手指呈半握拳状。待气提运到丹田后，手脚即可恢复至原来的伸直状态。然后缓缓坐起，两手掌相搓，待掌心发热后，以两手掌心抚摸面部数次。再用两手交叉搓两足心，至足心热则止。每日早晨或上午练习，每次30分钟，以不感疲乏为度。常练此法，具有防治头晕目眩、腰膝酸软、滑泻遗精和补肾壮阳等功效。练此法的场所需保持安静，期间不宜吃兴奋或刺激性食物和药物（如茶、酒、咖啡等），并应暂停性生活。

推腹运动健身法

推腹，顾名思义就是推肚子，用手指、手掌、拳头皆可，由心窝向下推到小腹。人的慢性疾患，一般都可以在腹部找到相应的阻滞点。也就是说，一切慢性病都可以在腹部找到其对应的蛛丝马迹。因此，当慢性病牵延不愈，但又不知病因何在，不知如何治疗时就可去寻找这个腹部的阻滞点（也许是一个硬块，也许是一个痛点，也许是一个“水槽”，也许是一个“气团”），只要把它推开揉散，就会发现慢性病也随之消失了。如果没有发现有什么慢性病，但推腹时却在某个部位有阻滞点，那一定要赶紧将它推散揉开，因为那必是个将来的隐患。

每天于早上起床前和晚上临睡前各推腹1次，平常也可推推。有人一推就会打嗝放屁，那是清气上升，浊气下降，效果最好。有人则会腹中咕咕水声，这是在推动腹中沉积多日的浊水，这种湿浊如果不及早排出，循经上头则头痛眩晕，滞塞毛孔则皮炎湿疹，遇肝火则化痰，逢脾虚则腹泻，遗患无穷，必须及早清除。

对于有的人长期睡眠不好，或眠浅易醒，或辗转难眠，或噩梦不断的情况，不妨推推肚子，会很容易找到阻滞点，然后细心地将它推散揉开，定会获得较好的效果。

活动颈椎健身法

颈椎病给人们的生活、工作带来许多不便，患者在到医院接受治疗（按摩、理疗等）的同时，还应进行医疗体操功能锻炼。因为医疗体操在加强颈背肌肉锻炼和恢复头颈活动功能方面有重要作用，对血液循环、消除软组织损伤效果明显。

1. 做头部绕旋运动，从右至左，再从左至右，缓慢进行。

2. 头前屈，下颌向胸，然后头后仰，眼望上方。

3. 头右侧位并向左转，眼望左上方；头左侧位并向右转，眼望右上方。

4. 做头颈向侧前、侧后做“X”或“米”字运动。

5. 做耸肩运动，使之与耳接近，最初左右肩分别做，以后两肩同时做。

医疗体操主要是做头部几个方向的运动，重点是做头后仰和左右转，每天每次 10～15 分钟，动作要缓慢平稳，不要急促用力，以不引起明显疼痛为度，当转（或屈）至最大幅度时，可在该位置上稍停片刻，以伸拉肌肉和韧带，同时使肌肉通过静力性锻炼而得到加强。

摇腕运动健身法

文字工作者由于天天和书写打交道，深知腕、指对书写的重要性，因此，这里介绍一种“摇腕”健身五法：

1. 直臂摇腕健身法。先右臂直上举，手腕放松，五指呈自然状态，朝右外侧，带动手腕，用意不用力，轻缓摇、转，环旋 15 次；左手同前。

2. 平臂摇腕健身法。两臂左右平伸，左右两腕，左、上、右、下，旋转并摇动 10～30 次。

3. 托肘摇腕健身法。用左掌心托右肘端部，右小臂垂直，腕自内向前往右回环 20 次。另腕同。

4. 捉臂摇腕健身法。左手捉牢右腕下部，借左手之力快速摇动右腕。左腕同前。

5. 十指绞腕健身法。两手十指交叉咬紧，互相上下左右，用劲“咬”腕 30～45 次。早、中、晚练各练 1 次，日久之后，即使整日运笔不停也绝无指发僵、手腕酸的难忍之苦。

运腕运动健身法

1. 旋腕健身法。两手十指交叉在一起，掌根不贴在一起，留有空隙；然后交叉的双手同时由里向外旋手腕，做 10 次；再由外向里旋腕 10 次。

2. 摇腕健身法。两手屈肘抬至胸前，小臂竖起，双手成掌，十指左右相对，掌心向内，拇指在上，腕部放松；然后向前向胸部呈半扇形甩动，做 10 次；然后再把双掌掌心朝外，上下呈半扇形甩动 10 次。

双手抬至胸前，距离同肩宽，小臂竖起，双掌掌心朝下，屈腕自然放松，然后两掌做左右横向甩动 10 次。

3. 叩腕健身法。双手半握拳，两手的腕部相互叩击，先叩击腕内侧，然后叩击腕外侧；腕的内外正是内关穴和外关穴附近，震动刺激这一带，对防治上肢肩臂麻痹、疼痛有一定作用。

4. 扭腕健身法。空闲时紧握双掌，然后尽量叉开手指，将手腕向左右转动，并且手腕向上下弯曲，轻松地甩手。可增进手掌与手腕的血液循环、灵活性与力量。

5. 转腕健身法。按顺时针和逆时针转动手腕 25 次，能缓解手腕肌肉酸痛感。

双手持球（如网球），或持手掌可握住的事物（如水果等），上下翻转手腕各 20 次。球的重量可依自己力量而定。可增强手腕力量，锻炼肢体协调能力。

6. 击腕健身法。双手合拢后两手手掌向外张开，手腕放松，两手掌跟对称撞击，反复做 36 次。不要用力过猛，可配合搓手及手的抓紧松开来做。

经常做双腕相击运动，可促进气血通畅，增加肌体热度，提高人体免疫能力。经常锻炼手部，能预防和治疗一些慢性疾病。

手与腕是一个互相衔接的整体，皮肤、肌肉、血管、神经、经络等相互贯通。一般来说，腕关节处气血不易通过，只有加强锻炼才能使经络畅通，手才能得到充分的营养物质而红润、细嫩，不易衰老。腕部的锻炼可增强手腕及手部的抗病能力，能预防手指麻木、骨质增生、腱鞘炎等疾病。

经常踮脚健身法

每当久坐或久站后，人们常会感到下肢酸胀、乏力，日久便会发生下肢静脉曲张，这是下肢血液回流不畅所致。人体下肢血液回流，可以靠踮脚跟时双侧小腿后部肌肉的收缩挤压。据测定，双侧小腿肌肉每次收缩时挤压出的血量大致相当于心脏的脉搏排血量。在久坐或久站时，可有意识地做踮脚运动：双足并拢着地，用力踮起脚跟，就像跳芭蕾舞那样使脚部有弹性地上下运动，然后放松，重复20～30下，每日最好早、晚各做1次。此项运动有助于加快脚部的血液循环，缓和小腿肌肉紧张。

踮脚运动不仅可以改善下肢血液回流，避免下肢麻木，也可以活动四肢和头脑，消除长时间用脑过度集中、突然站立而眼前发黑、头脑发晕的毛病，有利于健康。踮脚运动加上收肛，就是踮起足尖，同时肛门上提，可以预防痔疮的发生。

学习芭蕾的动作，踮起脚尖，用脚尖承受全身的重量，双臂环抱，在耸肩的过程中带动上半身拉伸。这样简单的方法既能提升肠道功能，又能避免肠道打结，一举两得。

双手指合拢，双脚跟踮起，目视前方做足跟踮起运动60～100次。

双脚稍分开，双手放臀部，踮起脚，用脚弓的力量使身体上升，再脚跟落地，重复，持续1分钟，每日至少3次。

小便时，咬紧牙关，屏气，可使牙齿坚固无疾且不易脱落。

双足并拢着地，上体保持正直，用力抬起脚跟，然后放松下落，落到一半时突然停顿一下，稍许再落地。可以重复做。踮脚尖时，双侧小腿后部肌肉收缩，挤压出的血流量可促进下肢血液回流，增强盆底肌肉的强度，从而达到补肾固本的效果。

当然，踮脚走路的效果更好，走路时将足跟提起，完全用足尖走路，行走百步，可以锻炼屈肌，从经络角度看，还有利于通畅足三阴经。当然也可以用足跟走路，即把足尖翘起来，用足跟走路，这样可锻炼小腿前侧的伸肌，疏通足三阳经。脚尖脚跟交替进行可以祛病强身。

身体立正，双脚并拢；边吸气边踮脚尖，意志力集中在大脚趾与第二趾，脚跟掂起至离地约一个半至两个拳头的距离，肛门缩紧；吐气，慢慢将脚跟放下，肛门随之放松。重复踮脚至放下脚跟的动作做8次。

踮脚，全身自然放松颤抖49次。常做可改善下肢血液回流、防治腿脚麻木等。

常碰脚部健身法

1. 碰太白法。太白穴在大脚趾的内侧突起骨节的下面，此穴位是脾经的原穴。一定要注意，每条经络只有一个原穴。所谓原穴就是脏腑原气流注的穴位，是每条经络原动力的开关。而脾经的这个原穴更不简单，脾经是一条大经，脾胃是后天之本，所以脾胃健康是好身体的保障。而现代人摄入了太多高热量的食物后却懒得运动，这就给脾胃增加了压力。如果近期出现一些胃口上的不适，就要抓紧时间去打通太白穴了。办法很简单，不管是坐着还是躺着，只要把腿伸直，脚跟靠在一起，用两只脚的内侧相互碰撞即可。如在泡完脚后，边看电视边碰脚，起到养生的效果，像月经不调、脾虚、脾湿、消化不良、舌边齿痕、腹胀、糖尿病都是太白所能调理的范围。

2. 碰脚跟法。脚跟的内侧在女士是子宫卵巢的反射区，在男士是前列腺生殖区。大部分人不爱运动，一坐坐一天，气血容易淤滞，尤其是生殖系统易出问题，所以平时应多刺激脚跟内侧的生殖反射区会有很好的保养效果。可坐着，只要把脚稍分开 1 厘米的距离，脚跟稍微抬起，用两只脚的脚跟相互碰撞就行了。每天碰 10 分钟，就能起到保养生殖系统、促进盆腔血液循环的效果，如泌尿系统炎症、女士的痛经症状、男士的前列腺增生问题都能调养。

养护脚部健身法

脚疗健身法是中医经络理论与现代全息论相结合的一种治病强身保健方法。脚部与全身器官有着密切联系，全身各部位病痛均可反射性地表现在足跖部。通过各种方法刺激脚底及相应敏感区（穴位），可起到防病强身和治病的作用。众所周知，慢跑、竞走可以健身，无疑是脚掌频频受到刺激，导致周身血气运行流畅的缘故。脚疗健身法不受时间、地点诸多客观条件的限制，而且简便易行，不需要特殊器械，各人可根据自身情况因地制宜，分别选择以下介绍的各种健身方法进行锻炼。长期坚持不仅有助于防治白发、脱发，还可强身健体、延年益寿。

1. 叩脚健身法。叩脚可提神，手握空拳叩击足底或用健身锤叩击足底前跖部。双足各叩击 50 次，每日 1 次。久之可从精神上免除心理紧张状态，又可解除体内之疲劳和疾病。这种叩脚法，须采取盘腿坐式，用力应适度。

2. 揉脚健身法。需要掌握脚部穴位分布位置及其相关作用，用手适度地进行按摩，达到舒筋活血之功效。继之可选用扭转脚腕的方法，促进血液循环。施行此法须以盘腿坐式，分别抓住脚前掌按顺时针方向扭转脚腕。当有痛感，或关节生硬，或发出咯吱咯吱声音，这乃是血气运行不畅的一种“危险信号”。在这种情况下不必惊慌，只要坚持抓住脚趾扭转脚腕连续动作，每次 8 分钟左右，数日即可见效。既能消除脚部疲劳，又可活血化瘀，促进血液循环。

3. 摩脚健身法。脚掌心有无数的神经末梢与大脑紧密相连，所以按摩脚心能强壮身体，防止早衰。平时经常用手掌搓摩脚心，然后再按摩脚背，牵拉各个脚趾，按捏肌肉，可以使脚趾筋膜更坚韧有力，并有防病的作用。

脚掌上有无数的神经末梢与大脑紧密相连，脚掌有通往全身的穴位，刺激脚掌能使末梢神经活跃，神经与内分泌充分作用，脚、腿和大脑都会感到轻松舒畅，并有提高记忆力之效。脚掌远离心脏，因此血液往往容易在那里滞留，故从另一角度来看，也需要经常活动脚掌，刺激那里的血管，使血液循环加快。脚心是肾经涌泉穴的部位，手心是心包经劳宫穴的部位，经常用手掌摩热擦脚心，有健肾、理气、益智的功效。每天早晚热水浴脚后，用左手握住左脚趾，用右手心搓左脚心，来回搓擦200下，然后再换右脚搓擦。

坐姿，用右手掌搓摩左脚板，然后用左手掌搓摩右脚板。具有滋肾水、降虚火、舒肝明目等作用。

4. 踩脚健身法。赤脚直接踩踏高低不平的路面或物体，如卵石路、健身地毯、健身拖鞋，或赤脚踩踏健身球（或高尔夫球）前后来回滚动，以刺激足底。

5. 压脚健身法。用外力对脚的不同部位施以压力。最好是有意识地交替用脚后跟踩踏每个脚趾，这是消除神经衰弱的一种特效方法。由于脚趾受到压力刺激，因此可有效地促进全身的血气循环，强化心力和体力。

6. 按脚健身法。以大拇指指端用力按压足底敏感区域或穴位（如涌泉穴），要有酸痛感，按压数次后停顿一下再压。也可用发夹的钝头或一捆成束的牙签戳压足底。还可用拇指按趾背、食指按压相应的趾腹，同时用力相对按揉。防治早秃、脂溢性秃发要按揉双足第四趾；防治体虚引起头发枯黄、早白、易折断脱落应按揉第五小趾；防治斑秃应按揉第二、三趾。按揉要均衡有力，每日可进行多次。

7. 扳脚健身法。上床后和起床前，披衣而坐，双腿伸直，双手扳双脚趾尖，前推后拉50～100下，再扳脚趾尖左转50下，右转50下。常做此法可活动脚部关节，促进血液循环。

双手同时握紧脚趾前后摇晃。常做有健脾养胃作用，还能健腰腿、增脚力、防治足部乏力。

8. 刷脚健身法。准备牙刷或衣刷与肥皂或牙膏，先在脚底涂上肥皂，然后用刷子轻刷有关部位，每天至少刷1次，可在浴盆中操作，最好在临睡前进行。每只脚至少刷5分钟，早上再操作1次更好。头痛、耳鸣，可刷脚底5个脚趾；肩周炎，可刷脚底第2脚趾至第5脚趾下面区域（宽约3厘米）；腰痛、坐骨神经痛，可刷脚底弯形部分；高血压、低血压，可刷脚底中央区域（涌泉穴下面小圆形）；糖尿病、肥胖症，可刷脚底弯形部分；便秘、腹泻、痔疮，可刷脚底下方（距离脚跟约3厘米），范围约4厘米；眼病，可刷第2、第3脚趾；预防痴呆，可刷脚后跟。

经常抬腿健身法

腿与全身健康有着密切的关系，腿脚是否灵活，往往是一个人是否衰老的表现。腿是“人体的第二心脏”，它与上呼吸道黏膜之间还存在着密切关系，一旦腿部受凉，便会反射性地引起呼吸道黏膜内的毛细血管收缩，易患感冒等疾病。近年来，国内外一些医学家提醒人们：尤其是中老年人，坚持每天高抬腿部2～3次，每次5～10分钟，会使全身尤其是腿部、心脏、头部大受裨益。医学家研究发现，当一个人的双腿翘起高于心脏之后，脚和腿部的血液产生回流，长时间因行走或垂着的大小腿得到了放松。同时，腿脚部的血液回流到肺部直至心脏，大大有利于心脏的保健。

1. 抬腿压膝健身法。坐姿，用力抬起脚跟，也可将双手压在膝盖上，以增加运动效果。1分钟内重复做30～40次。常做此运动可雕塑腿部线条，使腿形更加完美。

2. 原地高抬腿健身法。站立原地，双手握虚拳，双腿轮流抬起，双臂随之自然摆动。可根据身体状况，选择原地抬腿的高度和速度。

双手叉腰，左右腿交替用力上抬，原地踏步1分钟。

坐着，小腿伸直用力向前抬起，脚面绷直，停片刻，放下，再抬。如果可能，也可臀部离座，全身尽量伸展，停止片刻，还原后再伸。

3. 坐椅抬腿健身法。坐在椅子靠外的地方，背部挺直，两手交叉放在脑后，依次抬起一侧大腿再放下。抬腿时，膝盖应尽量超过肚脐，每次做20～40下。如腰部不适，可边呼气边做。对于腿脚不灵活的老年人来说，常练此法可以缓解腿部疼痛等症状。

4. 抬腿跷脚健身法。这是一项能改善腿部血液循环的运动。抬起并伸直右腿，伸、屈脚尖5次，收回；脚跟着地，脚尖尽量上翘，然后脚尖着地，脚跟尽量上抬。如此重复5次后换左腿做上述动作。

5. 抬腿上跳健身法。两腿并拢站好，单脚往右跳，全脚撑着地，稍作平衡后单脚向左跳回。这样慢慢跳12～15次后，逐渐加快节奏。这时快速单脚往左跳，再向右跳回，然后双脚向上跳，尽自己所能，跳得越高越好。反复训练10～12遍。常做可使腿脚更加健美有力。

6. 高抬腿走健身法。高抬腿走就是每走一步，大腿屈膝高抬，这样有利于锻炼腰部肌肉，防治老年疝气和老年病。

抱膝运动健身法

抱膝健身法有利于下肢血液回流，增加脑部供血，达到健身防病的目的。此法特别适合中老年人。

仰面平卧床上，双手抱膝，用双手劳宫穴（在第二、三掌骨之间）紧紧按住双腿两侧的足三里穴（在胫骨前嵴外一横指处）。双膝贴腹。

抬足尖，用足三里处的肌肉拱动劳宫穴，做30～50次。转足尖，用足尖左右划圆各30～50次。别小看这一抬一转，常言道人老腿先老，人到步履蹒跚时，抬转足尖都不易。

摆双腿，头、胸不动，左右摆90度，每次3～5秒钟，做30～50次。摆双腿是整套系列动作的关键。通常按摩时被按摩者是被动的，力是由外向身内的。抱膝后左右摆，这个力是由内向外的，是主动的，是反常规的。督脉在腰部的几个穴位，带脉的几个穴位和肾脏、直肠等都在主动地挤压着，可有效解除腰疼，防止结石形成，增加肠道蠕动，促进消化，防止便秘。

全部动作完成后，伸直四肢，休息片刻慢慢起来。

需要说明的是，床不要太软或太硬，不要过饱也不要憋尿，时间最好选在早晨起床和午睡后。

下蹲运动健身法

下蹲健身法称得上是一项全身的运动，尤其能增强股四头肌、臀大肌和减缩臀腹部脂肪，使下肢富于曲线感，同时能扩大胸腔和增强肺活量。它是“面壁蹲墙功”的简化版，既简单又灵活。说它简单，是因为它没有任何招式，不用器械；说它灵活，是因为它在任何地方都可以练，室内练可以，室外练也可以。

不少老年人因蹲位过久，或坐着思考问题时间长一些，站起身来就会头晕、眼前发黑，轻者一闪而过，严重的则导致一时性昏厥。其原因是多方面的，心力弱、平时缺乏锻炼是主要原因。实践证明，下蹲运动能增强心脏活力，有助于帮助改善以上症状。

以下介绍的方法，每次可以只做一个动作，也可连起来做，不受时间和空间的约束，通过练习可以增大胸腔和肺的活动范围，从而提高健康水平。

1. 双腿下蹲健身法。两手叉腰，双脚站立与肩同宽，两眼平视，屈膝慢慢下蹲，下蹲时脚跟离地，重心落在脚尖，上身尽量保持正直，避免前倾，同时口念"啊"字音，意念随着下蹲动作将浊气从丹田深处缓缓引出体外。起立时，咬紧牙关，气运丹田，随着吸气，站直身子。下蹲程度当因人而异，尤其是中老年人可慢一点，亦可取半蹲姿势，甚至在开始时只略作屈膝状，逐渐加大下蹲深度；体弱者还可以双手扶着桌沿椅背；缺少体育锻炼、身体易前俯后仰者可以背靠着墙壁下蹲，逐渐做到自己完成全蹲动作。一般每天锻炼 2～3 次，每次下蹲 36 下。

站立，两脚与肩宽或两脚并拢皆可，然后两手分别握于两膝之上，身子下蹲，蹲到自己能够到达的极限为止，稍稍停顿之后徐徐起身，但两手始终不离开两膝，动作完成。如此共做 36 下。也可分 3 次完成，每次做 12 下。初练者也可酌情减量。此法可循序渐进，自然运气，量力而行，逐渐增加次数，每天早晚坚持锻炼，可祛病强身，延年益寿。

2. 单腿下蹲健身法。单腿站立，膝盖稍弯，另一条腿弯曲，膝关节与髋关节呈 90 度，身体尽量往下蹲，保持身体平衡，下蹲后保持几秒钟，再回到起始位置。虽然下蹲运动可以锻炼平衡能力，并活跃全身经络，加强足六经与督脉的活力，可固肾精、强腰力，对冠心病、糖尿病、便秘、免疫力低下等疾病有良好的预防和改善作用，但老年人做这一动作要慎重，因为许多老年人有骨质疏松问题，而做下蹲运动时，运动重心较低，会使膝关节负重过大，易造成老年人股骨颈骨折，因此老年人在做这类运动前最好做骨密度检查，骨质疏松者不建议练习。

3. 借物蹲健身法。用自己的背部、腰骶部依靠在墙上，或是手握栏杆，借以分散身体重量，使下蹲训练变得容易进行，从而蹲得深、蹲得久。练习时间可以从开始的 1 分钟逐渐延长到 5 分钟。

在家中选一面墙，手扶墙的同时靠腿部力量缓慢下蹲，蹲下、起来的同时就可以使腿部得到锻炼，还能消除腿部多余脂肪。做 15 下为 1 组，做 3 组。

双脚并拢，脚尖抵住墙根往下蹲。开始练习时做到这一点很困难，可根据自身状况确定两脚与墙的距离，尽自己的力量能蹲下为度。身体稍差的老年人可以两脚尖离开墙根，两脚分开以降低难度，或抱树或扶床架等物体下蹲。开始练习时较困难，有时还没蹲下去就会往后倒。因此，下蹲时两手自然下垂，两肩胛尽量内扣，重心前移慢慢往下蹲。上起时，注意收腹拱腰。经过一段时间练习，能顺利蹲下去后再逐步两脚并拢，脚尖抵墙，动作要慢。若想提高健身质量，还可加大难度，如赤脚蹲、背手蹲、拳抵鼻尖蹲等。难度再大一点，可能蹲至大腿与地面平行时定位不动。此蹲墙法能平衡阴阳，使经脉气血畅通，且锻炼十分简便。

4. 蹲墙健身法。蹲墙健身法，主要通过调节呼吸和活动脊柱疏通经络，增强身体各种功能。因为脊椎是支撑身体的栋梁，而久坐者脊椎最容易出现损伤和变形，并不可避免地影响到脊椎周围的组织和神经，所以，这套健身法最适宜于经常久坐的人练习。在墙壁前站立后，额头和鼻尖紧贴着面前的墙壁慢慢下蹲，不时吸气呼气，然后起身。根据自己的身体素质和具体情况重复地做。开始练习时可离墙壁稍远一点，动作要缓慢，以防跌倒。

5. 踮蹲健身法。双脚的前脚掌着地，脚后跟抬起离开地面；双膝弯曲，躯干下沉，大腿紧紧压在小腿上。踮蹲有一定难度，初次练习时不要太勉强，时间控制在30～60秒钟即可。

6. 跟蹲健身法。跟蹲与踮蹲正好相反，即脚跟落地，同时足弓部分也可以着地，前脚掌悬空，即脚底的后2/3部分接触地面。由于前脚掌悬空，身体重心向后偏移，掌握不好容易向后倒，因此初次练习时要注意安全，时间控制在30～60秒钟即可。

7. 弓箭蹲健身法。左脚着地，右脚呈踮蹲状态，下蹲时将身体重量落到右脚，每练习30秒钟调换一次左右脚，以改变两脚的受力情况。

8. 下蹲运气健身法。双手叉腰，双脚与肩同宽，松腰，屈膝，慢慢下蹲。下蹲时脚跟离地，重心落在前脚掌，上身尽量保持正直，同时口念"呵"字音，意识随着下蹲动作，使浊气呼出；起立时咬紧牙关。每回下蹲18～36下，下蹲程度因人而异。身体较好者可全蹲，蹲下后停一二秒钟再起立；老年者可半蹲，略作屈膝状；体弱者可双手扶着桌沿椅背下蹲，或靠着墙壁下蹲。此动作需要注意动作与呼吸的配合；此法一般选择早、晚练习，选择空气中含负离子多的环境练习为佳。

9. 半蹲健身法。两脚平行站立同肩宽或略比肩宽，双腿下蹲，大小腿夹角约为90度，身体略前倾，进行静止性半蹲练习，加上手臂的动作，短期内便能健身强体，效果显著。

自然半蹲。半蹲时，两手放松置于身体两侧或放在双膝上。

展臂半蹲。两手臂分别做单、双交替进行的直臂前伸或向上或侧举动作。

反撑半蹲。双手十指交叉，做反手撑向前推出动作或向头上做反手上撑动作。

冲拳半蹲。两手握拳于两肋侧处，分别向前、向上、向侧做冲拳运动。

推手半蹲。双手五指自然分开，用力做向前平推动作。要求：立掌，力用在掌根部。后收回两肋旁，依此类推。

需要注意的是，半蹲时大小腿间的夹角，可根据本人身体状况而定；练习时间长短一定要根据不同情况因人而异；腰、腿等处如有炎症或病时勿做；练习完毕后，必须针对腰、腿部肌肉进行有效的充分的放松练习。

10. 太极蹲健身法。双脚尖并拢，双脚跟紧靠在一起，然后双膝弯曲，弯曲到大腿腿腹与小腿腿腹紧贴在一起，经络穴位重叠，互相挤压，可起到推拿、按摩作用。练习时间1～3分钟。

11. 八卦蹲健身法。此法是从太极蹲演化而来的，即将太极蹲的下肢并拢变化成下肢分开，两脚分开与肩同宽，两脚平行，双膝弯曲小于90度，臀部不要左右扭曲，距地不超过10厘米。八卦蹲比太极蹲容易，练习时间为1～5分钟。

做以上动作时，需要注意的是刚刚接触蹲式训练时要遵循先易后难的原则，先从借物蹲开始，然后逐渐尝试其他蹲的练习。

提肛锻炼健身法

古代养生家很重视肛门和会阴（阴囊和肛门中间的一个穴位）的上提，传统健身法、气功以及武术都很强调这一点。肛门与会阴部位之所以宜提宜缩，因为这两个地方在人体的最下部，是身上比较薄弱的地方。这一带靠软组织直接承托着腹内脏器，人一般又经常处在直立状态，于是更增加了这里的负担，并使这里的静脉血向心脏回流较为困难。如果这里长期不活动，就容易造成气血堵塞，出现许多疾病。如果经常做提肛和缩会阴，就能有效地改善那里的血液循环和营养供应状态，加强肛门括约肌的伸缩，可以防治痔疮、脱肛、子宫脱垂、便秘等疾病。会阴又是人身上的一个要穴，它是沟通任脉督脉的关键穴位。提缩会阴能使丹田之气通过会阴到达长强穴，接通督脉而使任督相通。会阴又是气血通向下肢的枢纽，因此，提缩会阴对经络畅通有直接帮助。会阴部位的提放、紧松对泌尿生殖系统有影响，实践证明，此法可防治胃、膀胱和生殖方面的一些疾病。

提肛（又称撮谷道）是指收缩肛门，收紧会阴穴。有规律地往上提收肛门，然后放松，一提一松就是提肛运动。肛门附近有“两肌”，即提肛肌和肛门括约肌。进行提肛运动，像忍大便一样，主要是锻炼括约肌。每日做数次收缩肛门的运动，可以防止静脉淤血，加速静脉血液回流，增强肛门部位的抗病能力，对老年人易患的痔疮、肛裂、肛门湿疹、脱肛、尿失禁、男性前列腺、子宫脱垂、老年性便秘、慢性皮炎等均有明显的预防和治疗作用，对冠心病、高血压、下肢静脉曲张等慢性疾病也有一定的辅助治疗和预防作用。

提肛，提肛收会阴穴（男性会阴穴在阴囊根部与肛门的中间），可达到恢复和增强性功能的作用。会阴穴附近的肌肉被称为性爱肌，常做此动作，在夫妻生活中可起到事半功倍效果。另外，中老年人，尤其是老年人，在大、小便的问题上要做到“前紧后松”和“前松后紧”。前松、前紧即小便畅通，尿如泉涌，戛然而止，不淋、不滴、不频、不数。后松即大便畅通，不干燥，无宿便。后紧即定时排便，不泄泻，不频便。做此动作，大有裨益。

提肛方法极为简单，采取站立或坐姿，身体放松、自然，意念集中在会阴部（前阴与肛门之间），收腹提肛，即像忍大小便状，收缩肛门、会阴，一紧一松，反复做。可以随时随地做几次。吸气时收小腹提肛门、会阴，如忍大便状；呼气时下落肛门、会阴，如解小便状。一提一松为一下提肛运动，20 下为一次，每天可做 2～3 次。特别是每次大便后立即进行提肛运动，不仅有助于肛门的恢复，而且对于防治肛门周围的疾病很有裨益。提肛次数可以由少到多，如果提肛练习久了，还可以把收臀动作加上，可以取得事半功倍的效果。

提肛健身法，不受时间、环境、条件的限制，在等车、坐车、看电视时都可以做。需要注意的是，做提肛运动时思想必须集中，心情愉快，避免精神紧张，饥饿、疲劳、烦恼、情绪不佳时不可勉强进行。

卧室练习健身法

卧室健身法由 7 个动作组成，需要跳绳、排球、哑铃等简单的健身器械配合。练习过程中要注意连续性，连续做完 7 个动作为 1 组，练习过程中不能有间歇，每组动作的练习时间应该保证 30～60 秒钟。

1. 练习腹部健身法。背部着地平躺在毯子上，双腿并拢、抬起，膝盖稍微弯曲。双手托住一个排球，将排球从大腿处开始慢慢向上推，同时上身自然地向上抬起。等到排球被推到小腿处时，保持姿势 2 秒钟，然后让球再滚回大腿部位，同时上身回到原位，重复上述动作。注意在练习过程中眼睛要始终盯住排球。当腹部开始有酸痛感时不要马上停止，此时还可重复动作 5 次。腹部练习可以有效消除腹部脂肪。

2. 练习手臂健身法。以弓步姿势站立，左腿向后退一步，右腿膝盖稍微弯曲。两手抓住拉力绳的两端，左臂自然下垂置于身侧，右手将拉力绳的一端沿对角线向右上方拉起，直至手臂与肩部同高。然后慢慢放下右手，回到开始姿势，交换手臂，再继续上述动作。开始练习前应将拉力绳调整到适合自己的长度。这主要是手臂和肩部的综合力量练习。

3. 练习颈部健身法。由于长时间面对电脑，人的颈部肌肉在一般的练习中不容易得到充分的放松，但进行颈部练习可以拉伸和锻炼颈部肌肉，有效缓解肌肉的紧张感。俯卧在毯子上，鼻尖贴于地面，脚面绷直，手臂向前伸出，双手拉紧一根拉力绳。脸部微微抬起，双臂抬起将拉力绳举至下巴高度，然后放下手臂。注意头部与脊椎应该在同一个高度上。练习结束后放下拉力绳，双手交握，向前伸出，做放松运动，还可以有效抻拉韧带。

4. 练习腿部健身法。站在原地，向右侧跳一步之后再向反向重复动作一次。然后向前、向后各跳跃一次，注意跳跃的幅度不要太大。跳跃20秒钟之后可以加快或放慢跳跃的节奏，改变跳跃距离的长短。跳跃时夹紧膝盖，可以提高动作的难度，也能使练习达到更好的效果。落地时膝盖弯曲以保护膝部关节不受伤害。常练可以很好地锻炼耐力和协调性。

5. 练习胸部健身法。锻炼胸部肌肉最好的方法是俯卧撑。俯卧在垫子上，双手分开与肩同宽，撑地。双腿并拢，双脚脚尖着地，以双手和脚尖为支点将身体撑起，等到大臂与小臂成90度、大臂与肩同高时抬高左腿。注意：做这个动作时背部挺直，目光看向地面。

身体平衡健身法

平衡健身法就是为调整自身生理平衡而进行的各种健身运动的方法，即经常使身体营养、休息、运动三者保持在最佳平衡状态。

老年人由于骨质疏松，跌倒后易发生骨折。除因高血压、冠心病发作时的跌跤外，单从生理衰退的角度来看，老年人跌跤是由于老态龙钟，神经反应迟钝，肌肉功能衰退，关节灵活性差，容易失去平衡而发生的。所以，要防止跌跤，关键是要积极锻炼神经反应、肌肉力量和关节的灵活性，提高身体的平衡能力。这里介绍的一套老年人防跌跤体操，经常练习，能收到较好的效果。

1. 情绪平衡。1931年，德国医学界出版了一本轰动一时的专著，名为《衰老之原因及其治疗》。作者提出的众多民寿法则中，第一条就是：极力避免感情过分兴奋或过分抑郁，而应充分地乐天行事。我国四川113岁的老中医罗明山在总结自己的长寿诀窍时，明确指出：胸怀开阔，年过一百。与此类似，我国古代的《十叟长寿歌》也告诉人们：坦坦无忧愁。结合广大老年人的养生实践，我们完全有理由认为：健康长寿的第一个诀窍，即是情绪平衡，决不大喜大怒。

2. 身心平衡。老年人适当地动动脑筋，不仅无害，而且有益。但最重要的，还在于身心平衡。不仅身体锻炼及心理调控宜适度，而且两者之间应同步进行，真正做到“平衡”二字。身心是紧密相连的。老年痴呆患者往往身心都麻木、痴傻。而健康的老年人，理应身板硬朗，精神健康。

3. 营养平衡。上面提到的《衰老之原因及其治疗》一书共提出9条长寿法则，其中有3条都与饮食营养有关：“细嚼缓咽，老年应以素食为主”“保持大便通畅，无便秘发生”“不饮酒、不吸烟、不喝浓茶、不喝咖啡”。罗明山也认为：“饮食有方法，活到八十八”“早上吃稀多生津，一天一身轻松”“食不欲急，急则损脾”。这都说明营养平衡的重要性。营养平衡还包括不挑食、不偏食，这样食物中的各类营养物质才会源源不断地补充到人体内，从而为健康打下坚实的物质基础。

4. 运动平衡。有一种偏见，以为老年人适宜静养，千万不可多活动。其实，关键问题是如何把握动与静的度，让老年人劳逸适中。一般说来，在环境和身体状况允许的条件下，老年人每天应有一定的活动时间，散步、打太极拳都不错。当然，也要避免走向另一个极端，要做好"平衡"的文章。

金鸡独立。两眼微闭，双手自然放在身体两侧，任意抬起一条腿，试试能站立几分钟，注意关键是不能将眼睛睁开。这样调节自己的平衡就不是靠双眼和参照物之间的谐调，而是调动了大脑神经对身体各个器官的平衡进行调节。脚上有6条重要的经络通过。通过脚的调节，虚弱的经络就会感到酸痛，同时得到了锻炼，这根经络对应的脏腑和它循行的部位也就相应得到了调节。此法可以使意念集中，将人体的气血引向足底，对于高血压、糖尿病、颈腰椎病、小脑萎缩等都有一定的效果，并可预防美尼尔、痛风等病症，对于足寒症更是效果奇特。因为是治本的方法，所以可以迅速增强人体的免疫力。

转体够脚。坐在椅子上，上身向右转，然后向左转。手臂前平举后重复上述动作。坐着向前弯腰，用右手碰左脚，再用左手碰右脚。

捡物上举。坐着从地上捡起物体，举起，然后再放到地上（物体重量可视各人能力而定）。

上下挪物。站着从桌上慢慢拿起重物放在椅子上，再放回桌上。重复上述提物动作，并试着将重物先放在地上然后再放在桌子上。

以上动作每日重复做10～20次。坚持练习，会增加腿部肌肉力量和关节的灵活性，改善神经传导及反应能力，从而提高老年人的平衡能力，对防治老年人跌跤有明显的效果。

活动舌头健身法

人的舌头与内脏有密切的关联，经常运动舌头，不仅能增强食物的消化吸收，还有助于加强人体内脏各部位的功能，强身健体。每天早、中、晚各做1次。

1. 舌舔上腭运动法。用舌尖轻轻抵住上腭，再用舌尖在上硬腭处正反转圈各36次；或用舌尖舔上腭，左右摆动36次。待口水增多时，分3次咽下。

2. 舌舔齿龈运动法。用舌尖舔摩内侧齿龈，由上而下，紧贴上下牙龈转圈，正反各36圈，再用舌尖舔摩上唇颊侧和下唇颊侧36圈，顺序同上；或用舌尖舔摩内侧齿龈，左右摆动36次，再用舌尖舔摩上唇颊侧和下唇颊侧36次。待口水增多时，分3次咽下。

3. 伸舌运动法。舌尖向前尽量伸出，使舌根有拉伸感觉，当舌头不能再伸长时，把舌缩回口中。这样一伸一缩口舌也随之一紧一松，共做36次。待口水增多时，分3次咽下。

4. 搅舌吞咽法。舌头从上门齿中间开始，沿左、下、右、上的方向转3圈，再反转3圈。然后舌尖依次点下腭、上腭和门齿缝各50次。点下腭时注意点到肚脐和命门的连线当中或靠后，点上腭时点向头顶百会。点完后口里有很多唾液，这时用唾液漱口（人安静后出来的唾液清凉香甜），分3口咽下。下咽时要配合意念下送，同时命门一松。咽第一口时，意念从体中直接送到命门；第二口意念从左边（女性从右边）划个弧形下到命门；第三口意念从右边（女性从左边）划弧下到命门。

5. 鼓漱健身法。闭口咬牙，用两腮、舌做漱口动作约30次，等唾液满口时，分3次慢慢咽下。可防面部过早出现皱纹，还有助于消化。

6. 常做舌头操法。舌头操是一套很好的自我保健操，有助于缓解高血压、脑梗死、哮喘、近视、老花眼、耳鸣、咽喉炎、肩周炎、失眠、便秘，并可预防老年痴呆。每天早晨洗脸后对着镜子，舌头伸出与缩进，各做10次，然后舌头在嘴巴外面向左右各摆动5次；坐在椅子上，双手十指张开，放在膝盖上，上半身稍微前倾。由鼻孔吸气，接着嘴巴大大地张开，舌头伸出并且呼气，同时睁大双眼，平视前方，反复操练3～5次；嘴巴张开，舌头伸出并缩进，同时用右手食指、中指与无名指的指尖在左下边至咽喉处上下搓擦30次，接着在舌头伸出与缩进时用左手三指的指尖在右下边至咽喉处上下搓擦30次；对着镜子，嘴巴张开，舌头轻轻地伸出，停留2～3秒钟，反复操练5次，然后头部上仰，下巴伸展，嘴巴大大地张开，伸出舌头，停留2～3秒钟，反复操练5次。

拉筋锻炼健身法

工作、生活的快节奏和办公自动化的普及，肩膀酸疼、颈椎病等“电脑病”在几年间一跃成为写字楼里白领工作者最易患的职业病。而这些病越来越年轻化，并且以都市女白领居多。稳坐案头的白领们连续工作数小时后，会感觉到肩部僵硬，手臂麻木，有时候颈部酸痛一直蹿到头顶。别看只是肌肉发硬、眼睛酸胀的小毛病，如果天长日久得不到休整治疗，延误病情，后果将不堪设想。

拉筋法是由香港中医师朱增祥发明的，就是让患者在专家指导下自行拉筋治疗，效果显著。中医认为一切疾病都是由于经络不通造成的，所以拉筋法就是拉通经络而百病消，把筋拉长了，“筋长一寸，延寿十年”。拉筋法中所用到的工具一般使用拉筋凳来辅助拉筋。

1. 卧位拉筋法。将两张安全稳妥、平坦的椅子摆放在墙边或门框处；人坐在靠墙或门框的椅边上，臀部尽量移至椅边；躺下仰卧，右脚伸直倚在墙柱或门框上，左脚屈膝落地，尽量触及地面，双手举起平放在椅子上，做10分钟，期间左脚亦可作踏单车姿势摆动，有利于放松髋部关节；移动椅子至另一面，再依上述方法左、右脚转换，再做10分钟。

2. 侧躺拉筋法。侧躺在沙发上可以做大腿抬举运动，收紧大腿内侧赘肉；平躺在沙发上休息时可以做仰卧起坐，收紧腹部；靠着看书时可以单腿平放在沙发上，做侧向拉筋训练，延展肌肉线条。

3. 立体位拉筋法。找一个适合自己大小的门框，然后站在门口正前方，两脚打开，目视前方；双臂尽量伸直上抬，两手扶住门框两侧，伸展双臂；左腿弯弓，右腿蹬直，重心微微前倾，会感受到肩关节的拉力和张力。保持此姿势站稳3分钟，然后换腿站立3分钟。此法可拉肩胛部、肩周围、背部及其相应部分的筋腱、韧带，可防治肩颈痛、肩周炎、背痛等症。只要动作做到位，筋骨完全展开，就可以收到效果。动作越到位，效果自然也就会越好。

4. 蹲式拉筋法。蹲在地上(与蹲厕所一样的姿势)5～10分钟，两脚分开蹲下容易，适合初学者；可慢慢增加难度，将双脚并拢，下蹲到底，双手抱腿、埋头，效果会更好。如果脱鞋，下蹲难度更大，疗效也会更好。

躺滚运动健身法

人是脊椎类动物，脊柱部位是中医督脉所在。脊椎内藏有中枢神经，各种支配身体的神经都从脊柱两侧的椎间孔出来分布全身，脊柱两侧还分布有自主神经。牵带滚，使整条脊柱完全得到牵拉松懈，一改直立体位下脊柱及下肢仍然受力，得不到充分放松情况下锻炼的状况，使各椎体间位置得到调整，椎间孔增大，小关节调整，同时也使镶嵌其中的神经组织受到牵拉、刺激，从而得到调整。

躺滚锻炼与其他锻炼最大的不同是全身所有的骨骼肌筋膜组织包括内脏系膜都完全放松，都不受力。翻动时躯壳体表诸多穴位也受到自身重量的挤捻按压，协同对内脏的翻动按摩，对督脉的牵拉，通过人体经络发生作用，真正达到以内养外、以外促内，遍及全身的效果，而且是有病祛病，无病强身，有百益而无一害。说到底，无非就是躺在床（地）上，伸个懒腰打个滚，就这么简单。

仰卧，自然躺平，先做几次腹式呼吸，伸个懒腰（全身内外放松一下），而后双手伸直上举于头两则，全身上下自然伸直，放松。

1. 同步滚。全身上下同步呈一个整体，向一个方向滚动数圈，再反向同样滚动数圈，如此来回反复。

2. 牵带滚。先将头（颈椎）向一个方向平旋至最大幅度，然后带动双肩及上身（胸椎）向同一方向旋转至最大幅度，再带动腰部（腰椎）及下身向同一方向旋转至最大幅度（整个身体呈笔直的扭转状态），滚动数圈，再反向同样滚动数圈，如此来回反复。也可一滚一扭，或先以下身依次带动上身，或可请旁人帮着翻。

3. 翻转滚。为了取得最好的效果，将双臂向前伸直，用右手抓住左手腕，再将双臂伸拉到头的上方，并稍微向后用力，直到腋窝处感到轻微的拉力。保持这一姿势数 5 下，然后放松双臂，再重复这一动作 1～2 次。在床上翻转滚动需要双肩上下左右的柔韧性。常练习此法，可增强腿部、手臂、大腿和腰背等部位肌肉的力量，强化人体的耐受能力，提高性能力。

4. 团身滚。仰卧，将身体团起来，尽量弯腰、埋头，双手抱膝或抱头，静止 10 秒钟，接着缓缓滚动 20 次。能促使各部位肌力恢复平衡，缓解疲劳。

5. 倾斜滚。两腿弯曲，两手紧抱双膝，上身尽量放平，两腿先向左倾斜，使腰部在床上左右滚动。可以逐步加大倾斜度和滚动力度，做七八次。

练习跪式健身法

跪式健身法，对于防治胃病、减肥、保持身材等都有不错的效果。

跪膝法是个引血下行的绝妙方法。气血不易一下子引到脚底，那就先引到膝盖，膝盖气血充足，离脚底也就不远了。在一个不太软的床上或地毯上跪着行走，气血就会源源不断地流向膝盖，膝盖由于新鲜血液的供养，使寒气可散，积液可消，肿痛可化。有人膝盖有伤痛，那就先在较软的床上跪着不动，逐渐缓缓运动，很快就会适应的，那时膝盖也就不痛了。跪膝走还能减肥。跪着走把气血引到腿上，引到膝盖上。女性总抱怨赘肉都在大腿上，这时得把新的气血引过去，把垃圾吸收起来排出去，所以跪膝走能减大腿。要跪着练出好身材，可从以下方法入手：

1. 胸部练习法。双膝跪地，大腿与地面垂直，两手撑地，两臂与地面垂直，胸部往下，尽量贴近地面，重复8次。

坐在地上，两膝向上弯曲，两手向后撑地，然后臀部离开地面，使膝盖往上，直到颈部与地面平行，重复8次。

2. 腰部练习法。仰卧，屈膝至胸前，使大腿和地面垂直，两臂向左右伸展，肩膀和手背贴地，转动躯干向右，右膝盖碰地，两臂保持不动，然后转动躯干向左，左膝盖碰地，两臂不动，重复10次。

仰卧地上，双掌托起盆骨以支起下身及腰部，足尖挺直，背、头及两臂着地，左右脚交替向头部伸展屈下，膝盖保持挺直，连续做12次。

3. 臀部练习法。仰卧，吸气，臀部慢慢离地时让肌肉尽量收缩，将背的下部、中部和上部相继挺起，直至用肩胛骨支撑身体为止。保持姿势不变10秒钟，呼气，慢慢放下身体，感觉每一节脊骨都在松弛，重复5次。

手足并用地跪下，吸气，弯腰，头向后，使前额朝向膝盖，同时右膝移近前额；呼气，收缩臀部肌肉，拱起身体，尽量抬起头来，右腿伸直朝向天花板（膝微屈，以避免肌肉紧张）。吸气，将右膝和前额缩回原来的位置。然后重复同一动作。动作要一下接一下迅速做，不要断断续续，拱起身时要收缩臀部肌肉。左右腿各重复20次。

静坐养生健身法

生活中，如果工作或是劳作了一段时间，身体感到有些疲倦时，不妨找一个安静的地方坐下来闭目养神小憩片刻。静坐借助呼吸的功能来补充精气，对强身很有帮助。它可以使全身放松，大脑得到充分的休息，身体各脏器的工作更加协调；改善内在的体液循环，增加面部皮肤营养，使面容更加红润；让腰板挺直，眼睛变得清澈明亮；心境安详平和，遇事不惊不急，宽容自然，情绪愉快。

科学研究表明，静坐时，心率、呼吸和大脑电波缓慢，肌肉放松，耗氧减少，肾上腺素和其他紧张激素下降，免疫功能明显增强。专家们还发现，脑电图高度有序，大脑皮层处于保护抑制状态，同时，皮层功能同步化增强，皮层与皮层下神经的功能协调统一，全身小血管处于舒张状态，致使血压下降。美国科学家研究证实，如果每天静坐2次，每次30分钟，能延长人的寿命并改善健康状况。

现代保健学认为，生命在于运动，但也需要静养。当人疲倦、劳累时，静下心来，放松心情静坐，会使人的精神完全放松，身体能量的消耗大大减少，心跳速度和呼吸频率会明显减慢，相应的身体的紧张感消除了，身体的耗氧量降低了，微循环得到了改善，脑部供血量增加了，血压也自然下降了，从而有助于人体消除疲劳、休养生息，生命更有活力。

静坐还有助于保护人体肝脏和控制体重。如果一日三餐后，不是马上就进行剧烈活动或者立即开始繁忙的工作，而是抽出20分钟的时间静坐休息，对于保护肝脏有很好的作用，吃完就工作的生活方式，往往会导致人体发胖，造成赘肉横生。

静坐健身法，旨在“静”。人每天除睡眠外都处于“动”态，致使人体各器官负载运行，无法放松。“静”则相对“动”而言，使人体得以松弛。静坐不仅要求身体的入静，也要求精神思维活动的入静，从而使大脑皮层在一定的时间内达到休息放松的状态，能让左侧大脑从语言活动中解脱，处于休息状态，让右脑完全充分发挥其直观的形象思维能力，从而消除善于语言思维和用右手劳动者容易出现的左脑疲劳。在自然放松的情况下静坐，身体的各部分机能得以充分调节与整合，改善各器官系统的功能，增强肌体的免疫力，达到祛病延年的功效。通过调息入静，使肾中之精益固，元气自充，气血经络通畅，并能排除杂念，达到静心止虑之效。

静坐前最好先做四肢屈伸、腰背俯仰、颈部旋转等一些简单的运动，使血脉通畅，肌肉神经放松，头脑安定，更有助于静坐。两腿盘膝平坐，双目轻闭，左右两手四指分别轻握大拇指，手背朝下放于两腿上，脊背自然挺直，舌头轻抵上腭，意守丹田，用鼻呼吸 50 次，开始要自然呼吸，经过一段时期的锻炼后才可以改为深呼吸，呼吸的次数也可酌情增减，做完以后，将舌头慢慢放下。

盘腿而坐或坐在椅子上，双目微闭，唇微合，舌顶上腭，全身肌肉放松，呼吸畅然，逐渐入静，使人的思维由兴奋状态转为平静状态，并逐步进入一种似醉非醉、若有若无的超觉状态。之后，便感头脑清醒，思维敏捷，身体轻盈。静坐后，这种良好状态能维持 4～6 小时，使人精力充沛，不感倦怠，其效果不亚于室外健身活动。静坐一般每天 2 次，每次 20～30 分钟。最好早晚各 1 次。

如果静坐时杂念纷飞，气息不调，也可采用以下方法来帮助入静。

1. 数息法。默数自己的呼吸，一般数“出息”，即呼气时才数，从 1 数到 10，再反复从头数起。如果中途生出杂念，必须从头数起。如果是低血压、神经衰弱的人或昏昏欲睡时，就要数“入息”，即吸气时才数，同样从 1 数到 10，如此反复。如果心念转静就不再计数，把心专注于呼气与吸气，以此来达到身心宁静。

2. 制心一处法。即把心专注于某处，或肚脐间、鼻端、眉心。如果是昏昏欲睡，则要把心念往上提，专注于鼻端或眉心；如果是高血压患者，则心念应专注于肚脐间或脚底涌泉穴。当心念专注于一处时，气血运行加快，可起到治病和安神调气之效。

在紧张的工作中，不妨每天抽出 10 分钟，静静坐下，也许会有意想不到的收获。将座椅调节到适当高度，臀部顶着椅背；双脚略为前伸，超过膝盖；手掌心向上，放在大腿上；头自然正直，不可僵硬；放松双肩，下垂勿耸起；闭上双眼，吐出浊气，合唇，舌抵上腭；慢慢吸气、吐气，保持呼吸的细长深远。

滋阴排毒健身法

1. 平躺、安静，用手掌根从膻中穴顺任脉下推至肚脐，左右手交替为 1 次，共做 99 次，至少做 33 次。

2. 平躺、安静，用鼻子吸气，想象全身毛孔都敞开，将宇宙中的纯净元气吸入体内，同时小腹鼓起，呼气时用嘴缓缓吐出，想象将身上的病气、浊气都从毛孔排出体外。一吸一呼为 1 次，共做 36 次，至少做 9 次。

3. 两手重叠(男左手在下，女右手在下)，围绕肚脐顺时针转揉 99 次，然后逆时针转揉 99 次。

4. 两腿抬起在空中蹬车，两手托着环跳穴部位，左右各一遍为 1 次。共做至少 9 次。如体力允许，可增加到 18～27 次，直至 99 次。

5. 将一条腿抬起，外转脚腕9次，再将另一条腿抬起，外转9次，再抬一条腿内转脚腕9次，然后换脚内转9次。若觉腿累，可用手托着环跳穴。

6. 两手扶在双膝上（或抓住小脚趾）左右滚动，滚动要慢，脸要贴到床面才算标准。

7. 起身直立，两脚平行，自然分开与肩等宽，慢慢向前弯腰，意念将脊椎一节一节打开，自下而上直至颈椎第一节。双臂放松随身体下行到脚尖，然后起身，意念将脊椎一节一节合拢，直至颈椎。俯身和起身为1次，共做9次，至少做3次。

8. 双手握空拳，慢步行走，迈左脚时用左手敲击左环跳穴，迈右脚时用右手敲击右环跳穴。左右为1次，共99次。行走时全身放松，左右摇摆。

9. 直立，全身放松，将双手重叠在下丹田上（男左手在下，女右手在下），意守丹田片刻。

简单推举健身法

简单推举健身法不需要任何健身器械的健身方案进行锻炼就能够达到燃烧脂肪、强健肌肉和塑造体形的效果。建议每个动作做8～12次，中间不要休息。

1. 面部朝下躺在地板上或者床上，双臂伸直与身体两侧呈30度角，形成一个Y字形。双手掌心相对，拇指直立。尽可能高地抬起双臂，呈放松状态。

2. 开始的姿势与Y字形推举基本相同，只不过双臂向身体外侧移动，直到与身体垂直，形成一个T字形。双手掌心向下，拇指直立，尽可能高地抬起双臂，呈放松状态。

3. 开始的姿势与Y字形推举相同，双臂向上举，从指尖到脚呈一直线，形成一个I字形。双手掌心相对，拇指直立，尽可能高地抬起双臂，呈放松状态。

金鸡啼鸣健身法

金鸡啼鸣健身法是指锻炼动作似金鸡啼鸣，它是多层次、多功能、全身性的健身法，也是随时随地可行的健身法。有人经过一年左右时间的锻炼，收到了明显疗效，所患颈椎病、腰椎病症状慢慢不见了。

双脚分开与肩同宽，脚不离开地面，两臂自然下垂于身体两则，指尖垂直向下，全身自然放松。随着鼻缓缓吸气，双腿向上伸直到最大限度。同时，用力向上抑腰拔背到最大限度，胸腹也向上伸，颈项部伸长到最大限度，抬头向上看天，然后将伸长的颈慢慢向下运动，似雄鸡啼鸣之状。随着用嘴呼气再慢慢向后向下做缩颈运动。反复做36下，每天早、晚各做1次。

此项运动是牵一发而动全身，用抑腰拔背和伸缩颈为动力带动全身五脏六腑及各器官活动起来，使其功能增强，并加快了血液循环和新陈代谢，是一种防病祛病的好方法。

养生防病健身法

1. 降压法。双脚分开，与肩同宽，十脚趾抓地；两手半握拳，前三后七用力，前后甩臂72次，每日3～4次。甩臂时要提肛，舌抵上腭，注意力随手之摆动由上而下。

2. 固肾法。肾为先天之本，肾不足则腰酸腿软，乏力失眠。提肛，双手拇指捏肾（脊柱旁平脐处外3指），向后退步慢走，注意力在后脑勺。每天早晚各1次，每次99步。久练可固肾强精壮阳。

3. 强肺法。每天早上练习“洗髓真经”：面对晨曦方向，回环双臂，深呼吸36次，吸长呼短，吸慢呼快，以增强肺泡弹性，提高肺功能。

4. 护腿法。平日起居谨防双脚受寒，尤其脚心；下蹲起立每天总量应不少于36次，要突出一个慢字；每日步行距离不少于2.5千米。

5. 健脾法。年长之人，十有八九便秘。防治的办法是揉腹：每天晚上上床后，双掌相迭，绕脐正反旋转36次。如此长期坚持，利于消化，绝不便秘。

6. 养心法。老年人往往性情怪僻、多疑、易怒，不能控制自己的感情。除讲究知足常乐，一切问题向前看外，还要注重养心：第一，清晨站桩养心。每天早上站桩20～30分钟，姿势为形意拳“三体式”，两脚间隔半步，膝扣裆合，取双重心，左掌看斜似正，看正似斜，食指与鼻尖、前脚尖成一平面，右手为鹰爪，护于心前。同时提肛，舌顶上腭，意守丹田，并用意念转小周天。每隔约10～15分钟调换一次。第二，晚上盘腿养心：上床后，双腿盘坐，头颈正直，闭目，提肛，两手合十于胸前；用逆腹式呼吸，调匀后默念“九九八十一”共9次，约30分钟止。晚上盘腿过后可即刻就寝。以上诸法贵在一“恒”字，长期坚持必受其益。

祛病强体健身法

1. 盘膝坐姿，正头竖颈，两目平视，松肩虚腋，腰脊正直，两手轻握，置于小腹前的大腿根部，静坐3～5分钟。

2. 牙齿轻叩20～30下，口水增多时即咽下，谓之“吞津”。随后两手交叉，自身体前方缓缓上起，经头顶上方将两手掌心紧贴在枕骨处，手抱枕骨向前用力，同时枕骨后用力，使后头部肌肉产生一张一弛的运动。如此行十数次呼吸。

3. 以两手掩住双耳，两手食指相对，贴于两侧的玉枕穴上，随即将食指搭于中指指背，然后将食指滑下，以食指的弹力缓缓地叩击玉枕穴，使两耳有咚咚之声。如此指敲玉枕穴十数次。

4. 微摆天柱头部略低，使头部肌肉保持相对紧张，再将头向左右频频转动。如此一左一右缓缓地摆撼天柱穴20次左右。

5. 手摩精门作自然深呼吸数次后闭息片刻，随后将两手搓热，以双手掌推摩两侧肾俞穴20次左右。

6. 两手自腰部顺势移向前方，两脚平伸，手指分开，稍作屈曲，双手自胁部向上画弧如车轮形，像摇辘轳那样自后向前做数次运动，随后再按相反方向自前向后作数次环形运动。

7. 双手十指交叉，掌心向上，双手做上托状。稍停片刻，翻转掌心朝前，双手做向前按推劲。稍作停顿，即松开交叉的双手，顺势做弯腰攀足的动作，用双手攀两足的涌泉穴，两膝关节不要弯曲。如此锻炼数次。

8. 正身端坐，鼓漱吞津，意守丹田，以意引导内气自中丹田沿任脉下行至会阴穴，接督脉沿脊柱上行，至督脉终结处再循任脉下行。

9. 经常有意识地吞咽空气和经常吞服唾液。咽气时深吸新鲜空气一口，然后闭气做吞咽动作，随后再徐徐呼气。吞津时先做深呼吸运动1～2次，然后在意识指导下分泌一定量的唾液吞服。不断地咽气，气体可经常“按摩”消化道，以保证血液循环通畅；咽入空气中的氧气，还可经肠壁吸收一部分被肌体利用。近年来，国内外公认唾液对人体的免疫保健作用是多方面的，还有人认为唾液有防癌作用。咽气与吞津，使人体尽可能地吸收氧气和唾液，可提高人体免疫功能，对胃排空不良、溃疡病、胃酸过多、肠结核、慢性咽炎等症有一定的预防和辅助治疗作用。

室内综合健身法

如果中老年人受某些条件的限制，例如住高层楼上下不便等，可利用室内的床、椅、墙、阳台、栏杆、写字台等作为辅助健身器械进行晨练，这样既省时间又安全方便，还能达到强身健体、祛病延年的目的。具体方法如下：

1. 仰卧举腿健身法。仰卧床上，两手抓住头上方床沿（或两臂按于身体两侧床面）；单腿依次或两腿同时向上直膝举腿；举腿时稍快，回落于床面时稍慢，一次练习10～30次。可减缩下腹部多余脂肪，使下腹部肌肉增加弹性和力量。

2. 仰卧转腰健身法。仰卧床上，两手抓住头上方床沿；腰、髋、下肢向左转体成侧卧，稍停；接着还原成预备姿势，再向右侧转体成侧卧。左右各练10～20次。呼吸自然，要求腰、髋、下肢向左右转体时肩和两臂不要移动。能锻炼腰肌，消除赘肉，增强腰部肌力。

3. 仰卧抱腿健身法。仰卧在床上，两臂伸直掌心向下置于体侧；左腿屈膝上抬；同时吸气，两手抱膝使大腿尽量靠胸，上体抬起，眼看左膝；然后呼气还原伸直。接着换右腿做相同动作，重复20次。再接着做双腿同时屈膝的同样动作，重复10次。可锻炼腹部，减少腹部赘肉，增强腹部肌力，特别对女性腹腔内各器官有特殊作用。

4. 仰卧蹬车健身法。仰卧，直臂或两手抓住头上方床沿；两腿屈髋上举，左右膝分别交替屈伸，自然呼吸，左右交替为1次，共做15～20次。可以减少腰、腹部赘肉，增强腹部和大腿肌力。

5. 仰卧抬臀健身法。仰卧屈膝，小腿垂直于地面，两脚略比臀宽，两臂伸直，掌心向下置于体侧；两腿分开，上体重心移到肩部，以肩支撑，吸气，将臀部向上抬起，稍停，呼气；慢慢将臀部放下；有每根脊柱骨变直之感；然后再上抬，重复20次以上。可以减少腰、臀部赘肉，锻炼臀部肌群的肌力，并可强腰固肾。

6. 背撑臂、膝屈伸健身法。背对写字台，两臂支撑于写字台上；屈肘、屈膝、屈髋下蹲，稍停；然后还原，重复练习30～50次。注意自然呼吸，还原后两臂、下肢要伸直。有助于胸部丰满、挺拔，并能减缩腰、臀脂肪，增强肌力。

7. 压腿健身法。坐于床沿上，一侧脚着地，另一侧腿沿床沿伸直；上体前屈压腿，两手可抓住着地腿的脚底；连续前屈振动，左右腿各练习20～30次。能锻炼背间肌和腹部斜肌，并可提高腰腿的柔韧性。

8. 旋腰、髋健身法。面对阳台栏杆站立，两手抓握栏杆；腰、髋部分别逆时针、顺时针方向旋转绕环8周。旋腰、髋动作可利用手臂支撑栏杆的力量来助力，使腰、髋活动范围逐步加大。但注意动作一定要缓慢，以免受伤。可强化内脏机能，对治疗便秘、消化不良和减缩全身体脂具有显著效果。

9. 调整坐姿健身法。有些人只要纠正坐姿，收腹挺胸，便能减去一些聚积于腹部的脂肪。常年坐着工作的办公族长期伏案，习惯性地塌着腰，久而久之，形成了一个粗腰、凸腹的“苹果体形”。好在这种“职业性肥胖”还不顽固。专家建议，只要调整坐姿，随时提醒自己挺胸、缩腹、直腰、坐如悬钟，哪怕不能始终保持，想起来就做，都能减去腹部多余的脂肪。坚持每周3～4次有规律的运动，再结合调整正确坐姿，便能有效地阻止脂肪沉积，帮你塑造一个健康、标准的体形。

10. 拉伸肌肉健身法。双手放于身体两侧，两腿并起来，然后双手伸直手交叉伸直在头顶，拉伸手臂和肩部肌肉，两脚面绷直，拉伸腿部肌肉，保持2分钟。

三步降脂健身法

健身降脂是很多人的梦想。我国著名运动健身专家赵之心经常推荐别人练“三步健身法”。经过测算，可以在40分钟内消耗300千卡热量，效果不错。

1. 腰、腿和腕关节进行轻微的热身活动，如踢腿、伸展以及扭腰等。这个过程要进行5分钟。

2. 要进行4个动作，每个动作20次，分别是仰卧起坐、俯卧撑、立卧撑、蹲跳起。其中立卧撑的含义是先做一个俯卧撑，然后收腿、站起来，再趴下，做俯卧撑一次，再站起来。之所以设立这4个动作，在于它们能活动身体大部分区域的肌肉和软组织，使得身体各个部位都得到很好的锻炼。这些动作做完后，再提踵50次。完成以上5项，耗时15分钟。

3. 用走跑交替的方法进行耐力训练，慢跑与快走轮流进行，耗时20分钟。把上面这些项目都做完，可以在40分钟的时间里消耗300千卡热量。不过，前提是每个动作都完成得比较标准，而且要在规定的时间内完成。

简单有效健身法

每天只要5分钟，进行下列锻炼手臂、腹部及下半身的运动，就可以轻松达到健美又健身的目标。

1. 缩紧小腹，结实臀部肌肉，将背挺直靠墙，下巴收紧，双腿稍微分开约30～40厘米，双足离墙约20厘米，然后同时收缩小腹与臀部。这样可有效地结实臀部及腹部肌肉。

2. 两手手腕上下交叠紧握于胸前，以上手腕用力压迫下手腕，形成推力。此运动可预防胸部松弛、强化自然胸肌并锻炼手臂肌肉。

3. 在做第2项运动的同时张开双唇，裂齿发英文E的音，直到感觉胸部稍微移动，这样的运动可加强胸部的弹性。

4. 以脚尖顶地维持5～6秒钟，同时做第2及第3项动作，再放下。如此可运动腿部肌肉及刺激血液循环。

5. 全身放松，蹲下来，双脚平放地面，并将手肘内弯至胯下，深吐气，直到肌肉完全放松(包括腹部)。

以上5项运动重复做10次，每次需改变第2项手腕的位置。

男士腹部健身法

体质普遍较虚弱，经常易患流感、头痛等症，而且由于他们的身体“动感”不足，久而久之，皮下的脂肪组织往往会很放肆地进行“集会”，造成下腹部隆起、臀部肥大等肥胖症状。肥胖不仅有损男士的外表形象，而且对健康构成了莫大的威胁，例如被称为生活习惯性疾病的脂肪肝、高血压、糖尿病等很有可能会找上门来。

为了切实防止体内多余脂肪的滋生，运动医学专家给男士安排了一组有效的简易徒手操，只要每周练习 2～3 次，下腹部就会产生坚韧有力的肌肉组织，这样，身体会变得健美，精力更加充沛。

1. 仰面躺在床上，用擀面棍在腹部按照上下顺序擀 20 遍，从胸以下擀到骨盆处即大约脐下三寸的位置，通过擀的力量可以把堆积的脂肪打碎并代谢掉，比单纯用手按摩效果更好。

2. 仰面平躺，双脚紧紧地并拢，上抬 10 厘米，保持此动作约 10 秒钟，再把双脚放下，将这套动作重复做 50 次，若做 100 次效果会更理想。

3. 身体躺平，双脚并拢，膝关节弯曲，双手交叉放置脑后，旋转颈部，头部略向上抬，视线投向自己的膝部，头向上运动 50～100 次。

4. 面向前坐在椅子上，上身挺直，双手紧扭椅子两端，双脚并拢，而后上提，将该动作保持 10～20 秒钟，然后放下，这套动作重复做 100 次为妥。

平腹翘臀健身法

1. 使腹部紧实健身法。平躺于地面，双手分别放于身体两侧，双脚朝天花板笔直伸展，脚趾向上。收紧腹部肌肉，同时臀部离开地面向上缓慢抬起。此动作只是一个小范围的运动，不要用冲劲上下摇摆臀部。尽量放慢速度，自下向上，重复 8 次。

平躺于地面，双手分别放在身体两侧，双脚笔直伸展。对于初学者，膝盖可弯曲，大腿抬起与地面呈直角。脊椎朝肚脐方向弯曲，双手平直抬起，按照脉搏的节奏，抬起，放下。共 100 次，吸气时 50 次，呼气时 50 次。

面部朝下，双腿伸展，前臂接触地面，两臂分开与肩同宽，双手握拳。收紧腹部，脚趾向下蜷缩，提臀，使身体整个离开地面。要做到头部到脚后跟呈一条直线。从下向上抬起，保持 30 秒钟。然后休息 15 秒钟后，重复一遍动作。

2. 塑造翘臀健身法。身体向右侧躺，双腿略向前伸直，右手撑起头部，左手放在身体前，手掌与地板接触，首先提起左腿向前摆动，然后向后弯曲膝盖。接下来，腿部向后伸直。重复 10 次，然后，反方向再做 10 次。换一边，做同样动作。

两脚分开站立，与肩同宽。双手放在大腿上，臀部慢慢下降，好像是要坐到椅子上。保持这种姿势 10 秒钟后还原，重复 5 次。两脚分开，双手撑地分开呈倒 V 字形，双腿绷直。抬起一条腿，收臀，将抬起的腿弯曲，再伸直，连续 10 次。换腿再做。可使臀部肌肉结实。

尽力收紧臀部、肛门的肌肉，持续 5 秒钟左右后放松，再次收缩、放松，反复数次，可增强臀、肛部位的血液循环，有助于消除腹部和臀部的多余脂肪，防止肥胖症的发生，同时这也是防治痔疮的一种锻炼方法。

减去赘肉健身法

1. 双臂向前伸展，手掌触地，然后将膝盖以上身体向后拉坐至臀部接触脚，双脚作跪状，双膝贴地，臀部贴脚，尽量舒展手臂、膊头和背部。舒展动作维持10～15秒钟，然后慢慢放松，再重复整个动作。

2. 站姿，双手叉腰，挺胸抬头，向前迈出一步，身体下沉，前面一条腿的膝关节呈90度弯曲，后面一条腿的膝关节靠近地面，然后前面的脚后跟用力蹬地站起至开始的姿势，做一组后，换另一边。共做3组。此动作可以帮助收紧大腿肌肉，防止脂肪在大腿内侧沉积。

3. 站姿，双手抱头，双脚打开与肩同宽，身体慢慢下蹲，同时背部挺直，一直蹲到最低处。双腿发力跳起，在空中尽可能伸展身体，落地后开始下一个动作。共做2组。此动作可以帮助收紧臀部肌肉，防止因久坐而引起的臀部下垂。

4. 站姿，双手叉腰，双腿打开比肩略宽，膝盖可以稍稍弯曲，为下一个动作做准备。收紧臀部，慢慢下蹲，膝盖不要超过脚尖的最大位置，保持数秒钟后回复站姿。共做3组。此动作可以帮助锻炼大腿内侧肌肉，修长腰部。

5. 站姿，双脚打开与肩同宽，双手自然下垂贴在身体两侧。身体跳起，双臂向两侧摆起举过头顶，同时双腿向左右两侧分开，下落时尽量让脚尖着地，保持提脚跟的姿势。此动作能够锻炼全身的协调性，美化腰线。

6. 站姿，双手自然下垂，双脚并拢，膝盖可以稍稍弯曲，为下一个动作做准备。慢慢下蹲，直到双手接触地面。双手撑在地面，双腿向后蹬直，然后按照以上顺序倒过来做至初始位置。共做2组。此动作可以帮助训练身体的协调性。

7. 俯卧，双手撑地，头与躯干以及双腿保持在一条直线上。腹部收紧，身体保持在一条直线上，持续1秒钟，然后恢复原状。共做3组。此动作可以帮助美化肩背线条，保持胸部坚挺。

8. 侧卧，用左手支撑起上身，左手手臂伸直，食指用力推挤地面。下半身重心放在左脚外侧边缘，右脚重叠在左脚之上。右手放在右胯上，在保证身体平衡的前提下尽量向右转动身体，让左脚外侧和左手臂平衡地支撑身体重量。共做3组。此动作能帮助锻炼腹部肌肉，锻炼身体的平衡感。

塑身美体健身法

1. 身体平躺，双腿弯曲，脚掌踩地，吸气预备。吐气，将尾骨一节一节慢慢抬离地面，停留在上方吸气，吐气时再将脊椎从胸口一节一节放下来。反复10次。使盆骨卷起活络脊椎，舒缓腰酸背疼。

2. 平躺，手臂放在身体两侧，吸气预备。吐气，手臂向前延伸，带动脊椎卷起离地，停留上方吸气，吐气时身体卷起回地面。反复15次。可增强腹部肌肉力量，活动脊椎。

3. 侧躺，头顶到脚趾要呈一直线，吸气预备。吐气，腹肌收缩将双脚合并抬起离地，在上方停留吸气，吐气时放下。反复15次，左右换边练习。侧躺举腿，可增强腰腹、腿部肌肉力量,稳定核心。

4. 面朝下,身体呈趴姿势,双手伸直放在身体两侧,吸气预备。吐气,腹部收缩将背部提起离地,保持脊椎延长,停在空中吸气,吐气时身体回到地面。反复10次。使背部伸展,强化背部肌肉群。

5. 平躺,双腿弯曲,脚掌踩在瑜伽砖上,垫高双脚,吸气预备。吐气,将尾骨一节一节慢慢抬离地面,停留在上方吸气,吐气时再将脊椎从胸口一节一节放下来。反复10次。使骨盆屈起,增加脊椎活动,提高身体稳定性。

6. 平躺,双腿弯曲并拢离地,双手放在身体两侧,吸气预备。吐气,上半身屈起离地,吸5小口气,双手配合呼吸上下拍打5次,再吐5小口气,双手拍打5次。吸吐为1套,反复进行10套。可增强腹部肌肉力量,活动脊椎。

7. 侧躺,头顶到脚趾呈一直线,上腿抬平,两腿分开,吸气预备。吐气,上腿往顺时针方向做空中画圆,左右交换。反复10圈,左右换边练习。侧躺画圆,可加强腿部、臀部肌肉锻炼,稳定核心肌肉群。

8. 面朝下,身体呈趴姿,双手伸直放在身体两侧,吸气预备。将一口气分4小口吸、4小口吐,同时配合右手左腿、左手右腿伸直上举,保持骨盆稳定不晃动,手脚高度前后一致。吸吐为1套,反复10套。可加强背肌锻炼,增加协调性。

9. 平躺,双腿伸直,双手往上伸直;拉长,吸气预备。吐气,使用腹肌力量将身体一节一节屈起离地,保持C字形弧度。维持C字形伸展,吸气,吐气时身体躺回到地板上。反复10次。可增加脊椎活动,加强腹肌与大腿肌肉锻炼。

10. 平躺,双腿弯曲并拢,大腿与小腿呈90度角,双手轻放膝盖,身体屈起至仰卧起坐位置,吸气预备。吐气时,右腿朝45度角伸直拉长,左腿保持弯曲,双手放在左膝盖上,交换脚时吸气,吐气时将左腿拉长,身体稳定不晃动。左右交换一次为1套,练习10套。

11. 平躺,双手平行放在身体两侧,双腿并拢向上伸直,吸气预备。吐气收腹,双腿并拢倒向左侧,两边肩胛骨贴地,靠上半身的稳定决定倾倒的角度,吐气时将双腿拉回原位。左右交换一次为一套,练习10套。可锻炼腰部两侧线条,加强脊椎扭转。

12. 将腹部平贴在球上,脚尖踮起,双膝离地,双手交叠放在头部后方。吐气,利用背部的力量将上半身抬高,下半身保持稳定。反复10次。可锻炼背部线条,增加身体稳定性。

13. 身体平躺,双腿弯曲并拢离地,双手放在身体两侧,吸气预备。吐气,上半身屈起离地,双腿向45度方向延伸拉长,吸5小口气,双手配合呼吸上下拍打5次,再吐5小口气,双手拍打5次。吸吐一次为1套,反复进行10套。可锻炼腹部、腿部线条,增强心肺功能。

14. 平躺,双腿弯曲并拢,大腿与小腿呈90度直角,双手反手放在耳后,吸气预备。吐气时,上半身向左扭转,同时将右腿往45度角伸直拉长,左腿保持弯曲,吐气,再交换。左右一次为1套,反复10次。

15. 面向地板,身体呈俯地挺身姿势,手肘弯曲在肩膀正下方,脚尖踩地,吸气,保持身体直线拉长。吐气,右脚轻轻抬起,脚尖向后延伸,腹肌收缩。吸气,将脚放回地面,换边练习。左右一次为1套,反复3套。可锻炼臂、腹、臀、背的力量。

16. 面朝下呈趴姿,双手放在额头下方,双脚分开呈小V字形。吐气,上半身保持着地,臀部、腹部收缩,将双腿抬起离地,双腿保持V字形。将一口气分5小口吐、5小口吸,双腿内侧用力带动脚跟拍打10次。经常进行脚跟拍打,可锻炼臀肌、大腿内侧肌肉线条。

17. 身体向后靠躺椅垫，双脚自然弯曲，双手肘关节弯曲成凵形动作。双手维持水平高度，向上推举并伸直肘关节，注意肘关节需微弯不锁死，上下来回 12 次。可以锻炼胸大肌、肱三头肌、双关节部位。

18. 坐在划船机上，双臂水平抬高，挺胸，背打直。将把手往后拉至身体两旁，再慢慢放回，重复动作 12 次。可以锻炼菱形肌、后三角肌部位。

19. 背部平贴椅垫，双脚自然弯曲平放，手肘高度不低于肩关节；手肘慢慢向上伸直，以不锁死肘关节为原则；举起时吐气，再慢慢放下，重复动作 12 次。可以锻炼肱三头肌、三角肌部位。

20. 仰卧，双膝弯曲，双手抓把后，上臂高度与胸线同齐，手肘微弯；双手弯曲，将杠把略向胸部靠近后吐气并向上推，来回 12 次。可以锻炼胸大肌、肱三头肌、双关节部位。

21. 身体向后靠躺椅垫，双脚自然弯曲平放，双手肘关节弯曲，手臂两侧与地面呈水平状态；手心向内，挺胸，双眼看前。将手肘慢慢向左右两侧往上推，高过头部即可，举起时吐气，再慢慢放下，重复动作 12 次。可以锻炼前三角肌、中三角肌、肱三头肌部位。

22. 双手与肩同宽，手指朝前，以双手及脚尖朝地，身体保持一直线，收腹，臀部夹紧，手肘微弯。手肘弯曲，朝两侧打开，身体降低至肩膀与手肘同高即可。吐气，回到开始位置，重复。可以锻炼胸大肌、前三角肌(前侧肩部)、三头肌(手臂后侧)部位。

23. 双手与肩同宽，置于肩膀正下方，膝盖与臀部同宽，在臀部正下方，肚脐内收，保持臀部平直。左手前伸至手掌与肩同高，右脚往后伸至脚掌与肩同高，注意上半身及骨盆不可歪斜，停留约 10～12 秒钟后换边(大约 3～5 个深呼吸)。可以锻炼背部、腹部、臀部。

24. 双手与肩同宽，置于肩膀正下方，膝盖与臀部同宽，在臀部正下方，肚脐内收，保持臀部平直。将右腿上抬至约 30 度，再缓慢放下。可以锻炼大腿外侧和臀部。

25. 与锻炼胸部的伏地挺身十分相似，最大的差别就是要将双手打直。手肘弯曲，朝两侧打开，身体降低至肩膀与手肘同高即可。吐气，回到原位置，重复。可以锻炼肩部、三头肌部位。

26. 坐姿，手拿水壶或随手可得的重物，将手肘轻靠大腿内侧。弯曲手肘，将水壶往身体靠近，身体保持稳定不动。可以锻炼二头肌(手臂前侧)部位。

27. 侧躺，以手肘支撑上半身，不要耸肩，双脚伸直并拢。以腹部收紧的力量将上半身离开地面，保持颈部到脚跟成一直线。若要增加强度，可将上侧手臂往上延伸，停留约 10～12 秒钟后换边。可以锻炼腹部(特别是侧腹)部位。

美女延衰健身法

适度肌肉锻炼可以让美女延缓衰老，女性比男性更需要进行肌肉锻炼。经常做肌肉练习的女性，身体的线条更加匀称，皮肤更有弹性，延缓衰老。

由于女性体内雌性激素的作用，使得女性的脂肪水平要高于男性，而肌肉的生长不容易，所以不要担心肌肉锻炼让你变得强壮。

女性做肌肉训练对身体带来的好处甚多：①有助于预防疾病，增加肩周肌肉力量，预防肩周炎；增加腰背肌肉力量，能有效预防腰背痛、颈椎病和腰椎间盘脱出；增加腿部力量，预防关节炎。②有助于燃烧脂肪，肌肉是人体内消耗脂肪和糖最大的器官，因此增加肌肉练习可以提高肌肉质量，肌肉质量越高代谢脂肪能力越强，就不容易发胖。③增加骨密度，抗阻力运动可增加年轻人的骨密度，使中老年人延缓骨质丢失，有利于骨健康，预防骨质疏松和跌倒。④提高身体新陈代谢，肌肉越发达肌肉收缩越有力；而有力的肌肉收缩可促使静脉血液回流至心脏，提高血液循环，促进新陈代谢。⑤增强血管弹性，通过肌肉收缩时产生的挤压作用增强血管弹性，预防和治疗早期静脉曲张，有利于维持正常的血压水平。

这里推荐的一些肌肉练习方法，可以慢慢纠正身体的不良形态，同时增强肌肉的力量和耐力。

1. 手臂前侧肌肉（肱二头肌）。双脚打开略比肩宽，脚尖微外展，膝盖微屈，腰背挺直，腹部收紧，双手握哑铃，手腕保持中立位，将哑铃放于身体两侧；吸气，收紧核心腰腹控制身体稳定，呼气，屈肘关节将小臂靠近大臂，在 30 度的时候停止，感觉肱二头肌收紧；吸气时，慢慢将手臂自然伸直。

2. 背部肌肉（背阔肌）。双脚打开略比肩宽，脚尖微外展，膝盖微屈，腰背挺直，腹部收紧，双手正握杠铃，手腕保持中立位，杠铃位于身体正前方，俯身向前 45 度；吸气，收紧核心腰腹控制身体稳定，呼气，将上臂上拉，感觉手肘沿着侧腰将杠铃拉至最高，感觉背阔肌收紧；吸气时，慢慢将手臂自然伸直。

3. 手臂后侧肌肉（肱三头肌）。双脚打开略比肩宽，脚尖微外展，膝盖微屈，腰背挺直，腹部收紧，双手闭握杠铃，手腕保持中立位，让大手臂靠近耳侧垂直地面，将哑铃放于颈后；吸气，收紧核心腰腹控制身体稳定，呼气，伸直肘关节，让整条手臂垂直地面，感觉肱三头肌收紧；吸气时，慢慢屈肘关节，将哑铃还原颈后。

4. 胸部肌肉（胸大肌）。坐在椅子上，腰背靠紧靠垫，双脚打开略比肩宽，脚尖微外展，腰背挺直，腹部收紧，双手正握闭握器械把手；吸气，收紧核心腰腹控制身体稳定，呼气，慢慢伸直手臂将把手推出去，感觉胸大肌收紧；吸气时，慢慢将手臂返回，重垂片不要互相接触。

5. 肩部肌肉（三角肌后束）。站姿，双腿跪在训练凳上，膝盖微屈，双手握哑铃放于身体两侧，手臂紧贴着身体侧面，躯干前倾至肩部与膝盖垂直；吸气，收紧核心腰腹控制身体稳定，呼气，将手臂往后伸直，至于手肘在同一水平面，感觉三角肌后束收紧；吸气时，慢慢将手臂自然放下与手肘垂直。

6. 大腿前侧肌肉（股四头肌）。双脚打开略比肩宽，脚尖微外展，膝盖微屈，腰背挺直，腹部收紧，双手正握对握哑铃，手腕保持中立位，哑铃至于身体两侧；吸气，收紧核心腰腹控制身体稳定并慢慢将身体下蹲，过程中膝盖不要超过脚尖，大腿与地面保持水平；呼气，将身体慢慢直立，感觉股四头肌收紧。

7. 大腿后侧肌肉（股二头肌）。双脚打开略比肩宽，脚尖微外展，膝盖微屈，腰背挺直，腹部收紧，上半身贴紧垫子，双手抓住把手，将右脚放在蹬腿器上；吸气，收紧核心腰腹控制身体稳定，呼气，将右腿缓慢蹬出去至膝盖自然伸直，感觉股二头肌收紧；吸气，将膝盖慢慢弯曲，返回至原来的位置，重垂片不要互相接触。

8. 臀部肌肉（臀大肌）。将哑铃固定在右脚踝上方小腿处，俯卧在长凳上，双腿并拢，双手抓住长凳前方控制身体稳定；吸气，收紧核心腰腹控制身体稳定，呼气，将右腿缓慢上抬，骨盆不要离开凳子，感觉臀大肌收紧；吸气，右腿缓慢还原向下，脚尖不要点地。

9. 腹部肌肉（腹直肌）。仰卧在垫子上，双腿伸直上举垂直于地面，双手向头顶方向伸直;吸气,收紧核心腰腹,呼气,双手带动头颈肩离开地面,手指尖触碰小腿或脚踝处,感觉腹直肌收紧;吸气,手臂和身体慢慢返回垫子。

10. 腹部肌肉(腹内/外斜肌)。仰卧在垫子上,双腿屈膝呈 90 度,小腿水平于地面,双手握空心拳放在耳朵两侧,下颌内收;吸气,收紧核心腰腹,呼气,头颈肩离开地面,让右手肘触碰左膝盖,同时伸直右腿向前,感觉腹内/外斜肌收紧;吸气,上半身还原地面,右腿还原 90 度和左腿并拢。

11. 腹部肌肉(腹横肌)。俯卧在垫子上,小手臂贴地,成等边三角形,手肘撑地,让大手臂垂直于地面;吸气,收紧核心腰腹,呼气,将膝盖和腹部离开垫子,让手臂和双脚支撑地面,感觉腹横肌收紧,保持 30 秒钟;吸气,膝盖还原地面,腹部还原地面。

肌肉训练动作每周循环做 2～3 遍,每天 30～50 分钟。练习的次数一般 15～30 次即可,根据肌肉耐力决定。练习组数一般 2～3 组循环训练。肌肉的练习最好搭配起来,若想得到更好的锻炼效果,最好安排在下午 3 点到晚上 9 点之间,这个时候肌肉运动状态比较好。

训练结束后补充适当的蛋白质食物和纤维素,这样有利于增加肌肉的饱满度、密度以及修复肌肉组织。

男女瘦身健身法

1. 全身运动。双足与肩等宽站立,上身放松,下身微微下蹲,足趾轻轻抓地,双目远眺。

2. 头部活动。以头作笔尖,用意念调动头部写"长寿"二字,写 2 遍,然后将头部围绕这 2 个字作圆,先顺时针后逆时针方向各画 2 圈,动作要缓慢,时间约 2 分钟。

3. 扩胸活动。站立并两腿稍屈,两臂经胸前平屈向前平举(合掌,指尖向前),低头含胸。再两腿伸直,两臂向后摆至侧平举(掌心向后),抬头挺胸。两腿屈伸一次,两臂胸前平屈并后振一次(拳心向下),再收回,时间约 1 分钟。动作要慢,扩胸时不要太猛烈,力量适中。

4. 交叉摆掌。站立并两手下垂,两掌交叉,掌心向腹部,然后两臂向外侧张开,张开幅度以舒适为度,速度不求快,张开手臂后随即收臂,使两手掌回复成交叉,时间约 1 分钟。

5. 双掌画圆。两掌心相对约 10 厘米,保持这个距离,两掌高低与裤腰带平,两掌心保持距离不变,然后以上臂带动手臂作画圆运动。先身体略向左侧画圆,顺、逆时针各画 20 圈,再让身体恢复到面朝南方,顺、逆方向画圆各 20 圈,总共画圆 120 圈,时间约 3 分钟左右。

6. 弓步扩胸。一脚在前,一脚在后,成弓步状站立,然后两臂平伸,手掌微握空心拳,做两臂开合的扩胸运动,动作要慢,使胸部扩张,肺活量增大,吸氧增多,同时下肢配合上肢的开合做两脚一前一后的屈伸运动,使上下肢及踝部得到锻炼。做完后两脚调换再进行一次扩胸运动。以上共做 2 分钟左右。

7. 放松整理。双手搓热,在身体上下前后尤其是足三里穴(位于膝关节髌骨下,髌骨韧带外侧凹陷中,即外膝眼下四横指处)及涌泉穴(脚底,五趾用力弯曲,中央凹处)重点按揉一番,腰部要重点按揉,时间约1分钟。

夫妻一同健身法

夫妻一同健身法，简单易学。晨起做，可以舒活筋骨，提神醒脑；晚上睡前做，可以消除一天的疲劳，有助于入眠。夫妻一起健身，不仅能相互帮助共同放松和提高身体柔韧性，而且有助于增进感情。

1. 并肩站立，外脚弯膝微跨，内脚直立互抵，双手上、下互拉，全身尽量伸展外拉，数 4 拍。互换位置再做。

2. 背对背站立，双脚分开同肩宽，双手向外伸展互拉，头背后靠，双手尽量往下压，数 4 拍。恢复站立姿势再继续做。

3. 面对面站立，双脚分开，双手互搭在肩上，上身尽量往下压，膝盖不要弯曲，数 4 拍。恢复站立姿势再继续做。

4. 站立对面，双脚分开，双手互相搭肩，一边手臂下压，另一边尽量上举，数 4 拍。再换另一边做同样动作。

做上述动作，可伸展全身肌肉，防止腰酸背痛。

5. 两人在地板上对坐，一人脚伸直，一人脚弯曲，双脚互蹬，双手互拉，脚弯曲者上身微往后拉，对方上身则往前倾，数 4 拍。互换姿势继续做。

6. 两人对坐，一人双脚分开，另一人顶住对方的小腿，双手互拉；一人往后倒，另一人则往前倾，数 4 拍。互换姿势继续做。

7. 同 6 的姿势，两人左右手互拉往前伸，另一只手往后上方扬起，上身尽量往下压，数 4 拍。换另一侧做同样的动作。

8. 两人背靠背坐着，双脚伸直，双臂弯曲互勾；一人上身往后倒，另一人则往前倾，数 4 拍。互换姿势再做。

做上述动作，可伸展背肌和腿部肌肉，增强这两处肌肉的力量。但动作不宜太猛，以防拉伤。

9. 一人仰卧，双脚伸直，一人坐着，小腿压在躺者小腿上；躺者手扶头部坐起，脚不要弯曲；坐者可同时上身往前倾，以压住对方小腿。互换姿势继续做。

10. 一人躺着，双脚伸直，一人蹲在躺者脚旁，用手压住对方小腿；躺者手扶头部，利用腰部力量坐起，膝部尽量不要弯曲，数 4 拍。继续做。

11. 一人俯卧，一人蹲在躺卧者脚旁压住小腿，躺者双手反握，利用腰力将上身抬起，头同时也抬起，双手往上扬，数 4 拍。互换做。

12. 一人俯卧，一人站在其后，双手尽量拉起躺者，然后慢慢放下，再拉起放下，数 4 拍。互换做。拉起时动作不要太快，以防扭伤对方的关节。

13. 两人面对面站立，互相抓住对方手腕，两人稍稍后退一小步，膝部弯曲，下蹲，臀部尽量向后拉动。双眼盯着地板，颈脖保持放松状态。

14. 平躺于地面，对方抓住你的脚踝。放松，保持臀部着地，身体保持弧形，对方轻轻地左右摇摆你的双腿 30～60 秒钟。

15. 两人一前一后站立，前者掌心向前。后者左右手分别抓住前者左右手腕。后者适当后退几步，前者同时身体尽量前倾，拉住双臂，可有效拉伸胸部肌肉。

提高性趣健身法

健身能提高“性情绪”。美国一位博士研究了 8 000 名 18～45 岁的妇女，发现她们参与健身运动并有规律地进行锻炼之后，40％的人说自己性欲增强了；31％的人说性生活频度增加了。健身运动会使身体分泌睾酮，这是一种使人性欲增高的激素，在运动后的 2 小时内“性情绪”良好，“性趣”提高。

1. 强心。骑自行车、游泳、快走、健美操、跑步等健身运动都能增强血液循环系统的耐力，同时在性生活中有更耐久的能力。做爱时，虽然有较多的血液流向四肢和生殖器官，但不至于影响其他部位的供血，脑部仍有充分的血液供应。血液循环的改善也有利于激素的分泌，同时可使女性的阴道润滑更为充分。

2. 强健四肢。四肢不够强健者，在某一体位进行性交时，常会感到难以支撑下去，不得不提早结束。这说明把四肢练得强健有力，是很有益于性生活的，健身体操、俯卧撑、瑜伽、跑步等都有助于增强四肢尤其是腿部的力量和耐力。

3. 增强肢体的柔韧性和灵活性。肢体不仅要有力，还要有柔性、弹性，否则性生活时不会得心应手，随心所欲。柔性和弹性使你能保持一个姿势相当长的时间仍不感到吃力，变换体位时也能平顺自如，这样自然会提高性生活的创造性和增强性高潮的欢娱。

4. 增强骨盆和腰腹肌。骨盆的肌肉、腰肌和腹肌，对性行为的进行和性高潮的体验都是非常重要的。瑜伽教师推荐下列运动：站立，两脚分开，双膝微屈，吸气时缓缓地将骨盆轮流向左侧和右侧尽力旋转，呼气时缓缓转向原位，双足不要移动，全身重量均衡的由双足支持。此外，仰卧起坐可以增强腰肌和腹肌，这对于性交时的体位支撑和运动都是很有益的。

5. 锻炼耻骨尾骨肌。两腿略分开，就像突然中断排尿那样收缩会阴、肛门周围的肌肉，使之保持收紧状态 3 秒钟，放松 3 秒钟，重复 50 次。收缩肌肉时，应该只涉及骨盆底部和会阴部的耻骨尾骨肌（又称 PC 肌），而不扩展到臀部、腰部和腿部肌肉，这样就不会感到疲劳。每天可锻炼数次，慢慢的你就会感到肛门部“紧”了，会阴部有力度了。妇女在性高潮时，PC 肌会收缩，除了那种自发的阴道收缩律动以外，还可以有受意识控制的阴道收缩律动，相当于延长性高潮的感受，给男方带来无穷的乐趣和极度的享受。这种锻炼也能改善男子对射精的控制力，也会创造出阴茎的人为收缩波动，相当于射精时的那种律动，会给女方带来极高的享受。

6. 学会放松。专家指出，性能力和身体其他功能一样，用进废退。要保持性健康，就必须保持经常有性行为，持之以恒很重要。否则，激素水平会变化，而“性趣”也会随之逸去。

强性抗衰健身法

人到中年，身体各方面功能减退，尤其是性功能下降，男人自卑。为了延缓男性性功能减退，这里介绍一些最基本的运动，以便增强腿部、手臂、大腿和腰背等部位肌肉的力量，强化人体的耐受能力，提高性能力。

1. 俯卧舒展法。面部向地面并将身体尽量伸直躺下，双臂向前伸直，头部轻微抬起，双臂尽量向前伸展，双脚尽量向后伸展，每次伸展动作维持10～15秒钟，然后慢慢放松。

2. 猫姿伸展法。双脚跪地，臀部坐在脚后跟上，双臂往前伸，手掌触地，臀部尽量保持不动，维持15秒钟，再慢慢放松，恢复上身直立。此动作能舒展手臂、肩膀及背部，缓解疲劳带来的酸麻感，避免肩颈因过度紧张而出现病变。

3. 做掌上压法。双臂稍向膊头以外支撑地面，然后双臂做弯曲伸直的掌上压动作。注意维持腰部成微弯，每次动作维持10秒钟，然后重头再做一次，但切记要按自己能力而为。

4. 坚持步行法。美国波士顿大学医学院的欧文·戈德斯坦博士及其研究人员通过一个长期大型研究发现：每天通过锻炼消耗至少200卡路里热量的男性比活动少的男性较少患ED，这个运动量大约等于步行3 000米。步行增强腿部肌肉力量和心脏功能；消耗脂肪以疏通血管，改善海绵体血液循环；分解血糖，并镇定交感神经，从而改善男性性功能。

5. 常蹲马步法。男性经常蹲马步，能使腰部肌肉的力量得到加强，有助于性生活时轻松支撑体位，且不容易感到疲劳。男性的骨盆肌肉得到了锻炼，还可增加整个骨盆和阴茎的血液供应量，促进勃起，并改善自身对射精的控制。每天蹲马步15分钟，就能取得明显效果。

6. 练凯格尔法。锻炼男性性交肌肉的方法又叫凯格尔练习法。阴茎根部的骨盆肌被称为是男性的性交肌肉，其中耻骨尾骨肌起主要作用。增强这些部位肌肉，可以增加整个骨盆和阴茎的血液供应量，可以用提肛的方法找到自己的耻骨尾骨肌。一旦找到这些肌肉，就可以有意识地加以锻炼。方法就是进行提肛收缩锻炼。一般每天锻炼2次，每次7下，逐日增加收缩的次数，直到每天一次能做50下。如在放松以前，收缩骨盆肌肉并保持3秒钟。时间长短结合，方便可行。对性能力不满意的坚持这样锻炼1个月，一般可以感受到对性交的帮助。

7. 常练蹲坐法。通过蹲坐锻炼下肢力量和心肺功能，从而改善性功能。两腿分开与肩同宽，双手平伸，双手指轻扣或双手自由而下蹲，蹲坐到脚后跟后，再直立，如此反复。根据自己的体力情况，做30～100次。此法简单易做，不受条件限制，老少咸宜。

8. 肩部韧性法。在床上翻转滚动需要双肩上下左右的柔韧性。为了取得最好的效果，将双臂向前伸直，用右手抓住左手腕，再将双臂伸拉到头的上方，并稍微向后用力，直到腋窝处感到轻微的拉力。保持这一姿势数5下，然后放松双臂，再重复这一动作1～2次。

9. 锻炼腹肌法。腹部的肌肉也许是男人做爱时最重要的肌肉，仰卧起坐可增强腹部肌肉。仰卧，双腿弯曲，双臂交叉抱于胸前或扣紧在颈后作为支撑，慢慢地抬起头和双肩，使双肩离开地面10厘米左右。保持这一姿势数3下，然后放松并重复这一动作，次数以个人的舒适程度为限。依个人的练习状况慢慢增加次数。

10. 练海绵肌法。阴茎从中段到根部为止，都有一种名为球海绵体肌的肌肉，主要功能是控制排尿，也起到阴茎勃起时的重要作用。如果这个肌肉能力开始衰退，不仅让你有残尿感，而且阴茎的勃起能力也会大幅下降。为了防止这一点，就必须对球海绵体肌加以锻炼。锻炼球海绵体肌，就相当于锻炼勃起能力。球海绵体肌与大腿内侧的内转肌之间有神经连接，因此要想锻炼球海绵体肌，就从锻炼内转肌着手。即腿部的开闭，可以达到强化该处肌肉的目的。主要锻炼方法有：①仰卧并将膝盖弯曲，举高双腿，然后用左手捏住右小腿，慢慢地向身体两侧重复张开、闭合。每次做5下，每天做1～2次。要注意不要用力过度。②坐在床上，两腿尽可能地张开。接着两手向前伸展，以额头碰触床面为目标将身子向前弯曲。每次 3～5 下，每天做 2～3 次。虽然将两腿张开再弯腰，腿间会觉得痛，但还是得稍微忍耐一下，因为张腿的动作相当重要。当然，刚开始做的时候，额头很难碰到床面，只要有恒心，大概一个月就可以做到了。每天做这个动作，一个月后勃起力就能大幅提升。③坐在地板上，两脚并拢，双腿屈起，双膝分开，将双肘放在两膝之间去碰踝关节。然后握住双踝，并使两只脚掌相碰，身体稍微向前弯曲，同时用双肘分别顶住两个膝盖处，缓缓地将两膝压向地板。当感到腹股沟有伸拉感时，停住并保持这一姿势几秒钟。放松一下，再重复这一动作 2～3 次。做这个动作时，要确保动作非常柔和。④盘腿坐下，身体稍微向前倾斜，双臂尽量前伸。当感到腹股沟有伸拉感时，柔和地再屈身一两下。放松一会儿，再重复以上动作 2～3 次。

11. 搓涌泉穴。盘腿而坐，双手手掌对搓发热后两手紧握脚面，从趾根处起，对踝关节至三阴交一线往返用力摩擦 20～30 次，然后左右手分别搓涌泉 81 次。搓动时意守涌泉，要不缓不急，略有节奏感。常做可疏风祛湿清热，健脚力固肾元等。

12. 按摩肾腧法。两手掌贴于肾腧穴，两手中指对命门，双手同时从上向下、从外向里的方向作环形转动按摩 36 次，此为顺转，是补法，反之为泻法。肾腧穴宜补不宜泻，转动时要注意顺逆，如有肾虚、腰痛者，可以 9 次为序，增加转动次数，转动时意守命门。

13. 抖动阴囊法。两腿张开，后背靠实取半卧位姿势，意守丹田，一手扶持阴茎，另一手食、中、无名指三指托住阴囊下部。上下抖动 100～200 次，换手再抖动 100～200 次。始做手法要轻，逐渐加力，待有一定基础后改为单手拍打阴囊 100～200 次。

14. 练疏任督法。一手置会阴穴，另一手则放在曲骨穴，然后两手同时用力摩擦睾丸、阴茎 100 次左右，换手再摩擦 100 次左右。初练时手法力度要轻，以后逐渐增加。操作时要意守丹田，呼吸自然，勿急勿躁。

15. 提拉阳根法。一手掌劳宫穴贴丹田，另一手握阴茎，使龟头外露，用力上下、左右各提 100 次。操作时放松意守部位，做到勿思、勿念、勿守。

16. 练壮神鞭法。两手掌夹持阴茎(龟头外露)逐渐加力，来回搓动 100～200 次，操作中不要憋气。如产生射精感时，一手持阴茎，另一手食、中二指从输精管根部点压会阴穴，同时收腹提肛(如忍大便状)，用意念控制精体，待射精感完全消失后再侧卧休息。

17. 排尿中断法。排尿中断法又称耻尾肌锻炼法，其实质就是锻炼男性性交肌肉的方法。男性在排尿时，先排出一部分，停顿一下，再排，再憋住，分几次把尿排完。早泄者正是由于肌肉薄弱，控制能力差，所以需要采用这种锻炼方法。只要持之以恒，坚持下去，尤其在尿量多、尿急时效果更好。这种训练不分昼夜，只要排尿就可练习，大多数人可以行之有效。

18. 刺激食指法。强精壮阳最重要的一点，就是要改善全身特别是下半身的血液循环。一旦血液循环不良，就会在身体某处发生血液淤积而引起病症，从而造成精力和耐久力的下降，因而有必要采取各种方法给人体以适当的刺激，使体内新陈代谢活跃，改善血液循环。食指是人体经络大肠经的通路，食指尖端是商阳穴。从医学观点来看，刺激该经络上的穴位，具有明显的强精壮阳之效，且可以保持精力充沛的性生活。食指的刺激，非常便于实施。如在早晚上下班乘公共汽车时，用食指钩住车内的扶手或吊环；也可在闲暇时两手食指相钩反复牵拉；还可利用伞柄或高尔夫球杆按摩食指；最简便的方法，是用双手食指钩住木棍或竹竿，同时上半身左右旋转。

以上动作可选择做，要量力而行，不要太勉强。

按摩健身篇

头部按摩健身法

按摩头部是我国古代医家传下来的一种气功健身法。我国医学认为：人体的内外各脏腑器官都是相互关联的。而气血供养人体的全身，则全凭经络的上下贯通。人体共有12条主要经脉和其他辅助经脉。这些经络的"起源"全都聚集在头顶正中央，这个头顶中心的穴位叫"百会"。"百会"是全身最为重要的穴位，是众穴之首，我们经常"侍候"（触动）它，可以通过它，疏通和调理全身各路经脉，保持一种平衡关系。经常进行头部按摩，再结合意守丹田，可以激发自身的元气，充盈血脉，内练精神，外御疾病。按摩了面部，使脸色红润，可以减少皱纹，保护视力，少患感冒。

1. 早上起床后，可花2～3分钟的时间做头部按摩，如用手指掌贴紧前额左右来回抹动，使之发热。如坚持每天早晚各一次，则有利于治疗与预防头痛、失眠、神经衰弱、用脑过度引起的记忆力减退等症。也可以用手掌浴面，用手指搓耳等。摩擦由轻到重，直至摩擦部位发热，以达到促进头部和脑部血液畅通，这样你会感到头脑清醒、轻松愉快。还可用力伸展四肢，两手十指张开用力伸展，打呵欠，伸懒腰，使四肢关节活动舒展。

2. 平身正坐，双脚落地与肩同宽，如果坐在床上则可盘腿而坐。全身放松，意守丹田，自然呼吸，口呼鼻吸。呼气时，用双手轻轻捂住嘴巴，然后，将含有水汽的掌心按摩面部，按摩时要憋住气，吸气时则暂停按摩，吸气要缓。吸足气后，再用双手轻捂嘴巴。如此反复，按摩面部30～50次。

3. 取坐或立位，先将两手相对搓热，两手掌从前额两侧往下擦左右侧脸，擦至下巴时两手再向上至前额，反复擦面20次，每日早晚各做1次。常做此法，能增加面部肌肉的弹性和面神经的活动，促进血液循环，增强肌体的抵抗力，还有明目、固齿、红润面色、少生皱纹等功效。

4. 用双手的指甲端以每秒钟2～4次的速度，前后方向深摩头顶的所有部位2分钟。有养脑、静脑、健脑的作用。

5. 用双手掌面缓缓推摩面部，顺序是从鼻两侧的面部推摩至前发际，再由耳前根部环推至下颌部，往返推摩10余次。有通经活络、护肤防皱的作用。

6. 将双手拇指指腹放在前额正中两侧，其余四指附在头部两侧。双手拇指适当用力沿前额分推至太阳穴0.5～1分钟。也可以两手四指弯曲叩打头部，从前额发际向上后方沿头顶至后发际止，叩击数分钟。按摩头部可促进头部血液循环和调节血流量，使头脑清爽，清除大脑疲劳。

7. 将双肘支在大腿上，五指分开，以指腹接触脸部，先靠头部的上下运动推压脸部皮肤

30次；然后固定头部，用指腹由内向外舒展额部、眼袋和鼻翼两侧皮肤，具有加快清醒提神的作用；接着，将双臂抬起，五指弯曲成鹰爪状，扣在头部，顺序从前到后、从内到外做掐压动作，有助于进一步醒脑提神。

8. 将两手食指、中指、无名指弯曲成45度，用指甲端往返按摩头部1～2分钟。可加强脑部供血，强健脑细胞，促进入睡。

9. 将双手十指屈成弓状，从前额发际开始，双手经过头顶向后作搔头皮状，力度中等，到后颈为止。然后，以头部中线为界，两手分别从前至后向两边移开，轻抓头皮，作梳头状，用五指从上往下再往后梳，先梳头顶部，再梳头角部，后梳头侧部，共梳30次；然后双手掌抚摩头皮20次。常做此法可促进头皮血液循环，使头皮更加丰满厚实，保证了头发养分的供应，头发自然乌黑亮泽，不易白发，也不易落发；还可以促使脑细胞活跃，防治头痛、头晕，保持头脑清醒，反应灵敏，不易衰老。经常梳发有益于促进头部血液循环，具有醒脑明目之功。

10. 按揉太阳穴、风池穴和百会穴。太阳穴在头的两侧，用双手拇指分别在穴位上加压揉按，使其酸胀感散至眼鼻及耳前部。每次2～3分钟，每天1～2次。风池穴在颈后两侧凹陷处，每次取单侧穴位揉按，直至疼胀感传至同侧前额眼区即止。每日2～4次。百会穴在两耳间连线的中点处，用双手中指距此穴2厘米作对称挤压，并逐渐靠拢，然后再分开和靠拢挤压5～10次，可使头顶获酸麻胀之感。每日2次。此法对用脑过度所引起的头昏眼花、记忆减退及失眠多梦等症有明显的防治作用。

11. 两中指按压眉头攒头穴（在面部，当眉头陷中，眶上切迹处），顺、逆时针方向各揉9下，然后两手之手指从眉头顺着眉毛外展按压下捋至太阳穴，顺、逆时针方向各揉9下。

12. 两手十指交叉，抱抚头颈，头向后仰，鼻吸气；头向前垂，鼻呼气；再用手抚颈左右来回摩擦10次，然后转动颈项，先往左看，再往右看，共做20次。常做此法能防治颈部酸痛。

耳部按摩健身法

现代医学研究认为，耳朵很多部位与人体内脏器官存在着生理性的内在联系，被视为“缩小了的人体身形”。中医学认为，耳为肾之外窍，通手脑，不仅是人的听觉器官，而且与脏腑的健康也有密切关系。经常做耳部按摩，可以刺激分布在耳朵上的穴位，促进人体的气血运行，增强人体的免疫力，可起到养肾壮腰、强身健体的功效。

1. 摩耳健身法。在工作间隙或上下班途中，将耳朵揉一揉、拉一拉。每天只需花几分钟，不仅可减轻身体的不适症状，还能使人神清气爽、精神振奋、消除疲劳。首先是摩擦耳廓，以掌心前后摩擦耳廓正反面10余次，这样可以疏通经络、振奋脏腑，对全身起保健作用。然后，用拇指、食指上下摩擦耳轮部10余次，可缓解颈、肩、腰、腿痛以及头痛、头晕等。摩擦完毕，用拇指、食指先向上提拉耳顶端10余次。此法对情绪急躁或身有病痛的人有镇静、止痛、退热、清脑的功效。再用拇指、食指夹捏耳垂部向下再向外揪拉，并摩擦耳垂10余次，可防治头晕、眼花、近视、耳鸣、痤疮、黄褐斑等症，是美容要法。最后，用食指指腹自耳部三角窝开始摩擦耳甲庭、耳甲腔各10余次，使之发热，这一手法对内脏有很好的保健作用。

两手中指按压两耳遮挡耳朵眼儿的肉坠儿（正好堵住耳朵眼），手指按住顺、逆时针方向各揉36下。

闲坐时可以手摩耳轮，用食指和拇指贴廓内、外层相对揉捏，久之，可补肾气，保持听力，并增强抗冻能力。

以拇指、食指揉捏耳屏，使它有胀痛感，可防治头痛、头晕、失眠等脑血管、脑神经病症。

以食指指腹按摩耳前根部，可防治感冒、鼻炎、咽炎、心慌、头痛、头昏等。

用双手拇指按着双耳后面的上部，其余四指摩擦双耳，注意动作要轻柔。用两手中指指面分别置于两耳后，沿翳风、瘈脉、耳壳后、颅息上下来回各推擦20下，至局部皮肤发热。具有滋肾养肝、降低血压的作用。

将双手掌心摩擦发热后由前向后按摩全耳（耳正面），再将耳朵向前折，由后向前按摩全耳（耳背面），反复按摩6次。坚持按摩全耳具有疏通经络的功效，对肾脏及全身脏器均有保健作用。

双手握成空拳，用拇指的指腹和食指第一、二节的外侧沿着耳轮上下来回地进行摩擦，直至摩擦到耳轮有充血发热感为止。经常摩擦耳轮具有健脑、强肾、聪耳、明目的功效，可防治阳痿、尿频、便秘、腰腿痛、颈椎病、心慌、胸闷、头痛、头昏等病症。

用双手掌根以每秒钟1次的速度由前向后往返环摩双耳1分钟。有通经散热、保健听力的作用。

以食指揿耳门，揿几下后揿住不放，下颌左右摆动，推动耳管壁活动，有轻微疼痛时多揿多摆，直到不痛或基本不痛，然后以拇指或食指轻揿整个耳门几遍，再用掌心捂住耳朵轻揉几下，最后再擦耳根，轻扳耳朵几下。

清晨摩耳，可通过刺激末梢神经促进血液循环、淋巴循环和组织间代谢，以维护器官之间的相互关系，使整个机能得到改善。实践证明，经常揉耳，除感到被按摩部位和周围有温热舒适的感觉外，也给全身带来轻松、愉快、舒适的灵活感，从而获得耳聪目明、腿健腰壮的强身效果。

先按压外耳道开口边的凹陷处，此部位有心、肺、气管、三焦等穴，按压20下，直至此处明显发热、发烫。然后，再按压上面凹陷处。此部位有脾、胃、肝、胆、肠、小肠、肾、膀胱等穴，同样来回摩擦按压20下。

站立，双手同时沿耳轮上下擦摩。常做可疏经通络，活跃肾脏内气，有利于胆道通畅。

用手指和手掌在头部和眼部由内向外轻轻进行按摩，尤其是耳朵附近。可以缓解头部、眼部肌肉酸痛和关节痛，按摩肩部可以减轻肩痛。

打嗝不止时，可用手指同时按压双耳的嗝穴，可减轻或消除打嗝。

耳轮脚及其周围相当于人的消化道，经常按压这些部位，对食欲不振、消化不良、恶心呕吐、胃痛等有疗效。

按压耳轮脚上的大肠、直肠部分，不仅能止泻，而且还能消除便秘。

2. 拉耳健身法。如果长期不间断地拉动双耳，能疏通十二经脉，消疲安神，增强新陈代谢，并能促进胆汁分泌，有利于胆道通畅。又由于肝胆相连，因此此法对调节肝脏功能、促进肝炎的康复有一定的帮助。

每天清晨起床后，用右手从头上拉揉左耳向上10～20下，再用左手从头上拉揉右耳向上10～20下，早晚各1次。主要是通过刺激耳部的末梢神经加速全身血液、淋巴等与组织之间的循环交流，借以维持器官之间的正常联系，进而改善肌体功能。这一锻炼可促进颌下腺、舌下腺的分泌，使耳朵部分充血，心舒气畅，提高睡眠质量，减轻喉咙疼痛，防治慢性咽炎。

将双手食指放在耳屏(外耳门方的突起)内侧,用食指和拇指捏住耳屏自内向外反复牵拉,牵拉的力量由轻到重,以耳朵不感到疼痛为限,每次可牵拉3～5分钟。经常牵拉耳屏可防治头痛、头昏、神经衰弱、耳鸣等。

用双手拇指和食指夹捏耳廓尖端,向上提、揪、揉、捏、摩擦20次,使局部发热发红。具有镇静、止痛、清脑明目、退热、抗过敏、养肾等功效,可防治高血压、失眠、咽喉炎和皮肤病。

人的耳朵分布着79个穴位,经常拉拉耳朵可刺激穴位,促使气血运行,增强肌体免疫力。若每天坚持早晨用右手拉左耳81次,会使老年人头发逐渐润泽、变黑。

耳垂上有头、额、眼、舌、牙、面颊等穴,用左、右手的拇指和食指同时按摩耳垂,先将耳垂揉捏、搓热,然后再向下拉耳垂20下,使之发热发烫。常拉耳垂,可刺激该处穴位,有调节神经内分泌的功能。

3. 扫耳健身法。用双手把耳朵由后面向前扫,这时会听到"嚓嚓"的声音,这种刺激能达到使肾脏活跃的目的。每次20下,只要长期坚持,必能补肾健耳。

4. 掩耳健身法。两手掌心紧按住两耳,余指置于脑后,轻轻弹敲枕部20下。也可用两手掩耳,低头、仰头各5～7次,可使头脑清醒,除头旋之疾。

将双手手掌掩住耳廓,让双手的手指自然托在脑后,用双手的食指叩击中指,可听到"隆隆"的声音,可连续叩击20下。坚持做具有健脑、明目、强肾的功效。

5. 搓耳健身法。用双手分别握双耳的耳垂,轻轻搓摩耳垂,至发红发热为止;然后,揪住耳垂往下拉,再放手让耳垂弹回原形,每天2～3次,每次20下。此法可加速耳朵的血液循环,活跃肾脏。

用一手食指和中指夹住外耳部,上下搓擦40次,摩耳可防治肾脏疾病,由于耳朵上有许多器官的反射点,所以擦耳对许多器官有保健作用;搓擦脖颈、喉部,用两掌横起搓擦脖颈两侧,然后右掌横放在后脖颈15次,两手轮换捏掐,用手掌上下轻擦喉头15次。

用食、中二指分别夹住耳的两侧,然后用力上下搓全耳36次。常做此法能补肾、聪耳、明目,使面部红润,有美容的作用。

6. 提耳健身法。左手绕过头顶,握住右耳尖提拉36下;用右手绕过头顶,提拉左耳尖36下。然后用双手拇、食指同时按摩耳垂、拉耳垂36下。此法常练,可使人头发不白,耳不聋,身轻脑健,祛病强身。

用双手的拇指和食指捏住耳尖(耳廓的最上端)向上提拉并进行揉捏,可做20下,要做到局部发热发红。经常提拉耳尖具有养肾、镇静、止痛、清脑、退热、抗过敏等功效,可防治高血压、失眠、咽喉炎和皮肤病等病症。

7. 揉耳健身法。以食指贴耳廓内层,拇指贴耳廓外层,不分凹凸高低处相对捏揉。如果发觉痛点或结带不舒服处,表示对应的器官或肢体有病变的可能,适度多捏揉可治病。日久痛点消失说明局部病变好转。此法不拘遍数,做2～5分钟,以耳部感到发热为止。

两手掌心对向太阳穴,按捏住耳廓,先顺时针后逆时针各揉动15次。

用双手掌心捂住耳廓顺时针揉动36次,然后逆时针揉动36次,直到耳朵发红发热为止。

8. 捏耳健身法。以两手拇、食二指分别夹取双侧耳朵,由内至外,从上至下,进行有节奏揉捏耳穴36次,拉捏的力量以不使耳根及耳廓部分疼痛为限。常做此法有调五脏六腑功能,引气通窍,防治耳鸣耳聋。

两手拇指、食指相对,分别从两耳廓上端向耳垂呈螺旋形揉捏,反复数遍;从耳轮到耳中带,再到耳根带,各三条带,每条带各揉数遍,直到耳廓发热为止。

耳朵的各部位与人体内脏器官存在着生理性的内在联系。掌心面对耳廓,顺时针捏动20下后,改为逆时针20下;然后换另一耳廓,依法进行。早晚各做3次,揉时不要用力过猛,以使双耳廓发红充血为好。

耳廓较硬(胆固醇偏高,可能发展为冠心病)的人,可对全耳廓进行捏揉。开始可以捏揉得轻些、次数少些,以后逐渐增加捏揉次数和强度,以捏揉到耳廓发热为度。每天5次。

掌心面对耳廓,向内耳方向轻轻按下,然后轻轻松手,反复进行,初时每次2～3分钟,以后可增加到5～10分钟,早晚各2次。

耳屏亦称小耳朵,先以拇指、食指不断挤压然后放松耳屏,左右耳屏同时进行,每次20下,揉时不要用力过猛,以使双耳屏发红充血为好。

当扁桃体炎、嗓子疼、牙疼时,捏揉耳轮和耳垂边缘,可起到消炎止痛的作用。

女子坐月子受凉、畏寒,可捏揉耳舟部分,这样可使全身发热,从而缓解全身畏冷症状。

老年人精神不振、睁不开眼睛,可捏压耳垂上的眼穴及其周围区域,眼睛可睁开。

若有肩部发沉、畏冷怕风、酸痛、活动受限或有落枕毛病时,一般在耳廓正面的颈、颈椎、锁骨及肩痛点等区域软骨增厚、增宽、变硬。经常捏压这些部位,则可缓解上述症状。

捏压双耳屏外侧的枕穴、太阳穴、额穴数分钟,可缓解头痛、头昏症状。

捏压双耳腰痛点穴,同时活动腰部,可缓解腰痛,尤其是急性腰痛。

9. 弹耳健身法。将两手掌掩两耳窍,手指托后脑壳上,用食指压中指弹击24下,也叫"击天鼓"。"击天鼓"时可听到"隆隆"之声,这种刺激可以活跃肾脏,有健脑、明目、强肾之功效。

将手在耳廓上压扁了,食指压在中指上,然后中指弹起来,食指落下来,这么一放一弹,耳朵就"嘭、嘭"响,弹24下。然后食指沿耳轮脚转入耳内,转动时多摸摸耳朵下面大脑皮层对应的部位。如此转到掌心朝前,大拇指和食指成鸭嘴状,食指沿耳道的弯曲尽量往里进,直到动不了了,就往里面振,并用力一拔,"嘭"地一响,做3次。这样既聪慧耳朵,又通脑子。

10. 揪耳健身法。经常揪耳朵,能够刺激全身的穴位,使得头脑清醒,心胸舒畅,有强体祛病之功效。用双手的食指和拇指捏住耳垂进行揉搓使其发红发热,然后将耳垂向下牵拉,再松开手指让耳垂弹回去。每日可按此法做2～3次,每次做20下。经常搓弹耳垂具有促进耳朵血液循环、健肾壮腰的功效。

用左手绕过头顶,拇、食指捏耳上部,先揉捏此处。然后再往上提,直至该处充血发热,每次20下;同样,用右手绕过头顶,拇、食指捏耳上部,先揉捏此处。然后再往上提,直至该处充血发热,每次20下。此处的穴位有神门、盆腔、内外生殖器、足部、踝、膝、胯关节以及肝阳穴、风溪穴等。

11. 插耳孔健身法。两手小指分别轻轻插入两侧耳孔,像钻孔一样来回转动36下,用力要均匀,速度不宜过快,严防损伤耳朵皮肤,一般先左后右进行。

将两手手掌互相摩擦,使手温热,然后将食指轻轻插入耳孔内,稍为回转,做10次左右后,将食指头紧紧塞住耳孔,经过2～3秒钟,很快地拔出,这样连续做36次。

两脚分开与肩同宽,两臂松垂,头顶正直,两手掌相互摩擦至热,用手掌揉双耳及耳朵周围皮肤，至耳朵发热为止，然后两食指伸直插入两耳孔，将外耳道完全堵塞，突然拔出，共插拔9次，具有滋补、强壮肾气，防治耳鸣、耳痛等功效。

两食指伸直，分别伸入两耳孔，旋转180度，反复3次后立即拔出，耳中“啪啪”鸣响，一般拔6下。此法可使听觉灵敏，并有健脑之功。

两手上下轻轻按摩两侧耳轮20次，然后两手掌按压耳朵；食指放在中指上，中指放在头后枕骨上，食指滑下弹扣枕骨下的风池穴各20次，弹扣时可听见咚咚的声音；最后用食指插入耳孔内，用力拔出，连续5次。常做此法可增强听神经、鼓膜及耳咽管功能，促进血液循环，防治耳鸣、耳聋、头晕，保持肌体平衡。但急、慢性中耳炎患者不宜做此法。

以食指指腹摩擦耳背沟使之生热，可降血压、清脑、明目；以中指插入耳孔，指腹向前按压摩擦生热，可防治咽炎、鼻炎、感冒等。

12. 鸣天鼓健身法。用手掌压住耳廓，以食指滑过中指，叩击乳突部若干次，有醒脑、消除疲劳、增强记忆等作用，可防治头痛、目眩、耳鸣等。

两手掌按压耳孔，再骤然放开，连续做十几次；然后用双手拇指、食指循耳廓自上而下按摩20次(拇指在耳廓后，食指在前)；再用同样方法按摩耳垂30次，以耳部感觉发热为度。摩耳的同时还可配合做“鸣天鼓”运动，即经常使耳道鼓气，震动耳膜。用两手掌心紧紧按住两耳孔，五指置于脑后，然后用两手中间三指轻轻叩击后脑部数十次；或将两手食指各压在中指上，再用食指向下滑弹后脑部数十次，然后两手手掌按住耳孔再骤然放开，连续开闭几次。做“鸣天鼓”时，要自始至终闭目养神，手法由轻至重。只要坚持做，可收到强壮元气、醒脑强心及防治耳病等效果。

用双手掌心捂着耳朵，掌根使劲把耳朵堵上，手指捂在脑后相当于枕骨结节的地方，然后用二指、中指、四指来敲。先用二指(食指)敲，再用四指敲，最后用中指敲。这么敲1分钟左右，最后三个指头一块敲三下，然后一撒手，耳朵“嗵”一响。这么敲一敲，脑子里面很清亮，也比较舒服，精神也容易集中。平时看书累了，可以单独练一练，可聪脑健脑。

13. 按耳健身法。两手中指按摩耳廓内部，反复按摩3分钟左右。

用手掌将耳朵从后向前压曲，回转36次；接着再以手掌心压住耳孔，把五指按在后枕部，食指放在中指上，用力弹滑，可听到“咯、咯”的声音。

14. 捂耳健身法。将两手掌心紧紧捂住耳朵，突然拔出(有如抽水)10余次。

15. 掐痛点健身法。如果患有疾病，可以用食指尖在耳朵上寻找一个敏感的疼痛点，然后用指尖掐捏，直到疼痛点有胀痛感为限，此时为穴位治疗，原来病痛处会减轻或感到不疼了。

揉热后，将耳廓的凸凹部位普遍点捏，找出敏感点(压痛点)就重点捏揉；可用指甲掐2～3遍，有微痛即可，达到针刺穴位的作用，效果更好。

16. 抹耳健身法。以双手食指、拇指贴在耳轮上，再以食指中节按在耳前，用大拇指贴在耳后部，上下抹动直至发热。坚持抹耳有助于防耳聋、耳鸣、听力下降。

用拇指肚由耳垂后沿耳根向上推至耳上端，再用食指接着由耳前上方向下捋至耳垂前，如此反复5～10遍。

在做揉擦耳朵健身时，开始按摩不要用力过大、过猛，以免搓伤皮肤；要循序渐进，逐渐增加次数和强度；每次做到耳廓发热，全身舒服即可。

按摩时要注意手法，由轻到重，以舒适为准，重则到微痛。切不可生拉硬拽，以免损伤耳道。牵拉耳廓时，要先向外拉耳，再向下拉。以外耳道有牵拉感、微痛或发痒为好。

人的耳朵上有许多经穴，这些经穴与人体的所有器官相通。刺激耳朵可使身体发生变化，不仅能改善身体的不适，而且还有美容效果。可以这么说，耳朵的摩擦是一种全身美容体操。不仅如此，耳朵的摩擦对防止老化也有效，同时对耳鸣和所有的耳病都有功效。

眼鼻口部按摩法

1. 眼部按摩法。用左右大拇指按摩两侧太阳穴各 20 次，轻闭两眼后用左右拇指轻擦眼皮各 20 次，再用拇指背侧轻摩眼眉各 20 次，然后眼球顺时针转动 10 次，逆时针转动 10 次，再用中指与大拇指捏着眼内侧眼角旁，轻揉 20 次。常做此法可增加泪腺分泌，对眼球有保护作用，并可防止眼肌疲劳，调整视力。

两手小指分别点在两个眼内角的“睛明穴”处揉按 9～18 下，然后沿上眼眶至两个眼外角的“瞳子髎穴”处揉按 9～18 下，按、旋转要轻缓，要体会眼珠在揉按时的感觉。两手要同时揉按。

将双目从左至右、从右至左转动各 12 次，然后紧闭一下再睁开，用大拇指指肚揉抹眼窝和上眼皮五至六次。坚持此法，可改善眼球血液循环，增强视神经、动眼神经以及眼肌的功能，还可防止视力疲劳，预防近视或远视的发生。

或站或坐，眺望远方，张大双眼至最大限度 5～8 次，再顺时针和逆时针转动眼球 10 圈。意在保健视力，加大眼肌供血，预防眼睑松弛。

为避免“老眼昏花”现象，仅仅闭目养神是不够的，还应坚持有意识的视力锻炼。最简单的方法就是将眼球向左右、上下转动，可延缓视力衰退。再在室内时可在 4 米以内看着窗角眨眼，反复多次；在室外则可凝视远处，有目的地观察某一景物。

2. 鼻部按摩法。每天坚持做 1～2 次鼻按摩，可使人免患感冒。有感冒症状的人，立即按摩鼻翼，鼻塞、流涕等症状也能随之减轻。现代医学认为，按摩鼻部可以促进鼻黏膜的血液循环，使供给鼻部的营养增多，利于鼻内黏液的分泌，并能促使黏膜上皮细胞的纤毛摆功，增强鼻黏膜的抗病能力。

用大鱼际肌（大拇指下的一块肌肉）沿着鼻梁两侧轻擦 20 次，然后用两手食指尖揉左右侧迎香穴（鼻翼外侧）各 20 次。常做此法可以预防感冒和防治鼻炎。

拇指与食指成“八”字形，其余三指屈曲，拇指抵于颌下，两手食指贴在鼻翼两侧，上下来回擦动 10～15 次，或以发热为度。向上擦到鼻根，向下擦到鼻孔两侧，一上一下为 1 次。

用双手中指腹以每秒钟 2 次的速度深揉两侧鼻翼，深揉鼻孔外端 5 分处的迎香穴各 1 分钟。有预防感冒，保健鼻黏膜的作用。

3. 口部按摩法。口微闭，上下牙齿有节奏地相互叩击 36 次。常做此法可预防牙病，坚固牙齿，不生蛀牙，老来不松齿、不掉牙。

闭口咬牙，口内如嚼食物，用两腮与舌做漱口动作，约 30 次，口内可生唾液，等唾液满口时，分 3 次慢慢吞下，可助消化。

口唇闭合，以每秒钟 2 次的速度叩击牙齿 1 分钟。有保护牙齿的作用。

口唇闭合，舌尖在口内进行顺时针或逆时针转摩 1 分钟，以促进唾液分泌，并一分为二先后咽下。有助消化、清热滋阴的作用。

腹部按摩健身法

腹部按摩的保健养生原理是调整人气阴阳气血，改善脏腑功能。

1. 摩腹健身法。所谓摩腹，就是在睡前、醒后仰卧床上，先用右手顺时针方向绕脐按摩，再换左手，方向相反，按摩次数不限，只要用力适度，此法有益无害。现代医学认为，摩腹可使胃肠及腹部的肌肉强健，可促进血液和淋巴液的循环；能促进胃肠的蠕动和消化液的分泌。实践证明，以按摩腹部为主的脏腑经络按摩疗法，对许多顽固性疾病，如肺心病、肺气肿、高血压、糖尿病、肾病等都有很好的辅助治疗作用。摩腹还可以减肥健美。中医认为，大腹属脾，脾为气血生化之源，肥胖的主要原因是脾失健运，气血淤滞。故欲减肥，当从脾调治。通过腹部的运动，可以健脾助运，减少腹部血气、脂肪的积滞。现代医学认为，主动按摩能刺激末梢神经，通过轻重快慢的不同力量使皮肤及皮下脂肪的毛细血管开放，使皮肤组织间的废物被排除，从而促进肌体的代谢，起到去脂消油的作用。

平卧于床上，亦可边散步边按摩。先用右手掌心贴附在肚脐部，左手掌心叠在右手背做顺时针方向按摩约120次，由脐部逐渐扩大到全腹，然后再逐渐缩小按摩范围，回到脐部。如此反复按摩3次，再交换左右手的位置，以左手掌心贴附脐部，右手重叠压在左手掌部，依前面的方法做逆时针方向按摩120次。经常进行腹部推摩可使胃肠及腹部肌肉强健，促进血液及淋巴液循环，使胃肠蠕动加强，消化液增多，淤积之处消失，人体得以健康、益寿，从而达到养生保健的目的。

用左掌自上而下(从胃口至直肠底端)，先轻后重推摩积满处36下，换右掌推摩36下，再换左掌推摩全腹36下，最后用右掌推摩36下，至腹内无积块、鸣声阵阵，多数放几次大屁。时间是在晚餐后平卧床上，两腿伸直，平心静气进行推摩。经常推摩腹部可防治食物积滞于胃、食物滞化不行、胃脘胀痛、畅积、气滞不顺、血瘀不畅、胃肠积满等症。

将两手掌相对搓动约1分钟，使掌心发热。再将掌心紧贴于神阙穴上，使其感到温热。然后在肚脐周围快速摩动，注意速度要快，一只手累了可以换另一只手。这样坚持摩动3～5分钟，直至肚脐内发热，并开始向四周发散为止。这样做可使心肾交通，有助于安神健脑，提高睡眠质量。

两手擦热相迭在肚脐上，顺、逆时针各转摩30圈；两掌拇指向下，十指相对，横按在后腰上，上下搓擦，至手臂酸痛不能忍受为止；搓擦尾闾骨；用两手中指的指尖，按在尾闾骨的尖端，由下向上，上下来回搓擦40次。

平卧，双目微闭，舌抵上腭，意留腹部脐中，平静腹式呼吸3分钟，每分钟6次。同时，自行将双手重叠，从右下腹开始绕脐以顺时针方向做圆圈形按摩，用力要均匀，绕脐一周10秒钟，并呼吸6次。每次按摩5分钟后，再平静腹式呼吸3分钟。每日2～3次。一般按摩7天后，可使消化不良或便秘症状解除，如作预防按摩则以每日一次为宜，可使人精力充足，饮食增加。

仰卧床上，双手掌对搓至热，重叠于下腹丹田部位，先按顺时针方向转圈摩腹36下，再逆时针转圈摩腹36下。每晚睡前做一遍。常做此法可强壮身体，增强内脏功能，对腹痛、腹泻、便秘、消化不良、结肠炎、阳痿、早泄等症有一定疗效。

仰卧并以脐部为中心，用手掌适当加压顺时针方向按摩腹部。每天早晚各1次，每次约

10 分钟。可促进消化道的活动，保持大便通畅。

两掌重叠紧贴腹部，先顺时针、再逆时针环摩腹部所有部位，重点在脐部及周围，共 2～3 分钟。可强健脾胃，促进消化吸收。

用左手顺时针以肚脐为中心按摩 36 圈，换右手逆时针按摩 36 圈。肚脐是人体磁场中心，其周围是五脏六腑，按摩肚脐，培元固本，脏腑和顺协调，有利身心健康。

一手掌或两手叠掌加力，横置于中脘上部，沿腹中线，以小鱼际着力，下压推擦至脐下，力渐移至大鱼际下压，推擦至耻骨上缘，反复 5～10 次。也可以拇指端或食指并中指端着力于穴位上，由下到上逐个揉按中极（脐下 4 寸）、关元（脐下 3 寸）、石门（脐下 2 寸）、气海（脐下 1.5 寸）、阴交（脐下 1 寸）及脐两侧天枢穴。劲力深透，以感胀麻为度。还可双掌相压重叠，掌心虚空置脐上，以腕带掌，由大鱼际、指掌、小鱼际、掌根循环着力，顺时针方向揉压旋转，然后逆时针旋转，揉压 36 转，以腹感热、胀且深透入里为度。常做此法可暖下元，运气血，调冲任，补肝肾，改善月经不调、痛经。

右掌顺时针旋摩腹部，然后左掌逆时针旋摩腹部。腹是人体五脏六腑之宫，是培元固本、安神定心、回阳育阴、升胆降胃、通利三焦、调畅经络的枢纽所在。祖国医学认为，揉腹可通和上下，分理阴阳，驱外感诸邪、清内生百症。

2. 揉腹健身法。现代医学认为，揉腹可增加腹和肠平滑肌的血流量，增强胃肠内壁肌的张力及淋巴功能，使胃肠等脏器的分泌活跃，从而加强对食物的消化、吸收和排泄，改善肠的蠕动功能，起到促进排便、消除便秘的作用；可以减少腹部脂肪的堆积，收到满意的减肥健美效果；还可通过静息和神经末梢的按抚作用，有效地调节神经及情感系统的功能，有利于神经系统及内环境的稳定和平衡，使人保持神情愉悦、豁达舒畅的精神心理境地。此外，腹部按揉还可以防治遗精、前列腺炎、痔疮等疾病。

揉腹可以调理脾胃，通调气血，充实五脏，强壮人体元气，有助于驱除外感之邪，康复慢性疾病。先用右手大鱼际在胃脘部按顺时针方向揉摸 120 次，然后下移至肚脐周围揉摸 120 次，再用左手全掌揉摸全腹 120 次；最后逆向再重复一遍。或者沿腹部四周，从右下开始向上，继之向左，再从左上向下，顺向揉摸。

将右手放在腹部，以脐为中心，自上而下，顺时针、逆时针各揉 15 次，每天 2 次，每次5～6 分钟。持之以恒，可以促进腹部血液循环，加强肠胃消化吸收。

将两手掌重叠，以掌心附着在肚脐上，稍用力下按。然后以肚脐为中心，顺时针方向揉动，其频率可较摩腹速度慢一些，范围可由小到大，直至整个腹部。持续时间最少 5 分钟，可起到先天后天同补的作用。

平卧在床上，松解腰带，双手掌相搓生热后重叠置于脐部。从脐部开始，自左向右转圈按摩，由小到大直至把整个腹部按摩一遍。然后再从外周由右向左转圈向内按摩，最后在脐部稍停即可结束。每次 3～5 分钟，每日 1 次。此法有促进胃肠血液循环和胃肠蠕动的作用，可治疗腹痛、腹胀、便秘、消化不良等症。

用手按顺时针方向绕脐揉腹 36 周，再逆时针做 36 周，可防便秘、消化不良等。

两手放在腹部，左手在上、右手在下，左手逆时针、右手顺时针同时按摩腹部各 36 圈。双手柔和地做腹部按摩。有利胃的排空和小肠的消化吸收，长期坚持能健胃强身。揉腹对多种疾病均有较好的治疗作用，如高血压、冠心病、糖尿病、肾炎及习惯性便秘均可采用揉腹作辅助治疗。

两手重叠，按于肚脐，适度用力，同时保持呼吸自然，顺时针方向画圈揉腹4～6分钟。按摩此部位可益肺固肾，防病健体。

先将两手掌擦热，用右手掌贴腹壁，左手掌压在右手背上，绕肚脐做环状运动100次。常做此法可防治消化不良及便秘等。

3. 晃腹健身法。当整个腹部有温热感或有气血流动感时就可进行晃腹。将两手掌重叠，旋转摩动。当手掌移动到右侧腹部时，左手的四指稍弯曲，用力回拉，右手的掌根用力回推；当按摩到左侧时，右手的四指稍弯曲，用力回拉，左手的掌根用力回推。如此反复，使腹部横向晃动起来。这时的动作应缓慢，柔和，不求快，但一定要把动作做到家，大约每分钟按摩20次。如此坚持晃腹5分钟即可使先天后天交融，相互滋生和相互补益。

应该注意的是：摩腹时手法要轻，活动前排空小便，全身肌肉放松，排除杂念。腹部按摩不可在过饱或过饥时进行，还需排空小便，意守丹田，才能收到良好的养生保健益寿的效果。腹内有恶性肿瘤或胃肠穿孔、内脏出血、阑尾炎等急症者，禁止摩腹。在摩腹期间若出现腹中肠鸣、放屁、腹中有热感、易饥饿、有便意等现象均属正常。

胸及上肢按摩法

胸部及上肢部分可粗线条搓擦，唯上肢的关节和手作为重点按摩。擦胸肋时，用右掌紧贴皮肤，由上向斜下来回用力搓擦左胸部，至发热；然后用同样方法搓擦右胸部。两掌紧贴侧肋上下用力搓擦至发热。女士注意双乳的按摩，以保持乳房的健美和预防乳腺炎等疾病。可用双手托住双乳轻轻揉动；或由乳房边缘向乳头用手掌轻轻揉捏；轻轻按压乳房四周，然后沿乳腺用指轻轻揉捏。伸出左臂，用右手掌搓擦左臂内侧外侧各十数次，然后用手搓擦右臂内侧十数次。用右手拇指、食指逐一搓擦左手的五指两侧，从指尖至指根，每指20次。然后用拇指和食指逐一旋拧五指，像拧螺丝似的，每指拧20次，然后换另一只手。腕部放松，用右手拇指按在左腕内侧，其余四指按在左腕外侧，用拇指搓揉捻动40次，捻动时四指指尖也同时揉捻，位置在腕横纹至上部三指宽为限；然后换另一只手揉捻另一手腕；肘稍屈放松，右手在左肘外，四指在下，拇指在上，在肘部上下掐捏30次。以肘弯上下三指为限；然后换左手掐捏右肘弯上下30次；双手半握拳敲击肩关节15次。

位于人体胸骨上、中部后面，有一对重约30克左右的器官，叫做胸腺。它是人体整个免疫系统中最为重要的中枢器官之一，所分泌出来的胸腺素和免疫淋巴细胞具有强大的御病和抗癌作用。特别是当它受到刺激后，所产生的抗癌物质更比平时增加数倍。因此，在此介绍一种简便易行的防癌健身法：每天早晚用干毛巾或手掌，自颈下至前胸剑突处来回摩擦100～200次，直到皮肤发红发热。局部的刺激，使得邻近的组织和器官血循环改善，提高了胸腺功能，从而使人的免疫力大大增强。

用右手贴在左胸从上而下抚摩50次，再以左手贴右胸从上而下抚摩50次，然后用手分别捶打右、左侧胸部，从上方拍打到下方，左右侧共拍打100下。常做此法可增加肺活量，促使胸肌发达，加强内脏的活动机能。

自颈下天突穴（嗓子眼）至前胸剑突处（最下面的胸骨中间连接点），称为胸腺。用双手的四个手指自天突到剑突快速摩擦100～200次。按摩此部位可使胸腺细胞处于活跃状态，促进胸部血液循环，增强心肺功能，提高人体的免疫功能。

两手掌分别从两侧上胸部向下推至小腹部，反复推摩 20 次，然后用左手食、中、无名、小指自胸部中线开始，向外平推右胸部 20 次，再用右手以同法推左胸部，每日早晚各 1 次。

两手掌叠于神厥(肚脐)，掌心向内，男左手在内，女右手在内，用力顺时针摩腹，范围由点到面逐渐扩展到胸部，转 36 圈；然后逆时针由面到点转 36 圈，回到神厥穴。再静守神厥 1 分钟。常按摩腹部能培补元气，促进血液和淋巴液循环，改善胃肠功能，增强胃肠蠕动，能有效防治消化系统疾患。

盘膝而坐，两手相握，自左向右转 10 次，再自右向左转 10 次，伸胸时吸气，缩胸时呼气。常做此法可防治腰痛和腰肌劳损，强腰壮肾。

先用右手手掌按在右乳部上方，手指向下，用力推到左大腿根处，然后再用左手从左乳部上方同样用力推到右大腿根处，如此交叉进行，各推 10 余次。此法可改善心血管机能与肺功能，长期坚持，必有成效。

肩及背部按摩法

长期伏案工作的人容易出现消化不良、大便秘结以及肩周炎等症状，可利用按摩法来改善脑部血液循环，防治头昏脑涨以及肩周酸痛等。

放松肩部，双臂平抬，微曲双肘，轻握双拳，两手轮流向前击出，各做 10 次。常做能解除肩部和臂部肌肉的疲劳。

用两手手掌顺腰背处上下各擦搓 20 次，最好擦到尾骨末端处。常做此法可以暖肾固精，防治腰痛、腰肌劳损、痔疮、脱肛等。

左手手掌揉右肩 20 次，再以右手掌揉左肩 20 次。常做此法可以预防肩周炎。

休息时用手掌或手背擦(搓)背、拍背或用保健锤敲背部。按摩此部位可以疏通经络，安心安神，帮助预防感冒。

两脚分开与肩同宽，脚尖向前，双手握拳，拳眼贴于双侧肾俞穴，上身前俯时沿第一膀胱线擦至八髎，不知穴位者可用双手尽可能由背的最高位往下擦亦可，同时呼气；吸气还原站立，双拳同时返至背部最高位。如此练习 36 次。常做此法能伸筋拔骨，强壮腰肾，使气血上下通畅，调整全身血脉运行。

按摩腋窝健身法

医学家认为，人体有三大保健“特区”，即背部、腋部、脐部。腋部是一个位于肩、背和胸壁之间的空隙，蕴藏着丰富的血管、神经、淋巴结。它为一锥体形，由肌肉围成的空隙，为颈部与上肢间血管、神经通路。经常按摩腋窝可促进神经调节功能和体液循环，增强食欲，帮助消化食物，滋润管壁，促使肾、膀胱及尿道把体内代谢的废物及时排出体外；可增加肺活量，增强呼吸系统的功能；可强化免疫功能，起到防癌抗癌作用；能促进骨髓造血功能，对大脑、脑细胞、脑浆液、脑动脉、脑神经和脑神经元都能起到恒定、主导、兴奋的作用。还可以健康内外生殖器官，增强性快感，提高性爱质量，有助于防治阳痿、早泄、性冷淡等性功能障碍，延缓衰老。

具体按摩方法：洗净双手，左手手指置于右腋窝，右手手指置于左腋窝，先顺时针旋转六次，再逆时针旋转六次，反复进行3～5分钟。用力要适度，莫抓伤腋窝内皮肤。

下肢按摩健身法

用双手手掌从大腿根至脚上下搓擦至发热，好像洗浴一样，腿的前后、左右侧分别搓擦，搓完一腿换另一腿；揉捻踝关节，用右手拇指和食指分别按在右脚的内外踝关节上，揉捻30圈；用拇指沿内踝边缘向脚后跟方向揉按，一直揉按到脚后大筋处，可做40次。用食指、拇指捏掐脚后大筋20次；摩擦脚心40次；做完一只脚再做另一只脚。

平坐微屈膝，左右两掌按膝盖下两膝眼处用力来回搓摩30次，然后换另一膝；用手指揉按委中穴40次。委中穴在膝关节后面腋窝横纹之正中；两手半握拳敲击两胯15次。

按摩小腿，对于长久站立工作的人具有缓解疲劳的作用，更可改善和控制下肢静脉曲张病情的发展。坐在床边或椅子上，将双腿架在另一张矮凳上，先按摩左小腿，将左右手掌贴于小腿内外侧，从膝盖开始，双掌夹住小腿往下推，推至踝下再回拉，如此推拉反复按摩100下，然后换右腿按摩；将四指并拢与拇指分开，用手掌平推小腿血管曲张部位，来回反复推摩30下；用手捏住患腿的五个脚趾按捏30下。以上动作每天早晚各做1次。

自行按摩足三里穴（将双手掌置双膝盖处，伸直，中指尖左右两侧旁开约两指处浅窝内，即左右足三里穴）、神门穴（分别在左右手腕掌侧横纹上、靠近尺骨突的凹陷内）。左右手轮流按压两侧上穴，每穴各按摩5分钟，每日一次，坚持1个月。对中老年体弱，因阳气衰减而性冷淡、精神衰弱、失眠、多梦者有效。对男、女更年期综合征，只要未见其他夹杂病证者也多有疗效。

足三里是慢性病的克星，可治一切慢性病，只要经常按摩足三里，定有奇效。按摩时，五指并拢，对准足三里，叩击36次，两手可同时进行。有酸、胀、麻、微痛感觉，即见效果。体弱者可用剑指（中指、食指并拢）指腹顺、逆时针各按摩36次。

平坐，两腿并拢伸直，足尖向上，手掌向外，两手向足部做推的姿势，随之上身前俯，呼气，推至足部即返回，返回时手掌面向里，吸气，如此反复20次。经常这样可以增加肺活量，促进血液循环。

用右手拇指捻左腿委中穴（膝关节后部腿弯正中部位），再用左手捻右腿委中穴，各20次。常做此法可防治腰背痛。

足部按摩健身法

摩足是我国流传已久的自我按摩法，具有滋阴降火、强腰健肾、益精填髓等功效，经常摩足，可舒经活络，促进血液循环，消除疲劳，有利于睡眠，祛病健身，延年益寿。中医认为：脚掌有60多个穴位与五脏六腑静脉联系，布满了全身器官的反射区。经常用热水浸泡后搓涌泉穴，可以温补肾经、滋生肾水，还可以促进下肢血液循环、疏肝明目、清肺理气、祛风湿、助消化、通大便、止泻痢。

涌泉穴位于脚底中心前1/3处，是足少阴肾经的重要穴位。盘坐床上，两足心相向，先把双手互擦发热，以左手摩右脚脚心，右手摩左脚脚心，至足心发热为度。也可用手指按压足底涌泉穴，方法是用中指或食指端由脚心向脚趾方向按摩，每次按摩100～200次。

春天足浴,更有升阳固脱之功效。足浴时,水的温度一般保持在40℃左右,水量以能淹过脚踝部为好。双脚放热水中浸泡5～10分钟,然后开始按摩。按摩时动作要缓和、连贯,轻重要合适,否则达不到祛病健身的目的。具体方法是:每晚用热水洗脚后坐在床边,将腿屈膝抬起,放在另一条腿上。按摩左脚时用右手,按摩右脚时用左手,交替按摩。先脚背后脚心,直到局部发红发热为止。刚开始速度要慢,时间要短,等适应后再逐渐加快按摩速度。长期坚持,对由神经衰弱引起的头晕、失眠、多梦等症状有较好的疗效。按摩脚部的同时,还要多动动脚趾。大脚趾是肝、脾两经的通路。多活动大脚趾,可舒肝健脾,增进食欲,对肝脾肿大也有辅助疗效。

以双足跟交替按摩或用保健锤敲脚心,使脚心感到温热。按摩此部位有活经络、健脾胃、安心神等功效。在休息或看电视时,手拿一把橡皮小锤,先轻轻敲打一只脚的脚掌,然后敲打另一只。注意不要敲脚后跟,要敲连接脚趾的脚底部分,一直敲到全身感到一股舒服的暖流在涌动,完全处于心平气和状态为止。

临睡前先用左手擦右足心100次,再用右手擦左足心100次,最好擦到足心发热、有微汗。坚持此法可导引肾脏虚火,并使上身浊气下降,舒肝明目,舒经活络,促进血液循环,消除疲劳,有利于睡眠,对防治高血压很有效。

冷水按摩健身法

国外学者经过研究发现,人每平方厘米皮肤之中分布着6～23个感受寒冷的冷觉神经点,所以人体对寒冷较之其他刺激更易于感受,当皮肤接受寒冷信号之后,通过神经系统的反射、调节,先使皮肤血管收缩将血液赶入内脏,继之皮肤血管重新开放,血液由内脏充涌皮表。正是在这样往复过程中使血液内代谢废物能够通过内脏迅速排泄,并从内脏摄取营养循环全身。在冬季使用冷刺激更利于关闭皮肤毛孔,减少热量丢失,提高耐寒力。不仅如此,日本学者还认为,寒冷刺激皮肤可以激活全身和大脑,促进呼吸,增强代谢,提高各脏器的工作机能。实践证明,运用冷水按摩后感到身体轻松,疲劳感消失,头脑清爽,冬天不觉寒意。

裸露皮肤,准备一盆冷水、一条毛巾,注意避风。

毛巾蘸冷水后,先将脸面、后颈部搓擦2遍。

搓擦双上肢1～2分钟。

由上往下推擦胸腹,搓擦腰背2～3分钟。

搓擦双下肢1～2分钟。

双足浸入冷水中搓脚心涌泉穴1分钟。擦干身体。

曲肘松腕,甩动双臂,双手握空拳交替叩捶前胸、后背,力量以能耐受为度。增加按摩效果。

冷水按摩虽然简单,但要持之以恒方可见效。初学者需逐步适应,最好从夏季开始,进入严冬后已能适应。开始阶段可短时间,少部位,逐渐增加。患病及体质虚弱者不宜进行,待身体复原后再逐步进行冷水按摩。

预防脑衰按摩法

要使大脑功能不退化，解除脑疲劳，延缓衰老的发生，重要的是保持大脑有足够的信息刺激量和血液供应。因此，除参加户外活动，保证良好的睡眠及营养之外，还应保持头、面部的按摩保健。

1. 干擦脸法。两手伸直并拢，以中指指腹位置为基准，从嘴角两侧开始向上，经鼻旁到眼角下方；然后向外绕过外眼角再向内，在眉间两手中指靠拢，向上至发际再分手向外，向下，沿耳前下滑。共做10次左右。

2. 干梳头法。两手手指半弯曲，用5个手指的指尖由前向后梳挠头皮。先梳头皮中线附近，依次向左右两侧及耳朵上方头皮移动，大约移动2次便可将整个头皮梳挠一遍，可做4～6遍。

3. 掩耳弹脑法。用两手掌心紧按住两耳，余指置于脑后，两手食指置于中指背上，轻轻弹敲后脑部10～20下。然后手指紧贴住后头枕骨部不动，掌心骤然离开耳孔，放开时耳内出现呼声，如此连续开闭放响10下。常做此法有解除疲劳、防头晕、强听力和防治耳聋的作用。

4. 操按太阳穴法。两手中指、食指并拢各按于同侧太阳穴处，先顺时针按揉20次，再逆时针按揉20次，然后从太阳穴向耳尖上方平推20次。

5. 揉按风池法。风池穴位于耳垂平行线与颈后大外筋缘相交处。两手拇指分别按于同侧风池穴，先顺时针揉按20次，再逆时针揉按20次，然后两手拇指沿颈后大筋外缘，向肩部下推20次。

6. 揉按百会法。百会穴位于头顶两耳尖连线与正中线交点处。右手中指、食指按于百会穴，先顺时针按揉20次，再逆时针按揉20次。

7. 按摩颈部法。自耳朵下方到肩膀有颈静脉通过，可自耳朵下方至肩膀做按摩。向下按静脉36次，向上按静脉36次。

以上按摩方法可通过刺激末梢神经，促进血液、淋巴循环和组织间的代谢过程，调节和改善各器官之间的相互关系，达到强身益脑的效果。

推拿按捏健身法

中医物理治疗有推拿按捏之手法，然后再衍生出更多的手段。按摩能健身已不是什么新鲜事，可是有效才是关键的。肩周炎是临床常见的疾病，患者数量不在少数，对此，专家表示，肩周炎患者在积极配合医生接受治疗的基础上，可通过简单的运动来缓解肩周炎的疼痛。

1. 搓搓背。患臂从背后下侧摸背，好臂从背后上侧去拉患臂。往往两臂难以互相摸到，这时可以用一条毛巾连接两臂，如同搓背一样。

2. 端端肩。端肩锻炼是自治肩周炎的重点疗法，能起到缓解肩痛的良效。先做左肩的端肩动作（向上耸），然后再做右肩端肩动作，左右交替进行，每次做20下以上。

3. 爬爬"墙"。正面趴在一堵空墙上，双臂紧贴墙上，手指带动手臂逐渐向上做爬墙的动作。保持身体稳定不动，尽量让双臂向上爬得高一些、更高一些，直到疼痛不能向上。只要能争取每天都尽力让手臂向上爬，时间长了，就能逐渐缓解肩痛。

4. 划划圈。每隔一两个小时就做一下手臂划圈动作。上下左右方向划圈或者前后方向都可以，顺时针、逆时针交替进行。可以一手叉在腰部，另一只手臂划圈，也可两只手臂同时划圈。划圈时动作一定要缓慢深长。

防治腰痛健身法

1. 常扩胸腰不疼。经常练习扩胸能有效缓解腰疼。在很多人看来，扩胸运动对肩部和背部的锻炼作用会更大一些，但美国达拉斯·库珀诊所的泰迪·米歇尔医生指出，扩胸对腰部的锻炼作用同样很明显。做扩胸动作时，背部收紧的同时，腰部肌肉也会跟着紧收，以起到锻炼作用。久坐和经常腰疼的人不妨多做一做。米歇尔医生还建议，为了让腰背更健康，要时刻注意坐姿，保持盆骨和肩膀在一条直线上，尽量坐在有靠背的椅子上，这样可以使腰椎和背部得到支撑；另外，选双合适的鞋也很重要，能对身体提供有力的支撑，有利于脊柱健康，从而减轻腰部的负担。

2. 倒退走。在平坦的路上倒走，甩开两臂，做深呼吸。步子大小和快慢根据各人的习惯而定。每次走20～40分钟，每天走一次。此法能使腰肌得到锻炼，局部血液循环得到改善，腰部韧带的弹性增强。

3. 多动脚趾。脚趾也是身体健康的晴雨表，多活动脚趾可以减少腰痛。因此，腰痛患者宜多活动脚趾、多走路，让脚趾处于活动状态。

4. 转腰展臂。双脚分开同肩宽，站立不动，双手落腰际，分别做两个动作：一是随着腰之左转带左臂（手心朝上）从腰际往左、往上、往后平摇外展，完全以转腰为动力将手臂展开，当左手臂展至身后而右肩转至胸前之时，左手下落腰际，并随之往身前推出一掌，然后左手落于腰际，左式完成。随之做右式，动作相同，方向相反。二是随着腰之左转带左臂从腰际往身后外展，手臂伸直后再往上、往前从头顶、眼前下落（手臂如鹰抓之势），然后左手回到腰际，左式完成。随之做右式，动作相同，方向相反。以上两个动作皆有左右式，分别各做9下即可。

5. 躯干运动。左右侧身弯腰，扭动肩背部，并用拳轻捶后腰20次左右，可缓解腰背佝偻、腰肌劳损等病症。

双手指合拢，俯首弯腰向下摆动60～100次。

扭腰，左右方向配合拉云手各20下，主要锻炼腰部力量。

膝不要曲，头、手弯腰向下，同时做转体运动，两腿叉开，左右转体，各做4次。这部分主要锻炼腰部。

靠坐在沙发上，让背部、臀部和大腿与沙发的流线相贴合，然后将右脚踝关节放在左腿膝关节的外侧，接着将左臂肘关节放到右腿膝关节的外侧，右手扶在沙发椅背上，同时上身也要随着左臂的右摆而扭向右侧。右侧做完，可以接着向左侧做。如此往复3个来回，就能让腰部的紧张感迅速消失，多坚持一些时日，还能改变“水桶腰”的不良体态。做这个动作时腰部的扭转是关键，不能松松垮垮，像平常“跷二郎腿”一样就失去了意义；要尽力扭转，让腰胯有种拉伸的感觉，但一定不要超出自己的能力范围。

6. 爬着擦地。爬着擦地特别练臂力，腰背部的肌肉也得到了充分拉伸。许多女性羡慕后背有一道竖沟的体型，特别美。

7. 常做健腰操。双脚分开与肩同宽，腰腹部顺时针转动 100 下，然后逆时针转动 100 下。腰操如同转呼啦圈，活动腰部肌肉骨骼，促进气血流通，防治腰椎间盘突出。

两手轻握拳，拳眼向上，以掌指关节突出部分在两侧腰眼处做旋转揉摩；先以顺时针方向旋摩 18 圈，再以逆时针方向旋摩 18 圈；两侧可同时进行，也可先左后右进行。

双手拇指和食指同时夹捏脊椎正中的皮肤，从与脐眼平行的命门穴（第二腰椎棘突下）开始往下捏，捏一下松一下，直至尾椎处。如此捏脊 4 次。

两手轻握拳，拳眼向下，同时用两拳的掌面轻叩（以不痛为度）骶尾部。左右拳各叩 36 次。

两手反叉腰，拇指在前，按于腰侧不动，其余四指从腰椎两侧处，用指腹向外抓擦皮肤。两手同时进行，各抓擦 36 次。

或坐或站，两腿微张，右手握紧拳头，用劲慢敲后腰背 50 下，使之发出有节奏的声响。随后用左手按同样方法再做 1 遍。

两手叉腰，开始左右扭腰。扭腰的节奏要慢，幅度应尽可能大些，以自我感觉舒适为佳，次数为 100 下。

连续进行身体向后倾，再向前倾运动，让腰部得以来回摆动，同时做深呼吸，次数为 60 次。

原地不动，双腿和双手作快速跑步状，带动腰部运动，从而有利于腰部血液循环。做 3 分钟。

以上动作刚开始时每天最好做 1 次，待腰部酸痛症状明显减轻后，可改为每 3 天做 1 次或一个星期做 2 次。只要持之以恒，有望取得良好的健腰效果。

放松锻炼健身法

放松健身法是气功中的一种静功，也是气功的入门功和基础功之一。气功的种类尽管很多，但其要领不外乎松、静二字。就松静而言，首先是松，然后才是静，只有放松，才能入静。放松功就是配合呼吸，用意念指挥身体各部位，从里到外、从上至下解除紧张状态，逐步达到放松。放松可以健身，可以防治疾病，而紧张则是疾病的根源。

人的大脑皮层与五脏六腑是相联系的。在生活中，人受内外环境中各种紧张因素、不良习俗的影响和刺激，使大脑皮层处于紧张状态，因而可以引起呼吸、循环、神经、消化、内分泌等系统的疾病，甚至癌症也是与精神上的刺激而带来的紧张分不开的。放松功能够消除大脑皮层的紧张，调整神经系统的紊乱和不平衡状态，还能调和气血，畅通经络，从而达到健身和防治疾病的目的，对防治神经衰弱、原发性高血压、肠胃病、哮喘等慢性疾病有较好的疗效。

1. 三线放松法。此法是沿着身体的前面、后面和侧面三条线，依次进行放松的方法。三条线的具体顺序如下：

第一条线（身体前面线）：由头顶百会穴开始放松→面部放松→前颈部放松→胸部放松→腹部放松→两大腿前面放松→两小腿前面放松→两脚的脚背和脚趾放松。稍休息片刻后再重复做。

第二条线(身体后面线):头顶百会穴放松→后枕部放松→后颈部放松→背部放松→腰部放松→臀部放松→两大腿后面放松→两小腿后面放松→两脚跟及脚心涌泉穴放松。稍休息片刻后再重复做。

第三条线(身体侧面线):头顶百会穴放松→两侧颞部放松→两侧颈部放松→两肩放松→两上臂放松→两前臂放松→两手放松,然后意松两手心劳宫穴片刻,再重复做。

2. 分段放松法。此法比三线放松法容易掌握,适合于初学者采用。放松程序如下:头部放松→颈部放松→肩与上肢放松→胸背放松→腹腰放松→大腿放松→小腿放松→足放松。一般反复做3~5遍即可。

3. 局部加强放松法。在整体放松后,通过意念的调节有侧重地放松身体的某一局部。例如过于紧张、疼痛的部位或某一穴位,可在此局部或穴位加强放松数分钟,乃至半个小时。

4. 静养内观放松法。微闭双眼,全身各部位放松,随着深呼吸运动,想象从头到脚如温水浸润全身,如此做3~9次,可感轻松舒适,疲劳顿消。其目的在于加强内脏锻炼。

隐形放松健身法

隐形健身法是不被人觉察的一种健身操,简便易行。隐形健身法通过对肌肉的拉伸,使神经系统在放松和紧张中获得调节,有助于缓解精神压力,让大脑在运动中得到休息;能很好地锻炼肌肉,改善血液循环,减轻肌肉酸痛和僵硬,尤其是对肩关节、腰部等特定部位是个锻炼,可以改善局部小关节僵硬状态,还可加快呼吸频率和增加呼吸深度,从而改善肌体供氧以及缓解人体疲劳。以下动作可连贯起来练习,每次15分钟,可上午、下午各做1次。

1. 放松眼睛。先按顺时针转动6次,再按逆时针转动6次,然后睁开眼睛向窗外远处绿色草坪或树木眺望2~3分钟。这样有保护眼睛、调节视力的作用。坐在电脑前或伏案工作的人,应当每隔半小时远望窗外1分钟,再紧眨双眼数次,也可做运目动作。这样有利于放松眼部肌肉,促进眼部血液循环。

2. 放松全身。将全身分为若干段,然后自上而下进行分段放松。顺序为:头部→颈部→两上肢→胸腹→背→两大腿→两小腿。再采用倒行放松的方式,自下而上分段放松。顺序依次为:两脚→两小腿→两大腿→臀部→腰背部→腹胸部→颈部→头部。连续做3个循环,对消除紧张情绪及身体疲劳有益。

3. 腹式呼吸。吸气时放松腹肌,呼气时收缩腹肌,如此反复做3分钟。可起到增加肠胃蠕动,促进肌体新陈代谢,减肥美体的作用。

4. 放松颈肩部。坐在椅子上,缓慢地用力挺胸,使双肩向后张开,恢复原状后再反复做10~12次。然后做耸肩动作,左、右肩各做12次,能起到增加肺活量,防治颈椎病、肩周炎的作用。

5. 放松手指。双手放在大腿上,掌心向上用力握拳,然后按拇指、食指、中指、无名指、小指的顺序依次伸开手指。反复做同样的动作,左、右手指各做12次。可缓解手部肌肉疲劳,促进血液循环,美化手臂线条,使手臂更加紧致光润。

6. 放松腿部。坐在椅子上，抬起脚尖，同时用力收缩小腿及大腿肌肉，然后用力抬起脚跟，小腿及大腿肌肉保持收缩15秒钟，然后放松。如此反复做5分钟，可以改善腿及脚部的血液循环状况。

7. 放松臀肌。交替收缩和放松臀肌，1分钟做30～40次。常做此动作可使松弛下垂的臀部变得紧致。

8. 抬脚压膝。坐姿，用力抬起脚跟，也可将双手压在膝盖上，以增加运动效果。1分钟内重复做30～40次。常做此运动可使腿形及腿部线条更加完美。

睡前放松健身法

人们经过一天的辛勤劳动，肌体的各种能力下降，肌肉也会相当疲劳。因此，每天工作之后需要放松肌肉，以帮助肌体尽快恢复。

睡前是肌肉放松练习的好时机，肌肉放松有利于更快更好地进入睡眠，当然有利于肌体的恢复。下面介绍一组睡前肌肉放松练习，以使关节的灵活性得到提高。由于练习不需要器材以及同伴的帮助，所以便于开展与坚持。每个动作练习20秒钟，如果每天晚上认真进行练习，一个星期就会收到良好的效果。

1. 旋转颈部。直立，手臂自然下垂，尽可能地向左、右、前、后伸展颈部。练习过程中，若感到颈部疼痛就停止练习，并请医生检查病因，以便对症治疗。

2. 转肩。头不动，慢慢地向前转肩，再慢慢地向后转肩。

3. 抬臂。先蹲立，再两手向背后伸出撑地；然后向上抬臂，使人体好似一个桥状，两手慢慢地向脚后跟靠拢。20秒钟后恢复到开始姿势。

4. 两臂上举。两手臂置于头上，十指交叉，两臂紧贴耳部，做最大限度的手臂上伸动作；然后十指分开，两臂在空中做自然抖动，放松上肢肌肉。

5. 站立，两臂在体前放松甩动并抖动，以放松上肢肌肉。

6. 站立，用手捶打大腿肌肉，再用双手搓动大腿肌肉，使大腿放松。

7. 站立，用双手向背后放松地捶打后背，以放松背肌。

8. 站立，使全身抖动，此时好像每块肌肉都在松开。该练习非常有利于全身放松。

9. 床上放松下肢。仰卧，双手托住腰，并努力使臀部和下肢向空中竖起，在空中进行下肢的振动，借以放松大腿肌肉；再屈膝坐于床上，用双手搓动小腿的"腿肚子"，从而放松小腿腓肠肌。

10. 滚动。在床上或席上两手抱膝而坐，然后呈球形前后滚动。球形滚动是放松背部肌肉比较安全的方法，可减轻腰痛症状。

11. 仰卧身体，目视天花板，放松全身肌肉，做腹式深呼吸运动10次。

头部放松健身法

头痛的原因很多，其中最为常见的就是紧张性头痛。所谓紧张性头痛，指的就是由于头皮、头部和颈部肌肉持续紧张收缩而引起的头痛。要解除这类头痛，最有效的方法就是放松紧张的肌肉，阻止紧张程度的进一步增加。具体的头部放松健身锻炼方法如下：

1. 放松头皮下肌肉法。头皮不只是长头发的地方，头皮下布满了肌肉，其间密布血管网络和丰富的神经末梢。许多紧张性头痛的患者，正是由于头皮下肌肉血管收缩所致。遇此情况时，可采取以下3种方法：

(1) 拉头发。两手各抓一小撮头发，向上轻轻地提拉几秒钟，然后放松。再换一个部位，重复以上动作，直到所有的头发都拉遍为止。

(2) 全面头皮按摩。两手五指分开，从头部两侧伸向中央，所有的手指均同时稍用力下压，用划圈似的动作按揉整个头皮，从前额到颈枕部，在风池穴处用拇指稍用力按揉1分钟，再在太阳穴处用大拇指稍用力按揉约1分钟。

(3) 拍打头皮。采用这种方法对快速恢复头脑清醒很有效果。具体方法为两手张开，轻快地拍打头皮，两手交替，绕着圆圈拍打，持续3～5分钟。

2. 放松斜方肌法。

(1) 耸肩运动。站立或坐位均可；双臂自然下垂，两肩抬高，慢慢地靠近耳朵，维持这一姿势约5秒钟，然后缓缓将肩膀放下，再慢慢地将两肩推向前方，重复进行5次，还原；然后再将两肩拉向后方，重复进行5次。

(2) 搭肩转颈运动。将两手分别放在另一侧肩上，双臂在胸前交叉，使肩部放松、自然下垂；然后慢慢地按顺时针方向摆动头部，并注意不要过度地使颈部后伸；再反方向转动一圈。重复3～5次。

(3) 斜方肌按摩。将左手放在右肩上，找到从脊柱颈段延伸到肩膀外侧的斜方肌，从肩膀外侧开始，用指尖按揉斜方肌，直至颈外侧；亦可用大拇指及其余4指揉捏肌肉予以按摩；然后，换右手如上法按摩另一侧斜方肌。

3. 放松下颌肌肉法。有些人在紧张时常出于习惯而“咬紧牙关”，使下颌紧闭，牙齿完全咬合，在这种情况下也会引发头痛；还有一些头痛患者是由于夜间磨牙所造成的。要解决这类头痛，就必须放松下颌肌肉。具体方法有以下3种：

(1) 两手轻压下颌肌肉。两手放在下颌两边，手指靠近耳朵，手掌贴近下巴，靠近耳朵的手指轻轻加压，此时下颌似有向内缩进去一点的感觉。继续轻压片刻，然后放开。重复3～5次。

(2) 下颌肌肉伸展运动。将嘴巴张到最大，尽量地伸展下颌肌肉，并将嘴唇张成“O”形，维持10～15秒钟；然后轻轻地把嘴巴合上，上下唇接触，前面和后面的上下牙齿都不相碰，下颌仍然保持放松。重复5～6次。

(3) 按摩下颌。首先找到咬肌，其位于耳朵前下方脸颊部，只要下颌向上紧靠，做咀嚼运动时，咬肌就会突起来；然后，将嘴唇微微张开，放松下颌，用指尖在咬肌上轻轻地按揉片刻；最后再用手指稍用力点揉下颌关节片刻。下颌关节位于耳前下方，张嘴时凹陷处便是。

脸部放松健身法

人的脸部有许多肌肉，借助其运动，我们的感觉器官才能够完成很多活动。此外，脸部的肌肉还可以十分敏锐地表达人们对不同感觉和情绪的变化。通过脸部肌肉运动而形成的脸部表情，可以察觉到人们的情绪变化。总之，人们脸部的肌肉经常处于不断地收缩、放松状态，其工作量是很大的。研究表明，沮丧的人由于紧张常常会眉头紧皱而导致脸部皱纹增多。因此，经常做脸部放松运动，使处于紧张状态的脸部肌肉松弛下来，促进脸部血液循环，有助于防止脸部衰老，达到较好的美容效果。

1. 眼球运动法。头部保持不动，双眼微闭，想象面前有一巨大的钟面，眼球跟着时针移动的方向作最大范围的转动。从1点至12点，再逆时针转动1次，重复3～5次。然后仍然保持头部不动，眼睛从12点的位置直接移动到6点的位置，接着1至7，2至8，3至9……直到5至11，再由反方向做1次，11至5，10至4，9至3……最后，睁开双眼，透过窗户，向远方眺望片刻。

轻闭双目，眼球做最大范围的圆圈运动和上下、左右的平移。轻闭双目做，这样能减少目眩感。做完后睁开眼向远处瞭望。

2. 眉眼运动法。头部保持不动，两眼注视前方，尽量将眉毛提起放下，上下各重复10次左右，每次保持1～2秒钟。

用力闭上眼睛，整个脸部跟着皱起来，然后张开，再闭上，重复10次左右。

可以对着镜子，提起一侧眉毛，保持几秒钟放下再换另一侧。

3. 多种表情运动法。为避免脸部表情僵化，可以经常像扮鬼脸一般进行多种表情运动。具体方法为面对镜子，挤眉、弄眼、皱鼻、鼓嘴、伸舌、露牙、做笑脸等动作随意进行1～2分钟。

4. 嘴巴运动法。嘴唇向外微微凸出，形成一个“O”形，就像要吹口哨一般，维持6秒钟，还原。重复3～5次。

将嘴巴张开，作出大笑一般的嘴形，并尽量向两边张大，维持6秒钟，还原。重复3～5次。这种特殊的运动，可使嘴唇周围的肌肉得到很好的伸展。

将嘴巴最大限度地一张一合，带动脸上全部肌肉以及头皮进行有节奏的运动，可以加速血液循环，延缓局部各种组织器官的老化，使头脑清醒。

5. 下巴的放松运动法。将两嘴角用力往下拉，维持6秒钟，还原。重复3～5次。头部保持不动，口紧闭，嘴唇用力向左、向右、向上、向下运动，每一个方向各保持1秒钟。重复3～5次。

双手捧住脸的两边，轻轻挤压下颌，再放开，做3～5次；下颌向下伸嘴张开，再合上，上面尽量不动，做3～5次。

6. 面部放松按摩法。揉搓面部，可使面部保持较好的血液循环。具体方法为：双手掌分别放在两则颊部，很快地上下揉搓，直至面部有热的感觉；然后向上按揉太阳穴和前额，再沿两侧鼻翼向下按摩，经嘴到下巴。重复5～10次。

搓热双手后，手掌在额、面颊、下颌等处轻轻按揉。用手指肚轻轻按压眼窝、鼻子两侧、耳廓、耳垂等部位。

放松眼窝。两眼微闭，两手拇指在眉骨和鼻子相连接处分别按住两侧的眼窝，轻轻按揉1～2分钟；然后用右手拇指和食指轻轻捏揉鼻梁最上面的部位片刻。

按摩鼻子。两眼微闭，用两手的食指和中指从鼻子最上面开始往下压，稍稍用力，并用指尖点揉，直至鼻翼；然后再反方向按摩上去。重复3～5次。最后用两手食指点按位于鼻翼两侧的上颌窦部位片刻。

按摩耳朵。先用双手掌分别盖住两侧的整个耳朵，上下揉擦10～15秒钟；然后用拇指和食指稍用力捏拉耳垂，再以两手指沿耳廓边缘捏一周；最后用拇指和食指使劲夹住耳垂轻轻下拉，再以同样方法将耳廓边缘拉一遍，重复3～5次。

颈部放松健身法

经常伏案或低头工作的人，应该坚持做以下一些松弛颈部肌肉的运动。

1. 站姿颈部松弛锻炼法。

自然站立，肩膀放松。两肩慢慢紧缩（夹肩），坚持3秒钟；然后双肩向上耸起，坚持5秒钟，还原。重复5次。

自然站立，肩膀放松。颈部慢慢地向左侧屈，让左耳尽量靠近左肩，停留片刻，还原。如上动作，再向右侧屈。左右交替，重复5次。

自然站立，肩膀放松。颈部慢慢地向左转动；眼睛向左肩膀后方看，停留片刻，还原。如上动作再向右侧转动。左右交替，重复5次。注意转动时头部不要过分向后倾。

自然站立，肩膀放松。颈部慢慢地向前屈，尽量让下巴碰到胸前，停留片刻，将头轻轻抬起来，还原；然后慢慢向后伸，停留片刻，还原成预备姿势。重复5次。

自然站立，肩膀放松。颈部先慢慢向前屈，然后慢慢向右、向后转动，再向左旋转，逆时针转动一圈，最后再回到前屈位；然后如上动作顺时针转动一圈。重复5次。旋转时如果转至某一方向有疼痛感觉，可在该方向停留片刻，让这一部位的肌肉松弛一下。如果转动时颈椎发出响声，就应暂时停止此节动作。

2. 坐姿颈部松弛锻炼法。

坐姿，颈部慢慢前屈，静止2秒钟，慢慢还原。重复5次。

坐姿，颈部慢慢后仰，正确动作是下腭慢慢向前向上，静止2秒钟，慢慢还原。重复5次。

坐姿，颈部慢慢向右平行转动，静止2秒钟，慢慢还原，向左重复此动作。左右方向各5组。

坐姿，颈部向左慢慢侧倾，静止2秒钟，慢慢还原，向右重复此动作。左右各5组。

3. 斜方肌的松弛锻炼法。

仰卧位，髋、膝关节屈曲，双脚平放于地面，双手交叉，在后枕部抱住头；双手用力慢慢地将头向前抬起来，同时呼气，抬到最大限度后维持5秒钟；然后慢慢将头放回水平位，同时吸气，还原。重复3次。

仰卧位，髋、膝关节屈曲，双脚平放于地面，双手交叉，在后枕部抱住头；双手用力慢慢将头向前抬起来，并转动颈部使下巴指向左膝方向，同时呼气，抬到最大限度后维持5秒钟；然后慢慢将头放回，同时吸气，还原。重复时，下巴朝向右膝方向，左右各重复3次。

固定好凳子，坐于凳上，左手掌心向下放于臀下，右手从头上方扶住左耳位置，颈部慢慢向右侧倾，右手轻轻向右用力，颈部有拉伸感时静止15秒钟，然后右手稍稍加力使颈部再向右一点，静止15秒钟，慢慢还原，注意不要过度用力。相反方向重复此动作，左右各2组。

4. 胸锁乳突肌松弛锻炼法。

自然站立，两肩放松；将双手置于背后，左手握住右手手腕，头向左倾，同时轻轻将右手臂整个往背后拉，维持10～15秒钟，还原。左右交替，各重复3次。

5. 想象性放松锻炼法。

选择一张稍硬的椅子，坐时身子略向前些，闭目，自然放松。

想象有一根绳子绑在头上，轻轻向上拉，当似乎感受到一股向上拉的力量时，维持 5～10 秒钟。此动作有助于伸展颈段脊柱。

想象自己是一个头部会摆的玩具，让头部小规模地前后摆动，渐渐停止，恢复平静。此动作有助于让颈部承受最小的压力。

用手指找到后枕部与两耳之间凹下去的地方，想象头部从这里分开间隔越来越大。

6. 肩部放松锻炼法。

面向墙壁，伸直手臂，做画圆圈的动作。经常重复这个动作，对肩周炎的预防和治疗会有很大帮助。

闲坐时，将两只胳膊分别从前向后或从后往前用力做绕脖子的动作，对肩周炎兼具预防和治疗的功效。

以上一些锻炼方法，可以通过训练支持颈椎的小肌肉而对其适当地使用，以放松斜方肌、胸锁乳突肌等易受累的肌肉，达到颈肩部全面放松的目的。

背部放松健身法

1. 松弛背部锻炼法。坐姿，双膝间距比肩稍宽，分腿坐地，双上肢自然抱住小腿；上身慢慢向前弯曲，使颈、背部达到最大程度的放松，坚持 10 秒钟，然后还原。重复 3～5 次。

站姿，两腿自然分立，双肩外展，两手五指并拢放在肩上，肘关节尽量抬起，与肩平齐；两肩一起向内收，两肘关节相合汇聚到前胸，坚持 10 秒钟，然后还原。重复 3～5 次。

站姿，两腿自然分立，双肩外展，两手五指交叉，手心向外置于胸前，肘关节尽量抬起，与肩平齐；两肘关节稍用力往前外展，直到最大限度，坚持 10 秒钟，还原。重复 3～5 次。

站姿，两腿自然分立，双臂前举，双肩屈曲呈 90 度，双手五指交叉，手心向外；两肘关节用力向左侧伸展，坚持 10 秒钟，还原，然后向右侧伸展。此动作左右各重复 3～5 次。

站姿，两腿自然分立，两臂自然下垂；两肩耸起，靠近耳朵，接着向后转动，再慢慢放下；然后向前转动，呈一个转圈运动，还原。再反方向转动一圈。前后各重复 3～5 次。

弯腰向下，将上身轻松地垂向地面，保持此姿势数秒钟后慢慢起身，让脊骨每次只伸直一节脊椎。可使面色健康红润，并可免除下背部的压力。

2. 利用办公室内物品进行肩部松弛锻炼法。在办公室内，可以利用椅子、办公桌、重物等室内物品进行放松背部的运动。

(1) 利用椅子

自然坐姿。右手放在左膝上，双脚用力着地，膝关节保持不动，同时用力伸展肘关节，让手掌压住膝关节，保持肘关节伸展 6 秒钟；然后左右交替，各重复 3～5 次。

自然坐姿。双肩外展，两手五指交叉置于胸前，手心向内，双肘关节与肩平齐；反手向前用力伸展，直至最大限度，坚持 10 秒钟，还原。重复 3～5 次。

(2) 利用办公桌

双腿并拢，面对桌子坐直；左手自然放于左膝，右手握拳，拳心向下置于桌面，肘关节伸直，用力向桌面下压，坚持 10 秒钟；然后右手握拳，拳心向上置于桌底，肘关节伸直，用力向上顶，坚持 10 秒钟，左右交替，各重复 3～5 次。

站在两张办公桌之间(两桌间距略比肩宽);两手撑于桌面,两足腾空,双臂用力支撑身体,坚持数秒钟,还原。重复3~5次。

(3) 利用重物

两腿分立,自然站立;双手同时各握3千克左右的重物。双手慢慢提起重物,直到双手与颈部平齐,还原。重复3~5次。

3. 久坐背痛健身法。腹肌训练。头垂下,两手握住椅子的两侧往上提。这时下腹部用力,将身体弓起,保持这个姿势,停止呼吸3~5秒钟,再慢慢吐气,头抬起,做5次。

望肚脐运动。椅子坐1/3,双手叉腰,背部稍微弓起,下腹部用力,头垂下,眼睛看着肚脐的位置,一次持续约10~15秒钟,连续做5次。

4. 减轻背部压力法。研究证明,无论是站立、坐着还是走路,都要养成昂首挺胸的良好姿势,不仅可以减缓腰颈椎病变,还能使胸部容量增加15%~20%,使更多的氧气参与体内新陈代谢,减轻背部的压力,对于预防背痛和防治佝偻病有不可忽视的作用,对久坐办公室的人、生长发育期的青少年更是如此。患有支气管疾病的老年人,经常保持昂首挺胸的姿势,同时做深呼吸训练,对提高肺部功能以及各类肺部疾病的治疗和康复都是十分有益的。反之,经常低头驼背的人,日久容易导致脊柱弯曲驼背、肩周炎和颈椎病,并会加速人的衰老。

腰部放松健身法

造成腰部肌肉紧张,进而引起腰部疼痛的原因很多。综合起来,有如下几个方面:(1)姿势不当。由于腰部肌肉的负荷较大,自然站立时,躯干部位的重量经过腰椎向下传导,需要腰部肌肉力量予以支撑,才能保持腰椎的正常生理前凸。若人体在站、坐、卧、行中姿势不当,或保持一个姿势不变,为了维持腰椎的正常生理曲度,腰部肌肉便会产生紧张及疼痛。(2)用力或方式不当。人在背、抬、搬、推重物等活动时,腰部肌肉负荷更大,用力或方式不当也容易引起腰部肌肉紧张,甚至发生损伤。(3)腹肌力量弱。腹肌力量较弱的人,例如肥胖者,特别是腹部肥胖者,由于大量脂肪组织在腹部堆积,肌肉组织便相对较少,且较松弛,因此对腹部的支撑作用便弱,也就加重了腰部肌肉的负荷,肚子越向前凸,腰部肌肉的负担便越大,久之就可造成腰部肌肉紧张。(4)腰椎疾患。腰椎有先天性疾患或腰椎间盘突出症等疾患时,腰椎生物力学结构上的先天或后天不足,也会导致腰部肌肉的紧张和疼痛。开展腰部放松锻炼,可有效消除腰部肌肉紧张,减少腰部疼痛的发生。

1. 卧位腰部放松锻炼法。仰卧位,双髋、膝关节屈曲,脚底平置于床面,双手自然放置于体侧;左上肢伸直,拳心向上,逐渐向上抬起,肩关节前上举到最大限度;右上肢伸直,掌心向下,用力下压;两手以反方向伸展,维持10秒钟,还原。左右交替,各重复3~5次。

仰卧位,双手自然放置于体侧;双膝合拢,髋、膝关节屈曲,双手同时用力抱膝,双膝尽量抱向胸前,腰背部尽量平贴于床面,同时吸气,还原时呼气。重复3~5次。

仰卧位,双手自然放置于体侧;右髋、膝关节屈曲,双手同时用力抱住右膝,尽量使右膝贴近胸前,抱膝时吸气,松手时呼气,还原。左右交替,各重复3~5次。

仰卧位,双手自然放置于体侧;右髋、膝关节屈曲,尽量将右膝抬起靠近胸前,抬起时吸气;接着轻轻地把右膝偏向左侧,带动骨盆转动,同时头转向右边并呼气。维持这一姿势,做 4～5 次缓慢的深呼吸,还原。左右交替,各重复 3～5 次。

2. 坐位腰部放松锻炼法。坐在固定好的凳上,双腿并拢向前伸直,双手向脚尖方向前伸,有能力的尽量够到脚尖,坚持 10 秒钟,慢慢还原。做 3 组。

坐在固定好的凳上,双腿分开向前伸直,双手向右脚尖方向前伸,静止 10 秒钟。然后向左脚尖前伸,静止 10 秒钟。左右各 3 组。

3. 消除腰部疼痛法。仰卧位,双髋、膝关节屈曲,两腿并拢;利用后背下坠力量尽可能压床,坚持 10 秒钟,还原。左右交替,各重复 3～5 次。

仰卧位,双髋、膝关节屈曲,双膝关节左右叉开。动作:双手抱住右侧膝关节,坚持 10 秒钟,还原。左右交替,各重复 3～5 次。

仰卧位,双髋、膝关节屈曲,并拢;双手抱住双膝关节,坚持 10 秒钟,还原。重复 3～5 次。

坐于床上,双下肢伸直;双手往前伸,尽量够到脚尖,身体慢慢往前倾,坚持 10 秒钟,还原。重复 3～5 次。

坐于床上,双下肢分别往两旁叉开;双手用力往右侧脚尖处伸展,坚持 5 秒钟,还原。左右交替,各重复 3～5 次。

双膝跪床,双手趴地,收腹弓背,坚持 5 秒钟,然后慢慢放松,使腰背部伸直,坚持 2 分钟,还原。重复 3～5 次。

臂腿臀部放松法

经常使用电脑的人坐着工作时间一长就会有肩颈酸痛的感觉,这是身体发出的警告,需要休息片刻或站起来做一些放松运动,以便放松身体,缓解疲劳。

1. 手臂放松法。站姿,掌心向前,慢慢抬起左臂与地面平行,右手握住左手指根部,慢慢向后用力,感觉前臂有拉伸感后静止 15 秒钟。相反方向重复此动作。左右各 2 组。

站姿,掌心朝胸前十指交叉,慢慢旋转伸直手臂使掌心向前,静止 15 秒钟。做 2 组。

2. 腿部放松法。坐在固定好的椅子上,屈右腿抬起,双手扶握右腿膝关节后面(大腿后侧),保持大腿与身体成 90 度角的姿势,慢慢伸直小腿,脚尖向后,尽量伸直,静止 10 秒钟,慢慢还原。相反方向重复此动作。左右各 2 组。

3. 臀部放松法。坐在固定好的椅子上,右腿盘于左腿上,双手扶握右膝外侧,慢慢向左侧用力,身体不要晃动,臀部有拉伸感后静止 10 秒钟,慢慢还原。相反方向重复此动作。左右各两组。

脚部放松健身法

脚部所承受的压力是十分惊人的,应经常松弛脚部,使其能获得充分的休息,保持血液循环通畅。松弛脚部的方法很多,足底按摩、热水烫洗等都不失为较好的方法。现介绍几种脚部松弛的健身锻炼方法。

1. 脚趾和足弓伸展法。双膝并拢,跪坐在床上;双手撑地,身体逐渐向前倾,脚趾在下面踮起来,直到觉得脚趾和足弓舒服地伸展开为止,停留 10 秒钟,还原。重复 3～5 次。

2. 脚踝和脚跟伸展法。双膝并拢，跪坐在床上；脚背平贴床面。双手撑起，右脚抬起来，右膝关节贴近胸前，右脚脚跟抬高10厘米，再用肩膀和胸部加压在右大腿上，把右脚跟压下去(不需将脚跟压回地面)，轻轻伸展右脚跟跟腱，维持15秒钟，然后还原。左右交替，各重复3～5次。

3. 尺蠖运动法。坐姿，双脚底平贴于地面；右脚五趾的前端用力向前压，把脚趾与脚板连接的肌腱屈起来，脚板和后跟提起来(脚趾不要用力挤在一起)；脚跟不动，把脚趾再向前伸展开来，然后还原。左右交替，各重复3～5次。

4. 脚部弯曲法。仰卧位，两脚分开，双脚脚趾用力向上弯曲，同时伸展脚跟后面的肌腱，持续10秒钟后还原；然后进行双脚脚趾向内弯曲，再向外弯曲的动作；最后，让脚板沿着脚踝方向转圆圈，顺时针、逆时针各转一圈。以上每一动作各重复3～5次。

5. 脚趾伸展法。坐于床上，髋、膝关节屈曲，脚板平贴于床面。双脚脚趾向上弯曲离开床面，然后让脚趾分别弯下去，还原。重复3～5次。小脚趾的弯曲范围若较小的话，可用手帮忙。

综合健身篇

拍打锻炼健身法

拍打是一种简便易行的健身法，有强筋壮骨、活动关节、促进血液循环、增强内脏功能和代谢的作用，对中老年人尤为适用。看书时间较长而头昏脑涨时，轻轻拍拍脑门；坐的时间较久后，腰腿酸痛不适，用拳头捶捶腰，拍拍腿；走路时间较长时，下肢酸胀不适，就用双手拍打揉搓等。这些都是最简单的拍打健身法，可以消除疲劳，减轻不适和疼痛。

1. 拍打头部、颈部健身法。采用站式拍打的，在站好后全身放松，垂肩坠肘，原地拍打；采用走式拍打的，慢步行走，边走边拍打。用左手掌拍打头部左侧，右手掌拍打头部右侧，再从头的前部拍打至后脑部，来回左右拍打各 50 下。然后左、右手掌分别拍打头部左、右各 50 下。

两手掌竖捂面，闭上眼睛，两掌着力面两旁，两拇指着力两耳腮，两手同时用轻中度力各拍打 100 下。对防治面神经麻痹、口眼歪斜、鼻窦炎、牙痛、视力衰退、迎风流泪、白内障、各种眼疾等有一定的效果。

头为人体诸阳所会，经常拍打头部能防治头晕、头痛、神经衰弱、脑供血不足、脑动脉硬化、脑血栓、面神经麻痹等症，还具有振奋精神、增进记忆和明目健脑的功效。

持空心掌，两手轻轻地从前额往后拍打至后颈部，反复拍打 10～15 下。能增强记忆力，防治头昏头痛及神经衰弱等。

先以两手指端叩击头顶与后枕部，再以指面拍击前额、两颞和耳后头部两侧及颈后部位，最后用两食指弹拍两侧面颊。拍击头面，能防治头痛、神经衰弱、面神经麻痹等症。具有振奋精神、增进记忆、明目健脑的功效。

从后部脖颈处开始，沿后脑勺往上经头顶百会穴至前额，用自己的双手轻轻拍打，注意拍打头顶百会穴时，用力一定要轻缓，共拍打 6 下。百会穴与各脏腑经络相通，与脑部中枢神经相连，故拍打头部百会穴有整体治疗的作用。可以缓解或消除脑神经疲劳，改善头部供血状态和血液循环，有防止头晕、目眩、失眠、健忘等症的作用。

取任意姿势，指甲剪短。以两手食指、中指、无名指的指尖轻轻拍打或按压同侧眼周(眼眶)，每侧眼周拍打一圈为一下，每次 20 下。然后以同样的方法轻轻拍打或按压口周，每次 20 下。拍打眼周既可减轻视力疲劳，又可消除倦容，还可减少眼周皱纹；拍打口周可使口唇周围肌肉丰满，促进面部血液循环，起到美容效果；还可防治牙龈萎缩，使牙齿坚固。

站立或坐位，双目平视正前方，用手掌同时拍打双颊 100 下左右，用力要适中，每天早晚各 1 次。此法可刺激面部穴位，改善血液循环，振奋精神，延缓衰老。

或站立或坐位，两手掌同时用轻中力度拍打头部，从前到后，从后至前，反复进行，各拍打100下。对防治头痛、头晕、感冒、失眠、脑动脉硬化,促进大脑血液循环有一定的效果。

站立或坐在椅子上,平视前方,全身放松。然后举起双臂用手掌拍打颈部。先从后颈左右侧开始,逐渐向上拍打,一直拍打到前额,再从前额部向后拍打,直到后颈部。反复做5~8次。头颈部拍打可防治头部疾病。头部不适时,拍打后会感到轻松,症状减轻或消失。经常拍打颈部,还有延缓中老年脑力衰退,增强记忆力的作用。

将五指微微张开,在头皮上由前向后拍打,使头皮有温热感。头顶中央的百会穴要重点拍打20下,再用手指轻轻按揉耳后高骨下方的风池穴一小会儿,最后干洗脸。经常这样拍打,可以改善脑部血液循环,提高大脑的摄氧量,有健脑安神、聪耳明目的功效。同时还活跃了大脑皮质的调节功能,起到健脑益智、增强记忆、缓解疲劳、消除紧张的作用。

自己或请他人用手拍打颜面部,用力适中,以不产生痛感为度。因为面部经络血管纵横交错,穴位密集,有12条神经、10根动脉、134个穴位。拍打可刺激这些穴位与经络,改善血液循环,疏通气血,加速代谢,既强体又美容。一般每天早晚可各做1次,每次双颊同时拍打100次左右,双手距离保持在8~16厘米之间,连续5分钟即可。

2. 拍打耳部健身法。站立或坐位,双目平视正前方,用双手掌同时拍打耳朵,力度与距离以自我感觉良好为宜,用力不可过大,每次拍打100下左右,每天3次。此法可刺激穴位、按摩经络、滋养气血、调节功能;改善内分泌和血液循环,促进新陈代谢,振奋精神,稳定血压,消除疲劳,延缓衰老;使人头脑清醒,耳聪目明,活跃肾脏内气,有利于胆道畅通。

3. 拍打肩部健身法。坐在椅子上,用左手拍打右肩,用右手拍打左肩。交替拍打左右肩各50~100下。此法可消除疲劳,活络筋骨,防治肩痛、肩酸、肩周炎、老年性关节僵硬等。

或走或站或坐,先用右手掌拍手左肩背1下,同时用左手反臂反掌拍打左肩胛骨1下,吸气;再用左手掌拍打右肩背1下,同时用右手反臂反掌拍打左肩胛骨1下,呼气。如此两手交替各拍打100下。对防治肩周炎、肩臂痹痛、颈项强直、咳嗽、气喘、高血压、中风等的有一定的效果。

肩井穴位于肩上凹陷处,约在大椎与肩峰之中点。经常震击肩井,可起到强身作用,能医治诸虚百损、五劳七伤。

两脚分开稍宽于肩。全身放松,以腰为轴,先向右转动,带动双臂、双手,手半握拳,左手往上击打右肩井,拳心向内;右手往下击打右侧腰部,拳心向外。然后再向左转腰,右手上拍左肩井,拳心向内,左手往下击打左侧腰部,拳心向外。最好在转腰时头也转向后方,向后看去,这样转动幅度大,更有利于活动腰部。

"滚动双肩"是为了活肩。从健身养生角度来讲,活动双肩可防治肩周炎和颈椎病。为此,又有多种特殊变化和特殊姿势。站姿同前。两臂自然垂直于身体两侧,全身放松。

双肩交替从前向上向后向下旋转,双肩同时划圆,幅度要大。当左肩从后向上向前向下旋转时,恰是右肩从前向下向后向上旋转。如此各旋转10次。

双肩交替从后向上向下旋转,与第一方向相反,双肩亦同时划圆,幅度要大。当左肩从后向上向前向下旋转时,恰是右肩从前向下向上旋转。如此各旋转10次。

双肩同时向前向上向后再向下旋转,当双肩向后转动时,头要尽量前伸以拉长颈部,使颈椎得到适度牵引。连续做10次。这种自我牵引比医院采用机械牵引的效果好得多,既有气贯颈椎,又随时可做。

双肩同时自后向上向前向下旋转,当双肩转到最高点时,头颈向下紧缩,使颈部肌肉、血管、经络、颈椎关节得到按摩。连续做10次。这些动作对预防和治疗颈椎病有特殊疗效。

4. 拍打胸部、背部健身法。站立姿势，全身放松。先用左手拍打右胸，再用右手拍打左胸。先由左上至下，再由右下至上。左右胸每次各拍打100下。然后再拍打背部。手仍半握拳，用左手伸到头后去拍打右背部，右手伸到头后去拍打左背部，每侧拍50下。拍打胸部可以刺激心脏收缩，增加造血量。胸背部有丰富的胸壁神经和脊神经，支配人体运动及心肺功能。拍打胸背可刺激胸背部皮肤和皮下组织，促使体内血液循环加快，通过神经传导，增强内分泌功能。通过胸背部的拍打，有助于减轻呼吸道及心血管疾病的症状，增加肺活量，提高肌体免疫力，防治肌肉萎缩，促进局部肌肉的健美，对中老年尤其有益。

先用右手握拳拍打左侧背部，再用左手握拳拍打右侧背部，左右各拍打100下。可防治背痛、慢性支气管炎、肺气肿、肌肉发育不良等。

立正，紧握两拳，用虎口面，对准背部胸椎两旁、第七胸椎（平背部肋底两旁）、第二腰椎两旁，拍打200下。脏器中枢都在脊椎两旁，经常拍打脊柱两旁，对于心、肺、肝、胆、脾、胃、肾的功能及血虚者有调理作用。

或走或站或坐，先用右手掌拍打左胸脯1下，同时用左手反臂反掌拍打脊柱胸椎和右侧背1下，吸气；再用左手掌拍打右胸脯1下，同时用右手反臂反掌拍打脊柱胸椎和左侧背1下，呼气。如此两手交替，边走边拍打胸部、背脊部各100下。对防治胸痛、胸闷、胸胁胀满、冠心病、早搏、房颤、咳嗽、气喘等有一定的效果。

或走或站或坐，两手横掌，十指端着力胸肚腹中心线任脉，两掌着力任脉两旁脾、肝、胃、肾经，两掌同时用力，从轻到重，从上到下，自下而上，轮番进行各拍打100下。对防治胸痛、胸闷、胸胁胀满、心动过速或过缓、早搏、气管炎、咳嗽、气喘、遗精、遗尿、疝气等有一定的效果。

每天早晨起床后，双手握空拳交叉拍打胸膛和腹部，次数和力度可以逐步增加，拍打结束后再吃早饭。拍打胸部可以刺激心脏收缩，增加造血量，而拍打腹部则可以起到畅通大小便的效果。

自然站立，全身放松，然后双手开始交替拍打胸部并做深呼吸：吸气时尽量加深吸气量，呼气时用右手拍打左胸或者用左手拍打右胸（此时胸部稍微用力抗击拍打）。如此，拍打1次为1个节拍，做2～4个8拍为1组，一般一次做2～3组。此法既可强身健体，也能增强免疫力。

5. 拍打腰部、腹部健身法。站立，全身放松，双手半握拳（手掌也可），以腰为轴，前后、左右转动。腰向右转时，带动左上肢的手掌向右腹部拍打，同时右上肢及手背向右腰部拍打；腰向左转时，拍打动作相反。每侧拍打100下。可以防治腰痛、腰酸、腹胀、便秘和消化不良等疾病。劳累时拍打，可有舒适解乏之感；还能使腰肌灵活，防止"老态"。

双手手指并拢，两只手一起拍打腹部，由下到上，再由上至下，圆周拍打也可以。然后握拳，轻轻拍打腰部。拍打时，动作要轻柔、均匀、持续。肾为人之根本，腰为肾之衬；脾为后天之本，腹者脾之所在。因此，经常拍打腰腹，可壮肾健脾，于寿有益。

或走或站或坐，先用右手掌拍打肚腹一下，同时用左手反臂反掌（拳）捶打腰椎1下，吸气；再用左手掌拍打肚腹一下，同时用右手反臂反掌或拳捶打骶骨1下，呼气。如此两手交替，边走边拍打，反复进行，前拍打，后捶打各100下。对防治腹胀、腹痛、小便不利、月经不调、遗精、遗尿、阳痿、腰椎间盘突出、腰肌劳损、腰椎骨质增生（骨刺）、坐骨神经痛、半身不遂、神经衰弱等有一定的效果。

右胳膊向左甩去用右巴掌拍打左腹，同时左胳膊向背后甩去用左手背拍打右后腰；然后换手做相反拍打。左胳膊向右甩去用左巴掌拍打右肩，然后右胳膊向背后甩去用右手背拍打左背，然后换手做相反拍打。常做可滑利关节，通经行络，防治肩背等症。

边散步，边将左巴掌按在腹部，用右巴掌拍打左手背，然后右巴掌按在腹部，用左巴掌拍打右手背。常做可防治手麻木和耳病，还能减少老年斑。

6. 拍打两肋健身法。将左手举起，右手拍打左肋，从腋下拍到腰部，再到脐部结束。右侧一样。各拍打 3 遍。拍打肋部有助于肝胆、脾胃的健康。

7. 拍打臀部健身法。在英国和美国，打屁股成了有益于健康和保持青春的健身活动。人类学家认为，拍打臀部所产生的疼痛可以刺激人体内产生化学变化，使人感觉舒适，促进身体健康、保持青春。用手掌或握空拳拍打两侧臀部，左右臀部各拍打 50～100 下。可防治臀部肌肉发育不良、坐久麻木等。

8. 拍打尾骶健身法。站立位，以两手的掌背拍打骶部、尾骨两侧以及臀部约 2 分钟。拍打尾骶可以防治前列腺病变、性功能减退、便秘等疾病。

9. 拍打手背健身法。两手交替拍打手背。或走或站或坐，先用右手掌拍打左手背 1 下，再用左手掌拍打右手背 1 下。如此两手交替，各拍打 100 下。手掌上有手三阴（肺、心、心包）经，从胸到手，手背上有手三阳（大肠、小肠、三焦）经，从手到头。对防治头痛、目赤肿痛、口眼歪斜、咽喉肿痛、手指麻木抽筋等有一定的效果。

10. 拍打四肢健身法。用右手掌或握空拳从上而下拍打左上肢的前后左右四个面，每面各拍打 25 下。然后用左手掌或握空拳同法拍打右上肢。可解除上肢部位的酸痛感，防治或缓解肢体麻木，解除肌体酸痛，使肌肉丰满，延缓肌肉衰老。

或站或坐，先用右手掌拍打左臂内外侧，来回挨着各拍打 50 下；换左手掌拍打右臂内外侧各 50 下。拍打下肢，用两手掌合抱式同时拍打大小腿，从上到下，自下而上来回各拍打 50 下。再拍打另一腿各 50 下。对防治四肢关节炎、筋骨痛、老寒腿、腰腿痛、半身不遂、高血压、肥胖症、失眠等有一定的效果，且能强壮全身。

站好，先将左侧下肢抬起，大腿和小腿呈直角，脚跟放在树杈上或栏杆上，用左手掌或握空拳拍打大腿、小腿，从上往下拍打。拍打上、下、内、外四面，每面各拍打 100～200 下。然后用同样的方法右手拍打右腿。拍打时要先轻后重，持之以恒。也可用手掌拍打大腿和小腿，由脐部开始往下→大腿前侧→小腿前侧→足背→足跟→小腿后侧→大腿后侧→后腰→肾部，然后沿着腰带位置回到脐部。每侧各拍打 100 下。循环拍打 3 遍。可解除下肢部位的酸痛感，防治腿部发育不良、偏瘫、下肢麻木感、下肢无力等。

或走或站立，先出左脚向前 1 步，踢右腿，同时用右手（或左手）拍打右足背 1 下；再出右脚向前 1 步，踢左腿，同时用左手掌（或右手）拍打左足背 1 下。初起，拍打不到位不要紧，先拍打小腿，练久了就能拍打足背了。如此像走路一样，二四六八步或十几步都可。左右轮换踢腿拍足各 100 下。要求身体正，腿伸直，足端平，用力甩，踢得高，拍得响。但千万要注意，必须站稳脚跟再踢，以防跌倒。对防治膝关节炎、踝关节炎、半身不遂、腰胯痛、四肢抽搐、足膝痹痛、手足指趾麻木抽筋等有一定的效果。

对于双腿疼痛不灵便的老年人，可坐在床边或椅子上，用双手同时拍打小腿两侧 100 下，每天 1～2 次，不要拍腿的前面和膝盖，力度的轻重可自行掌控，以舒适感觉为好，做到循序渐进，日久必见效，以达到疏通经络，促进血液循环目的。此法适宜于骨质增生、双腿疼痛、上下楼梯不便的老年人。

11. 拍打全身健身法。从颈部开始到腰腿，拍打节奏快慢结合，循序渐进，量力而行。双掌互击，也可多人互击。由上到下，再由下到上。由左往右，再由右往左，可快可慢，可轻可重，可单手拳击，可双手齐下。对重点部位，如腿、腹、腰等脂肪多、肌肉松弛部位，可加大力度，延长时间两侧夹击拍打。高血压、心脏病患者手不要举得太高，与丹田平行。每天早晚是击掌健身法的黄金时段，每次 30 分钟左右。为了不至于太累，注意把握拍打强度。为加大力度，可加入扩胸拍打，扭转拍打，这样可以健身、娱乐两不误。

拍打全身时取站立姿势，两腿自然分开，全身放松，颈直胸挺，先用双空心拳轻轻捶打后颈部，然后改用双手指并拢，呈勺状，自然甩动交叉拍打肩部和后背，再从上而下拍打胸部，双腿及腰部，往返重复，一般拍打全身一次可控制在 15～30 分钟。拍打动作应先轻后重，先慢后快，快慢适中，不宜过猛，有病变的关节肌肉处，用力可稍大些，节奏可稍快些。拍打胸腹部，肝肋部及腰背部时，动作要稍轻，千万不可重拍重捶，以免损伤内脏。

需要提醒的是，拍打运动先轻后重，先慢后快，刚柔相济，快慢适中，不要用力过猛；拍打开始时两腿自然分开，颈直挺胸，全身要放松自然，不要紧张，呼吸平稳，排除杂念；拍打运动前要适当做些准备活动，运动时根据季节情况选择适宜的服装；拍打时间以 15～30 分钟为好，有病痛的部位可多拍一会儿，强度以个人感觉舒服为宜。拍打运动最好在晨起后进行，一般每天 1～2 次即可。对于饱腹、筋骨急性损伤、已诊断有肿瘤、血液病患者、局部皮肤破损者均不宜采用拍打健身。

搓揉保健健身法

祖国医学认为，“不通则痛，通则不痛”，经络通气血旺身体棒。经常对身体的某个部位搓揉几下，有利于消除疲劳，青春常驻，延缓衰老。老年人进行搓擦锻炼简便易行，无副作用，且随意性强，最适于老年人健身。只要坚持做搓擦健身，会使食欲增加，睡眠安稳，消除疲劳和烦闷，且能延缓皮肤皱纹增生。

1. 搓脸健身法。早晨醒来，不少人习惯用手指手背揉揉眼皮，实际上，这个动作可以进一步扩展，揉眼后不妨用手搓搓脸。最好先用中指同时揉搓两个鼻孔旁的“迎香穴”数次，后上行搓到额头，再向两侧分开，沿两颊下行搓到颏间会合。如此可反复搓脸 20 次。这样揉搓有促进面部血液循环、增强面部肌肤抗风寒能力，利于提神醒脑，并有预防感冒的功效。天长日久，还能减少面部皱纹，永葆青春容颜。

双手对搓有热感后，以较快速度从上额起经右侧搓到下颌，接着从下颌经左侧搓到上额部，上上下下反复搓，搓到脸有热感为止。然后用双手拇指指背分别轻搓双上眼皮，从左至右，从右到左，各搓 36 下；再用双手拇指指背第二节分别从上到下、从下到上反复推搓鼻翼两侧各 36 下；最后再用双手一齐推搓全脸 36 下。双手搓脸，既可活血，延缓脸部衰老，增强抗寒力，还有防治感冒和美容作用。

用双手轻擦或拍打面部，每次 1～2 分钟，每日 2～3 次。因经络系统中足三阳经都起于头面部，擦面可疏通经络，并使面容红润有光泽。也可用两手手掌紧贴面部，用力缓缓搓面部所有部位 1～2 分钟。可疏通面部经脉，促睡防皱，缓解精神疲劳。

每日临睡前搓双耳廓，兼揉根捏按，然后顺后颈至眼眶、额部和整个发根部随意搓摩，最后以双手搓摩面部。搓摩时用力要均匀，以能忍受和暴露皮肤微红为度。顺序一般以头顶起至四周，从头前到头后、从中间到两侧为佳，每次10分钟为限。常做可改善脑部血液循环，增加脑供氧量，亦有催眠作用。

人体的经络大部经过头部、面部，如果每天用手搓擦81次，就能产生刺激全身经络的作用。用手掌着力搓擦头部还能产生静电，也可达到防病治病的目的。经常用手搓摩耳部，可以增强听力，并可治疗多种疾病；如果搓擦眼球，可预防眼睛老化和防止白内障，加强肝脏功能，如擦眼球时，不断摇动上半身，可治近视。

2. 搓额健身法。或站或坐，微闭双目。双手先互搓手背，再多指交叉对搓，然后双手掌心对搓发热，贴于额部，左右轮流上下搓额头各36下。经常搓额可以清醒大脑，还可以延缓皱纹的产生。再向下经两侧面颊至下颏，再经鼻两侧、两颧到额部反复呈洗脸之势36下。然后，两手指插入头发表皮上，由前额向后推过头顶到后发际经侧头部向前，如此重复36下。再用右手指揉按脑后枕骨下风府穴36下。常做此法能振奋大脑中枢神经，加强头面部毛细血管血液循环，有醒神健脑的功效；也有祛头风、治头痛、解头晕、防感冒、降血压、黑头发的作用；脱发者初按时不要怕脱发，只要继续下去便会改善，促发再生。

3. 搓鼻健身法。用双手食指或中指紧按鼻子两侧，上下搓擦若干次。上至发际，下至鼻翼。经常搓鼻可以促进面部血液循环，也能美容，还可起到鼻腔畅通、防治感冒和鼻炎的作用。

4. 搓耳健身法。祖国医学认为，肾开窍于耳，人的各种脏器在耳廓上都有相应的投射点。对这些投射点进行搓揉和按摩，可刺激末梢神经，促进血液、淋巴的循环和代谢，有益强身健体，还能调节和改善脏腑功能，尤其是肾功能。肾充则耳聪目明，腿健腰壮。先左手绕过头顶，以手指握住右耳尖，向上提拉16下，然后以右手绕过头顶，手指握住左耳尖，向上提拉16下，也可从上到下对耳廓和耳垂进行揉按。揉耳之后如能对面部进行揉搓则效果更好。经常抓耳挠腮，可清火益智，心舒气畅，睡眠更香甜。

用手掌来回搓耳朵36下，通过刺激耳朵上的穴位来促进全身健康，并可以增强听力。

用两手食指、中指、无名指三指，前后搓擦耳廓，刺激分布在耳廓上各种穴位。次数多少视各人情况而定，一般以20次左右为度。

两手大拇指侧面紧贴耳下端，自下而上，由前向后，用力搓摩双耳1～2分钟。可疏通经脉、清热安神，防止听力退化。

两手分别搓左右耳轮，反复3分钟左右。

以双手覆盖双耳，手指置于脑后高骨处，食指向上弹打36下。坚持进行此项锻炼，可以增强记忆力，使感觉敏锐，提高智能，延缓衰老。

坐姿、立姿均可，先搓热双手，捂耳片刻，待耳朵有热感后，先用两手掌在两耳外面呈椭圆形旋转按摩，以耳边红而有热感为宜；接着用两手指分别轻轻插进两侧外耳孔，如同钻井一样来回转动20次(注意勿用力过大损伤外耳道皮肤)；然后用拇指、食指挟住耳垂，反复揉搓十几次后，带动整个耳垂，向下牵拉，牵拉的力量以不使耳廓感到疼痛为限。此法有病治病，无病健身。

5. 搓颈健身法。双手手掌紧紧按住后颈用力向左右来回搓，搓到有热感为止。也可先用两手食指、无名指反复按摩颈后部的风池、风府穴，力量由轻到重，直到局部发热，然后左右前后转动颈部，速度要慢，但幅度要大。常搓颈是治疗颈痛的辅助疗法。

先将双手搓擦生热，然后用右手搓擦喉部左侧腺体，用左手搓擦喉部右侧腺体，左右各36次。经搓擦甲状腺，不仅能保持身体健康，而且还能使毛发、指甲、皮肤富有光泽，增强活力。

6. 搓胸健身法。用左右手分别在乳腺搓擦36下为一次，共10次。乳腺与生殖系统关系密切，坚持进行乳腺搓擦，能增强肌肤表层的新陈代谢，防止肌肤衰老。

先用左手掌从左锁骨起斜推搓到右肋缘，再用右手掌从右锁骨起斜推搓到左肋缘，以中等速度稍用力各推搓36下，最后用左手掌轻轻地上下推搓肋骨中间底端的胸腺部位，再换手同法推搓，各推搓36下。常搓胸部有增加心肌供血量和安抚心脏的作用。

右巴掌由上至下擦摩左胸，然后左巴掌由上至下擦摩右胸。常做可使“休眠”的胸腺细胞活跃起来，增强其分泌，作用于各脏腑器官组织，提高免疫功能，对防治疾病、推迟衰老十分有益。

每天起床前，左手放在胸部，右手放在腹部，作逆时针转动揉搓36下；然后左手放在腹部，右手放在胸部再顺时针转动揉搓36下。主要目的是对五脏大小肠及膀胱进行按摩，同时也是为晨练做准备工作。

7. 搓腹健身法。先用左手掌从上而下(从胃口到直肠底端)先轻后重推搓36下，接着换右手掌推搓36下，最后用右手推搓全腹36下。推搓时不可过饥过饱，要排空小便，意守丹田。常搓腹既增强胃肠功能又可促进消化，防止积食和便秘。

8. 搓腰健身法。祖国医学认为，腰眼和腰正中是太阳膀胱经的腰经和尾骶部，进行适当按摩，有散风祛湿、驱寒温肌、调和气血、疏通经络、固精益肾和止痛的作用。从现代医学观点看，搓摩腰部可以使腰部皮肤的毛细血管网扩张，促进血液循环，改善腰肌的血液供应和营养，加速代谢产物的排除，使腰肌发达，防止萎缩；使韧带的弹性、韧性及腰部脊柱关节的灵活性增强。所以，搓腰健身法可以预防和治疗功能性腰痛，特别是对于慢性腰肌劳损、急性腰扭伤和体位性的腰痛治疗效果较佳；对腰椎间盘突出症、坐骨神经痛也有一定的疗效。

先将双手搓擦发热，用双手轻轻地在腰部上下搓动36下，然后用双手手掌在腰椎两侧处的肾俞穴轻轻地上下搓动36下，再左右搓动肾俞穴36下。常搓腰部可促进腰背气血运行，增强腰部血液循环，调整内脏功能，壮腰强肾和加固元气，还可以预防腰背酸痛，防止衰老。

坐在椅子上，使会阴穴抵在椅子边(沙发、床边均可)，将两手手心按在腰间，感觉两肾微热，此时左右摇动身体，直到会阴穴处感到发热为止，然后用左手按住尾骨处，右手置于会阴，上下搓动9次。久练此法，固肾壮阳。

9. 搓背健身法。人的皮肤下存在着一种组织细胞，平时处在休眠状态。常用干手巾搓皮肤，受到刺激的组织细胞就活动起来，进入血液循环，变成有免疫力的网状细胞。常搓背脊能防病健身，甚至有防癌作用。

两手手掌用力搓摩颈肩肌群，重点在颈后脊柱两侧1～2分钟。可缓解疲劳，预防颈肩病变。

10. 搓手健身法。取习惯体位，排除杂念，心静神凝，耳不旁听，目不远视，意守肚脐。两手相对不断揉搓，直到手心感到微热；然后分别对搓手背和对搓手掌各36下；再十指交叉，不断上下揉擦，并用右手拇指和食指搓左手各手指，接着用左手拇指和食指搓右手各手指，手部各指各搓36下；最后搓揉劳宫穴（手即心，在掌心横纹第二、三掌骨之间，握拳时，在中指尖下方）36下，搓劳宫穴防治中风昏迷、肋痛、瘫痪等。常搓手可以促进大脑和全身的兴奋枢纽，增加双手的灵活性、柔韧性和抗寒性，延缓双手衰老，还有舒筋活络，健脑益智，对其相对应的内脏起一定的保健作用。多用左手搓身体各部位能强健右脑半球血管，对防止右脑血管破裂有一定作用。

两手置于胸前，对掌相搓，搓热为止。经常练习这种健身法，可增强人体的抵抗力，对预防感冒有良好的效果。

11. 搓擦下身健身法。用手轻扶阴囊，轻轻搓擦睾丸，双手交替，左右各进行81次。经常进行此法，可调整内分泌功能，防止衰老。

12. 搓膝健身法。右手在下，左手叠于右手上，先轻轻搓动左腿膝盖36下，后搓动右膝盖36下。常搓膝有防治膝关节炎的作用。

13. 搓足健身法。中医认为，足的强弱与脾、肾、肝三脏有关。特别是足心，为足少阴肾经的起点，也是浊气下降的地方，即涌泉穴，此穴在足底前1/3的凹陷处。实践证明，常搓足心可以促使足部血脉通畅，改善局部营养，进而通畅全身气血，提高整个肌体的抗病能力和活力，从而起到抗衰防老的作用。

取坐位，把一腿跷起置于另一腿上，同侧手扶托住足腕，然后用对侧手小鱼际在足心处做上下推擦，至足心发热为止；再更换另一足，如法搓摩。也可坐在床上，搓热双手，再把两个脚心相向置于床上，左手摩右脚心，右手摩左脚心，至脚心发热。

每天晚上睡前用热水泡脚后，反复交替用双足互相搓擦至有热感，取坐势搓双足心，每次5～10分钟。对防治高血压与动脉硬化有良好作用。再用左、右手交替搓左、右脚板及小腿肚80～100下。每天按摩脚底涌泉穴，有滋肾水、降阴火的功能，并能安定心神，防治神经衰弱。此法不受环境、场地限制，早晚均可做，简便易行，效果明显，只要持之以恒，对身体确有裨益。

先用右脚掌心搓摩左脚背所有部位，再用左脚心搓摩右脚背所有部位，然后用右脚跟搓摩左脚心，再用左脚跟搓摩右脚心，共2～3分钟。可消除双足疲劳，贯通阴阳经脉。

坐在床上，搓热双手，用中指或食指尖由脚心向脚趾方向搓摩，每次按200下，速度由慢到快，每天早晚各1次。常搓脚可让身心得到放松，能补脑益肾，益智安神，活血通络，对大脑产生一种良性刺激，对由神经衰弱引起的头晕、头痛、健忘、失眠、多梦有很好的疗效。

坐在床上，双足相对，左手搓右脚板、右手搓左脚板36下；然后再用左手搓左脚板、右手搓右脚板36下。搓脚板时双手十指尖要适当下抠，使手指也得到较好活动。然后双腿盘坐，左手握右脚五趾，右手握左脚五趾，逆时针转动36下，然后再顺时针转动36下（若双脚不能相对，可一个一个地搓揉）。主要目的是双足有很多与五脏有关的穴位，搓双足可起按摩作用，也能促进手指与脚趾的血液循环，还有利于动脉血液向静脉血液的正常转换。

脱去鞋袜，先用右手掌揉搓左脚掌上半部分，动作宜柔和，揉搓100下，以发热发红为度；再用左手掌揉搓右脚掌上半部分，揉搓100下。搓脚掌最好在洗热水脚之后接着做，应天天坚持，次数多多益善。依法搓1周后，自觉腿部有力，头脑清醒。

坐在床上，分别用右手搓左脚板心、左手搓右脚板心；也可以双足跟交替蹬摩脚心，使脚心感到温热。这样搓摩能使全身血液循环，有活络经脉、舒体健脾强肾、强心安神等功效。

14. 搓四肢健身法。分别用左右手相互搓肩、肘、腕和指尖，再顺大腿至膝、踝、脚心和趾、四肢各搓摩20次。搓摩时用力稍重，以无痛感为度，并使皮肤轻微发热。如由家人代劳，效果更佳。因手足上经穴较多，掌搓摩可促进经气流通和脏腑功能。常做有助于减肥。

15. 全身揉搓健身法。搓擦健身的方法很多，用干毛巾搓擦全身叫“干布搓擦”；用柔软的刷子搓擦称为“刷子搓擦”；用拧干的冷毛巾搓擦叫“冷水搓擦”；此外，还可以采用“手擦法”等。一般来说，“冷水搓擦”的效果比“干布搓擦”要好一些。但无论采用哪种方法，都要循序渐进，在冬天还应注意避免着凉。而且每次做搓擦时，速度要快，应先轻后重，逐渐加力。搓擦锻炼也同其他锻炼方法一样，需要毅力，要长期坚持，才能收到健身效果。

出现颈肩臂痛时，可进行轻柔按摩，避免过重的旋转手法，以免损伤椎间盘。一是全身自我搓摩法，这是一种在自己身体进行系统而全面活动，此时可以将人体划分为：从足到膝，从腹到尾间，从腰到腹，从手到臂，从颈到肩肌头面部六个部分。每部可分成若干小节，既可分用，亦可合用。合用相当于全身搓摩，常从足趾搓到头部。二是局部自我搓摩法，身体何处不适，就可在该处进行按摩治疗，凡初受风寒引起的肌肉或腰腿等处疼痛均可使用。手法上除主要使用搓摩外，有时还配合揉、捏、点、掐等法。

16. 晨起揉搓健身法。就是坚持利用晨起坐于床上的有限时间，进行揉搓两只耳朵、揉搓肚脐以下部分(小腹周围)、揉两只眼睛及下眼皮、揉两颗睾丸、揉两脚脚心、揉头部两侧太阳穴和揉鼻子两侧(鼻梁骨部位)的运动。具体操作时，需要注意的是：要根据各个部位的特点而制宜，如在揉两脚脚心、小腹、两耳时应用劲，而揉两眼及下眼皮、鼻梁骨时则要慢慢地、轻轻地揉；除了眼皮处需要上下揉动之外，其他各部位都要集中于一处上上下下、左左右右、由内到外、由外到内以揉之；无论揉哪个部位，都要集中精力，不可杂念丛生；揉的次数以默数36下为宜，当然，揉的次数多一些亦可；不要间断，力争做到首尾一致，持之以恒；揉前要仰卧床上，两腿伸直、放松，当揉脚心、太阳穴、鼻梁骨等处时要坐起来；如果某处部位患了病，如鼻炎重时，要隔日揉鼻梁，效果好些。

旋转运动健身法

人体犹如一台机器，各个脏器组织是身体的“零件”。机器需要转动，零件才能不生锈，人体的“零件”也需要经常转动，才能不发生疾病。否则，人体的“零件”就会逐渐衰老退化，发生诸如颈椎、腰椎、膝关节骨质增生，以及肌肉萎缩、内脏器官功能失常等，影响健康。医学研究证明，经常进行转头、转腰、转腿等旋转健身法，对调剂精神、增强体质、预防器官衰老很有帮助。旋转健身简便易行，省时省力，长期坚持，既能健身，又能防病。对于从事脑力劳动或较轻体力劳动的人，在工作间隙常常旋转有关部位，可收到意想不到的效果。

1. 旋转头部健身法。站在地上或坐在椅子上，挺胸收腹，头部微微下低，先按顺时针方向转动10圈，再按逆时针方向转动10圈。此法能锻炼颈部的肌肉关节，使其血液流动通畅，能更好地向头部供血，并能防治神经性头痛、失眠、颈椎骨质增生、颈肩综合征、颈项强直等疾病。

先坐直身体，让头向左、右旋转，再前倾后仰，左右摆动，交替进行。然后用左手按摩右侧颈、肩部，用右手按摩左侧颈、肩部。这项运动能促进颈、肩部和脑部血液保持一致，对头痛、头晕和颈椎病有一定缓解作用。

2. 旋转眼部健身法。两脚分开与肩宽，挺胸站立，头稍仰。瞪大双眼，尽量使眼球不停地转动(头不动)，先从右向左转10次，从左向右转10次。然后停止1分钟，放松肌肉，再重复上述运动，如此3遍。此法于早晨在花园内进行最好，能起到醒脑明目之功效。

双目同时以远处某一大型固定物体为目标，目光由左经上方再至右下方回到左方，眼动头不动，旋转运目10圈。然后再由右经上方至左到下方回到右侧，旋转运目10圈。此法有清心明目、清除眼疲劳、提高视力的功效。

先闭目稍许，然后用力睁开眼，眼珠打圈，望向左、上、右、下四方；再合眼，用力睁眼，眼珠打圈，望向右、上、左、下四方，重复若干次。从现代科学角度分析，转目可以锻炼眼外肌，增进睫状肌对晶状体突度的调节能力，改善视力，消除视疲劳，推迟眼睛老花。另外，转目能促进眼部组织的血液循环，增强视神经、动眼神经和眼肌的功能，对眼球有保护润滑作用，不易发生眼疾。

3. 旋转颈部健身法。或坐或站式，全身放松，以头带动颈项由前向右、向后、向左、向前、向右旋为1圈，如此连续操作36圈，再反方向如此操作。常练此法不仅能使脖子修长美丽，而且能促进头部血液循环，有调节大脑神经的良好功效。因视觉的血管通道主要由颈内动脉和大脑后动脉供应，所以旋颈又能起到消除眼睛疲劳的作用。

自然站立或坐姿，双目微闭，先按顺时针方向大幅度缓慢转动头颈10圈，再按逆时针方向转颈10圈。此法可防治颈椎病及颈肩综合征。

4. 旋转肩部健身法。或坐或站式，全身放松，两前臂上抬至与肘部相平，两肘由前向上，两肩随之升高，两肘向后、向下、向前划圆为1圈，如此连续操作36圈，再反方向如此操作。此处系手阳明大肠经与阳跷脉交会之处，有疏风活络、调和气血、通利关节之功。同时，可促进胸部气血的开张，对心肺疾病有很好的治疗作用。

先吸气，两肩耸起，数5下，呼气，放松肩部；缓慢旋转两肩，向前、向后各5圈。

自然站立或坐姿，身正腰直，双目微闭，在吸气的同时，双肩胛先后向上抬起，再向前、向下、向后做旋转运动10圈，接着再反方向旋转10圈。此法对活络肩关节、防治肩周炎的发生有一定益处。

5. 旋转腰部健身法。直立，两脚分开与肩同宽，两手叉腰(四指在前，拇指在后)。两手用力向前推，使腹部凸出，体向后仰；左手用力向右推，上体尽量左弯；两手向后推，臀部竭力后坐，上体尽量前弯；右手用力左推，上体尽量后弯。以上动作为1圈，以顺时针方向旋腰9圈，再逆时针方向旋腰9圈。

或坐或站，全身放松，腰部由前、向右、向后、向左、向前、向右旋为1圈，如此连续操作36圈，再反方向如此操作。经常如此练习能带动胸腔、腹腔，可使脏腑均得到活动，既起到按摩的作用，又能促使脏腑血液循环，有很好的强身健体效应。

盘腿坐在床上，双手置于膝盖之上，双目微闭，舌抵上腭，以腰部为轴慢慢旋转。在旋转时要使腰部尽量弯曲，上身前倾。先自右向左旋转30圈，再自左向右旋转30圈，旋转速度视身体状况而定，每旋转1次约25秒钟，全部完成30分钟左右，一般在睡前进行。此种旋转法可以调节大脑，对神经衰弱、消化不良、便秘、胃肠炎等疾病有较好的预防和治疗作用。

站姿，双脚与肩同宽，挺胸收腹，两手叉腰，四指在前、拇指在后紧顶肾俞(在腰部，第二腰椎棘突下，旁开 1.5 寸）处，先按顺时针方向大幅度缓慢转动腰 10 圈，再以逆时针方向转动 10 圈。此法除能锻炼腰部肌肉、关节、韧带，使其功能增强外，还能防治腰肌劳损、腰椎骨质增生、风湿性腰痛、坐骨神经痛、慢性肾炎、慢性盆腔炎、痛经、慢性脊椎炎等疾病。

双脚与肩同宽，身体略微前倾，双脚脚趾紧紧向下抓住地面。双手自然下垂放于腰部。以脊椎为轴心，两胯带动整个臀部向左扭动，到极限时停顿一下，然后返回原来状态，再向右扭动。刚开始练习时要对身体进行预热练习，不能一开始就进行剧烈运动。平时除了练扭腰功，还用提肛来配合，效果会更显著。从现代科学角度分析，扭腰功是一套有效的强肾功法，简便易学，收效迅速，且不受场地、时间限制。增强肾功能就意味着增强了精力、记忆力、骨骼。从中医角度来说，腰部保健按摩可以舒筋通络，促进腰部气血循环，消除腰肌疲劳，缓解腰肌痉挛与腰部疼痛，使腰部活动灵活、健壮有力。多做扭腰活动，持之以恒，有健胃的功效，对便秘、腰部疼痛、失眠也有很好的疗效，还有控制腹部脂肪，达到身体健美的作用。

6. 旋转臂部健身法。自然站立，目视前方，双手自然下垂，然后如同跳绳，双臂向后、向上、向前、向下划 10 圈，接着反方向划 10 圈。此法活动双臂及肩，增强肺活量，有防治颈椎病等功效。

7. 旋转上肢健身法。上肢按顺时针、逆时针旋转方向交替旋转，由慢到快。此项运动可促进上肢血液循环，对肩周炎有一定的辅助治疗作用。

自然站立，目视前方，双手自然下垂，然后如小学生跳绳，双臂向后、向上、向前、向下划圈 10 次，接着反方向划圈 10 次。活动双臂及肩，增强肺活量，有防治颈椎病、颈肩综合征、网球肘之功效。

8. 旋转手部健身法。自然站立或坐姿，双肩下垂，先按顺时针方向，同时转动双手大拇指 10 圈，然后按逆时针方向转动 10 圈。接着先后按顺、逆时针方向转动手掌 10 圈。此法运动双掌及小臂肌肉，有舒筋活血、增强手腕灵活性的功效。

或坐或站，全身放松，两手十指相扣，轻轻鼓起掌心，由前向右、向后、向左、向前、向右旋为 1 圈，如此连续操作 36 圈，再反方向如此操作。能调节脑神经系统功能，又对心血管系统疾病有很好的防治作用。

9. 旋转腿部健身法。站立，左脚向左迈开一步，上身下蹲，呈坐式或半坐式。两手掌按同侧之膝，由前、向右、向后、向左、向前、向右旋为 1 圈，如此连续操作 36 圈，再反方向如此操作。膝后有膀胱经合穴——委中穴，是四总穴之一，主治腰背部病症，具有舒筋活络、强健腰腿、泄暑热、止吐泻的作用。此法能促进局部血液循环，提高膝关节的温度，可起到防治下肢疾病的作用。

取站姿，两腿并拢，身体向下蹲，双手扶住双腿膝盖，先将两腿按顺时针方向转动 10 圈，再按逆时针方向转动 10 圈。此法能增强膝关节和肌腱的力量和灵活性，防止腿先老，并能防治下肢静脉曲张、坐骨神经痛、膝关节炎、小腿抽筋等疾病。

两手掌心按住两膝，分别向外和向内各旋转 10 余次；再用两手同时揉左右膝几十次，使掌心与两膝发热。此法可活络筋骨，祛风逐寒，增强膝部关节功能，预防关节炎等症。

10. 旋转脚部健身法。坐在椅子上或坐在床边，双手覆盖于肚脐，两腿抬起，双足向内、向下、向外、向上、向内旋为 1 圈，如此连续操作 36 圈，再反方向如此操作。脚腕关节系足三阴经、足三阳经通过处，旋动此处可以调和肝阳上亢，又可刺激经络穴位，有助于足部血液运行，有效降低血压，补益肾气。

坐在椅子上，两脚尖着地，两踝关节同时由内向外转动20圈，此法除能增强脚踝的力量和灵活性以外，不定期能防治脚踝关节扭伤、脚跟痛、扁平足等。

两腿伸直，抬起两脚，先左右旋转踝关节，再前钩后绷两脚反复运动。也可坐在椅子上，双手放在膝盖，屈臂握拳，钩脚尖抬起，稍停，双手放回膝盖的同时绷脚尖，同时脚后跟带动脚尖一起转动。此运动可促进下肢血液循环，预防下肢静脉曲张。

11. 旋转全身健身法。双脚分开，与肩同宽，然后利用双臂摆动的惯性使身体做前后左右旋转，待旋转到后面不能再转时为止。转动时，头部也尽量后转，同时双目还要尽量向转动的方向斜视。一左一右为1次，可36次，若想多转也可以。此种旋转法，一是在旋转时，下从脚趾上到头部都活动了，可使全身血液流动畅通；二是腰椎、颈椎、胸椎都拉开了，可以防治坐骨神经痛、腰痛、肩周炎（肩周炎患者可在做此法后双臂再尽量轮转，日久可愈）；三是随着身体的旋转，五脏和大小肠也会有一定的牵动，对其保健也大有好处；四是双目眼珠左右活动，还能达到保护视力的目的。

捶打保健健身法

捶打能祛病健身与疏经活络有直接关系。人的生命活动依靠气血的运行。气血是互相依存、互相制约、互相转化的，它们通过经脉运行全身。如果人的神经、肌肉或心理经常处于过度紧张状态，气血运行就会发生障碍，产生腰酸背痛和疲乏等感觉。此时，在这些部位进行轻重适当的、有节奏的捶打，使淤积的气血循环畅通起来，紧张的筋骨、肌肉就会及时得到足够的营养和调节并松弛下来，酸痛与疲乏也就会逐渐消除。捶打健身法，要求全身放松，排除杂念，用力要均匀，要持之以恒。

1. 头颈捶打健身法。站立或坐于椅子上，双目平视前方，全身松弛；然后举起双臂，用手掌同时轻轻捶打前额，由眉心起分左右两边一直捶打前额两侧，来回往复数十次。这样，前额发际的头维、曲差、神庭、眉冲、阳白等穴受到刺激。然后，左右手分两侧从前额、头顶至后颈部捶打，如此反复数十次，使百会、风池、天柱、风府等穴受到刺激。坚持捶打头颈部不仅可防治头痛、头晕、头部不适等头部疾病，还有利于促进头颈部血液循环，具有健脑和增强记忆的功效。

2. 胸背捶打健身法。取站立姿势，全身自然放松（冬天应脱掉棉衣）。双手半握拳，先用左手捶打右胸，再用右手捶打左胸，由上至下再由下至上，左右胸各打200次。捶打完胸部后捶打背部，双手仍半握拳，然后用左手伸到头后捶打右背部，再用右手捶打左背部，每侧各捶打100次左右。如果有人协助捶打背部，效果会更好。经常捶打胸背部，对呼吸道及心血管疾病症状有减轻作用，而且能够促进局部肌肉发育和肌肉健美。但要切记，不可用力过大。

3. 四肢捶打健身法。用左手捶打右上肢，用右手捶打左上肢，每侧捶打150次左右。长期坚持可防治肢体麻木，促进肌肉发育，解除上肢酸痛。捶打下肢时宜采取坐姿，先捶打左腿，然后再捶打右腿，一般各捶打150次左右。捶打时双手从上到下、从里向外，再从下到上、从外向里，由大腿到小腿轻轻捶打。常做此法可防治下肢麻木、腿软无力、腿脚不灵活等。

正坐，双手握成空拳状，交替击打小腿内外侧肌群。有解除小腿疲劳，促进整体循环的作用。

4. 捶龙泻玉健身法。捶龙泻玉健身法，具有强身健体、延年益寿之功效，最适合于中老年人。人周身的于二经脉，仿佛盘绕体内的龙，以手捶之，谓之"捶龙"；将水饮入腹中，再从口中喷出，谓之"泻玉"。"捶龙泻玉"健身法具体做法是：晨起，空腹，自然站立，边饮水（一大杯温凉开水）边捶打自身。顺序是：一捶胸腹。手握空拳，两手交替，先捶颈部以下，次及胸脯，再到胃腹，止于命根。捶击落点，以任脉一线为主，向两旁发散。二拍颈项。两手上举，以掌交替拍打后颈项，并尽可能地沿脊柱而下。三拍肩背。两手臂交叉，伸过肩部，拍打肩背，手臂尽可能伸长，及于中脊；甩开膀子，往来如鞭抽状。四捶后腰。两手背到身后，以小臂交替捶打后腰两侧、尾椎等部位。捶打次数每个部位应不少于数十下，多多益善，但以无疲劳感、舒适轻松为度，力量刚柔相济，轻重匀称（无疼痛感），快慢适中。每日20～30分钟即可。在捶打过程中，不时有水从口中吐出，这是由于震动，刚饮入的水，有部分随胃气自然排出，同时将胃纳宿夜的污秽带出，起到洗胃、排毒作用。

经过捶打，胸肺、胃肠、肝胆等五脏六腑均经受了锻炼，促进了血液循环，增强了活性和抗病能力。同时，周身的经络受到震动和刺激，打通了可能造成的各种阻滞，使气血运行顺畅，因而可防治诸如颈椎、肩周、腰椎、脊柱等各种炎症。由于以肚脐为中心的腹部亦受到锻炼，还能收到增强性功能的功效。经常练习此健身法，不仅能强身健体，延年益寿，也可消除疲劳，促进代谢，还可调整神经功能，促进阴阳平衡。

十拍经络健身法

随着人口老龄化的进程加快，老年人所占人口比例逐年增高，部分老年人因体力不支或行动不便已不适合参加太极拳和活动度较大的健身项目。这里介绍《中国疗养医学》刊载陈相云等人编撰的一组按顺序，循经络、穴位从头到脚的拍打操。

按手拍的习惯是从上至下，头、颈、肩、肘、手、胸、腹、臀、腿、脚的顺序所拍穴位编成歌诀：

1. 拍头顶四神聪，通天、率谷和上星，诸阳经汇百会穴，推运气血上窍清。

2. 拍颈背督脉通，大杼、定喘显神功，调整血压心不躁，拍好大椎背轻松。

3. 拍双肩找肩髎，肩中、肩井会天髎，肩髃、肩贞能拍到，抬举屈伸臂灵巧。

4. 拍臂肘曲池笑，天井、小海别漏掉，臂臑、泽、曲拍小海，疏通经络心情好。[泽、曲是尺泽和曲泽穴]

5. 拍手掌很重要，劳宫、少府掌中找，神、渊、内关横掌拍，四缝、十宣十指巧。[神、渊是神门和太渊穴]

6. 拍前胸心肺好，天池、中府都拍到，气会膻中胸腺宝，定喘宽胸有疗效。

7. 拍腹部手适中，气海、中脘、天枢迎，运化气血调三焦，理气消胀肠胃宁。

8. 拍臀部找环跳，命门、肾腧在后腰，八髎、秩边连承扶，前弯后仰腰板好。[八髎是上、次、中、下髎穴]

9. 拍大腿连膝盖，风市、伏兔与血海，谷、泉、陵、犊、三、三要，蹬、踢、蹲、起、走也快。[谷、泉、陵、犊是阴谷、曲泉、阴陵泉、阳陵泉、犊鼻穴，三、三是足三里和三阴交穴]

10. 用双脚拍大地，独阴、涌泉在脚底，穴位从头拍到脚，拍到百岁人不老。

拍时宜边拍边诵口诀。

站位拍时两脚平行分开，双肩肩井穴与双脚底涌泉穴上下相对，全身要放松。

第1拍两手十指(掌指关节与指间关节)微屈，除拇指外，余指自然分开约1寸。以手指指腹叩、按拍，用力要适中，主要用手臂的力量，是中等刺激手法。

第5拍的穴位最多，以劳宫、少府、神门、太渊、内关穴为主。先双手五指并拢、对掌、掌指微屈，右手十宣穴对左手四缝穴，用左手掌根(大陵穴上1寸)对右手劳宫、少府穴，双手呈实心掌对拍，后以相同方法换手拍。右手虚掌(五指并拢，掌心稍空，用五指指腹，大鱼际、小鱼际)以劳宫少府穴中间处对左腕的大陵穴，横掌放拍，就能把太渊、神门、内关三穴拍在掌中，拍完左侧换拍右侧。

第10拍，站位或坐位拍时，左、右脚交换拍地，同时拍双手，双脚要稍用力。坐位或卧位时，可用手拍左、右脚底的独阴、涌泉穴。第10拍是全组的高潮，边拍手，边跺脚，这样手脚并用调动了手经六条，足经六条，使十二经脉首尾相贯，如环无端，构成一个连贯的通路，更好地促使其循环贯注。“内溉脏腑，外濡腠理”。可起到全身舒松、心情愉快的效果。其余七拍用虚掌手法拍所指的部位和穴位。每日拍1次，也可拍2次，每组拍28次或56次，拍的次数和时间可根据自身情况选定。

自已动手拍，从头到脚循经拍穴，疏通自身的经脉，锻炼了骨骼肌肉，提高了全身各器官功能，适合所有人群，更适合中老年人。可以站着拍、行走时拍、坐着拍、躺着拍，对更年长及肢体不便者，可减去第2、第3、第8拍，改为拍操。此操起到了运气、行气、由外到内调和气血，由内到外引邪达表，疏理筋腱、缓解肌肉痉挛、解除全身疲劳、强身健体的作用。坚持锻炼，对失眠、抑郁、健忘及慢性骨关节等疾病都有促进康复的作用。

米勒全身健身法

米勒是丹麦人，曾是多项运动的优秀运动员，他的著作《我的健身法》被译为多种文字。他强调说，健身有三个目的：一是肌肤功能的平衡；二是肺功能的健全；三是保持消化系统的正常。一个人的生命活力并不是靠臂膀的力量来表现，健康的内脏器官更为重要。

米勒健身法共有8个动作，最好在室外新鲜空气中按全套方法进行锻炼，如果是在室内锻炼，应先把全部窗子打开。做完后应当进行淋浴并用毛巾擦身。

1. 回旋。双脚分开与肩同宽，双手叉腰或双手指交叉扶按于脑后，上身做圆周回旋运动，先自左向右转动，后自右向左转动，身体转到后仰状态时吸气，转至前倾状态时呼气，每个方向各转5圈。动作熟练后，转圈时可两臂上举，双手手指互相交叉。

2. 甩腿。立姿，右脚站在稍高的小方台上，右手扶在齐腰高的固定支撑物上，左腿伸直，前后甩动。每条腿各甩15次。当腿向后甩时要特别用力，上身始终保持挺直。往后甩腿时吸气，往前甩腿时呼气。

3. 转体。站立，双脚分开与肩同宽，脚尖朝里，双手向两侧平伸，五指并拢。双腿挺直不动，上身向前弯腰并转体90度，左手下伸，右手上举。然后再换为右手下伸，左手上举。手下伸时尽量触及双脚间的地面，同时吸气，身体挺直时呼气。每一侧重复做10次。

4. 摇臂。弓步立姿，左脚在前，右脚在后，前腿弓，后腿蹬，两臂平伸，掌心朝上。两臂向后做旋转的动作,共转动16圈。转后3圈时,动作幅度应该加大。然后双脚互换位置,变为右脚在前,左脚在后,同时掌心变为朝下,两臂也改变为向前做旋转动作。

5. 斜身。立姿,双脚分开与肩同宽,脚尖向内,双手向两侧平伸,五指用力并拢,两脚掌稳抓地面不动,身体向左转动90度,同时向左后斜仰,膝部轻微弯曲,仰头时呼气。然后身体再向右转动90度,同时向右后斜仰,膝部轻微弯曲,仰头时吸气。重复此动作10次。

6. 仰坐。仰卧,脚尖顶住固定的支撑物,双手叉腰,仰卧和起坐,起坐时呼气,仰卧时吸气。随着练习的深入,可在矮条凳上进行,双手可放在脑后或向上举。向后仰卧时尽力使头部触及地板。这一动作重复12次。

7. 抬腿。仰卧,双手手指交叉放于脑后。两腿伸直,向上抬起30~50厘米,然后双脚走半弧形向中间靠拢。两腿再下放,在脚跟未触地板时用力使脚掌并在一起。这一动作重复8次,最后3次的动作幅度可加大。

8. 俯撑。俯卧,用双臂支撑肢体,上身和腿部呈一条直线,双臂弯曲,身体下落时吸气,双臂伸直,身体抬起时呼气。经过一段时间锻炼后,可以交换抬腿,并可用手指支撑身体,重复此动作10次。

生活七快健身法

1. 快食。快食并非指吃得快吃得多,而是指愉快地进食。在用餐时间来临时,空腹感油然而生;当菜肴端出来时,食欲大动;吃完饭后,依然觉得菜肴可口;如果觉得吃得愉快,则对健康有较好的促进作用。

2. 快眠。"快眠"是保持身心健康最重要的因素,是睡眠时间与质量的相乘结果。从时间上来讲,一天最少要有7小时的睡眠。睡眠时,获得休息的不只是脑部,所有内脏机能的活动量都会随之降低,心脏的作用更会降至60%左右。

3. 快便。将食物吃进肚子,是很要紧的生理需求,但将消化后的废弃物排泄出来更为重要。把食物放冰箱里面,时间太久会腐烂。摆在室温之下,食物很快就腐烂。肠中的温度远比室温来得高,肠内不仅有能让食物发酵的乳酸菌等细菌,还存在着会使食物腐烂的大量细菌,从而产生大量的有害气体,被肠部吸收后会带给人体种种害处。所以便秘的人常说自己头痛、倦怠、想吐、食欲不振等,其原因就在这里。越是上了年纪的人,越要注意不要让粪便存在肠内。若想保持一天一次舒畅地排便,首先必须注意饮食,应该大量地摄取含纤维素较多的蔬菜。此外,早上起床后到上班之前,最好让自己有充裕的时间进行晨浴、体操、慢跑等,同时让肠部充分地醒过来,还要喝2杯凉白开水来促进排便。

4. 快尿。当体内蛋白质分解或因新陈代谢致使细胞遭到破坏时,会产生尿素、氮等有害物质。将这些有害物质排出体外的方法就是排尿。另外,尿液也能将体内所产生的其他有害物质排泄出去。排尿不顺容易引起尿毒症,有时还需安装人工肾脏来帮助排尿。尿道结石或前列腺肥大也会使排尿不顺。如果排尿情况不正常,必须找专科医师诊治。

5. 快汗。一天当中有一次舒畅的流汗,叫做"快汗"。现代人在日常生活中,很少有机会流汗。因此,希望各位每天早上能够花40分钟时间晨跑,让自己汗流浃背,再冲个热水澡。在舒畅流汗的同时,昨日的疲劳或压力也会随着汗水从身体流出来。

6. 快声。一天一次拉高嗓门,畅快地发出声音,是所谓的"快声"。在卡拉OK等地方大声歌唱，有益健康。从腹部深处发出声音会使心情欢畅，既可以促进膈肌运动，提高内脏功能，又能锻炼呼吸肌，促进肺部功能。

7. 快意。适当的性行为是维持健康、带给人自信所需要的生理行为。从医学角度来讲，理想的性行为次数等于年龄乘以 9。换句话说，40 多岁的人性行为次数是 4 乘 9 等于 36，即 3 个星期 6 次。50 多岁的人是 5 乘 9 等于 45，即 4 个星期 5 次。60 多岁的人是 6 乘 9 等于 54，即 5 个星期 4 次。当然，这是身体健康的人的性行为次数。

协调对应健身法

对于运动，《黄帝内经》的观点是，主“动”，但要“动”得适度，标准是“形劳而不倦”。并提出“久视伤血，久立伤骨，久行伤筋，久卧伤气，久坐伤肉”的观点，警戒人们不要“安逸”过度。

久卧、久坐，宜以活动全身的运动为佳。古人介绍了一种坐着锻炼的方法，用双手按着大腿，左右扭肩数十下，就可以“气血通畅，不生诸疾”。另外，在床上或地毯上四肢爬行，可预防和改善颈椎病、腰椎病。

对久行、久立引起的疲劳，最好的办法是自我按摩。运动后放松小腿肚及整个腿部的肌肉，可以防止随后肌肉酸痛等不适感，时间以 10 分钟为宜。如果运动后不按摩，肌肉酸痛感就会久留不消。

对久视来说，眼球经常上下左右转动，左顾右盼，就可以消除因老盯着一点而引起的疲劳。还有一种热熨法，即用两手手掌揉搓发热，然后立刻熨按两眼，如此反复 10 余次。远视、看绿色植物也能有效缓解眼部疲劳。

老年运动健身法

1. 足部运动。在床上将左、右小腿弯曲盘坐，一脚叠于另一大腿上，用手掌擦脚跟和脚心若干次，使其发热，然后换手再擦另一只脚的脚跟和脚心。

2. 腰背运动。以双手手掌，摩擦腰部两侧及后腰直到大胯骨若干次；双手离脊椎骨稍远，按住腰肾部分，左、右两手四指并列，同时用力由下向上推，推至不能再上时，随即向下推，如此摩擦若干次；将双手按在背上，两手的食指、中指、无名指相对，紧贴脊椎骨，用力向上推至不能再上为止，然后再下推至尾闾骨为止，并稍停，如此上下运动若干次。

3. 丹田运动。用左、右手交替摩擦腹部（丹田），来回若干次。此动作能顺气，使人感觉畅快。

4. 头部运动。用双手大拇指同时用力在太阳穴处摩擦，先向内圈摩擦若干次，然后再向外圈摩擦若干次；用左手掌环摩头顶，然后用右手再摩，各若干次，进行此式运动时，如留有长发者可以双手手掌同时压头发由前向后推，如此反复推摩若干次；双手按住面部，以食指、中指、无名指指尖稍用力，自额骨部分向下摩擦，然后回复从稍后鬓发部分向下摩擦，再从耳后向下摩擦，如此摩擦若干次；用两手手掌紧按耳门（手指向后），两手食指各叠中指上，同时用力弹击枕骨若干次；左手手掌掬成凹形，右手手掌侧成刀形，摩擦使发热，遂以右手掌边重按自近鼻处摩至眼梢，然后换左手如上法行之，两手轮流若干次；双手按住面部，以小手指重按鼻侧,上下推摩若干次。

5. 呼吸运动。双手张开两臂侧平举,使胸部扩张,做深呼吸若干次。坐、站均可进行。

6. 地上运动。立正姿势,两足分开与肩同宽,两手或叉腰或自然下垂,身体左右摇摆若干次;一腿直立,另一足提起轻轻向内、向外甩动。要自然,如此两足轮做若干次。做完以上动作后,以军事操练正步走的姿势走路,使身体微微出一些汗。

五练运动健身法

1. 练齿。"人老齿先摇",口腔为消化系统第一关,没有健康的牙齿,就很难获得充足的营养,久之衰老不招自来。固齿法有"叩天钟"(即叩齿,早晚各300下)、"闭天门"(便时闭口咬牙勿语)、按摩齿龈和充分咀嚼等。咀嚼好处多多,不仅可以增强消化功能,缓解紧张心情(如运动员比赛时常嚼口香糖即是这个道理),还有刺激大脑、改善视力、强化性功能等作用。

2. 练喉。喉机不强、痰嗽横行是威胁生命的一个重要原因。前颈为淋巴聚集之所,后颈上通脑际,下连胸椎,为人体要路,必须重视。可摩喉擦颈至发热,每天坚持,配合喉肌绷紧——放松,反复10次;也可做颈部操,如前伸探海、回头望月、撼天柱、扳天柱等。

3. 练肺。肺功能标志着人体生命力的强弱,肺活量大、中气足则生机旺盛,体质强壮。练习方法除吐纳呼吸外,还有"通天路"。鼻为天窍,上通于脑,下行于肺,肺气清则气血流通,反之,肺气阻滞,诸病生焉,故养生家有"鼻通百病不生"之说。"抽泣功",即有意识地模拟哭泣后的抽气动作,以增加肺活量。

4. 练缝。骨缝、腰眼、腹股沟等肌体缝隙之处,有通内外、联络肌腠、带动骨骼运转之用,一般健身极易忽视,应加以专门练习。如"六合功"中的"砸掌劈缝""拳探腰眼"等动作即意在练缝。此外还有敲打推揉绷挤扭抖等练缝方法,可深入一般锻炼所达不到的部位,坚实肌腠,深通底里,至老不衰。

5. 练脊。脊柱有力是长寿的象征,因其有造血、感应、支撑功能,同时是督脉所在,上连脑干,两侧有膀胱经循行,五脏俞穴皆会于此,是人体六大反射区之一,重要性不言而喻。人类直立行走造成脊柱负荷过度,带来许多疾患,故西医有"整脊疗法",即专门从脊柱入手施治。平时应多做脊柱锻炼,如摇头摆尾、伸缩蠕动、刮摩拍打等,以流转气血,通畅任督,增强脊柱机能,于是一身轻松,健康常伴。

静态暗示健身法

暗示是人的一种正常的心理活动,也是一种简单有效的保健方式。经常在静态中,采用含蓄、间接的方式,进行积极的而不是消极的自我暗示,无疑对身心健康大有裨益。静态暗示具有强身健体等多种作用,具体表现在:

1. 控制作用。健康人的生物时钟节律是按照头脑中预先储存的信息"准点"运行的。而人的生物时钟也可像机械闹钟一样调控的。如明天早上要由原来6点改为5点起床,就在睡前用语言暗示,反复默念,明天早上必须5点起床。

2. 疗疾作用。科学研究表明,大脑和免疫组织之间存在着由分子组成的信息通道,而白细胞则担负着直接接收大脑信息的作用。暗示，是大脑思维活动的直接产物。积极的暗示在影响免疫组织的基础上自然对疾病起着治疗作用，消极的暗示对疾病却起到加重的负面作用。所以利用积极的暗示，增强免疫功能，是一条战胜病魔的长寿之路。

3. 排毒作用。医学研究证明，人体具有自身排毒功能，肝脏、肾脏等许多器官都有化解毒素的能力，通过大小便、呕吐、出汗、呼出气息、分泌唾液等多渠道排出毒素。但如果发挥暗示的"催化剂"作用，排毒效果就更佳。如果每天除按摩腹部、做提肛运动外，再加上自我暗示"大便通畅"，这样有利于防止便秘。晨练时暗示，将体内的病气、毒气、浊气、废气，通过全身排出体外，这样在晨练后自感一身轻松，充满活力。

4. 聚能作用。在每天晨练进行有氧代谢运动过程中，暗示宇宙间的日精月华等通过全身毛细孔灌入体内，起到"恬淡虚无，精神内守，真气存之，病安从来"的效果。

5. 减负作用。生活中常有心理负担和工作、生活负担，只有经常积极暗示，一切不顺心、不愉快的事就可一笑了之，一切压力大、负担重的事就可大而化小、小而化了。

交替运动健身法

交替运动是欧美健康学家根据相对医学理论设计的一种全新的健身法，能促使人体各部分全面、系统、协调地交替进行锻炼，对延缓人体衰老，保持和恢复老年人的健康十分有效。

1. 上下交替健身法。经常从事慢跑者尽管腿部肌肉得到最大的锻炼，但上肢却没有得到多少活动，因而不妨再参加一些频繁使用上肢的运动，如投掷、打球、提重、拉扩胸器等。"上下交替"可使上肢得到均衡的锻炼。除了坚持上肢和下肢活动外，特别要求经常活动脚趾，如夹取东西等动作。这样，可增强人的机敏性，并且可以减少脑血管疾病的发生。

2. 左右交替健身法。生活中，大多数人的右手承担了大量的工作，久而久之，身体右侧的手、肘、肩等部位都会不堪重负，诱发慢性疾病；而身体左侧则因为缺乏锻炼而变得孱弱。通过左右手交替训练，即在锻炼时只使用平常不常用的左手，这样不仅可以开发相对应一侧的大脑，还有助于锻炼身体左右平衡能力，达到健身的目的。平时习惯用左手、左腿者，不妨多活动右手、右腿；相反，平时习惯用右手、右腿者，不妨多活动左手、左腿。左侧肢和右侧肢的交替运动，能让大脑的两个半球交流更频繁，不仅使左右肢体得以"全面发展"，而且还使大脑左右部也得以"全面发展"，尤其对老年人中风、脑血管病有明显的预防作用。平时常用右手的人可以学着用左手练毛笔字，用左手掌推墙壁等。

3. 前后交替健身法。一般的运动项目都是"往前"，但如果同时也做一些"后退"为主的运动，如后走、后跑、后翻跟头、仰泳等，不仅可使下肢关节灵活和思维敏捷，而且还可防治某些腰腿疾病，避免进入老年后下肢活动不灵、行走不稳。实践证明，反向行走对加强腰臀、腿部肌肉有明显的效果。

4. 正反交替健身法。身体条件较好的人不妨参加一些倒走等之类的"反运动"，可弥补"正运动"的不足，使人体所有器官都处在锻炼之中。科学证明，经常进行倒立交替（即头朝下，脚朝上）运动，可改善血液循环，增强内脏功能，能使耳聪目明，记忆力增强，对防治癔病、意志消沉、心绪不宁等精神性疾病也有较好的效果。

5. 上下颠倒健身法。人体直立时，由于受到地心引力的作用，脊柱和下肢关节都受到压力，所以站立工作的人更容易发生内脏下垂、痔疮及脑供血不足、腰疼、脚肿等病症。建议大家每天倒立几分钟，可以达到改善血液循环、向大脑补充供血、增强内脏功能的健身效果。有条件的脑力劳动者尝试倒立健身方式，对放松全身会有很好的效果。此法与“倒吊健身”原理相同，锻炼者可以尝试双脚勾在单、双杠上做出“倒挂金钟”的姿势，从而使腰腿、关节得到充分放松，减轻身体压力。

6. 冷热交替健身法。冬泳和夏泳，滑雪和越野跑，都是“冷热交替”的典范运动。“冷热交替”不仅能帮助人适应季节和气候的变化，而且对人的体表的代谢有显著改善的作用。

7. 动静交替健身法。老年人要每天坚持户外运动，同时也要注意在每天保持一定时间使脑部安静下来，多看看益智的书籍、下棋、练书法等，并保持 8 小时的睡眠，有意让全身肌肉放松(站、坐、卧姿势均可)，去掉头脑中的一切杂念，情绪完全放松，使身心得到休息，有利于调节全身的循环系统和促进人体脏器功能的恢复。

8. 体脑交替健身法。有的人只喜欢下棋、打牌或上网聊天等，而有的人又特别强调增强体能的打球、田径等运动。为了达到既增强体质又锻炼大脑的目的，不妨两者结合，不仅可以增强体力，而且可以使脑力经久不衰。

9. 水陆交替健身法。从事传统的陆上运动的健身者，有条件的不妨多参加游泳、跳水、水球、滑水、划船等水上运动。这种水陆交替不仅可使人体得到更全面的锻炼，还可增加运动的趣味性。

10. 走跑交替健身法。在平时有意识地进行先走后跑交替，是人体移动方式的结合，更是健身的一种方法。走跑交替若能经常进行，可增强体质，增加腰背及腿部力量，对防止中老年“寒腿”、腰肌劳损、脊椎间盘突出症有良好的作用。

11. 双手交替运动健身法。国外研究发现，经常交替运动双手，给脑细胞以直接刺激，可以阻止和延缓脑细胞的退化过程，使大脑功能经久不衰。

12. 胸、腹式呼吸交替健身法。一般人平时多采用轻松省力的胸式呼吸，腹式呼吸仅在剧烈运动和其他应激情况下采用。专家认为，经常的胸、腹交替呼吸，有利于肺泡气体的交换，可以明显减少呼吸道疾病的发生，对老年慢性支气管炎、肺气肿病人尤为有益。

专家建议，可在每晚入睡前进行腹式呼吸 30 次左右。仰卧，解开裤带，全身放松，吸足一口气，有意识地使肚子鼓足，憋一会儿再慢慢呼出去。每次呼吸要深而慢，憋气时间越长越好。腹式呼吸是锻炼全身重要内脏器官的运动。由于呼吸时肠肌上下运动幅度增大，肺泡扩张，心脏及大动脉等胸腔内的器官活动增加，腹腔内的胃、肠、肝、脾、胰、肾以及所有血管神经都得到缓和而有节奏的运动，有助于消食化痰。入睡前运动还可以帮助入眠。

13. 交替触脚尖健身法。平躺，两脚伸直，两手置于身体两侧；抬起上身，同时举左腿，并且用右手碰左脚趾；恢复原状，再抬起上身，同时举右腿，并用左手碰右脚趾。重复做数次。

14. 穿鞋、脱鞋交替健身法。足底有着与内脏器官相联系的敏感区，赤足走路时，敏感区首先受刺激，然后把信号传入相关的内脏器官及与内脏器官相关的大脑皮层，发挥人体内的协调作用，达到健身的目的。

防衰抗老健身法

衰老是生命的客观规律。抗衰老并不依赖于遗传、营养和环境条件，而需要经常坚持合理的科学锻炼。现代医学论证，锻炼有助于改善老年人肌体的血流和代谢功能，延缓肌肉和各组织器官的衰退和老化，并使中枢神经活动保持一定活力。防衰抗老健身法是我国古代流行的自我按摩法的一种，通过自我按摩、运动锻炼以及养成良好的生活习惯来达到疏通气血、强筋健骨的目的。其方法简单易行，尤其适合中老年人和慢性病患者。

1. 摩擦乳腺法。用左右手分别在乳腺摩擦 36 次为一回，共 10 回。乳腺与生殖系统关系密切，如平时能经常摩擦，能防肌肤衰老。

2. 摩擦肾脏法。先将双手摩擦发热，然后再用双手摩擦同侧肾区(腰区凹陷处)，左右各行 36 次。经常进行肾脏摩擦能壮腰健肾，防治腰痛腰酸，延缓衰老。

3. 摩擦睾丸法。睡觉前或晨起时进行。双手手掌托睾丸，两手相互揉搓睾丸，每揉搓 10 次轻轻提拉睾丸 1 次，共做 49 次，每日 1 次。按摩及提拉睾丸要由轻到重，以能忍受为度。此法能调整内分泌功能，强身健体，增强性机能，延缓衰老。

4. 摩擦甲状腺法。先将双手摩擦生热，然后用右手摩擦喉部左侧腺体，用左手摩擦右侧腺体，左右各 36 次。经常摩擦甲状腺，不仅能促进身体健康，而且还能使毛发、指甲、皮肤光泽，增强活力。

5. 刺激脑下垂体法。双手覆盖双耳，手指放在脑后；左右两手的手指要尽量靠近，中指放在脑后枕骨处，然后将食指置于中指上，用食指向下弹打 36 次。也有人将此法称为“鸣天鼓”，动作也稍有不同：用双手手心按着外耳，用除拇指以外的四只手指的第一节指面弹打枕部 4～5 次；接着再用手心轻按外耳 1～2 下后离耳 3～4 秒钟。再按上述方法重复做 20 次。此法可使头脑清醒，消除疲劳，提高工作效率，增强记忆力和听力，防止衰老。对改善耳鸣也有良好作用。

6. 按摩双腿法。每天用双手从大腿稍用力按摩到足踝，然后再往回按摩至大腿。可使气血疏通，关节灵活，改善下肢静脉血液循环。

7. 搓手心和脚心法。老年人因气血虚弱，所以血液循环多不畅，尤以肢体末梢为甚，如果能坚持在早晚搓手心脚心，是预防和治疗疾病的最佳方法，也是一种从根本上预防衰老的最佳方法之一。

每晚睡前用温水洗脚后擦干，取坐位。先将左脚盘在右大腿上，用左手握住左脚趾，突出前脚心部位，以右手掌缓缓摩擦足心涌泉穴 100 次，然后用同样方法摩擦右脚。此法能疏通心肾、调整内脏功能、预防感冒、降低血压，并能治疗眩晕、失眠等症。

8. 点按足踝脚跟法。以双手拇指对足踝及脚跟做正反旋转点按摩，可防治性功能减退及足踝脚跟痛。

9. 摩擦丹田法。仰卧床上，松解腰带，双手手掌对搓至热，重叠于下腹丹田部位，先按顺时针方向转圈摩腹 36 次，再逆时针转圈摩腹 36 次。每晚睡前做一遍。此法可强壮身体、增强内脏功能，对腹痛、腹泻、便秘、消化不良、结肠炎、阳痿、早泄等症有一定疗效。

10. 揉腹法。平卧在床上，松解腰带，双手手掌相搓生热后重叠置于脐部。从脐部开始，自左向右转圈按摩，由小到大直至把整个腹部按摩一遍。然后再从外周由右向左转圈向内按摩，最后在脐部稍停即可结束。每次3～5分钟，每日1次。此法有促进胃肠血液循环和胃肠蠕动的作用，可治疗腹痛、腹胀、便秘、消化不良等症。

11. 自做舌头操防衰老法。舌头操是一套很好的自我保健操，有助于缓解高血压、脑梗死、哮喘、近视、老花眼、耳鸣、咽喉炎、肩周炎、失眠、便秘，并可预防老年痴呆。每天早晨洗脸后对着镜子，舌头伸出与缩进，各做10次，然后舌头在嘴巴外面向左右各摆动5次。坐在椅子上，双手十指张开，放在膝盖上，上半身稍微前倾。先由鼻孔吸气，接着嘴巴大大地张开，舌头伸出并且呼气，同时睁大双眼，平视前方，反复操练3～5次；嘴巴张开，舌头伸出并缩进，同时用右手食指、中指与无名指的指尖在左下边至咽喉处上下搓擦30次，接着在舌头伸出与缩进时，用左手三指的指尖，在右下边至咽喉处上下搓擦30次；对着镜子，嘴巴张开，舌头轻轻地伸出，停留2～3秒钟，反复操练5次。然后头部上仰，下巴伸展，嘴巴大大地张开，伸出舌头，停留2～3秒钟，反复操练5次。

12. 抖动法。取站立姿势，双脚与肩同宽，全身放松，双膝微曲，双上臂自然下垂，收腹，双眼微闭，舌抵上腭，然后用双膝关节带动全身，上下有节律地抖动，可连续抖动81次。每日做2～3次。一般在晨、晚或工作休息间进行。血压偏高时，双手掌心向下，贴于双侧股部，具有降低血压的作用。血压偏低时，双手掌心朝上，具有提升血压的作用。抖动法的作用：松弛全身肌肉，活动全身关节，疏通经络血脉，消除紧张情绪和解除疲劳。此法较适合于机关工作人员和活动较少的中老年人。

13. 敲打肩颈法。右手轻握拳，敲打左肩8次，同样方法左手敲打右肩8次，反复2遍；然后两手伸开，用掌侧砍打颈部肌肉，左右各8次。

14. 转颈法。两腿分开，两手叉腰，头部从左向右旋转，再从右向左旋转。重复2次。

15. 摇头梗颈法。人的衰老最早是从颈部开始的，一旦颈部脂肪堆积，肌肉就会松弛，不仅使头部活动范围缩小，颈部收缩缓慢，人也显得呆板，反应迟钝，而且稍转动脖子就会头晕，甚至诱发中风。这是因为肥胖的颈部促使颈椎增生和颈动脉硬化，给人们带来了危险。因此，如何消除颈部多余的脂肪，是保持健美体型、推迟衰老的重要措施。可以按以下方法练习：首先是放松站立，两眼平视，做低头、仰头、侧转头、侧倒头和环转头部练习，开始时动作慢些，以免引起头晕；然后是引颈向上，头往上顶，默记次数，20次为1组，每次做3组；再坐在凳子上，双手扶住头部，做低、抬、侧转头练习，动作要徐缓，不可太快、太猛。

16. 伸背法。两手十指交叉，手掌朝上举过头，然后大伸背。

17. 踏步法。原地踏步，大腿尽量抬高，两手前后大幅度摆动。

18. 健身步行法。步行和慢跑可以增强关节的灵活性，提高下肢肌力和韧带的舒展力，它不会引起下肢软组织损伤，有可靠的安全感。一是步行和快步走，快步走在散步基础上提速，每分钟步速约80～90米。快步走是速度和耐力相结合的步行方式，持续时间18～20分/次，练习2～3次/天。二是走跑交替，在快速步行基础上进行走一段、跑一段的练习方法，练习采用先走后跑，由快速步行1/3转入慢跑2/3，分段交替进行。三是1 200米步行，可以培养耐久力和下肢肌力，每3天进行一次，要求在12分钟内走完1 200米，对于关节炎、脑血管后遗症以及收缩压高于200毫米汞柱的患者不必限定时间，随意走完1 200米即可，脉搏不要超过每分钟100次。变通方法是，身体健康但不喜欢步行的老年人，可以改为500米慢跑，或骑自行车5 000米。

19. 跑楼梯法。健身跑楼梯是老年人增强心肺功能的有氧运动，有延缓肢体肌群萎缩、韧带僵硬、骨质疏松的健身功效。组合练习方法如下:(1)中速登上1~3楼(心率115~120次/分)。(2)放松返回1楼,重复2~3次,间歇1~2分钟。(3)快速登向1~3楼(心率120~130次/分)→3~4楼(中速)→4~1楼(中、慢速交替)。共2组,每组2~3次,间歇2~3分钟。

20. 爬行法。模仿动物爬行姿势,在草地上、地板上爬行均可。爬行方式可分为直线爬或转圈爬,爬行速度可由慢至快,爬行时间可由短到长。一般每日1次,每次10分钟左右,早晚均可进行。具体方法:一是跪撑,两掌撑地交替向前跪撑爬行。练习时,两眼平视,状似"虎"步踱行,重复3~4组,每组爬行15~20米。二是跪式,肘部贴地成支撑姿势,匍匐爬行20~25米,爬速宜慢,爬幅宜小,重复2~3次,间歇20~30秒钟。三是跪坐,上体前俯,直臂撑地,两掌沿着8~10度斜面往下俯爬。两掌移动宜慢,重心不过分前倾,状似"猫耸"。爬行10~15米,共2组。此法可促进周身血液循环,防治腰肌劳损、坐骨神经痛、下肢静脉曲张、上肢肌肉萎缩、消化不良等症。但高血压、冠心病、脑部动脉硬化者不宜从事此项运动。

21. 锻炼关节防衰老法。现代人生活中的运动幅度和运动量远远不能满足关节的要求,容易造成关节过早老化,人也容易随着关节的老化而早衰。然而运动迟缓、关节不灵活并不是不可逆转的。下面介绍一组锻炼方法,以求能延缓衰老:坐位或倚物而立,一腿抬起,前后左右转动脚掌,两腿交替进行;用力屈伸手指,速度由慢逐渐加快,可左右手交替或双手同时进行;轮流举臂或同时抬举双臂,臂部尽量伸直;仰卧或俯卧伸躯,仰卧时腰部尽量上抬;前后左右转动头部,要有一定幅度,动作宜缓慢;双臂平举,做下蹲和起立动作;左右腿交替做踢腿动作,踢腿时尽量绷直上抬;向左、向右、向前屈体。上述动作每次做10~15分钟。

22. 转手腕和甩手腕法。手做轻握拳状,向外回旋4次,向内回旋4次,重复2遍。手腕放松,做上下甩动手腕动作。

23. 活动手指法。如拿健身球或核桃一对,在手中不停地转动,通过刺激手指末梢神经和经络穴位改善大脑功能。左手活动能促进大脑右半球健康,右手活动可促进大脑左半球健康。弹琴、写字、打算盘等活动,也同样有活动手指健脑之功效。

24. 扩胸法。两腿自然分开,两臂由前上举,在肩两侧屈肘,用力扩胸,然后放松还原。重复4次。

25. 体横转法。上体横转,伸展肩臂肌肉,左右交替反复。

26. 体侧曲法。两腿分开,右臂侧上举,身体向左侧曲2次,同时右腿轻轻屈膝,左腿伸展,左手叉腰。左右交替重复2次。

27. 捶腰法。两脚并齐,身体前曲,两手捶打腰部肌肉。

28. 前后曲法。两腿分开,身体前曲,手掌着地;然后直起,两手叉腰向后弯。

29. 体回转法。两腿分开,身体前曲,按左前、后、右前的顺序大回转1次,然后反方向回转1次。重复2遍。

30. 振臂屈膝法。将手臂向前上方摆动,再向下后方摆动,同时屈膝;然后向前摆臂,同时立起。重复2次。

31. 伸屈膝法。两手分别置于两膝,做屈膝伸膝动作。重复2次。

32. 旋肩法。肘部微曲,由前向后回旋肩关节4次。再由后向前4次,重复2遍。

33. 纵肩法。两臂自然下垂，用力向上提肩，然后向下放松。

34. 伸缩躯干法。上身向后伸展，然后一面呼气，一面尽力拱背，将身体缩紧。

35. 屈伸下肢法。坐在床上，两臂后撑，伸展两腿；然后交替屈伸两膝。通过肌肉、关节的屈伸、扭转，可防止肌肉萎缩、关节僵硬，锻炼敏捷性和适应性。每周2～3次，每次半个小时。任何方式都可以，如扩胸、伸展、转体、前后弯腰运动等。

36. 伏卧放松法。伏卧，全身放松数分钟。

37. 做广播体操法。广播体操是一项基础运动，依次为“上肢”“扩胸”“体侧”“体转”“腹背”“踢腿”“跳跃”“伸展”的八节八拍操，全身关节都得到舒展，老少皆宜。做广播体操在音乐声中锻炼身体的柔软性，每天15～20分钟。

38. 排球运动法。排球运动可以锻炼瞬间反应能力，每天锻炼15～20分钟。

39. 传球运动法。篮球或排球一个由3～5人传递，由慢渐快地传球，可以锻炼对外界事物的反应能力，要求每日10～15分钟。

40. 伸懒腰法。每晨睡醒后，先行左、右、仰卧位伸3次懒腰活动，使全身关节充分舒展，随即起床到室外僻静宽敞、空气新鲜处，抬臂踮足连续进行10次深呼吸运动，吐故纳新，增强肺功能。

41. 灸穴位法。用艾条在穴位上灸，每次10分钟，灸后喝一杯温开水。一是灸足三里，在膝外侧膝眼下3寸处，是强壮要穴，能促进新陈代谢，增强肌体免疫能力，调节内分泌及强壮身体。二是灸关元穴，在肚脐下3寸处，是男人藏精、女子蓄血之处，常灸此穴能增强神经、泌尿、生殖系统，提高免疫力，防止早衰。三是灸神阙穴，在肚脐上，有温补元阳、健运脾胃功效，可防治尿频、阳痿等，也可延年益寿。四是灸二阴交，在足踝内向上3寸，有调和气血、温补肝肾脾作用，可防治妇女痛经、子宫虚寒、月经失调、性冷淡以及男人阳痿、尿频。

42. 深呼吸法。随着两手向前上举，做胸式深呼吸；然后两手由左右两旁放下，同时呼气。缓慢吸，轻轻呼。重复2次。

43. 腹式呼吸法。活动腹肌和横膈膜做腹式呼吸；然后用手推压腹部呼气。

44. 秋练吐纳法。天高气爽的秋季是开展各种运动锻炼的好时期，可根据各人具体情况选择不同的锻炼项目，如秋季吐纳健身法，对延年益寿有一定好处。每天清晨洗漱后，于室内闭目静坐，先叩齿36次，再用舌在口中搅动，待口里液满，分3次咽下，并意送至丹田，稍停片刻，缓缓做腹式深呼吸。吸气时，舌舔上腭，用鼻吸气，用意将气送至丹田。再将气慢慢从口呼出，呼气时要默念“阿”字，但不要出声。如此反复30次。秋季坚持练此功，有保肺强身之功效。

45. 起居有常法。正常的生活作息是早睡早起，确保每晚有5～6小时的有效睡眠，即熟睡。中午则须卧床休息1小时左右，或醒或寐，任其自然，心定于一。同时，要将每天的生活安排得丰富多彩，如晨跑、晚餐1小时与妻子或子女外出散步、练书法、绘画、赏花、钓鱼、养鸟、社交等活动，充实自己的精神生活，做到动静有度，持之以恒。

46. 多视绿色法。绿色能给人以愉悦感，并可减慢心率。生物个体在生存期内总心跳次数约为八亿次，一旦跳完，生命即告终结。经常与绿色打交道，使心率变慢，就等于延长生物个体的生存时间。世界上长寿地区绿视率都高于15%。因此，在卧室内墙壁粉刷成淡雅的叶绿色，能助你酣睡；晨跑漫步在枝盛叶茂的林间，不但神清气爽，还能提高绿视率。

47. 活动大脑法。一般认为，勤奋学习思考，保持脑功能旺盛的人，其寿命要比一般人长。据统计，我国秦汉以来各类学问家3 088位的平均寿命在65岁，与我国1980年男性公民平均寿命相当；16世纪后欧美400位杰出科学家平均活到79岁。经常梳头也是大脑最好的运动方式，它可以舒经活络，改善头部血液循环，提高中枢神经兴奋性，强化脑功能，延缓衰老。

48. 坚持运动法。选择时机，坚持适量运动是中老年人的长寿之道。如晨跑、散步、练太极拳、气功等，晚餐后休息1小时再散步并适当做点力所能及的家务劳动。

49. 室外活动晒太阳法。有利于增进钙质吸收、合成和充分利用体内钙质，改变骨质疏松状况，延缓骨衰老，不易发生骨折。国人在35岁以后，骨钙含量随年龄的增长而逐渐减少，因此而罹患骨质疏松症的病例不下8 000万。仅上海，老年人中的56.8%就罹患此病。妇女绝经后，此病发病率迅速上升，增至男性患者的2～3倍。为此，中老年人和儿童平时要多做室外活动，晒太阳。同时应在医师的指导下，口服补钙或多食含钙食物（如虾皮、骨头汤、贝壳类等），及时补充钙质。

50. 生理活动正常法。正常性生活是健康与长寿的基础。据调查资料，如能保持性行为超过60岁，便可能增寿8～10年。正常性生活对某些疾病还有治疗作用。在性生活之后，有70%以上病人声称关节疼痛症状可缓解或减轻4～6小时。

51. 细嚼慢咽法。老年人大多牙齿缺少，咀嚼功能差，往往是大片小块地吞咽，加重消化困难。而细嚼慢咽自然是有益健康长寿的最得力措施。细嚼慢咽可促进唾液分泌，使食物与唾液充分混合。唾液中的淀粉酶可使食物中的淀粉水解成麦芽糖，便于消化吸收。唾液有杀灭细菌、增强肌体抗病能力的作用。另外，细嚼慢咽还能促进牙齿及面部肌肉运动.防止牙齿早脱，改善牙周及面部肌肉的血液循环，减少面部皱纹。

52. 克服孤独法。聊天、闲谈、唠叨是老年人克服孤独寂寞的一种必要的生活方式，有益于老年人延年益寿。研究表明，孤独寂寞是健康长寿的大敌，长期孤独寂寞可造成持久的社会压力，引起人体神经内分泌功能紊乱和免疫机能下降，导致心血管病、癌症和其他疾病死亡率增高。孤独还可引起抑郁和自暴自弃，易造成自杀和各种突发性事件。国外对4 000名健康男女按生活方式分为“社会活跃”和“与社群疏离”2组，进行了12年的追踪观察亦发现：与“社群疏离”组中患有严重疾病或在该段时期死亡的人数是“社会活跃”组的1.5～3倍，而且疏离程度越高，患病机会越多，死亡率也越高。

53. 瞑目静思法。盘膝静坐，双目微闭，舌抵上腭。先调息1分钟，开始默读1、2、3……大约2分钟，再反复暗诵1分钟，然后慢慢睁开双眼即可结束。此法能调整大脑神经机能，提高记忆力，同时对头痛、头晕、失眠都有一定疗效。此法对脑力劳动者尤为适宜。

54. 泡脚法。睡前将双腿浸泡在38～40℃的温水中，由上往下边洗边搓，连泡带洗，每次15～30分钟，然后用手按摩脚掌效果更好。可调畅周身血气，消除疲劳并有助睡眠。泡脚时，如果在热水中加入某些药物，还可以防治脚癣、脚臭、脚干裂、脚汗过多、足跟痛、冻疮、下肢浮肿麻木、四肢不温、感冒、风湿性关节炎及夜尿频等。泡脚时还要注意尽量避免用碱性强的肥皂洗手脚，以免去脂过多而使皮肤干裂。平时洗完脚要用毛巾揩干，然后搽些无刺激性的油脂或护肤膏。

加速身体衰老的因素有二：一是血流减慢问题；二是肌体的萎缩现象。通过进行以上防衰抗老健身活动，可以促进肌体血液流畅，增加肌肉关节的活动度，延缓肌肉衰老，以达到健身、防衰、抗老的目的。

工作环境调节法

1. 正确的坐姿。正确的坐姿是:脚底触地时膝盖恰好呈 90 度,膝盖下方的小腿要往前伸五六厘米,如果双腿长时间往内收,会造成血液循环不顺畅。为避免背部承受太大压力,不要坐得笔直,身体稍微往后靠,使脊椎骨自然弯曲,腰背部有椅背相靠可减少酸痛。

2. 不要坐着取物。常需要伸手取物或弯腰取物的人,不可坐在椅子上取物,因为坐着转动椅子会伤背,不如站离座位去取。

3. 调整电脑终端机。可调整电脑终端机,使视线高度适中,不必仰头或低头看荧屏,头部应保持自然,不要伸长脖子肩膀前倾。键盘距离刚好,不必伸直手臂打字。

4. 放置绿色盆栽。在办公室放置绿色盆栽,能达到清新空气的效果,办公室里的纸张、油墨、复印机的毒气都容易使人疲劳。

5. 找时间做运动。在办公桌旁有多种简单的健身运动可做,在午后做几分钟,能缓解压力、放松肌肉、精神焕发、恢复体力。

预防感冒健身法

1. 洗。晨起用冷水洗脸(不能坚持者可用冷水擦鼻)。

2. 漱。用盐水漱口,清除痰液等秽物。

3. 搓。两手置于胸前,对掌相搓,搓热为止。

4. 按。(1)按迎香:两手拇指屈曲,以拇指第一指关节互相搓热后,按摩迎香穴 50 次(以达热感为度)。(2)按风池:两手小鱼际侧同时自上往下推按枕后风池穴 50 次(以达酸感为度)。

5. 拍。两手臂伸展,交替轮流拍胸各 20 次。

6. 呼。两臂伸直,前上高举,同时深吸气;然后两臂由两侧放下,同时深呼气,做 10 次。

经常练习这种健身法,可增强人体抵抗力,对预防感冒有良好的效果。

升高血压健身法

1. 平坐椅上,两脚分开与肩同宽,大腿与小腿呈 90 度角,全身放松,下颌微收。

2. 两眼轻闭,屈肘,两手慢慢抬起,两手心对正两乳,与两乳相距 10 厘米左右,意念由两手心射出两道白光,射入两乳内;由腹部上来两股气流在两乳内与白光相接。每次静坐 20 分钟左右。

久练此法能使低血压回升。

降低血压健身法

1. 平坐于椅子上,两脚分开,与肩同宽,大腿与小腿呈 90 度角,躯干正直,全身放松,下颌微收。

2. 两手放在大腿外侧，臂微屈，手心向下，手指朝前，两手在大腿外距离10厘米左右，两眼轻闭，意想两手心劳宫穴与两脚心涌泉穴相合，每次做20分钟。

此法对防治高血压病有效。

适度紧张健身法

紧张的生活节奏是工业文明的产物，也是某些疾病，如神经衰弱、高血压等的致病原因。因此，人们总是把紧张尤其是过度紧张视为健康的敌人。然而，问题的另一个方面是，紧张尤其是适度的紧张，是一项特殊形式的健身运动。

紧张的生活和工作，往往需要手动得勤，脚跑得快，这样，身体各部位肌肉的活动也随之增多。由于肌肉日益发达，体力也随之增强，身体的各个关节和功能也保持良好状态。紧张的生活和工作，还可以使人情绪饱满，大脑处于应激状态，因而又能增强大脑皮层的兴奋过程，增强大脑的功能，使人思维敏捷。总之，适度的紧张是一种行之有效的健身方法。

网民自助健身法

医学专家建议，为使身体不致疲劳过度，网民应强迫自己从网络回到现实中，让身体放松一下。常做以下简单的运动，可缓解腰酸背疼，消除疲劳，恢复体力。

1. 颈部运动健身法。坐在椅上，双手放脑后，头向两侧来回转。柔和而有力地向右转动头部，保持肩部不动，看身后的某一个目标，保持5秒钟后转回，再向左转，保持5秒钟，重复5次（不要转动太快，以防损伤颈部肌肉或眩晕），可预防颈椎病。

下颏回收，颈项后突、上拔；颈项放松，头后仰，下颏上翘；下颏向上向前、向下向内、沿胸向上划圆弧。恢复头脑中正状态。共做9次。按上述动作之反方向，即下颏沿胸向下、前伸，向下而上划弧至下颏上翘，头后仰，随即颈项后突、上拔，下颏回收。共做9次。此动作不仅对颈椎病、脑部疾病（尤其是脑血管病）疗效显著，而且健脑效果明显，如果平时工作劳累了，可运动一下颈部，这样就会头脑清醒。

2. 眼睛运动健身法。两手小指伸出，大拇指压在食指、中指、无名指的指甲上，然后两小指并拢在一起，指尖朝上，小指对着鼻子，集中精神看着小指，发现手指变成了一个圆锥，细看锥尖上面似乎还有一条线。两手往外分，眼睛注意手指，分到看不着了，赶紧停住。然后两手再很慢很匀地合回来，还没碰上，视觉就开始交叉。两手相合后再看那个圆锥，看清楚圆锥了，两手再往外分，用眼角余光往两侧看，越往边上越好。如此做3次，然后两手掌心向内，小指相对，和眼睛离得很近。头保持不动，眼睛随着手的上升往上看，能看多高就看多高，等看不着了，稍停片刻，手再下落至与眼睛相平。往上走往下落，做3次后手再往下落至眼睛刚好看不着了，稍停片刻，再上升至与眼睛相平。如此往下落往上走，做3次，然后手与眼睛等高平着外拉，一般手离开眼睛一尺多，顶多臂伸直了，慢慢再拉回来，反复3次。此法可有效调节眼神经，对保健眼睛大有帮助；让人的精神集中专一，健脑效果明显。

3. 肩部运动健身法。双手放膝盖上，一只手从上伸肩后，另一只手从下向上伸肩胛骨处，双手背后交叉。

4. 背部运动健身法。慢慢地向前点头，尽量使下腭靠近胸部，感觉背部的肌肉尽可能地伸展，然后缓缓仰头，直到喉部的肌肉绷紧，重复5次。

双手和膝盖着地，然后慢慢地用劲把背弯成弓形，这种姿势保持10秒钟，然后慢慢地放松。常做此法可有效伸展背部和整个脊柱。

5. 腹部运动健身法。双膝分开等肩宽，腰背挺直在椅子上坐好，收缩腹肌，带动肩部向腰部弯曲，此时背部呈圆弧形。注意腹肌收紧时吸气，放松时呼气。共做3组，每组5次。

平躺在沙发上，两腿自然伸直，两手重叠在中脘部位顺时针揉转。揉的时间越长越好，有利于健脑。

6. 腰部运动健身法。身体伸直紧靠坐椅后背，伸直腿，然后弯曲。用双手将膝盖拉至胸前，持续30秒钟，然后回复；平举双臂与肩齐，身体尽量向下弯曲，然后回复；向前举起双臂，身体向下弯曲。常做此项运动可解除下腰的僵硬感。

自然站立，两脚与肩等宽，挺胸收腹，双手叉腰，四指并拢在前，拇指在后压住腰眼，先按顺时针方向转动腰部9圈，再按逆时针方向转动9圈。转动时尽量把胯动起来。此法能锻炼腰部的肌肉和关节，使其坚强有力，并能防治慢性腰肌劳损、腰椎骨质增生、风湿性腰痛、坐骨神经痛以及妇科疾病等。

7. 手臂舒缓运动健身法。将两手交叉按在肩部，缓缓地上下运动肘部，使手臂围绕关节旋转，每组做20次，连续做3组。双臂交叉，胸前抱臂，抬起双臂，在胸前做圆周运动，同时活动双肩和胸肌。向前伸直双手，做游泳的动作，如蛙泳。屈臂握拳放胸前，伸开双手向前、向两侧、再向上伸。可防止因过于劳累而引起的手臂酸麻。

8. 腕部运动健身法。先顺时针再逆时针旋转手腕，同时伸缩手指，要分别用力合上和伸出每根手指。每只手分别做25次，每天做2～3遍，可缓解手腕肌肉酸痛感觉，消除“鼠标手”。

9. 腿部放松运动健身法。将背部舒适地靠在办公椅上，慢慢地伸直膝盖，抬起小腿，你会感觉大腿两侧的肌肉在用力，坚持15次，会有很轻松的感觉。亦可以两条腿交替做。坐在椅上，双腿伸直，抬腿，向两侧转动，在地板上空画圆。坐在椅上，背要直，双手抱一膝盖尽量贴近腹部，然后向前伸直这条腿，放回地面，换腿再做。坐在椅上，一条腿膝盖弯曲后转向一侧，如同朝一侧跨出一步，换腿再做。一条腿伸直，脚尖朝上，另一条腿弯曲，脚尖朝下，模仿走路动作，轮流换脚做。

10. 踮脚放松健身法。双足并拢着地，用力踮起脚跟，然后放松，重复做若干次，有利于血液循环，缓解小腿肌肉紧张。

11. 旋转踝关节健身法。坐在椅上，双手放膝盖，两腿伸直，抬起两脚，先左右旋转，再前勾后绷两脚面，反复运动。常做可预防下肢静脉曲张。

春天晒阳健身法

春天晒太阳能补充维生素D，促进钙的吸收，强身健体。不过，晒太阳也有不少学问，晒不同部位不仅让人感到舒服，还能维护健康。

1. 晒头顶能补钙生发。太阳晒过头顶，能充分促进钙质的吸收。许多人晒太阳时常喜欢戴着帽子，其实，春天的阳光并没有那么强烈，穿着厚衣服又戴上遮阳帽，根本不能发挥晒太阳的作用。尤其是孩子，家长怕阳光伤害他们娇嫩的皮肤，总是给孩子戴帽子。其实只要控制好时间，晒晒孩子的头顶，有助于大脑的发育和头部骨骼成长，也有益于头发的生长。

2. 晒后背能益脾和胃。前为阴，后为阳，晒后背，能起到补阳气的作用。阳气虚弱会让人手脚冰凉，还常伴有脾胃不适，如腹部怕凉或吃了凉的东西易腹泻等。春天晒晒后背，能驱除脾胃寒气，有助于改善消化功能。此外，清代医家曾指出，“背为阳，心肺主之”，晒后背能疏通背部经络，对心肺大有裨益。

3. 每周晒 10 小时可预防近视。户外光亮的强度是户内的 10 倍以上。户外活动时间越长，儿童就越不容易近视，两者高度相关。调查发现，儿童每周户外活动时间达到 10～14 小时才有预防效果，而每周只有 3～6 小时户外活动的儿童则没有任何效果。

4. 晒双腿可防止抽筋。“老寒腿”应该常出来晒晒。晒双腿能很好地驱除腿部寒气，有效缓解小腿抽筋，而且能加速腿部钙质吸收，让双腿骨骼更健壮，很好地预防骨质疏松。尤其是有风湿性关节炎的人，春天晒太阳能活化血脉，缓解病情，起到辅助治疗作用。另外，腿上还有很多穴位，通过阳光的刺激，能让人感到腿脚轻便，消除疲劳。

日常防病健身法

1. 常梳抓头皮法。以手指当梳子，从头皮前正中向后逐步梳抓。头皮部位不但神经血管非常丰富，而且位于头颅，与大脑皮层的功能密切相关。祖国医学认为，“头为精明之府”“五脏六腑之精气，皆上升于头”，说明头部与人体内各脏腑器官功能的关系非常密切。头皮上分布着许多穴位，这些穴位是大脑及五脏六腑功能反应于体表的特定部位。因此，经常梳抓头皮，不但可以疏通脑部气血，而且对于全身其他脏腑的功能也有协调作用。

2. 常捏按耳朵法。以手拇、食两指置于耳廓的两面反复地上下、左右捏按，每次 3～5 分钟。耳廓的皮下有极为丰富的神经、血管和淋巴分布，耳廓与人体各部存在着一定的生理联系。因此，经常捏按耳廓不但可以治疗许多疾病，而且可以预防疾病。

3. 常细擦面部法。先用拇、食两指轻揉鼻头；然后用两手食、中二指自鼻两侧轻巧地向外侧擦揉，最后由额部正中向两侧抹擦。面部神经血管丰富，感觉敏锐。中医学认为，“十二经脉，三百六十五络，其血气皆上于面而走空窍”“其主在心，其华在面”。说明面部与五脏六腑，尤其是心、脑的关系较为密切。因此，每天擦揉面部可以起到和气血、调心脑的作用。

4. 常搓揉手足法。用一手之大鱼际部反复地搓揉另一手和脚的掌面，每次 3～5 分钟。手足位于四肢末端，分布着丰富的神经末梢和动静脉网。中医认为，手足为阴阳之气交接之处，十二经脉中的表里两经在此交接，而阴阳经脉内通于脏腑，上贯于头面。因此，经常搓揉手足，对调节全身阴阳之气有重要作用。

5. 常按摩脘腹部法。用手掌的大鱼际部反复轻揉脘腹部，自上而下，至小腹为止，每次 3～5 分钟。脘腹部是消化、泌尿生殖系统等内脏器官所在的部位。祖国医学认为，脾胃为后天之本，肾为先天之本，先后天所输注的穴位均位于脘腹部，如中脘、气海、关元等强壮要穴均在脘部和小腹部，经常按摩这些穴位，可以促进肾气的运化、收藏以及脾胃的健运功能等，从而起到强壮身体的作用。

活动身体助眠法

睡不好是很多老年人面临的问题。吃安眠药毕竟不是长久的办法，但是我们可以采取做做福寿操这种简单体操的方式，结合腹式呼吸和身体的伸展，从而对老年入睡的改善起到良好的帮助作用。

1. 活动脖颈。头向前倾，直到感到颈部肌肉有些抽紧，持续10秒钟，前后左右各做1次。

2. 刺激、活动肩膀肌肉。慢慢抬肩，然后突然放松，回到原来的位置，如此重复10次。

3. 扩胸。伸展双手在背后相握，往后伸展扩胸，持续10秒钟。

4. 压手掌。双手平举在胸前，吸气、吐气时向中间施力，重复10次。

5. 舒展背脊。双手抓椅子的同一边，慢慢扭转上半身，持续10秒钟，反方向再做一次。

6. 弯曲脚趾，刺激脑部。双脚往前伸直，向上抬，脚趾向脚心方向弯曲，然后突然放松，重复10次。

试试饿透健身法

饿透，即一天或两天不进食，仅饮开水。我国有很多医学家、养生家都认为“若想寿，肠饿透”“节食却病，寡欲延年”。此话有一定的科学道理。有些人因肠中食物积滞而容易生毒，很多肠胃疾病甚至癌肿都由此而发。适度的饥饿使自主神经、内分泌和免疫系统受到冲击，然后通过肌体生理内环境稳定功能的重新调整，提高人体承受生理负担的能力，使各种身心疾病得到改善。日本的一些心理学家通过研究也发现，饿透对神经官能症、早期高血压、低血压、单纯性肥胖、神经性厌食、异咽症等都有一定好处。

祖国传统医学认为，人食五谷杂粮，会在肠中积蓄成粪便，产生秽气，而短期的不进食，可以定期地去除秽气，保养脏腑。现代医学也认为，定期、短暂地禁食可以使消化系统、内分泌系统得到休养。有的人很可能不适应，可以适量吃些水果、新鲜蔬菜，喝一些清水，慢慢地适应。一般来说，每月选择1个休息日进行。

饿透是在保证每日营养供应的基础上尽量少进食，多饮开水“充饥”，这有利于减轻胃肠负担，使自主神经、内分泌和免疫系统得到良性刺激，促使内环境的均衡稳定，增强免疫力，延缓衰老。

饿透健身法，也要根据自己的身体状况量力而行，身体本身有病者不可仿效，最好咨询医生后对症进行。

细嚼慢咽健身法

老年人大都牙齿缺少，咀嚼功能差，往往是大片小块地吞咽，加重消化困难。而细嚼慢咽自然是有益健康长寿的最得力措施。细嚼慢咽可促进唾液分泌，使食物与唾液充分混合。唾液中的淀粉酶可使食物中的淀粉水解成麦芽糖，便于消化吸收。唾液有杀灭细菌、增强肌体抗病能力的作用。

保健专家认为,细嚼慢咽有许多益处,因为多咀嚼利于胃液、胰液、胆汁等消化液的分泌,从而帮助对食物的消化吸收,提高人体摄取营养的效率,并可减轻肠胃负担。人的大脑中,具有控制食欲中枢机能,多花些时间咀嚼食物,食欲中枢即能发生正确的指令,会使你饮食适量并有饱腹的感觉。由于咀嚼的帮助,你只吃身体需要的食物量,自然有助于避免肥胖。细嚼慢咽也有益大脑功能活动,因为多咀嚼有促进脑部血液循环的功效,可起到两方面的效果:一是使脑功能活跃,头脑清醒,工作效率提高;二是咀嚼还具有使头脑放松的作用。吃东西多咀嚼对保护牙齿也有好处。如今,食品多精细,无需多嚼,牙齿缺乏"运动",本身功能降低,容易导致牙齿过早地衰退、掉落。此外,仔细咀嚼好似一种面部按摩,尤其是可使集中在口腔周围表情肌肉发达,有防止皱纹产生的作用。

研究显示,细嚼慢咽与唾液有密切的关系,食物咀嚼时间愈长,与唾液混合得愈充分,这种变化便进行得愈彻底。唾液内含有许多种维持生命的活性物质,含有两种神经生长因子,具有高效刺激感觉神经和交感神经生长、分化的功能。还含有腮腺素,能够营养间叶组织,有利于纤维结缔组织、网状内皮组织、肌腱韧带、软骨组织的发育和生长。所以大多数对食物咀嚼得比较充分的人,两颊肌肉都比较丰满。唾液除了帮助消化之外,还有许多功效:如可以湿润口腔,帮助吞咽、说话、辨味;杀菌解毒,清洁口腔;对致癌物有解毒作用;促进伤口愈合和止血等。

中年女性健身法

许多中年人由于工作繁忙,忽视了对身体的保健。以下介绍的简易健美法能使中年人既不费时又不费事地锻炼。

清晨,从睡梦中醒来,先伸伸懒腰,这能促进全身血液和淋巴液的流通。然后在床上做几节体操:一是按摩全身;二是双脚做骑车动作,双手随之运动;三是仰卧起坐。只需几分钟,可使人精力充沛。在一天里,见缝插针地进行下述各种运动,可使身体收到良好的健美效果。

手与脚的锻炼。站直,手臂向上、前后、两侧运动各10～15次;两脚分开与肩同宽,脚尖朝内或朝外呈一字形,脚跟踮起,重心在脚尖,来回移动30次左右。对脚部来说,还应给予特殊的照顾,如能躺下时将双脚置于略高于躯体的位置,能使血液回流,达到放松功能。

加强心血管功能的运动,有几种简易方式。一是以每秒钟2步的速度行走300～400米(最好带坡度),使心率逐渐增加到每分钟110～120次;二是步行上楼;三是做30次下蹲起;四是晚上用温热的湿毛巾擦拭全身,直至感到舒服为止,有助于睡眠。

头部的按摩可在洗头和梳头时进行。洗头时用指尖用力按摩发根,梳头时用软刷或软梳朝各个方向梳一遍,可促进头部血液循环和健康。

中老年人健身法

1. 崛起法。盘腿平坐,两手五指心相对,自然放于腹前,提肩晃腰6次。

两手十指相叉上举,挺直站立,左右、前后摇摆各6次,然后缓慢下坐。

两手串插耳旁,站起身,上举双手,抬头观指6次,然后缓慢下坐。

两手似抱球上举，站起直立，摇摆观望 6 次，然后缓慢下坐。

两手相捏平举，站起直立，伸缩、左右扭转手臂各 6 次，然后缓慢下坐。

站起，双手似托塔上举，托肩摆手，举臂握腕，上下伸缩各 6 次。

上述动作完成后，静养 3 分钟。

2. 牵引法。伸腿平坐，脚趾回勾，两手臂前伸 6 次。

伸腿平坐，手指前伸勾住脚趾，牵引腰肩 6 次。

平躺直卧，向上跷踢腿左右各 6 次。

平躺直卧，双腿向上直伸，脚趾回勾，手臂上伸，尽量摸住脚，默数 36 次，回原卧式。

平躺直卧，腿脚上伸，手上伸勾脚，牵引肩颈 6 次，回原卧式。

仰身跷腿，翻腿起立 6 次。

上述动作完成后，静养 3 分钟。

3. 健身法。平直站立，两手叉腰，摆转头颈，顺、逆时针旋转各 9 次；再左摆 9 次，右摆 9 次。

平直站立，两脚分开与肩宽，再上下、前后、左右有序地伸缩手臂，然后手臂左右平伸转腕、搓球、握指各 9 次。

平直站立，两脚平行分开，两手叉腰，转腰涮胯，顺、逆时针旋转各 9 次，前后挺弓腰胯 9 次，再左右提摆腰胯各 9 次。

在两脚分开、两手叉腰的基础上旋转双腿，先两腿内转，后两腿外转，再双腿同时左转，后双腿同时右转，各 9 次；下压弓腿 9 次；提脚跟用脚尖转脚腕，左转右转各 9 次；踮脚压脚腕 9 次；眼观前方，跷起一腿，左右转脚腕各 3 次，上下跷压脚尖 3 次，然后换腿重复。

静养片刻，稳定心情，全身放松，意想全身气血通畅，轻松舒适。

以上 3 套健身法，从头到脚，从肩到腰，其活动涉及全身各部，能起到通经、活血、舒筋、强骨的健身作用，对颈椎、腰椎、骨质增生、关节炎等病症有预防和抗病作用。

不便老人健身法

对于行动不便的老年人，床上健身最为适宜，能使全身所有的经络、筋骨、血脉、大小关节都能得到适当的锻炼，有效帮助多种疾病的康复。

1. 从头部脑门开始，用双手手掌向左右分别推拿 50～100 下，能使脑血管血液循环加速，改善脑部血液供应。

2. 双手合掌用力摩擦多次，手掌发热后捂在眼眶上用力向左右推拿 10 次，每次 10 下，做完后两眼感觉特别清爽明亮，对眼疾有益。

3. 双手拇指按在太阳穴上旋转 100 下，反复多次，能使大脑清醒，记忆力恢复。

4. 躺在床上，头部用力左右摆，每次 100 下，反复多次，有助于缓解颈椎病、肩周炎症状。

5. 双手十指交叉扣紧，手心向外，从头部用力往下伸，反复活动 50～100 次。能防止手指、双肩酸痛，舒缓肩周炎症状。

6. 身躯伸长，双手搭在腹部，先轻后重地在腹部往下推拿 50～100 下，先左后右，对消化道疾病有一定缓解作用。

7. 双腿伸直，脚尖向下方用力伸，可使筋骨经络血脉畅通，防止腿部抽筋，对手脚麻木有治疗效果。

8. 双脚伸直，脚跟用力在小腿左右、前后搓揉各50下，可防止抽筋和麻木。

9. 躺在床上，两腿伸直，用力坐起，两臂向前伸直，45度向前弯腰10次再躺下，做深呼吸10次。

对于有些老年人卧病在床，要想站起来活动筋骨可说是困难重重，但长期卧床又会引起褥疮等并发症，造成很大痛苦。现推荐一种港澳地区行之有效的卧床老年人健身法，既简单易做，又能增强体质，减少并发症的发生。

两手手指交叉紧握，一并胸前伸直举起，然后放在枕头处，放得越高越好。双手举起时吸气，然后慢慢将双手沿原路收回，同时呼气。

蜷曲双腿，然后将膝部向两边摆，上身则尽量保持不动。

同时曲起双腿，然后抬高臀部，尽量离开床面，坚持数秒钟再放下。

两腿轮流蜷曲伸直。

放一个或两个枕头于两膝之下，使腿略为弯曲，然后轮流蹬直膝部，蹬直时略作停留再放下。

左右手分开，尽量伸直各手指，然后用力握紧拳头。

将脚掌向上和向下活动。

以上各节动作每个重复五六次，根据本人体力略作增减。

老年发汗健身法

“发汗法”是我国传统的健身、治病方法之一，也是中医应用最早、最广的一种治病法。中医学认为，“发汗法”不仅有通经活络、促进精神活动和提升体力的作用，而且有调节自主神经、扩张周围小血管、改善微循环系统和人体五脏六腑活动的功能。

1. 运动发汗法。体育运动时，人体肌肉活动能更快更多地产生热量，加快散热，使身体微微出汗。显而易见，运动是健身发汗的最佳良方，它能解表祛邪、消热止痛及防治多种疾病。需要注意的是，要根据自身的具体情况选择如跑步、打球、登山、原地踏步等活动；要根据自己的体质状况确定运动量；不要大汗淋漓，只要感到面颊有汗液流出时应停止运动；发汗后，应松解衣襟或适当减衣服，让汗液蒸发完毕，待身体感到凉爽轻松时立即穿上衣服，以防着凉感冒。

2. 洗浴发汗法。在浴池或家中洗温水澡，由于湿度大、周围环境温度高，人体就会出汗。在洗澡时发汗，对清洁皮肤更有好处。但要适可而止，不宜出汗过多。

3. 饮食发汗法。适量吃一些赤小豆粳米粥或绿豆糯米粥，方法既简单，又可避免因出汗过多发生虚脱。还可以将生姜30～60克切碎，加红糖25克和适量的水煎成生姜红糖水两碗，趁热喝下。

发汗既可以治病，也可以健身提神，如果为了健身延年，就不宜用药物发汗，因为发汗药都有不同程度的副作用，而且不宜天天发汗。对于老年人来说，一般每周利用上述方法发汗2～3次即可。最好要根据自己身体的耐受情况和条件选择发汗的方法，掌握发汗的多少及间隔时间的长短。一般老年人，采用上述方法发汗后，可立即感到轻松舒畅。在发汗时，可适当喝些咸菜汤，以补充钠盐和水分，并补充一些维生素B、维生素C等。出汗后，可以洗一个温水澡，或者在保暖的情况下用干毛巾擦干汗水，穿上干净舒爽的内衣。

老年三时健身法

研究表明，清晨6～8时是缺血性心脏病、癌症、肺源性心脏病等一些严重疾病引起患者死亡的高峰期；中午12～13时，肝脏进入休息阶段，精力开始下降，容易出现疲倦感；下午6～8时，血压开始升高，情绪不稳定。这说明人体会随着生物节奏的改变而变化，以上三个时段是人体进行自我保健的关键时刻。

1. 早晨起床，心率加快，肺活量增大，所以要早调心肺。调心肺的方法很简单，早上散步时，一边走一边搓手。手心有一个穴位叫劳宫穴，它是心经的主穴。搓手的目的就是按摩这个穴位。按摩劳宫穴可以刺激心脏。两手搓热后，趁热在眼睛上捂一会儿。每天坚持这么做，对白内障有非常好的调理作用。如果咳嗽、痰多，可以经常搓列缺穴（两手虎口自然平直交叉，一手食指按在另一手桡骨茎突上，指尖下凹陷处就是此穴）。用发热的手掌心来回搓，一边走一边搓。长期坚持能减轻咳嗽症状。

2. 中医认为，正午时分是一天中阳气最盛的时候，人体自身的阳气也达到一天中相对较旺盛的状态。此时在阳光下散步，易激发人体的阳气；散步时背部朝阳，则人体的阳气随之旺盛。因此，在正午温暖灿烂的阳光下散步，可促进人体气血运行，加快新陈代谢，振奋人体的阳气。此法比较适合于中老年人以及阳虚体质的人群。人到老年，身体阳气渐趋不足，容易出现如怕冷、面色苍白、气短乏力、疲劳、精神萎靡不振、腰膝酸软冷痛、小便频多清长、夜尿多等现象。如能采用此散步法，对老年人保持健康十分有利。散步时间一般选择在午饭前的11～12点，运动程度以感觉温暖舒适、微微出汗为度。

3. 肝肾夜里代谢最旺盛。肝肾代谢越好，排毒解毒能力越强，身体就越好。怎样保护肝肾，加强其代谢能力呢？每天晚上用热水泡脚，泡脚时可两手握拳，用拳背平行脊柱上下反复搓肾腧穴。通过经络刺激肾脏，让肾脏兴奋起来。护肝的方法也很简单，仰卧在床上，双手上下重叠，从肝区开始，按着肚子，稍微用点力，顺时针往下转2～3圈，转到小腹部，连续5次；再从上腹部向下平推至小腹部，平推5次。顺时针转5次加上平推5次为1组，每天晚上做10组。

老年复合健身法

目前，人们的健康意识普遍提高，尤其是老年人，参加体育锻炼的人越来越多。但很多老年人的运动方式过于单一。运动专家提醒，老年人最好将有氧运动、力量练习、柔软体操以及休闲娱乐结合起来，进行复合式的健身，这样效果会更好。

调查资料显示，城市老年人的运动方式多选择长走、跑步或健身操。人体各器官的老化是一个不完全同步的渐进过程，单一运动方式难以达到全面促进健康的功效。老年人普遍采用的长走、跑步等运动方式对平衡能力、上肢力量和柔韧性的增强并不明显。不同运动项目对老年人健康的功效不同，最好采取复合式健身。

长跑等有氧运动对心血管和呼吸系统的益处最为显著，而心脑血管、呼吸系统、消化系统这三个方面的疾病正是60～69岁老年人住院的主要原因。

肌肉质量和数量的退化以及最大收缩速度的降低，会造成人体支撑能力、平衡能力和稳定性的下降，使得老年人弯腰驼背，步履不稳。因此，适当的力量练习对老年人也十分重要，但应遵循小量多次、持之以恒的原则。

一些老年人往往自动选择一种“懒惰”的生活方式，活动量大为减少，他们的关节也逐渐变得僵硬，肌腱韧带失去弹性，动作的协调性和稳定性明显降低，容易跌倒摔伤。而适度的柔软性练习可以促进血液循环，松弛肌肉神经，有利于关节运动幅度和软组织弹性的恢复和提升，使肢体屈伸转动灵活自如。

如果能将有氧运动、力量练习、柔软体操等健身方式与日常生活、休闲娱乐相结合，并保持一种积极的人生态度，效果会更好。在这里给老年朋友介绍几种简单易行的肌力训练方法：

1. 用最少的肌肉去完成一项工作。如从椅子上站起来时，尽量不用手撑；能用一手举起重物，则不用双手；爬楼梯时，只轻轻用手或不用手扶栏杆以维持平衡等。

2. 抵抗地心引力。慢慢地坐下，慢慢地上下楼梯，慢慢地放下物体。

3. 进行肌肉的等长收缩。如坐着时用脚趾压地板，坐在单人沙发上时双手撑沙发椅臂，躺着或坐着时双腿用力互压等。每次肌肉收缩10秒钟，放松，再收缩，重复8～10次。

4. 上肢肌肉可以采用哑铃练习。直立位或坐位，上肢前举、侧平举及屈肘举。腹部肌肉可以采用仰卧起坐练习。腰背部肌肉可用“鱼挺”练习，即仰卧位时以足跟和头颈部支撑，腰腹部抬起；腰背部肌肉还可采用俯卧位，做“两头翘”的动作，即上肢和下肢同时抬起，用手摸脚趾，以腹部做支撑。下肢肌肉可以采用蹲下、站起或蛙跳的方法进行锻炼。

5. 若有蹲起困难或有膝关节疼痛的可以采用静力半蹲的方法练习。两腿分开与肩同宽，膝半蹲位，上体伸直，两臂放在腰部，尽可能地保持这个姿势不动。循序渐进，从半蹲十几秒钟、2分钟到每日一次半蹲时间达20分钟即可。

6. 俯卧撑，重复多组，每组约12～15次，数量也可以依自己的承受力而定。每周1～2次，每次20分钟。

7. 用活动手柄的健身车进行上肢锻炼；划船器可锻炼上肢、腿、腰、胸部肌群，增加肌肉的力量和弹性，同时增强全身耐力。

8. 健步车用以锻炼腿、腰、腹部肌肉及心肺功能。跑步机用以锻炼腿、臀、腰、腹部肌肉及心肺功能。

9. 太极拳可有效增强老年人的肌力及稳定步态。美国亚特兰大大学的有关专家在对70岁以上的老年人进行了15周的太极拳训练后发现，这些老年人摔倒的风险比其他同龄人降低了47%。

10. 踢毽子，主要是做接、落、跳、绕、踢等动作，可以使下肢的关节、肌肉、韧带都得到很大的锻炼，同时也使腰部得到锻炼。老年人腰腿不灵活很常见，踢毽子的动作主要活动腰腿，如经常适度踢毽子，可舒筋活血，益寿保健。

老年三动健身法

三动，即脑动、眼动和手动。

1. 脑动,不断用脑。大脑是人体的司令部,不能闲置不用。人虽老了,还应把自己融入社会大家庭中,做些感兴趣和有意义的事情,这样可使心情更加舒畅。这种精神上的激励,胜过任何药物和高档滋补品。

2. 手动,活动手指。十指连心,手指不停地运动,于身体有益。不少书画家都是老寿星,其中一个重要原因就与他们经常写字、作画有关。平时练习写钢笔字、毛笔字,或学画画,长期坚持必有益处。

3. 眼动,常看书报。阅读,在文海中遨游,既增长见识,又陶冶性情,一举两得。

一个人终日无所事事,身体各个部件很容易老化。俗话说"树老易空,人老易松",老年人退休后,既干一点家务,又看看书报,敲敲键盘,写点文章,学习摄影,用"三动"换得长期的身体健康,其乐融融。

春初合理健身法

1. 运动前热身。冬季带给人们的除了寒冷还有僵硬。身体各器官如内脏、肌肉的功能都处于较低水平,骨骼和韧带更是僵硬得很,贸然弯低身体、高踢脚尖,甚至扭腰、跳绳,都容易造成损伤。尤其在从事剧烈运动前,"热身运动"更是少不了,是为了预防肌肉和骨骼遭受损伤而作准备。

2. 时间很关键。研究表明,傍晚是一天中最佳运动时间,尤其适合于室外运动。一天内,人体血小板的含量有一定变化,下午和傍晚要比早晨低 20%左右。因此早上运动更容易造成血液循环不畅和心脏病发作等问题,而下午以后这个危险则降低很多。且傍晚时分,人体已经过大半天活动,对运动的反应最好、吸氧量最大,运动效果也更明显。

3. 刚出汗就够。在气温适宜的情况下,出汗绝对有很好的锻炼效果,但春季气温与夏季相比还比较凉,出汗过多容易让毛孔扩张,凉湿之气乘机侵入体内,容易使身体受风寒而着凉感冒,从而诱发呼吸道疾病,后果可能很严重。因此,春季锻炼,刚出汗就差不多了。

4. 按摩小腹。经常以手心的劳宫穴按摩小腹至发热,可以养元补气,滋阴培阳。所以养成习惯,每天早中晚各揉一次小腹,先逆时针,后顺时针,最低以 36 圈起,或 36 的倍数,揉的力度要适中。

缓解腰膝酸痛法

很多老年人都有膝盖酸痛的症状,如果每天做 3 分钟时间的健身运动,坚持一段时间,膝盖酸痛的症状就有明显改善。

双手叉腰,两脚并拢,身体中正直立。臀缩紧,胯前靠,肩胛骨外撑内扣,含胸收腹,腰部放松,两肘微前合,头上顶,下颏内收,两膝放松,脚腕放松,慢慢尽量向下跪,使上身与大腿成一斜线。坚持时间越长越好。头顶向前上方上顶,带动身体慢慢直起,全身放松,恢复直立。做好此动作关键是缩臀、靠胯,使躯干大腿成一向前下方倾斜的直线,于是全身重心移至膝部,动作要慢,上起时一定要慢慢起,使身体重心由膝转至足。

如果有膝盖酸痛的症状可以这样做:在家中相对宽敞的空间,穿上宽松的衣物,脱掉鞋子,仰卧在地板上,两手自然地放在身体左右两侧。一条腿膝盖弯曲,使大腿与小腿的角度小于直角，另一条腿伸直，将伸直的腿向上抬，离地面10厘米左右，保持5秒钟左右的时间不动，然后慢慢放下回到平躺姿势。休息2～3秒钟后再往上抬腿，重复同样的动作，反复做20次，起身。

如果平时有腰痛的毛病，也可以坐在椅子上进行：浅坐在椅子面略高的椅子上，一条腿的膝盖弯曲，使大腿与小腿成90度，另一条腿伸直，脚踝自然弯曲，脚后跟着地，脚尖离地。伸直的那条腿向上抬时，请注意膝盖不要弯曲。伸直那条腿的脚后跟离地板约10厘米时，静止5秒钟左右后再慢慢放下。脚后跟着地后休息2～3秒钟，反复做20次。

坐在地板上，双腿弯曲往胸部方向靠近，紧紧抱住膝盖，整个身体尽量弯曲，以便于摇晃；前后尽量摇晃身体，每组做1～3个，共做5～10组。此运动可以刺激背部以及腰部的毛细血管，有效缓解腰疼。

家务顺便健身法

做家务健身法是一种更具生活气息、更便捷的运动之道。做家务能很有效地舒展全身、消除疲劳，把健身和洗菜、做饭结合起来，使做家务变得不再枯燥，也不用专门腾出时间来锻炼，既增添了做家务的乐趣，又可以保持体形优美和身体得到了锻炼，可谓一举两得。

1. 锻炼腰部法。在下蹲拿炊具时，两腿并拢，腰部以上部位用力挺直，这样可以锻炼腰部及大腿的力量。

在洗碗或洗菜时顺便多运动一下腰，不要把洗好的东西就近放在手旁，而是双脚原地不动，利用腰部力量转腰，将洗净的物品放在身后位置。

晾衣服时，将衣服筐放在地上，背对晾衣竿，将腰和肘关节弯下取衣物，在原位扭转身体，并把衣服晾起来，左右交换进行。更可以在扭转时，身体略向后仰，增加锻炼负荷。弯腰时伸直腰部。

利用收拾床铺的机会，尽量拉伸背、腰、腿部肌肉韧带，收紧臀部，锻炼大腿肌肉。弯腰时，要努力使背部保持水平，挺直脊柱；蹲下时，两只脚后跟不要离地，这对预防腰背痛有好处。

扫地时站在一处，扫帚尽量伸向远处，大幅度转动腰，有利于减少腰部赘肉。

2. 锻炼颈部法。两脚自然站立，先将右手放在头部右侧，随后以头颈发力向右侧推压，而右掌则发力与之抗阻，即利用自身的对抗力来锻炼颈肌。同样的方法，可以将左掌放在头部左侧，然后再进行上述对抗（阻力）的练习。或是以两手由下向上托住，并使下巴发力下压，然后以两掌发力向上推压，通过两掌与下巴的对抗来练习颈肌。

3. 锻炼肩部法。两手提两个水壶于体前，两腿分开约同肩宽，目视前方，双臂和两腿均自然伸直；接着将意念集中在肩部并先用力向上提肩部，随后再向后耸肩；随后将肩部向下落回还原到准备动作，也就是利用水壶的重量使肩部做一个前后大回旋的动作。然后可反复重复上述过程，并且也可以反方向进行旋转耸肩。

4. 锻炼胸背部法。两腿并立，上体向前成体前屈，背平直与地面平行，同时两手向前伸出刚好把手放在桌子或洗衣机上。抬头挺胸，同时塌背成反弓形。然后低头躬背成拱形。反复练习。

擦地板时，用膝盖着地的方法趴在地上，手伸直拿着抹布，边将背弓起边把抹布拖向膝盖，全身都能参与运动。这个动作类似俯卧撑，可以坚实胸部，美化背部和上臂肌肉。手向前伸的距离不要太大，否则肩关节承受的负担就会过重。

5. 锻炼腹部法。洗菜时，身体侧对水槽，扭转腰部让身体略向水槽方向倾斜，此动作可以锻炼到腹肌、后背、侧腹。注意防止滑倒。

6. 锻炼手部法。离桌子约一臂距离站立，身体稍向前倾斜，腿伸直，脚并拢，手臂伸直，腕关节抬起，两手指尖分开支撑在桌上，大拇指按在桌子边缘的中间，做卧掌姿势，脚靠在桌子的边缘，同时提踵。

7. 锻炼腿部法。做早餐的时候，可以有意识地让两脚分开站立，收紧臀部，然后抬起两脚脚跟，让全身的力量往脚尖集中，坚持几秒钟再放下，休息两三秒钟再抬起来，无形中就加强了腿部肌肉的力量。对上了年纪的人来说，这样做还有助于延缓腿部衰老，保持年轻态。

弯腰时要努力使背部保持水平，挺直脊柱，蹲下时，两个脚后跟不要离地。这对于防治腰背痛有好处。

从书桌下层抽屉里取物品时，应蹲下来，注意脚后跟不要离地，并挺直腰背。

利用做饭的空闲时间进行下蹲锻炼，弯曲膝关节和小腿，可以使膝部以及小腿柔软并富有弹性，并可消除疲劳。

使用吸尘器时膝盖弯曲，背脊挺直，这样可以锻炼大腿肌肉，而且不会腰酸背痛。

8. 身体放松法。分腿直立，两臂上举，两手交叉相握，然后迅速弯腰，两臂顺势由分开的两腿之间摆过，直身，做10遍。

背靠墙直立，两腿靠拢，然后两腿快速交替屈膝至胸部，每条腿做12次。

洗衣机开动时，腰背轻轻倚靠着，让身体与之一起产生“共振”，并放松全身肌体，使之得到“小憩”。

家务劳动之后，仰卧在地毯上，右腿伸直抬起，保持悬空不动，然后抬起左腿，同时右腿慢慢放下，即两腿似剪刀状上下运动，两腿在不触地的情况下，上下交替练习。

9. 练习平衡法。切菜时，将全身重心放在一条腿上，另一条腿侧迈出1步，脚尖着地，腿用力打直，向侧面提起，保持20秒钟，换另一侧。

穿袜、鞋时，最好站着穿，一脚着地，一脚抬起。如果做这样的独立不能很好地掌握平衡的话，便是老已将临的信号。

10. 全身锻炼法。煮的汤还没好，向后退一步，双手支在桌上，手臂弯曲，双腿绷直，让上身慢慢向冰箱或者桌子靠近。一般每次做饭都能做上15次这种厨房里的“俯卧撑”。

在拿取较高位置的炊具时，不要随意地一拿了事，要用力伸展手臂一直传递到指尖，同时双腿用力、踮脚尖。

使用吸尘器时，弯腰弓背，给腰部增加负担。以脚向前跨一步的姿态就能避免弯腰弓背，恢复时用脚蹬地，手提吸尘器的机体，前后做伸展运动。上身要与地面垂直。

做室内清洁工作，手中只拿一把扫帚、拖把或吸尘器时，要全身都融于动作中，让踝关节、臀部、膝关节一起跟着动起来。从高处取东西时，踮起脚尖，尽可能伸长全身，强化大腿、小腿和臀部的肌肉。

事半功倍健身法

消耗身体里的多余热量，才能达到塑身的目的，如果能掌握一些健身小技巧，就能让运动事半功倍。

1. 张弛有致的有氧运动。如果在半小时有氧运动中掌握好强弱节奏，就可达到事半功倍的效果，也就是在高强度运动的间隔中加入平缓的恢复时间。同样是半小时的有氧运动，这种节奏有强弱的运动要比节奏平稳的运动多消耗一倍的热量。

2. 喝水消耗。如果每天只是坐着一杯接一杯地喝水，喝多少杯也帮不了新陈代谢的忙。由于运动时体内的新陈代谢速率提高，身体就会开始燃烧脂肪，此时人体需要大量的水分保持温度均衡，因此一定要多喝水，这样不仅能有效促进体内循环，调整新陈代谢状况，还可以促进肠胃健康。在这种状况下，喝水可以多消耗掉10%的热量。

3. 拆分运动时间。将平常的运动拆分为两段进行。如果以前习惯于每天跑5 000米，那么可以拆分为早上2 500米，晚上2 500米。当锻炼时间缩短之后，可以试着加大强度，这样就可以在同样的距离中增加热量的消耗。

4. 注重姿势。在跑步机上健身时，让手臂自然摆动，或轻轻地将双手扶在器械的把手上，能多燃烧掉10%的热量。

简易有效健身法

1. 消除疲劳法。一是经常坐办公室的人，工作又忙又累，一坐就是几小时，想长时间休息一会儿都很难。怎么办？这时，搓热双手，拍头，从前到后拍几遍，再十指交叉，两手掌心放在后脑勺上，微闭双眼，静静地坐5分钟。这种消除疲劳的方法，可抵上休息1小时。因为头部经络疏通，两手能量迅速从后脑进入头部，祛除疲劳，清脑醒脑。二是旅游爬山，或劳动之后不要立即坐下或躺下休息。最好先全身拍打一遍，再重点拍打小腿肚。这样全身经络畅通，然后再休息，可收事半功倍之效。

2. 吐故纳新法。氧气对人的生命是非常重要的。在空气新鲜处多做深呼吸(在工作与学习疲劳时可随时做)。做此运动时关键在于呼，呼出的浊气越多，吸入的氧气也会越多。一天可做2～3次，每次5～10分钟为宜。这样做可保证全身细胞对氧气的需要，增大肺活量，起到健肺的作用。由于肺的弹性增大了，则不易患肺气肿和气管炎，同时也能让肺更健康，不易患肺心病。谁吸氧越多，谁身体越好，道理是非常明显的。呼吸有多种，层次不同。一是泄法。早晨锻炼，走在路上，把嘴张开，用力哈气3次，把体内病气、疲劳之气、浊气统统呼出去。二是补法。用逆腹式呼吸，吸气时把大自然的能量、新鲜氧气吸入体内，小腹鼓起；呼气时把浊气排出体外，小腹瘪下。这样一呼一吸，进能量，排浊气，吐故纳新，增大肺活量，增强肺功能，强身健体。

3. 护脑健脑法。一是疏通百会、风府、风池穴。十指接触头皮，中指、食指从前发际中线经过百会到风府，其余各指分开从前往后梳，到后发际再分开，经过风池往上梳。这样上下反复梳理整个头部10～20次，每天梳理2次。百会位于头顶正中略后，是人体诸阳之会；风府位于后发际正中上一寸，风池在其两边，疏通百会、风府、风池，全身气血畅通，治脑诸病，并能清脑健脑，益智开慧。二是按摩合谷穴。合谷穴位于虎口略上靠第二掌骨，治头痛效果最好，对脑中风也有预防作用，是护脑的重要穴位。按摩左手，用右手拇指屈曲垂直(剪去指甲)按在合谷穴上，一压一松，每分钟30次，每次5分钟，每天最少2次。换右手，同样方法按摩左手合谷穴。孕妇禁忌。三是双手十指分开，用指甲由前额向脑后做梳头的动作，头顶和两侧各梳36下，每天梳2次。这样可活动大、小脑神经，防治头痛及神经衰弱等疾病，对预防脑血栓和脑出血有较好的作用。

4. 明目法。双目微闭，用双手拇指按在眼骨的下沿，双手食指按在眼骨的上沿，眼珠分别以先逆时针、后顺时针各转动36下。这样活动双目神经，可以防止玻璃体较早向混、花方向发生变化。

5. 聪耳法。双目微闭，咬紧牙关，然后往两腮帮和双耳内用力，使双耳内有"呼呼"之感，每天做36下。如已有耳背现象，可早晚各做36下。这样活动双耳内神经、耳膜，对于保护听力是非常有益的。

6. 健齿法。人要身体好，必须牙齿好。因为牙齿好，胃才能好。上、下牙齿自然叩击36下，然后再错落叩击36下，每天叩击2次。这样能保护牙根及活动牙神经，使牙齿不易脱落，同时对健胃也大有好处。叩齿，上下牙齿相叩；鼓漱，像漱口一样。叩齿、鼓漱10次，有时间每天数次，每次待津液满口时分3口咽下，意想沉入丹田，滋润脏腑，灌溉全身。

7. 通肠法。大、小肠在腹内左右盘旋叠压，为了使大小便排泄通畅，可在口中用较大声音喊"哼""吓"二字。喊"哼"字时，上可冲击鼻腔，下可活动大小肠的转折处；喊"吓"字时，上可冲击食道，下可震动大小肠。喊"哼"时可连续喊，喊"吓"时也如此；快结束时，"哼""吓"交替喊，做三四分钟即可。这样活动鼻腔和食道，可增加大小肠的蠕动，以便帮助对废物的排泄，减少大小肠内废物的储存量，减少许多相关的疾病。便秘虽不是大病却不容忽视，特别是中老年人，有时大便干结，久蹲不下，的确是件痛苦的事。最简便的方法是：男的用右手以肚脐为中心逆时针旋转，手掌接触肚皮，可隔单衣按摩。大便难通的可多转几圈，一般情况下大便顺利可通。女的旋转方向相反，同样有效。因为按摩能增强肠胃蠕动，促进肠胃气血流通，清理肠胃积滞，调解肠胃自主神经功能，排除宿便。

8. 三提法。一是提肛，用力使肛门收缩，活动直肠；二是提肩，双肩向上用力，使双肩适当上耸；三是提神，全身稍用力到头顶，头顶好像有一根线在上方提着头一样。这样可以活动不易活动到的直肠，使精神饱满，神采奕奕，不会过早出现驼背现象。若双目再用力远视，人的精神面貌和气质就会与众不同。

9. 健肌法。中老年人不从事较重的体力劳动和较为激烈的活动，肌肉长期处于松弛状态。肌肉松弛，则全身无力，所以必须加强肌肉的锻炼。双手手掌放在大树或墙壁上，双脚分开与肩同宽，身体保持一定的倾斜度(与地面约呈45度角)，然后利用双臂和腿部的力量用力撑。在撑时脚跟不要抬起，同时十指也要适当用力。这样对五脏压迫比较大，初做时可少做，或者不要用力过猛；时间长了可做到36下。做时可能小腿肚有酸痛感，做后下蹲几次即可缓解。这样做是为了活动肌肉，使细胞之间相互紧紧"拉手"。肌肉健康有力，精神也自然会饱满。

10. 用力得力法。中老年人容易四肢无力，如长期如此，身体就会逐渐虚弱。双手紧握拳，再用力向前猛击(动作应由轻到重)36下，然后双脚轮换跺地36下。做此动作时五脏也会在胸腹内较为激烈震动，可使五脏血流畅通。

11. 心脏增加负荷法。随着年龄的增长，心脏功能会逐渐减弱。特别是年龄较大者，活动量太小是不行的，必须给心脏适当增加负荷。所做的活动要根据自己的身体条件而定，如急走、慢跑、跳绳等运动量较大的活动。重点是让心脏跳动较为激烈，原则是结束活动3～4分钟之后即可恢复正常，以没有不适感为好。天长日久可逐渐增加活动量，这样可增强心脏跳动，延缓心脏衰老。因为心脏的健康与其他脏器的健康有着十分密切的关系，所以给心脏适当增加负荷对人的身体是相当重要的。

12. 调整脏腑法。一是按摩内关穴。内关穴属心包经，对心脏、肺脏疾病有特效。位于手腕横纹中央上二寸，按摩时用大拇指垂直按在内关穴上，一紧一松为一次，5分钟150次。有酸、麻、胀效果较好。体弱者用指腹按摩。二是按摩腹部。用左手顺时针以肚脐为中心按摩36圈，换右手逆时针按摩36圈。肚脐是人体磁场中心，其周围是五脏六腑，按摩肚脐，培元固本，脏腑和顺协调，有利身心健康。四是综合治理。两手搓热，用右掌从腹部右下角斜穿至左上角，再横转弯穿至右上角，然后往下斜穿至腹左下角，最后回到腹右下角。整个路线沿腹部穿插交错，穿过五脏，力透六腑，成为倒8字形。反复循环18次，调整脏腑，促进脏腑正常运转，达到平衡。最后是全身自然放松，用脚尖将身体向上弹起，然后自然下落（脚跟可轻微着地，以免伤及大脑）。在弹跳时双小臂持水平状，双掌随身体上下跳动时自然抖动（手掌抖动时可随时变换成手心向上或者手心相对）。在跳动后小腿肚有酸痛感，屈腿向前踢几次即可缓解。刚做时可跳动36下，时间长了身体没有不适的感觉，可适当增加跳动次数。这样可以活动全身经络，使全身血流畅通；震动五脏，使五脏血液流动畅通，因而可治疗五脏中的一些疾病；还能预防和治疗中老年人双手颤抖的毛病。

简易老年健身法

老年人锻炼采取以臂代腿的方式，不受场地限制，也没有受伤的危险，容易学习和掌握。

1. 运手。早晨起来第一件事就是活动手指和甩动手臂及手腕，好像玩健身球或做甩手动作，以促进血液循环，此动作可做1～2分钟。

2. 单车手。平躺仰卧，手臂向上伸直，好像用手去转动单车的脚踏一样活动，可做1～2分钟。

3. 飞翔。站立，两臂伸向两旁，好像鸟拍羽翼似的慢慢挥动手臂，宜做1～2分钟。

4. 打沙包。想象面前有一个沙包，用拳头击过去，或是与一个假想的对手在打拳，可做10～20次。

5. 抛球。拿一个球抛向空中，落下时接住，或者让球弹在地上、墙上再接住。

6. 按压劳宫。无事时经常按压手心的劳宫穴（手心掌横纹中，第二、三掌骨之间），可用双手拇指交替按压，也可用笔的头尾部按压，或将手掌顶在桌角上按压，时间自定。常按压劳宫对强壮心脏有好处。

7. 套圈和夹玻璃球。医生建议，没有疾病的老年人平时在家也可以练习套圈和夹玻璃的游戏，来对自己的思维、手脚进行协调锻炼。这些训练对于骨质疏松、中风、语言或功能障碍的老年人都是必要的手段，能够逐步进行多种功能锻炼。

长途开车健身法

在长途开车中，如长时间保持某一种姿势，人们往往感到疲劳和不适，尤其是患有腰椎间盘突出症的人，常会感到腰腿部不适或腰腿痛症状加重。如能在旅途中做腰部保健操，可消除疲劳和不适，从而愉快地到达目的地。

1. 坐势。仰头，同时双臂上举，上举时吸气，下落时呼气，重复 10 次；上体正直，两肩后耸，同时挺胸仰头，用力使两侧肩胛骨靠近，重复 10 次；双手叉腰，以腰为轴，向左、右转体，左右交替 10 次；双手扶膝，先伸直右腿后还原，再伸直左腿后还原，左右交替 10 次。

2. 立姿。两脚分开，与肩同宽，两臂后伸，双手在体后交叉握住，然后仰头挺胸，同时双手向下压，重复 10 次；两脚分开，与肩同宽，双手叉腰，然后向左、向右交替转体，重复 10 次；直立，双手叉腰，然后左、右腿交替上抬，原地踏步 10 次；两脚分开，与肩同宽，扭转上体，带动双臂左右摆动，全身放松。

3. 卧姿。仰卧，腿伸直，双手自然置于体侧，屈髓屈膝，同时踝关节极度背伸，然后向斜上方进行蹬踏，左右交替 10 次；仰卧，双手自然置于体侧，做直腿抬举动作，左右交替 10 次；俯卧，两腿交替向后做过伸动作，重复 10 次；然后，两腿同时做过伸动作，重复 10 次；俯卧，两腿不动，上身躯体向后做背伸动作，重复 10 次；然后上身躯体与两腿同时做背伸动作，重复 10 次。

根据体形健身法

1. 梨形身材的女性，其脂肪主要堆积在臀部和大腿，可选择低强度、低撞击练习和耐力练习，如跳绳、跳低撞击舞、在平台跑步机上走等，可消减腹部脂肪。要避免大阻力运动，如上坡、爬高、跳踏板操和高撞击舞、骑高阻力单车等，这些都会令下肢变得更粗壮。

2. 苹果形身材的女性手臂和腿很细，而腹部、腰部和上臀部较粗。可选择体操、游泳、跑步等全身性运动，以及哑铃操、仰卧起坐、仰卧举腿、俯卧抬头、体前屈等局部运动，着重四肢力量的练习，不要把时间浪费在练腹肌上。

3. V 字形身材的女性上身较大，腰部有点臃肿而臀部较瘦小。可进行爬高、踏板有氧操和跑步等锻炼，避免做诸如俯卧撑、举重等使上身强壮的运动，可用下蹲或跨步来强壮下肢力量，使身体上下部分的比例变得协调。

4. 瘦长形身材的女性通常有细长的四肢和瘦削的躯干，但缺乏强壮的肌肉。可选择任何形式的运动，但运动量应由轻而重循序渐进，跑步、游泳、体操都能使全身肌肉均衡锻炼，并辅以强壮四肢及腹部的局部运动，再加上饮食调理，身材将会变得更为匀称。